西南政法大学证据法学研究中心

潘金贵　主编

证据法学论丛

ZHENGJU FAXUE LUNCONG　　第二卷

中国检察出版社

目 录

1

夯实防范冤假错案的证据防线

——关于防范冤假错案系列规定的证据视角

潘金贵[*]

刑事诉讼中的冤假错案最易触动民众对司法公正的敏感神经。无论是冤枉无辜还是放纵罪犯，都是刑事司法不能承受之重，而尤以冤枉无辜为甚。修正后的刑事诉讼法实施以后，部分法院贯彻新的诉讼理念，坚持疑罪从无原则，对一些案件尤其是一些"积案"作出了无罪判决，引起了重大的社会反响。为了切实防止冤假错案，中央政法委出台了《关于切实防止冤假错案的规定》（以下简称中政委《规定》），从党的领导层面强调了对防止冤假错案的高度重视。随后，为深入贯彻落实中政委《规定》，最高人民检察院下发了《关于切实履行检察职能防止和纠正冤假错案的若干意见》（以下简称高检《意见》），最高人民法院下发了《关于建立健全防范刑事冤假错案工作机制的意见》（以下简称高法《意见》），从最高司法机关的层面对刑事司法中如何防止冤假错案作出了更为详细、具体的规定。这一系列规定的出台，充分体现了党和国家切实防范刑事冤假错案的决心，一些具体规定直接针对我国刑事司法中长期存在的"痼疾"而提出解决方案。前述系列规定涉及刑事诉讼程序、证据及工作机制等内容，而其中最值得高度关注的是关于证据方面的规定——因为防范冤假错案的关键是夯实证据防线。

一、冤假错案的法律症结：证据出错

对于冤假错案，应当有正确的认识。笔者认为，正所谓"人非圣贤，孰

---

* 西南政法大学法学院教授，博士生导师，西南政法大学证据法学研究中心主任，重庆大学法学院刑法学博士后研究人员。

能无过",国家刑事司法机器在运转过程中,无论诉讼程序设计得如何精致,由于各方面因素的影响,难免会生产出不合格的"产品"。古今中外,概莫能外。没有哪一个国家的刑事司法中没有产生过冤假错案,只不过多与少的问题。在当代社会,无论大陆法系还是英美法系抑或其他诉讼模式下,冤假错案都客观存在。除却媒体的报道外,一些学术著作中也可见一斑。例如,在法国著名律师勒内·弗洛里奥所著《错案》一书中就可以窥见作为大陆法系代表者的法国司法实践中发生的若干冤假错案;① 曾任美国俄亥俄州检察总长的吉姆·佩特罗所著的《冤案何以发生——导致冤假错案的八大司法迷信》一书中也可以看到作为英美法系代表者的美国司法实践中发生的若干冤假错案;② 近年来,我国也有学者对司法实践中出现的刑事冤假错案进行了较为系统的实证研究。③ 从某种意义上说,虽然不能将出现冤假错案称之为"司法规律",④ 但是将其称为一种客观存在的"司法现象"并不为过。基于此,笔者认为,要彻底杜绝冤假错案是不可能的,只要有刑事司法活动存在,冤假错案这种"负产品"就会伴生。我们所能做的,就是尽量采取有效的措施,切实防止冤假错案,减少冤假错案的发生。

导致冤假错案发生的原因是多方面的,尤其在我国现有的法制环境下,原因更为复杂。一些学者已经对错案的原因已经进行了较为深入的研究,此不再赘述。总结相关研究成果,结合司法实践经验,笔者认为,如果排除案外因素,仅仅从法律层面分析,导致冤假错案最关键的原因是证据出错。这才是症结所在。简言之,导致冤假错案最关键的原因是:侦查人员、检察人员、审判人员在证据收集、审查和判断过程中出了问题。正如笔者曾经指出的:办理案件的过程,实质上就是一个收集、审查、认定证据的过程。办案过程可以归纳为一个简单的公式:证据—事实—法律,即依据证据、认定事实、适用法律。在这个公式中,收集、审查、认定证据才是处理案件的关键。⑤ 一旦在证据收

---

① [法] 勒内·弗洛里奥:《错案》,赵淑美、张洪竹译,法律出版社 2013 年版。

② [美] 吉姆·佩特罗、南希·佩特罗:《冤案何以发生:导致冤假错案的八大司法迷信》,北京大学出版社 2012 年版。

③ 参见何家弘教授主编的刑事错案实证研究丛书。如刘品新主编:《刑事错案的原因与对策》,中国法制出版社 2009 年版;张丽云主编:《刑事错案与七种证据》,中国法制出版社 2009 年版。

④ 无论学界还是实务界均有观点认为出现冤假错案符合司法规律。笔者认为,这种提法有待商榷。所谓规律,是指"事物之间的内在的必然联系,决定着事物发展的必然趋向"(参见《汉语大词典》,汉语大词典出版社 2000 年版,第 1655 页)。将冤假错案视为一种"必然联系"、"必然趋向"显然不能成立。

⑤ 参见拙文:《用证据说话:基于实践的感悟与思考》(代创刊词),载笔者主编:《证据法学论丛》(第一卷),中国检察出版社 2012 年版,第 1 页。

集、审查、认定环节出错，则会形成连锁反应，即对案件事实形成误判，进而错误适用法律，从而导致冤假错案。简述如下：

其一，侦查人员在证据收集、审查和认定中①出错。这是导致冤假错案的最主要、最常见的原因。这种错误表现形式多样，如：刑讯逼供形成虚假口供；编造虚假的证人证言；编造虚假的见证笔录；根据案情需要制作虚假的鉴定意见；应当及时固定的证据不及时收集导致证据灭失；对证据的取舍作出了不当判断，等等。此类案例即使是在笔者承办的刑事辩护案件中也并不鲜见。笔者的感触是：辩护人的辩护空间是侦查人员留下的。如果罪犯逃脱了惩罚，首要责任人应当是侦查人员，因为往往是侦查人员的错误侦查行为导致证据出错，从而无法将罪犯绳之以法。侦查是刑事诉讼的根基，一旦侦查人员在收集证据中出错，则整个案件难免出错。

其二，公诉人在证据审查和认定中出错。有的案件，侦查人员收集的证据没有问题，但公诉人在审查起诉中对证据的审查和认定出了问题，从而导致该诉的不诉、不该诉的诉了。例如，近期 G 市检察机关审查起诉的一起发生在 1994 年的拐卖儿童后又将儿童杀害的案件，侦查机关收集的相关证据已经能够证实案件的基本事实，即拐卖事实（已过追诉时效）和杀害事实（犯罪嫌疑人将被拐 4 岁男孩装入一个背包中，拉上拉链，从一座偏僻的铁路桥上扔到桥下的大河中。对于此情节，三个犯罪嫌疑人供述一致，只是谁先提出犯意不一致。本案犯罪嫌疑人均认罪，且无任何刑讯逼供、串供等非法取证行为。案件承办人及若干咨询专家均认为本案符合起诉条件，但检察委员会讨论认为：本案中被害儿童的尸体没有找到，故证据不足，应当作出不起诉决定。所幸是检委会讨论决定后，仍然觉得有问题，遂报 S 省检察院把关。S 省检察院公诉部门领导及数名业务骨干赴 G 市指导后，一致认为本案应当起诉。此案遂诉到法院。此案是一起检察机关未能正确审查、认定证据，尤其是未能正确把握证明标准从而差点导致放纵罪犯的典型案例。

其三，法官在证据审查和认定中出错。正如勒内·弗洛里奥所谈道："公正的审判是不容易的事情。许多外界因素会欺骗那些最认真、最审慎的法官。不确切的资料，可疑的证据，假证人，以及得出了错误结论的鉴定，等等，都

① 传统观点认为侦查人员负责收集证据，公诉人、法官负责审查、认定证据，这是不符合司法实践的。侦查人员在收集证据过程中对证据也有审查、认定的过程，只不过其工作重心是收集证据，其对证据的审查和认定具有阶段性。公诉人、法官的主要职责是审查和认定证据，而公诉人对证据的审查和认定也具有阶段性，法官对证据的审查和认定具有终局性。需要指出的是，虽然刑事诉讼法规定公诉人、法官也有收集证据的职责，但司法实践中，公诉人、法官是较少收集证据的，而更多的是采取通知侦查机关收集证据的做法。

可能导致对无辜者判刑。"① 法官在证据审查和认定中出错，无疑是造成冤假错案最致命的原因。我国司法实践中，由于法官证据素养不高，对证据的审查和认定出现偏差，从而导致的冤假错案不乏其例。尤其需要指出的是，在司法实践中，一些法官较为注意对物证、书证等相对具体的证据的审查和判断，但不注意对证明责任分配、证明标准把握等相对抽象的证明要素的正确理解和适用，从而导致了冤假错案。

综上，笔者认为，证据出错乃是造成冤假错案的法律症结所在。因此，要切实防止冤假错案，关键在于对症下药，通过健全证据规则，夯实证据防线，才能将出现冤假错案的概率降到最低，真正做到准确打击犯罪，不枉不纵。

二、系列规定对于防范冤假错案证据防线构建的突破性"亮点"评析

修改后的刑事诉讼法、最高人民检察院《人民检察院刑事诉讼规则（试行）》（以下简称《规则（试行）》）和最高人民法院《关于适用〈中华人民共和国刑事诉讼法〉的解释》（以下简称《解释》）中关于证据的规定，已经基本建立了我国的刑事证据制度。而系列规定在现有规定的基础上，又针对一些司法实践中突出的问题作出了突破性规定，这些突破性规定颇有"对症下药"的意味，其积极意义是不言而喻的。②

（一）明确提出"坚持证据裁判原则"

在大陆法系国家，法律大都明文规定了证据裁判原则。在英美法系国家，法律和诉讼理论没有直接明确规定证据裁判原则，但其证据法中大量存在的规范证据关联性、可采性的规则以及关于证据出示、认定等规定，都与证据裁判原则有相通之处，体现了证据裁判的精神。③ 修改后的刑事诉讼法并没有明确规定证据裁判原则，这也是此次修法一个不小的缺憾。《规则（试行）》第61条规定"人民检察院在立案侦查、审查逮捕、审查起诉等办案活动中认定案件事实，应当以证据为根据"；《解释》第61条规定"认定案件事实，必须以证据为根据"，均突破了传统的"以事实为依据"的提法，体现了证据裁判原则的应有之义。而此次中政委《规定》第6条和高法《意见》第5条均明确提出应当"坚持证据裁判原则"，尤其后者明确规定"坚持证据裁判原则。认定案件事实，必须以证据为根据。应当依照法定程序审查、认定证据"，从而对证据裁判原则的内涵作了解释，亦即明确了《解释》第61条的规定即为证

---

① ［法］勒内·弗洛里奥：《错案》，赵淑美、张洪竹译，法律出版社2013年版，第1页。

② 严格地讲，中央政法委的《规定》不具有法律效力，但具有宣示意义和指导价值。而"两高"的《意见》具有一定法律效力。为了行文方便，本文不对《规定》和《意见》的法律效力问题进行刻意区分。

③ 潘金贵主编：《证据法学》，法律出版社2013年版，第9页。

据裁判原则。这一原则的明确提出，对于提升法官的证据裁判意识无疑具有导向作用。

（二）明确提出"坚持疑罪从无原则"，强调严格执行法定证明标准

修改后的刑事诉讼法对"确实、充分"的定罪证明标准进行了解释，要求"证据确实、充分应当符合以下条件：（一）定罪量刑的事实都有证据证明；（二）据以定案的证据均经法定程序查证属实；（三）综合全案证据，对所认定事实已经排除合理怀疑"。在笔者看来，所有解释都可以归结为最后一句即"排除合理怀疑"，也可以简单概括为修改后的刑事诉讼法确立了排除合理怀疑的证明标准。换言之，一旦对所认定事实未能排除合理怀疑，就面临案件是疑罪从无还是疑罪从有的问题。疑罪从无作为无罪推定原则的最重要内涵，在我国刑事诉讼法的条文中是有所体现的，但是此前的司法文件中并未明确提出疑罪从无的原则。而此次系列规定中均明确提出了应当坚持疑罪从无原则，如中政委《规定》第7条规定："严格执行法定的证明标准。……对于定罪证据不足的案件，应当坚持疑罪从无原则，依法宣告被告人无罪，不能降格作出'留有余地'的判决"高检《意见》也强调"对于定罪证据不足的案件，应当坚持疑罪从无原则"。高法《意见》再次强调要"严格执行法定证明标准，强化证据审查机制"，并重申"对于定罪证据不足的案件，应当坚持疑罪从无原则，依法宣告被告人无罪，不能降格作出'留有余地'的判决"。法院作为审判机关，能否坚持疑罪从无原则，直接决定被告人的最终命运。系列规定明确对于疑罪不能降格作出"留有余地"的判决，就是针对司法实践中长期以来"疑罪从有，降格处理"的不当做法作出的明确规定。此外，中政委《规定》和高法《意见》针对我国国情作出了"不能因为舆论炒作、当事方上访闹访和地方'维稳'等压力，作出违反法律的裁判"的规定，也为法院严格执行法定证明标准，坚持疑罪从无原则排除了一些"法外"障碍。需要指出的是，严格执行法定证明标准，坚持疑罪从无原则，在防止冤枉无辜的同时，确实也极有可能放纵罪犯，这实质上就是司法理念在"枉"与"纵"上的价值选择问题。"两利相较取其重，两害相较取其轻"，系列规定能够明确提出坚持无罪推定原则，标志着我国刑事司法理念从"宁枉勿纵"向"宁纵勿枉"的转变。

（三）明确未依法对讯问进行全程录音录像取得的供述应当排除

对于讯问录音录像的证据价值，实践中有不同看法。有实务部门的负责同志就曾经明确向笔者提出，讯问录音录像不能作为证据使用。笔者认为，讯问录音录像无论从何证明目的出发，均具有证据价值，均可以作为证据使用：从证明案件事实的角度出发，讯问录音录像和讯问笔录具有同等的功用，即固定

口供，亦即讯问录音录像不过是对口供的另一种固定方式，其与讯问笔录具有同等的证据效力；从证明口供的合法性亦即证明是否存在侦查人员非法讯问的角度出发，讯问录音录像本身就可以作为证明讯问是否合法的证据使用。在笔者看来，要真正保证讯问的合法性，确保口供的真实性，防止刑讯逼供，在现有的法制条件下，最有效的制度就是真正贯彻执行讯问犯罪嫌疑人全程同步录音录像制度。然而，实践中侦查机关在讯问录音录像时往往做"技术处理"，如并非每一次都全程录音录像；打的时候不录，录的时候不打；一旦涉及口供合法性审查时，讯问录音录像就会出"技术故障"等，而问题的关键在于法律并未规定没有依法对讯问进行全程录音录像取得的供述应当排除。而此次高法《意见》一个重大的突破是在第 8 条明确规定"……未依法对讯问进行全程录音录像取得的供述……应当排除"。以笔者之见，此处的"依法"，是指除依照刑事诉讼法外，公安机关必须依照《公安机关办理刑事案件程序规定》（以下简称《公安规定》）、人民检察院必须依照《规则（试行）》以及高检《意见》中的相关规定进行全程录音录像，否则，供述应当排除。而《公安规定》第 203 条规定："对讯问过程录音或者录像的，应当对每一次讯问全程不间断进行，保持完整性。不得选择性地录制，不得剪接、删改"；《规则（试行）》第 201 条规定："人民检察院立案侦查职务犯罪案件，在每次讯问犯罪嫌疑人的时候，应当对讯问过程实行全程录音、录像，并在讯问笔录中注明"；高检《意见》中也明确要求："在每次讯问犯罪嫌疑人时，应当对讯问过程实行全程同步录音、录像"，亦即未按照前述规定对每一次讯问进行全程录音录像取得的供述，均应作为非法证据予以排除。此规定对于侦查机关贯彻落实讯问全程录音录像制度无疑具有极其重要的现实意义。

（四）明确冻、饿、晒、烤、疲劳审讯等非法方法收集的被告人供述，应当排除

《刑事诉讼法》规定采用刑讯逼供等非法方法收集的犯罪嫌疑人、被告人供述，应当予以排除。《规则（试行）》和《解释》均对"刑讯逼供"作出了字义化的解释，但是解释均不够明确，如何为"使用肉刑"、何为"变相使用肉刑"、何为"剧烈疼痛或者痛苦"就不好把握，实践中争议较大。笔者认为，界定刑讯逼供最简单、最直接的方式就是采取列举式规定。如最高人民检察院 2005 年发布的《关于渎职侵权犯罪案件立案标准》中关于刑讯逼供罪的立案标准第 1、2 项规定："1. 以殴打、捆绑、违法使用械具等恶劣手段逼取口供的；2、以较长时间冻、饿、晒、烤等手段逼取口供，严重损害犯罪嫌疑人、被告人身体健康的……"就可谓一目了然。但该规定一方面本身不够完善，另一方面只是立案标准，而不是证据排除的规定，对于证据排除只有参考

意义。而此次高法《意见》第 8 条明确规定："采用刑讯逼供或者冻、饿、晒、烤、疲劳审讯等非法方法收集的被告人供述，应当排除。"虽然"冻、饿、晒、烤、疲劳审讯等非法方法"属于"变相使用肉刑"的刑讯逼供范畴，在立法技术上或许值得商榷，但是《意见》能够将这几种方法明确列举出来作为非法证据排除的范围，对于增强非法证据排除规则的可操作性，无疑是意义深远。

尤其值得指出的是，《意见》能够将"疲劳审讯"获取的供述予以排除，对于保障犯罪嫌疑人的休息权，防止犯罪嫌疑人在极度疲劳的状态下作出虚假供述，具有极强的现实意义。此规定显然是充分注意到了司法实践中普遍存在的长时间不让犯罪嫌疑人睡觉、搞疲劳战术的审讯方式的危害，具有明显的针对性。问题在于：疲劳审讯如何界定？笔者认为，是否属于疲劳审讯，关键在于正确认定两次传唤或者拘传的"间隔时间"是否合法。具体可以从两个方面把握：一是有关于"间隔时间"明确规定的，是否违反了规定。我国刑事诉讼法实际上是将传唤、拘传的持续最长时间等同于侦查机关可以进行讯问的最长时间，如 12 小时或者 24 小时。刑事诉讼法规定的"传唤、拘传犯罪嫌疑人，应当保证犯罪嫌疑人的饮食和必要的休息时间"，更主要是指在这 12 小时或者 24 小时内的饮食和必要的休息时间。在这 12 小时或者 24 小时内，无论给予犯罪嫌疑人多长的饮食和休息时间，笔者认为，都可以不属于疲劳审讯，因为立法采用的措词是"持续最长"。司法实践中，真正常见的疲劳审讯是侦查机关"灵活处理"两次传唤或者拘传的"间隔时间"，即 12 小时或者 24 小时用完之后，与下一次传唤或者拘传之间的间隔时间。虽然刑事诉讼法规定"不得以连续传唤、拘传的形式变相拘禁犯罪嫌疑人"，但并未规定何为连续传唤、拘传，亦即并未规定两次传唤、拘传的间隔时间①，这也就给侦查机关进行疲劳审讯留下了空间。但是，《规则（试行）》第 195 条规定"两次传唤间隔的时间一般不得少于十二小时，不得以连续传唤的方式变相拘禁犯罪嫌疑人"。因此，如果职务犯罪侦查部门违反了"两次传唤间隔的时间一般不得少于十二小时"的规定，即可视为"疲劳审讯"。二是没有明确规定的，是否明显违反了"常理、常情"中必要的"间隔时间"。在法无明文规定的情况下，这个标准目前确实只能由法官根据生活情理来自由裁量。如《公安规定》没有规定"间隔时间"，但是如果存在明显不合理的连续审讯，即可视为"疲

---

① 关于刑事诉讼法修改时是否应当明确两次传唤、拘传的间隔时间，绝大多数学者是指出了这个问题并提出了解决方案的，（参见徐静村主编：《21 世纪中国刑事程序改革研究——〈中国人民共和国刑事诉讼法〉第二修正案（学者建议稿）》，法律出版社 2003 年版，第 74 页）。但立法者之所以回避这个问题，笔者认为，或许是考虑到了侦查讯问的特殊性，网开了一面。

劳审讯"。如笔者承办的案件中，曾经遇到侦查人员每天只让犯罪嫌疑人休息
2个小时并每隔10分钟叫醒一次，且持续了14天的案例，如此显属典型的
"疲劳审讯"。在具体操作中，笔者认为，两次传唤、拘传间隔的时间一般可
以把握到8个小时为宜即"8小时标准"：一是因为人的生理休息期一般就是
8个小时；二是有立法例可资借鉴。如英国《1984年警察与刑事证据法》执
行守则C就规定"任何24小时期间内，必须允许被拘留者享有连续8小时的
休息时间，不应受讯问、转移或来自警察人员的打扰"。① 虽然我们尚不可能
要求侦查机关如英国似的在传唤或者拘传的24小时内保证犯罪嫌疑人8小时
休息时间，但如果侦查机关在两次传唤、拘传的间隔时间上还做不到不得低于
8个小时，可以视为"疲劳审讯"。此外，值得注意的是"夜间审讯"是否属
于疲劳审讯的问题。笔者认为，虽然有的国家确实有原则上禁止夜间讯问的规
定，如英国《1984年警察与刑事证据法》执行守则C就规定："休息时间应
当在夜间，不受干扰、不被迟延……"② 但是，此次刑事诉讼法再修正之所以
没有采纳部分学者主张的原则上禁止夜间讯问的提议，③ 立法者是考虑到了侦
查讯问的复杂性，刻意回避了这个问题，故而没有针对夜间讯问作出禁止性规
定。因此，在现有法律框架下，夜间讯问只要是在传唤、拘传的合法时间范围
内，是可以的，不属于疲劳审讯的范畴。

（五）其他突破性"亮点"浅评

系列规定在夯实防止冤假错案的证据防线方面还有其他一些突破性规定也
"可圈可点"。如中政委《规定》针对政法委协调案件这一做法明确指出"事
实不清、证据不足的案件，不予协调"。而实践中需要政法委协调的基本就是
因为事实不清、证据不足而导致争议较大的案件。这也就意味着政法委基本不
再协调案件，从而也避免了因为政法委协调而导致有的案件作出错误处理的问
题。中政委《规定》指出"严禁隐匿证据、人为制造证据"，明显是针对侦查
实践中存在的侦查人员隐匿对犯罪嫌疑人有利的证据乃至如笔者前文所提及的
制造虚假证据的问题作出的。高法《意见》中规定："不得就事实和证据问题
请示上级人民法院"。这是针对审判实践中存在的有的案件下级法院不仅请示
法律适用问题，而且就事实和证据问题也请示上级法院"把关"的做法作出

---

① 中国政法大学刑事法律研究中心组织编译：《英国刑事诉讼法（选编）》，中国政法大学出版社
2001年版，第445页。
② 中国政法大学刑事法律研究中心组织编译：《英国刑事诉讼法（选编）》，中国政法大学出版社
2001年版，第445页。
③ 徐静村主编：《21世纪中国刑事程序改革研究——〈中国人民共和国刑事诉讼法〉第二修正
案（学者建议稿）》，法律出版社2003年版，第74页。

的禁止性规定。高法《意见》中规定："切实改变'口供至上'的观念和做法，注重实物证据的审查和运用"。这是针对审判实践中过于重视口供而忽视对实物证据的审查和运用的现象作出的指导性规定。这些规定有的放矢地将实践中存在的问题通过政策或者法律加以解决，是一大进步。

三、余论：法官应当成为坚守防止冤假错案的证据防线的守护神

鉴于我国刑事司法现状的复杂性，系列规定中关于证据方面的前述突破性规定的实践效果尚需拭目以待。笔者认为，系列规定包括其他相关法律中关于证据方面的规定能否在防止冤假错案方面切实产生效果，关键在于法官能否坚持按证据规则作出裁判。我国刑事证据制度已经从"规则缺失"发展到"规则健全"阶段，目前主要需要解决的就是规则的"执行力"问题。正所谓："法院是法律帝国的首都，法官是帝国的王侯"。[①] 如果法官勇于坚持证据规则，则规则就有生命力，就会产生法律效用，反之，规则就会形同虚设，沦为司法的"装饰品"。最典型的就是非法证据排除规则的适用问题：从刑事诉讼法修正施行 1 年的情况来看，非法证据排除规则的适用很不理想，其最主要原因就是法官不敢或者不愿坚持排除非法证据，最终结果就是导致刑讯逼供等非法取证现象依然屡禁不止，立法者的良好初衷付诸东流。道理很简单：如果法官坚持非法证据排除规则，勇于排除非法证据，则会对侦查人员起到警示作用，其非法取证得不到法院支持，以后就不会采用非法方法取证；反之，如果法官明知是非法证据而不予排除，依然作为定案的根据，则会对侦查人员起到鼓励作用，其以后依旧会采用非法方法取证，从而形成恶性循环。因此，笔者一方面为系列规定对于构建防止冤假错案的证据防线的勇敢突破而欣欣然，另一方面也为这些勇敢的突破能否在诉讼过程中尤其是法官在审判中所坚守而惴惴然。诚如法谚所云："法官是维护社会正义的最后一道防线。"惟愿在我国刑事司法中，法官能够成为坚守防止冤假错案的证据防线的守护神。

---

① ［美］德沃金：《法律帝国》，中国大百科全书出版社 1996 年版，第 361 页。

● 证据法理

论证据保全的制度创新与立法修改
——以重庆邮电大学电子证据保全中心的创新为视角

一、电子证据保全中心的证据保全概况

经司法行政机关批准，重庆邮电大学于 2005 年设立了以电子证据为主要鉴定对象的司法鉴定中心。该司法鉴定中心成立至今已经 6 年，一直从事着电子邮件、手机短信、视频音频数据等电子证据的司法鉴定。目前，该中心已经通过了司法部关于电子数据恢复和提取、录音真实性（完整性）鉴定、电子数据保全以及电子文件检索的 CNAS 认证。① 由中心副主任杜江教授为主研发的"跨安全区域隔离与信息交换技术及应用"，荣获了 2010 年国家科技进步二等奖。②

2010 年 9 月，重庆邮电大学法学院得到中央财政支持地方高校发展专项资金支持，购买了 400 余万元的最新科技设备，并于 2011 年 3 月在原有重庆邮电大学司法鉴定中心的基础上成立了重庆邮电大学电子证据保全中心（以下简称电子证据保全中心）。电子证据保全中心建成以后，提供三种类型的电子证据保全：电子交易证据保全、电子文书证据保全和电子档案证据保全。

电子交易证据保全，分为离线和在线两类。离线的电子证据保全，是指电

---

* 重庆邮电大学法学院院长，法学博士，教授，电子证据保全中心主任。
** 重庆邮电大学诉讼法学硕士研究生。
① 2009 年 12 月 25 日、2010 年 12 月 28 日司法部司法鉴定科学技术研究所能力验证结果通知：重庆邮电大学司法鉴定中心能力验证结果为"满意、通过、不通过"中的满意。
② 2010 年国家科技进步获奖证书编号：2010 - J - 236 - 2 - 05 - D01。

子证据保全中心对提交保全的电子交易证据及其交易信息进行审查，运用现代科学技术设备查明该电子证据中的信息是否客观真实，有无失真或者交易后的修改。对于客观真实的电子交易证据，电子证据保全中心以电子证据保全证书的形式予以确认并加以固定保存。在线的电子交易证据的保全，电子证据保全中心采用的是当事人通过客户端上传电子交易信息的主动证据保全方式。其具体做法是：当事人在进行网上电子交易的同时，在电子证据保全中心网站下载证据保全客户端，将交易的资料上传到中心服务器。电子证据保全中心通过技术设备获取数据包，查明并固定交易终端的 IP 以及路由等，确认提交的交易信息的客观真实性，给出电子交易证据保全证书。一旦产生纠纷，当事人可以据此申请电子证据保全中心提供业经保全的电子交易证据。

电子文书证据保全，同样分为离线和在线两类。两者其概念与电子交易证据保全类似，人们可以通过在线的电子文书证据保全，主动将诸如专利、著作、论文、乐谱等电子文书实时上传到电子证据保全中心，从电子证据保全中心获取加有时间戳等的电子文书证据保全证书。这种保全方式能够有效地对电子文书进行固定和保存，从而避免和减少有关知识产权方面的纠纷和司法诉讼。

电子档案证据保全，是指电子证据保全中心对当事人提交的、通过网络传输得到的各类电子档案进行审查，查明该档案是否来源于特定的档案源、档案的内容是否被修改，以确认该档案内容与原存储档案一致。由于电子档案的特殊性，电子证据保全中心需要给档案源提供特定的哈希值，通过与其相配的哈希值，审查该档案是否从该档案源发出、有无修改等。当然，电子证据保全中心也可以按照我国电子签名法的规定，采用发放密钥的电子签名方法实现对电子档案证据的审查确认。

经过上述三类保全方式保全的电子证据，经当事人申请或者人民法院委托，电子证据保全中心可以将自己保全的电子证据移交重庆邮电大学司法鉴定中心，由司法鉴定中心指派该中心具有司法鉴定资格的鉴定人对其进行司法鉴定。需要说明的是，此处的司法鉴定已不再是电子证据保全。

人类已经步入网络时代，电子证据保全中心的前述电子证据保全无疑具有极为重要的意义。此类形式的电子证据保全，首先，能够有效地解决电子档案、电子文书、电子交易信息的客观真实性，方便人们及时、便捷、准确地获取证据证明或者查证争议的待证事实，极大地节省时间和资源。其次，还能够有效地解决信息传输的安全问题，有效地保障人们对电子证据客观真实性的正确认定，避免和减少因证据不足、事实不清而产生的纠纷与诉讼。更为重要的是，电子证据保全中心采用了在电子证据生成时就主动对其予以在线保全的证据主动保全方法。这种在事实发生或者存在时即对其信息加以收集并固定,通过技术设备实时获取证据的证据保全方式,对于有效地查明犯罪事实,预防和化解民事纠纷,查明待证事实以正确处理诉讼案件,具有极高的实用价值。

但是,电子证据保全中心的上述关于电子证据保全的具体做法,有别于我国现行证据立法中的证据保全。这是对我国现行证据立法中规定的证据保全法律制度,甚至是对我国众多理论著述中的证据保全理论在较大程度上的创新,对我国证据保全理论的发展,对于证据保全法律制度的创新和立法的完善,无疑具有重要的参考和借鉴价值。

二、电子证据保全中心保全主体的创新

根据我国现行立法的明文规定,证据保全的主体只有人民法院和国家公证机关。人民法院对证据进行保全,是根据我国新《民事诉讼法》第81条的规定。该条规定:"在证据可能灭失或者以后难以取得的情况下,当事人可以在诉讼过程中向人民法院申请保全证据,人民法院也可以主动采取保全措施。"国家公证机关对证据进行保全,是依据我国《公证法》第11条第1款第9项的规定。目前,我国立法除规定人民法院和国家公证机关依法进行证据保全外,并没有赋予其他单位和个人从事证据保全(当然也包括电子证据保全)的主体资格。因此,前述电子证据保全中心虽是专业技术机构,却并不符合我国立法关于证据保全主体的规定。

随着科技的飞速发展,在高技术条件下产生的电子证据,已经越来越多地运用到三大诉讼的证明活动中。证据保全主体只能是人民法院和国家公证机关的规定已不能适应司法实务的发展,因此证据保全主体需要创新。理由如下:

第一,人民法院和国家公证机关缺乏客观条件。对于这些具有高技术特性的电子证据,人民法院和公证机关往往缺乏专业技术人员以及相应设备,因而难以及时有效地收集、分析和固定新型证据。在我国的司法实务中,对于电子签名、手机短信等技术性较强的电子证据进行保全,人民法院和公证机关一般都求助于专业技术机构,委托其代为审查,以确认证据中的信息是否客观真实、能否证明待证的案件事实。

第二,人民法院和国家公证机关两者的主要职能并非证据保全。人民法院作为国家审判机关处于中立的裁判地位,其主要职能是对各类诉讼案件进行审理并依法作出司法裁判。国家公证机关是依法独立行使国家公证职权的司法证明机构。虽然对证据进行公证保全是国家公证机关的一项重要职能,但其主要职能仍是依法办理公证业务及其法律事务。综合考虑,两者都没有必要,也不可能建立起能够具有普适性的证据保全机构。

第三,公安机关的网络技术机构也不可能成为电子证据的保全机构。在我

国的刑事诉讼中，公安机关是专门的刑事犯罪侦查机关。网络技术机构作为公安机关的内部机构自然不可能作为中立的第三方提供证据保全。

因此，如果囿于固有的证据保全主体成规，坚持只有人民法院和国家公证机关才能作为证据保全的主体，不仅会加重人民法院和国家公证机关的工作压力，还会极大地影响证据保全制度积极作用的发挥，影响司法证明中的证据运用。当今社会的司法证明活动涉及社会的各个领域。在科学技术日新月异的今天，人们对证据的调查、收集、分析、保全，早已无法离开专业技术机构提供的技术支持。直言之，作为证据保全法定主体的人民法院和国家公证机关，在越来越多的证据保全领域根本无法单独完成证据保全。

综上所述，根据我国证据保全主体明显缺失的具体情况以及证据保全的实际需要，修改我国立法关于证据保全主体的限定，分门别类地设立像电子证据保全中心那样的专业证据保全机构，对于完善我国证据保全法律制度，将具有十分重要的意义。证据保全离不开专业技术机构的参与。重庆邮电大学电子证据保全中心的建立，为我国证据保全法律制度的修改和完善提供了一条很好的路径。

三、电子证据保全中心保全功能的创新

根据我国新《民事诉讼法》第81条和《行政诉讼法》第36条之规定，在电子证据保全中心的证据保全中，以证据审查确认为基本功能的保全也是一种创新。其功能已经超出了我国现行证据立法关于证据保全的具体规定。

在我国的法律制度中，保全这一概念包括财产保全和证据保全两类。财产保全，是为了保障民事判决、裁定的执行，依诉讼当事人申请，在判决前对被申请人的财产依法采取各种强制性措施的总称。证据保全则是不同于财产保全的一种诉讼程序制度，这一程序制度包括：（1）诉讼前的诉讼证据保全，指在提起诉讼以前，人民法院应当事人的请求而为的证据保全；（2）诉讼中的证据保全，指在诉讼中诉讼参加人向人民法院申请或者人民法院主动采取的证据保全；（3）诉讼外的证据保全，指公证机关应利害关系人的申请，对特定的证据进行的证据保全。

证据保全的基本功能有无对证据客观真实性进行审查确认呢？对此，学术界存有两种不同的观点。第一种观点认为，证据保全是一种特殊形式的证据收集，并不是对证据内容是否客观真实的审查确认。证据保全的基本特征，只是对证据进行收集或者"固定与保管"。如有学者提出的："证据保全是取证制度的重要环节，是收集证据工作不可分割的一部分。证据保全即证据固定与保管，是指用一定的形式将证据固定下来，加以妥善保管，以供司法人员或律师

分析，认定案件事实时使用。"① 第二种观点正好与前述观点针锋相对，认为证据保全的基本功能是对证据的"预先调查"。持此观点的学者指出，证据保全并非简单地对证据加以"固定与保管"，证据保全的基本功能是先通过对证据内容是否客观真实的审查确认，再对其证据的形式与内容加以固定与保存。如有学者提出的："证据保全程序是基于客观上的需要，在正式开展庭审调查前就特定材料预先加以调查，以便对其证据的形式与内容加以固定、保存的一种特别程序。"② 对此，国外一些学者也有相同的观点。例如，日本学者兼子一就提出："证据保全程序是指那些由于等到诉讼中正式调查期日开展调查时，就很有可能无法进行或者难以取得的特定证据，因此，事先就有必要进行证据调查并保存其结果的诉讼程序。"③ 由此可知，电子证据保全中心以是否客观真实审查为主旨的证据保全，不过是上述"预先调查"理论的具体实践。

笔者认为，作为诉讼法律制度中的证据保全，第一种观点是完全错误的。这一观点强调证据保全属于证据的收集，是"收集证据工作不可分割的一部分"，实际上已经否定了证据保全是不同于证据收集的一种独立的证据法律制度，否定了证据保全程序制度独立存在的价值。因为任何证据的收集主体只要收集证据，就当然会去"固定与保管"自己已经收集到的证据。换言之，证据收集的内涵不仅包容了发现证据、提取证据，而且当然也内含了人们收集到证据以后再对其加以固定和保存的内容。因此，将证据的保全理解为对证据收集后进行的"固定与保管"，也就当然地模糊了证据的收集与保全的界限，客观上也就否定了证据保全作为一种证据法律制度存在的必要。

电子证据保全中心关于证据保全功能的创新，已经向我们昭示了证据保全作为一项证据法律制度存在的必要性和重要性。如前所述，在科技迅速发展的当今社会，如果没有一个拥有先进技术设备和专业技术人员的证据保全机构事先对这些具有高技术特性的证据加以分析，确定其是否客观真实，我们根本就不可能正确地分析、认识甚至认定这些证据。

以审查确认证据客观真实为基本功能的证据保全制度，应当是现代诉讼法律制度必不可少的组成部分。我国司法机关审理的各类诉讼，尤其是民事诉讼，多是因事实不清的争议而提起。不管什么样的诉讼案件，法庭审理的重点几乎都是争议事实，法庭耗时最多的也是对证据的质证、认证。也就是说，诉讼中占用时间最多、占用司法资源最多的就是对证据是否客观真实的审查、判

---

① 何家弘、刘品新：《证据法学》（第三版），法律出版社 2008 年版，第 216 页。

② 参见毕玉谦：《证据保全程序问题研究》，载《北京科技大学学报》（社会科学版）2001 年 5 期。

③ ［日］兼子一、竹下守夫：《民事诉讼法》，法律出版社 1995 年版，第 117 页。

断。我们完全可以设想，如果所有有争议的事实都有相应的证据证明，而这些证据又都在法庭开庭审理前就已经对其是否客观真实进行了正确的审查确认，法庭对案件的审判也就会最大限度地节省司法资源，最大限度地提高司法效率。因此，以审查确认证据客观真实为基本功能的证据保全制度，应当是建立科学合理的诉讼法律制度必不可少的重要内容。

笔者认为，所谓证据保全不应是证据收集的组成部分。证据保全的"保全"，并不仅仅是证据的收集、固定和保存，证据保全的核心在于对证据是否客观真实的审查确认。因此，我国的证据立法除了规定人民法院和国家公证机关可以依法对提请保全的证据进行保全外，还应当规定专门的证据保全机构及其证据保全法律程序。有了专业证据保全机构，不管争议涉及诉讼还是非诉的，不论哪种证据种类，不论处于诉讼的哪个阶段，都可以申请这些专门的证据保全机构进行专业的审查确认。笔者认为，此种专业证据保全机构及其证据保全，有利于诉讼当事人更好地运用证据保障自己的合法权利，有利于人民法院正确地运用证据处理各类案件，有利于避免和减少各类诉讼纠纷，构建和谐社会。因此笔者建议，为了完善我国的证据保全法律制度，应当修改现行民事诉讼法中关于证据保全的法律条文，明确规定专门证据保全机构及其证据的保全方式和程序。

四、电子证据保全中心保全方式的创新

前述电子证据保全中心的创新，还主要体现在其证据保全方式上。其一，电子证据保全中心的证据保全增加了专业证据保全机构认证保全的保全方式，并由此构建了较为完善的证据保全体系；其二，电子证据保全中心的证据保全增设了证据主动保全的类型，拓展了证据保全的价值空间。

（一）创新了不同主体共同构成的相对完善的证据保全体系

电子证据保全中心的前述证据保全，在人民法院和国家公证机关之外补充了一种新的证据保全方式，创新了一个不同主体共同构成的较为完善的证据保全体系。在这一新的证据保全体系中，不仅有人民法院的查证保全和国家公证机关的公证保全，还有专业证据保全机构的认证保全。

1. 人民法院的查证保全

人民法院对证据的查证保全，是为了固定和保管证据，从而避免证据被篡改或者证据自身变化以及其他意外情况而导致证据灭失，以致以后难以取证的情况发生。笔者认为，由于人民法院的证据保全已经使得其获取的证据具有适格的证据能力和较强的证明力，因而其证据保全也应当包含对该证据是否客观真实进行审查确认的内容。

2. 国家公证机关的公证保全

国家公证机关对证据的公证保全，是国家公证机关根据公民、法人或其他组织的申请，对与申请人权益有关的、日后可能灭失或难以提取的证据加以验证提取。公证保全多属诉前证据保全，因此其证据保全有助于预防和减少纠纷诉讼。

3. 专业证据保全机构的认证保全

专业证据保全机构的认证保全，是指类似电子证据保全中心的专业证据保全机构，根据委托对某些具有专业技术要求的证据，通过专业技术人员，运用专门的技术设备进行审查以确认证据客观真实的活动。

这里需要指出，专业证据保全机构的认证保全并不能等同于司法鉴定。司法鉴定是指依法取得专业司法鉴定资格的鉴定人，运用专门的科学技术或者专业知识对涉及诉讼的专业性问题进行检验、鉴别和判断并提供鉴定意见的活动。专业证据保全机构的证据保全活动，并不是运用科学技术分析证据的证明活动，而仅仅是对证据自身是否客观真实的审查确认。证据保全的重点是通过专业技术人员和技术设备，甚至仅靠技术设备审查该证据真伪。这里应当强调的是，专业证据保全机构的证据保全并不需要对证据进行鉴定并得出结论。证据保全的目的，只是通过审查以确认证据的客观真实、没有修改伪造，并对其加以固定和保存，以便其能够很好地用于证明待证事实。

此外，专业证据保全机构的认证保全也不同于对证据的认证。所谓认证，也就是认定证据。人们通常以是否由国家司法机关对证据予以认定为标准，将认证分为司法认证和非司法认证两类。在我国的诉讼法律制度中，认证只是人民法院的审判人员经过对证据的法庭调查，对证据的客观真实性，或者说对证据的证据能力和证明力的认定。显然，证据保全，尤其是专业证据保全机构的认证保全并非认证。认证保全不是认定证据而是保全证据。保全证据的目的只为通过审查确认证据及其中的信息是否虚假、是否客观真实，对于确认为客观真实的证据予以固定和保存。

（二）增设了证据主动保全的类型，拓展了证据保全的价值空间

前述电子证据保全中心关于电子证据的证据保全，创新了一种主动的证据保全方式。例如，前述电子交易证据的在线保全方式。这一方式中，电子证据保全中心对电子交易信息的固定与保存，是当事人在进行网上电子交易的同时，在电子证据保全中心网站下载保全客户端，将交易的资料上传到中心服务器，或者通过客户端对该资料进行处理生成并上传独有的哈希值，通过这一特殊的信息固定方式实现对交易资料客观真实的固定与保存。这种在行为或者事件发生的同时将其信息固定并保存下来，便于以后证明该行为或者事件曾经客

观存在的证据保全方式，即是证据的主动保全方式。这里的主动保全，是相对于被动保全而言。与主动保全不同，这里的被动保全是行为或者事件发生以后，为了证明这些已经存而不在的事实而审查确认并固定保存证据。简言之，证据的被动保全，是待证事实发生或者存在以后，对能够证明该待证事实的证据进行的证据保全；证据的主动保全，则是在待证事实发生或者存在的同时，及时地将能够证明这些事实的证据固定并保存下来。

毫无疑义，对于保全证据以更好地用于证明待证事实，证据的主动保全方式具有更为重要的积极作用。首先，通过主动的证据保全方式保全的证据具有可靠的客观真实性：其一，通过主动保全方式保全的证据是在待证事实发生或者存在的同时获取的，一般不会出现虚假或者修改、伪造；其二，由于证据的保全与待证事实的发生或者存在同步，保全机构对证据客观真实的审查确认自然十分容易，不会出现经过保全后的证据仍然可能存在的错误。其次，主动的证据保全方式更有利于化解纠纷，有助于减少和避免诉讼。正如前文所述，电子证据保全中心通过在线方式获取并加以保全的电子证据，是行为人自己通过中心网站下载客户端发送到中心。一旦需要用这一证据证明行为事实，面对自己亲自提交的客观真实的证据和与提交证据有关的充分的其他信息，行为人很难否认。

五、电子证据保全中心证据理念的创新

电子证据保全中心最为重要的创新，应当是关于证据理念的创新。其中最为重要的是关于证据审计信息理念的提出和证据服务理念的创新。

（一）关于证据审计信息的理念

电子证据保全中心的前述证据保全，通过审计信息来审查确认电子证据是否客观真实。这一证据保全方式创新了人们固有的证据理念，提出了证据客观真实的审查依据是证据的审计信息。

这里的审计信息，是指那些反映证据生成、存储、发现、提取、固定的事实，因而能够用来审查并确认证据生成后有无修改、其中信息有无变异。笔者曾经多次撰文提出，所谓证据，不过是存储了待证事实的事实信息的物质载体。证据之所以能够证明待证事实，就在于该证据里边存储了该待证事实留下的事实信息。[1] 审计信息不是待证事实留下的事实信息，自身并不能证明待证事实。但是，证据是否客观真实，有无篡改、伪造，能否作为证据证明待证事实，都只能通过审计信息才能得以确认。前述电子证据保全中心关于电子证据客观真实性的审查，就是通过电子证据审计信息来实现对其的确认。例如，关

---

[1] 熊志海：《刑事证据研究——事实信息理论及其对刑事证据的解读》，法律出版社 2004 年版。

于电子邮件客观真实的审查，不仅要审查发送电子邮件的 IP 地址，而且需要审查电子邮件发送的路由、两个网络终端和邮件通过的两台服务器，此外，还需要查明电子邮件发送和接收的数据包、字节数有无变化。这些用以审查电子邮件证据是否客观真实的信息，也就是审计信息。

我国立法虽然并未直接规定用审计信息审查证据的客观真实性，但是早已规定了调查收集证据必须遵循严格的收集程序。例如，我国新《刑事诉讼法》第 131 条规定，"勘验、检查的情况应当写成笔录，由参加勘验、检查的人和见证人签名或者盖章"。根据这一规定，审查勘验检查笔录的真实性，应当通过参加勘验检查的人和见证人的签名或者盖章这些反映在证据中的审计信息加以确认。此外，该法第 140 条也有此类规定："对查封、扣押的财物和文件，应当会同在场见证人和被查封、扣押财物、文件持有人查点清楚，当场开列清单一式二份，由侦查人员、见证人和持有人签名或者盖章，一份交给持有人，另一份附卷备查。"我国新《民事诉讼法》第 80 条也规定，"勘验物证或者现场，勘验人必须出示人民法院的证件，并邀请当地基层组织或者当事人所在单位派人参加。当事人或者当事人的成年家属应当到场，拒不到场的，不影响勘验的进行"。笔者认为，这些规定事实上已经对证据的审计及其审计信息提出了要求。在我国的司法证明活动中，人们也是通过反映证据生成、存储、发现、提取、固定的这些审计信息来审查判断证据是否客观真实。例如，刑事诉讼中侦查机关在犯罪现场收集的痕迹物证，必须有相应的提取时间、提取人员以及现场环境等审计信息证明是从该犯罪现场提取。

笔者认为，证据审计信息理念的提出，对于完善我国的证据保全法律制度，对于我国的证据立法和理论进步都具有重要意义。基于证据审计信息的理念，人们不再单纯依靠其他证据的"印证"，而是通过该证据生成、提取、固定和保存的具体信息去审查确认该证据是否客观真实、其中的待证事实信息是否经过修改。

通过这些信息科学地审查并认定该证据及其中的待证事实信息有无修改，是否伪证。这一理念的提出与完善，当然也会对我国的立法和司法证明活动、对我国证据理论的发展也都会产生深远的影响。

（二）关于证据服务的理念

在人类法制发展的历史和证据理论的历史演进中，证据通常是在出现纠纷以后，人们才会去收集并用来证明待证事实。电子证据保全中心关于电子证据保全的前述实践，提出了行为或者事件发生时由专业技术机构实时收集证据以预防和处理纠纷的方法。这一方法给我们创新了一种重要的证据理念：只有由专业证据保全机构在诉讼外或诉讼前对证据进行主动或事前保全，人们才能更好地运用证据预防和减少纠纷、诉讼的产生，保护自己的合法权益。

因此，在法治社会，证据服务应当是一类重要的社会服务。通过证据服务，人们的各类交往特别是电子交易，均能得到安全、可靠的保障，进而推动各行业特别是新兴技术行业的健康发展，促进国民经济的信息化进程。

六、结论

重庆邮电大学电子证据保全中心关于证据保全主体、保全功能、保全方式以及证据理念的创新与实践证明，伴随着我国信息化进程，现存证据保全制度已难以满足信息时代科技迅猛发展的需求，亟待对其加以修改。笔者认为，为完善信息时代的证据立法，我国立法应明确规定，证据保全是为了防止证据灭失、篡改和避免以后难以取得，由证据保全机构依法审查以确认其客观真实并加以固定和保存的法律制度，而非证据的收集抑或证据的审查与固定。同时，通过增设证据主动保全的保全类型以及确定具有专业技术人员和技术设备的证据保全主体，建立以人民法院的查证保全、公证机关的公证保全和专门证据保全机构的第三方认证保全这一由不同主体共同构成的、完善的证据保全体系，以此拓展证据保全的应用范围和价值空间，以更好地证明待证事实，维护司法公正。

冤错案件的证据学分析
——证明责任"失守"及其克服

张 波* 付海平**

引言

近年来,从云南杜培武案到河南赵作海案、湖北佘祥林案以及浙江张高平、张辉叔侄案,一系列重大冤错案件的曝光,引发了全国上下的广泛关注,激起了社会公众对司法公正的强烈质疑,冤错案件的防止已然成为当下最热的话题。法学理论界、立法机关、公安机关、人民检察院、人民法院从不同层面和不同角度对于冤错案件形成的原因及其防止正在进行深刻反思,中共中央政法委员会近期专门出台《关于切实防止冤假错案的指导意见》,要求正确贯彻刑事诉讼法各项规定,切实防止冤错案件发生。

实事求是地讲,每一件冤错案件的发生都有着多方面的各不相同的原因,防止冤错案件是一个系统工程,需要从提升司法理念、完善法律政策和工作机制、提升司法能力等多方面着手,需要公安机关、检察机关、人民法院在诉讼的不同环节共同努力,多管齐下,综合治理。但是,从已经曝光的重大冤错案件和司法实践中常见的冤错案件来看,有一个规律性的现象是不容置疑的,那就是几乎所有的冤错案件问题都集中体现在对案件事实和证据的认定上,而这些事实和证据上的问题又都集中体现为司法机关尤其是人民法院在审判过程中错置证明责任。其主要表现有:其一,在事实不清、证据不足,检察机关对被告人的指控没有达到"事实清楚、证据确实充分,已经排除合理怀疑"的证明标准的情况下,漠视被告人的合理辩解,或者在被告人的辩解已经足以产生

* 重庆市高级人民法院刑事审判二庭副庭长,法学博士,西南政法大学证据法学研究中心研究员。
** 重庆市高级人民法院助理审判员,法学硕士。

对案件事实的合理怀疑,仍然违法要求被告人证明自己无罪;其二,对于侦查机关取证的合法性放弃审查,违法要求被告人提供证据证明侦查机关非法取证,这是冤错案件最普遍存在的现象。据此,我们认为,证明责任"失守"——错置证明责任或者放弃对公诉机关证明责任的严格要求,是造成冤错案件的最主要、最根本的原因。

一、证明责任及其对象和标准

(一) 证明责任及其本质

证明责任,又称举证责任,是指在刑事诉讼中公诉机关就己方对被告人提出的指控,提供证据予以证明的责任或者法律要求。一般认为,证明责任包含两层含义:一层含义是提供证据的责任,也称主观证明责任,即检察机关向法庭提供充分的证据,从而促使法庭对案件中的争点事实进行审判;另一层含义是说服责任,也称为客观证明责任,即在审判点后因争点事实真伪不明而承担的不利诉讼后果。从程序功能上讲,提供证据责任和说服责任在诉讼中发挥着不同的功能。一般而言,检察机关要想获得有利于己方的判决,必须经过两个环节:第一个环节满足提供证据责任的要求;第二个环节满足说服责任的要求。在第一个环节,提供证据责任作为一种案件筛选机制,能够将那些不符合立案条件的案件排除在诉讼程序之外。具体而言,检察机关如果没有提供证据或者法院经审查认为检察机关没有提供充分的证据,即未能满足提供证据责任的要求,法院就不应当受理案件,案件也就无法进行到正式的审判环节。只有当检察机关满足了提供证据责任,法院受理案件并决定开庭审判之后,才能涉及说服责任问题。这也是庭前立案审查程序的重要制度基础。在第二个环节,说服责任作为一种法定的风险分配机制,能够在事实真伪不明时确保法官依法作出裁判。案件经过开庭审判,检察机关提供了所有的证据后,争议事实可能在审判结束时仍然真伪不明,此时法官无法基于庭审的结果作出裁判,但法律又要求其作出终局性的裁判,不能规避裁判义务,所以就需要有专门的法律机制来为法官提供帮助。因此,说服责任是证明责任的本质所在,它是在审判结束时事实真伪不明的情况下确保法官作出终局性的特殊法律机制,其存在的意义在于防止法官拒绝裁判现象的发生,在具体的诉讼过程中不发生倒置、转换或转移,而提供证据责任则可以在诉讼过程中发生转换或转移,① 始终让位于争议事实的主张者一方。根据无罪推定原则的要求,如果检察机关在审判结束时未能证明被告人有罪,就要承担败诉的法律后果,即法院将据此按照疑罪从无的原则作出不利于检察机关的无罪判决。

---

① 罗国良:《我国刑事诉讼中的证明责任分配》,载《人民法院报》2010 年 5 月 26 日第 6 版。

（二）证明责任的分配原则

1. 公诉机关承担证明责任

"证明责任乃诉讼之脊梁。无论是对抗式诉讼还是职权式诉讼，作为风险分配的证明责任分配都具有适用性。"①作为一种风险分配机制，证明责任只有在其本身明确的条件下才能发挥定分止争、分配风险以及在事实不清、证据不足的情形下直接决定判决结果有利于检察机关或者被告人的功能。

刑事诉讼的一般原理认为，在具体的诉讼过程中，提供证据责任可以在双方当事人之间发生转移，但说服责任并不发生转移。证明责任的功能并非帮助法官形成对某个争议事实的心证，而是一种法定的风险分配机制。

第一，说服责任的分配原则。基于无罪推定原则，两大法系的证明责任理论都认为，说服责任作为结果意义上的责任机制，始终让位于争议事实的主张者一方，并不会发生转移或者倒置。说服责任直到裁决时，才进行分配。②尽管说服责任作为法定的风险分配方式，在每个诉讼开始前就已存在，但其真正发挥作用却是以审判结束且争议事实真伪不明为前提条件，只有此时才有必要基于说服责任的分配作出判决。所谓真伪不明，即我国法律中的事实不清，是指在审判结束时，所有能够释明事实真相的措施都已用尽，但争议事实仍然不清楚，即法官心证模糊。换言之，说服责任只有在审判结束时才可能真正发挥其功能。如果判决的基础是事实真伪不明，就意味着争议事实的主张者未能满足说服责任的要求，进而需要作出对其不利的判决；如果判决的基础是已经确定的事实，就意味着争议事实的主张者已经满足了说服责任。

第二，提供证据责任的分配原则。提供证据责任与通常意义上的"谁主张，谁举证"原则密切相关，是在审判过程中当事人为了证实或者反驳特定的主张而提供证据的责任。从审判的进程上看，最初是由检察机关提出指控的事实主张和相应的证据，如果检察机关提出特定的主张，但未提供相应的证据或者所提供的证据显然达不到法定的证明标准，其主张根本不会提交给审判。

也就是说，如果检察机关提供针对指控的事实主张提供了相应的证据，促使法官形成了有罪的心证，此时的提供证据责任就转移给被告方。从审判的进程看，提供证据责任可能会随着双方当事人的证明进程而发生转移，但首先要求检察机关承担初步的证明义务，只有在检察机关对被告人构成犯罪的基本事实提供有力的证据，辩护方才需要对相关的辩护事实提供证据。即使对于应由辩护方提供证据的辩护理由，在辩护方提供证据之后，最终反驳其存在的责任

---

① ［德］汉斯·普维庭：《现代证明责任问题》，吴越译，法律出版社 2000 年版，第 30—31 页。

② 罗国良：《我国刑事诉讼中的证明责任分配》，载《人民法院报》2010 年 5 月 26 日第 6 版。

仍然由检察机关承担，因为检察机关始终承担着说服责任。

2. 证明责任的不转移也不倒置

刑事案件证明责任的基本原则是：检察机关承担证明责任，被告人不承担证明自己有罪或无罪的责任。我国刑事诉讼法学理论界有观点认为，这条原则具有一定相对性，由控方所承担的证明责任，基于特定理由在特定情况下可以"转移"或"倒置"给被告方。为了论证这一观点，论者列举了被告人应承担证明责任的情形：其一，在持有（占有）型犯罪中，由刑事实体法规定被告人应当承担证明责任的。如现行法规定的巨额财产来源不明罪和非法持有国家绝密、机密文件、资料、物品罪。实际上这些罪名是因被告人巨额财产来源不明或者非法持有国家秘密文件、资料、物品而推定其有罪，从而要求被告人证明其无罪。由于这种推定允许反驳，即允许被告证明其无罪，因此发生了转移证明的行为责任并确定结果责任，即不能证明合法则推定非法而成立有罪的效果。其二，被告人的行为已经使法律保护的利益受到威胁，被告人以阻却刑事违法性和有责性的特定事由提出辩护。这种情况有一个前提，是被告方可能证明其行为不构成犯罪，而检察机关难以证明其犯罪。例如，被告人采用虚报冒领等非法的财务处理方式转移了公共财产的所有权，但被告人提出并未据为己有而是作为公用开支，如请客送礼等，对这种公款开支去向，控方难以证明，被告人应当承担一定的证明责任。其三，被告方主张的某些程序性事实。其四，被告人主张的、独知的事实。如果根据经验法则，被告人提出的某一关键性的辩护理由只可能是其独知的事实，由控方举证难度太大，从证据收集和举证难易程度考虑，应当由被告人对其独知的事实承担证明责任。[①] 也有人提出类似的观点，认为被告人承担证明责任的情形主要有四类：一是被告人对其提出的法定积极抗辩事由，承担证明责任，如正当防卫、紧急避险、非有意诬告、被追诉前主动交代犯罪事实等带有"但书"或"豁免"性质的例外情形等；二是被告人对法律所确定的推定事实承担证明其不成立的证明责任，如巨额财产来源不明罪、刑法分则有关"明知"和"非法占有目的"等主观要件事实；三是被告人对于所主张的量刑事实，承担证明责任；四是被告人对于所主张的程序事实承担证明责任。[②]

我们不同意关于证明责任转移和倒置的上述观点。众所周知，无罪推定是当代刑事法治的基石。"谁主张，谁举证"，检察机关要指控被告人犯罪，就必须提供证据证明被告人实施了犯罪，被告人没有证明自己有罪或者无罪的义

---

① 龙宗智：《证明责任制度的改革完善》，载《环球法律评论》2007年第3期。

② 陈瑞华：《刑事证据法学》，北京大学出版社2012年版，第237—240页。

务。正是基于这样的前提，我们才说证明责任的核心和本质在于说服责任。从这个意义上讲，证明责任只能由检察机关承担，具有不可转移性，也不可倒置。被告人针对指控有权提出辩解，为了使其辩解具有说服力，赢得法官确信，被告人有权利就其辩解提出证据或者证据线索供法庭查证。巨额财产来源不明罪作为一种持有型犯罪，其本质特征在于行为人持有超过合法收入的来源不明的巨额财产，而不是行为人拒不说明巨额财产的合法来源。巨额财产来源不明罪不是将证明责任配置给被告人，也不存在证明责任转换或倒置的问题，只是通过犯罪构成要件的调整减轻公诉机关的证明责任。我国刑法规定的其他持有（占有）型犯罪，虽并未像此罪一样在条文中要求持有人必须说明来源，但事实上司法机关仍会给持有者说明的机会，只要辩解排除了社会危害性，就不成立犯罪，即这些持有（占有）型犯罪案件中被告人只是承担提供证据责任。并且，被告方主张阻却犯罪成立的任何事实（不限于排除违法性和刑事责任的事实）存在，并非类似英美刑法理论中"合法辩护"的积极抗辩，即被告方在承认检察机关指控事实的基础上主张阻却犯罪成立的新的要件事实存在，承认形式上构成犯罪但主张实质上无罪（否定刑事责任），仍然只是对检察机关指控犯罪构成事实存在的否认，被告方对这些否认无须承担证明责任，而只承担相应的提供证据责任。①

（三）证明对象及证明标准

1. 证明对象

证明对象是指诉讼中需要运用证据加以证明的问题。一般认为，刑事诉讼的证明对象包括案件的实体法事实和程序法事实。

刑事诉讼中首先需要证明的是实体法事实，也就是关于指控被告人所实施犯罪的定罪量刑的事实，首先是犯罪构成要件所涵摄的事实，其次是量刑事实，即作为对被告人从重、从轻、减轻、免除刑事责任等处罚理由的事实。我们认为，对于构成要件事实和从重处罚的量刑情节，当然应当由检察机关承担相应的证明责任；对于自首、立功等从宽处罚情节，检察机关亦不能免除提供证据的责任。

案件的实体性事实总是通过法律规定的程序得以证明，程序公正是实体公正的保障。脱离了程序公正，实体公正必然受到质疑。在相当多的情况下，程序性事实可能直接造成实体性事实认定的偏差和错误。刑讯逼供取得的被告人口供证实的事实已经被证明在赵作海案等相当多的冤错案件中直接造成了实体事实的认定错误。正是由于案件的程序性事实和实体性事实相互依存，程序性

① 罗国良：《我国刑事诉讼中的证明责任分配》，载《人民法院报》2010年5月26日第6版。

事实理所当然应当成为证明对象。

长期以来，我国刑事诉讼法及司法解释对于程序性事实是否应当作为证明对象缺乏规定，加之法学理论界存在争论，直接导致了诉讼实践中对于程序性事实的证明陷入灰色、空白地带，突出表现在被告人提出侦查机关取证违法。通过刑讯逼供方式取得的口供不能作为定案依据或者其他程序性辩解的时候，法院几乎无例外地以"被告人不能提供证据证实其意见，故对其辩解不予采信"，武断地驳回被告人的辩解。如果我们仔细研究近年来披露的重大冤错案件，几乎每一件都存在这样的问题：受冤枉的被告人在审判期间都不约而同地提出了侦查行为违法，口供系刑讯逼供取得，不能采信。而几乎所有案件的法官都不约而同地以这样的理由——被告人不能证明侦查行为违法，驳回被告人的辩解，从而直接洞开了冤错案件的大门。这实在令人痛心。我们认为，假定当初法律对于程序性事实的证明有明确规定，假定法官们严格把好了证明责任的关口，不说全部，至少60%以上的冤错案件可以避免。

2010年出台的两个证据规定和2012年刑事诉讼法明确规定，人民检察院应当对证据收集的合法性加以证明，对于经过法庭调查，确认或者不能排除存在以刑讯逼供等非法方法收集证据的，对于有关证据应予以排除。这是我国法律首次对程序性争议确立裁判程序，也是首次将程序性事实明确规定为证明对象，由检察机关承担证明责任。我们相信，非法证据排除规则的规定及其施行，对于冤错案件的发生将会从根本上起到抑制作用，对于最大限度地减少冤错案件具有重大意义。

2. 证明标准

证明标准是检察机关为了完成其指控，履行其证明责任所必须达到的程度。检察机关对于其所指控的犯罪的证明达到了证明标准，法院将根据其指控对被告人定罪量刑，意味着指控成功；相反，如果检察机关对于犯罪的指控并没有达到法律规定的标准，法院并没有完全接受其指控，就说明指控并不完全成功；如果法院认为根据检察机关履行证明责任的情况，不能认定被告人犯罪，则意味着指控完全失败。

根据我国《刑事诉讼法》第53条的规定，我国刑事案件的证明标准是指控犯罪的证据确实、充分，具体包含三层内容：一是定罪量刑的事实都有证据证明；二是据以定案的证据均经法定程序查证属实；三是综合全案证据，对所认定的事实已排除合理怀疑。法律规定的这个标准，在理论上通常被称为"排除合理怀疑"标准。我们认为，这个标准表述为"确定无疑"更为妥帖。用通俗的语言表述，要完成对被告人的指控，检察机关必须用证据证明确确实实就是被告人实施了犯罪行为，被告人确确实实实施了犯罪行为，如果检察机关只能证明被告人可能实施了犯罪行为，即使这种可能性非常高，也就是哪怕证明到被告人很可能、非常可能实施了犯罪，也不能认为达到了证明标准并因此对被告人定罪量刑。简单地说，被告人犯罪必须被证明到"确定无疑"，"没有其他可能"的程度，才能认为达到了证明标准。

我们常说的冤错案件没有彻底贯彻疑罪从无的原则，对于存有疑问的案件定了罪、量了刑，从根本上讲就是一个案件没有达到证明标准的问题，具体讲，就是检察机关提供的证据只能证明被告人有可能犯罪甚至很有可能犯罪，但是不能证明被告人确定无疑地实施了犯罪，法院却对被告人判处了刑罚。

二、冤错案件发生的根本原因：证明责任"失守"

（一）错置证明责任，违法要求被告人证明自己无罪导致冤错

证明责任是一种风险分配机制，在事实不清、证据不足的情况下，证明责任的归属直接决定诉讼控辩双方的胜败。很显然，法官在审判中错误分配证明责任，直接颠倒了检察机关和被告人在利害关系天平上的位置，必然导致冤错案件发生。

1. 被告人巫某某贪污案

重庆市民用爆破器材专营公司某分公司系国有经济性质，被告人巫某某系该公司副经理兼党支部书记，属于国家工作人员。1997 年年初，公司经理刘某同巫某某商量，在公司向某化工厂购买炸药、雷管的业务中，通过虚开运输发票和提高炸药、雷管价格的方式，增大向化工厂的付款金额，再由化工厂将增大部分扣税后的款项返还公司，以套取公款进入公司私设的小金库，用于解决公司财务账上不便开支的费用。刘某与巫某某的意见得到化工厂同意。巫某某所在公司的小金库由巫某某负责记账管钱，刘某负责审核。

检察机关指控：在 2000 年 3 月至 2002 年 4 月期间，巫某某利用刘某对小金库的钱账审核不严之机，采取收入不上账或少上账的方式，陆续截取公款15000 元，用于个人消费。

经查，巫某某利用职务便利收受的 15000 元没有上账的事实证据充分，其本人亦供认。巫某某在侦查阶段还供认将该款项用于了个人消费。但在庭审中辩称，之前关于将没有上账的款项用于个人的供述系被刑讯逼供所作，该款已于特定的节假日作为福利发给了公司员工，用于了公共开支；还举示了相关职工的证言，证实在巫某某辩称的时间段收到了巫某某发放的效益工资、过年过节发放款项的情况。

某基层人民法院审理后认定，被告人巫某某身为国家工作人员，利用自己管钱管账的职务之便，采取收款不上账的方式截留侵吞公款 15000 元用于个人使用，构成贪污罪，巫某某关于将截留款用于公务的辩解不能否定之前供述，

不予采信，遂以贪污罪判处其有期徒刑2年。

被告人巫某某以一审同样的理由提出上诉，仍然辩称将收到化工厂没有上账的款项用于小金库日常开支，发给了单位员工。

某中级人民法院二审后认为，巫某某收受化工厂返回的公款本应作为公款进入小金库用于单位开支，却应当上账而不上账，截留公款据为己有，构成贪污罪。巫某某虽然提供了由其单位职工出具的证人证言，证实单位职工在巫某某辩称的时间段收到了巫某某发放的应从小金库支付的效益工资、过年过节发放款项的情况，但并不能证明巫某某所发款项的来源，不能证实其发放的款项就是收受化工厂而没有上账的15000元，因此，巫某某的辩解不能成立。遂裁定驳回上诉，维持原判。

我们认为，本案属于典型的法官错误分配证明责任导致冤错的情形。检察机关指控被告人巫某某犯贪污罪，必须证明：一是巫某某收到了套取的15000元公款应当上账进入小金库没有上账；二是巫某某个人非法占有了该款项。现有证据足以证实巫某某收到15000元没有上账。但关于他是否将该款项据为己有，巫某某虽在侦查阶段曾有过肯定的供述，庭审中却翻供辩称将该15000元用于发放福利，并提供了证人证言予以证明。这就形成了合理怀疑：巫某某可能将15000元据为己有，也有可能如他辩解的用于单位公共开支。巫某某的辩解及其提供的证据形成了合理怀疑，使得检察机关的指控不能确定无疑地证明巫某某贪污了公款，那么检察机关就应当进一步履行证明责任，去排除合理怀疑。他们必须用证据否定巫某某的辩解，即用证据证明巫某某发放的相关款项另有来源，而不是收取的通过化工厂套出且没有上账的15000元，才能达到证据确实、充分的程度。一审法院要求巫某某用证据否定原有供述实质就是要求其证明自己无罪，二审法院认为巫某某要求证明发放的款项来源就是收取的15000元，实质是将检察机关应当履行的排除合理怀疑证明责任错误分配给了巫某某。按照一审、二审法院的观点，巫某某在提出合理怀疑以后，还必须确定无疑地证明自己没有犯罪，其辩解才能成立。

被告人巫某某在二审后提起申诉，某高级人民法院提审后认为，巫某某的辩解及其提供的证据足以形成其没有贪污15000元公款的合理怀疑，检察机关指控巫某某犯罪的证据尚未达到证据确实、充分的程度，判决巫某某无罪。

应当特别注意的是，检察机关承担提供确实、充分的证据证明被告人犯罪的责任，被告人没有证明自己有罪或者无罪的证明责任或者证明义务，相反，被告人有权为自己辩解，针对指控提出自己无罪的合理怀疑，被告人的辩解只要形成合理怀疑即可，法律并不要求他一定要证明自己有罪或者无罪。对于被告人提出的合理怀疑，检察机关有责任、有义务排除。因此，从这个意义上讲，在审判实践中，检察机关在提起诉讼并提供相应证据支持己方指控以后，只是完成"第一次"证明，只要被告人针对指控提出合理怀疑，降低了其证明的程度，检察机关就必须持续进行以排除合理怀疑为目标的"第二次"、"第三次"乃至"第 N 次"证明，直到排除合理怀疑为止。被告人的辩解只要形成合理怀疑，形成被告人有可能没有犯罪即可，哪怕这种可能很小，也不能认定其有罪。

2. 被告人文某某受贿案

被告人文某某系重庆市某县一乡镇卫生院院长，具有国家工作人员身份。检察机关指控文某某在 2008 年和 2009 年，利用职务之便，为他人谋取利益，分别收受他人好处费 1 万元、2 万元，共计 3 万元。前述事实的证据充分，文某某亦供述利用职务收受该 3 万元的事实。

在庭审中，被告人文某某辩称其 2008 年收受 1 万元时，正值单位开展反腐倡廉专题教育整顿活动期间，迫于法律的威慑力，他收受了该 1 万元后，即安排财务人员不具名上缴到政府的廉政账户，由于担心影响不好，他没有告诉财务人员该款的来源。

经法庭调查，2008 年文某某收受 1 万元期间，县里确实正在进行反腐倡廉教育活动，鼓励上缴非法所得。文某某所在医院当年上缴廉政账户 5 万元，其中 4 万元经查系各科室人员上缴，其余 1 万元来源不明。

法庭审理中，检察机关认为被告人文某某不能证实廉政账户的来源不明的 1 万元就是其收受贿赂后上缴的，因此，其辩解不能成立。法院采纳了检察机关的意见，认为文某某不能提供证据证实其确实上缴了收受他人的 1 万元，其辩解不能成立。我们认为，检察机关指控文某某受贿该有争议的 1 万元，必须证明其利用职务之便非法收受并占有了这 1 万元。现文某某辩称收受后及时上缴了廉政账户，廉政账户也确实有 1 万元不能确定来源，这样，文某某的辩解就形成了一个合理怀疑：廉政账户来源不明的 1 万元可能是他上缴的，也可能不是他上缴的。这个合理怀疑应当由检察机关予以排除，属于检察机关证明责任的范畴。法院将排除合理怀疑的责任分配给被告人，实际上是要求被告人证明自己无罪。

（二）错置证明责任，违法要求被告人证明侦查机关具有违法取证导致冤错

如前所述，程序公正是实体公正的保障。在刑事诉讼中，违法取得的证据，其客观性和真实性缺乏保障，这样的证据进入审判，被法庭采信，导致事实认定缺乏安全保障，这是冤错案件发生的最重要原因。

[杜培武故意杀人案] 1998 年 4 月 22 日上午，云南昆明警方发现了一辆

被丢弃的警用昌河牌微型面包车，车内有一男一女两具尸体。死者系昆明市公安局民警杜培武的妻子王晓湘及其上司王俊波。当日 14 时许，杜培武作为犯罪嫌疑人被警方控制，警方同时开展侦查，之后供述自己杀害了妻子王晓湘及王俊波。1998 年 12 月，昆明市中级人民法院开庭审理该案。

检察机关指控杜培武的杀人动机是："因怀疑其妻王晓湘与王俊波有不正当两性关系，因而对二人怀恨在心。"检察机关同时提供了侦查机关利用高科技手段获得的证据，包括警犬气味鉴别、泥土化学成分分析、射击火药残留物测试等，称昌河面包车离合器踏板、油门踏板、刹车踏板上的泥土，与杜培武所穿鞋袜的气味相一致，与其衬衣及衣袋上黏附的泥土痕迹、衣袋内一张 100元人民币上的泥土痕迹等为同一类泥土，并在其所穿衬衣右袖口处检出军用枪支射击后附着的火药物残留。侦查和检察机关认定杜曾驾驶过这辆微型面包车并且开过枪，并指派了 11 名工程师级的刑侦技术人员出庭作证。辩护人认为指控被告人犯有故意杀人罪的基本事实不清，证据不足，取证程序严重违反法律程序，故作无罪辩解：指控被告人杜培武犯有故意杀人罪的取证程序严重违法，侦查机关对其进行刑讯逼供，导致杜培武违心作出了供述。被告人杜培武就向法庭陈述了在侦查过程中遭受刑讯逼供的情况，并将手上、腿上及脚上的伤痕让合议庭及诉讼参与人过目验证，足以证实其所述遭到刑讯逼供情况的客观存在，请求法庭依法确认被告人杜培武所做的供述无效。

昆明市中级人民法院认为，辩护人提出被告人杜培武在公安机关的有罪供述是在刑讯中产生的假证据，因此检察机关出示的证据不能作为认定本案事实的证据，本案事实不清、证据不足，被告人杜培武无罪的辩护意见。但辩护人未能向法庭提供证实其观点的证据，也未能提供证实被告人杜培武无罪的证据。该院认为，本案控辩双方争执的焦点是指控证据取得是否有违反刑事诉讼法的有关规定。在诉讼中辩护人未能向法庭提供充分证据证明其观点的成立，仅就指控证据材料的部分内容加以分析评述，而否定相关证据的整体证明效力，并推出本案事实不清，证据不足，被告人杜培武无罪的结论，纯系主观推论，无充分证据加以支持，对该辩护意见不予采纳。遂判处被告人杜培武死刑。杜培武上诉后云南省高级人民法院改判其死刑，缓期二年执行。后因杀害王晓湘、王俊波的真凶落网，杜培武被宣告无罪。

后来查明，杜培武被羁押之后，即经历了连续 10 天 10 夜的审讯，主要手段是疲劳战，不准睡觉，在此期间，他没有招供。侦查机关后对其进行测谎、确认为重大嫌疑人后，又经历了整整 20 天没有睡眠机会的连续审讯，他回忆说"跪在地上回答问题就是最好的休息了"。根据报道，侦查机关办案人员曾用手铐将杜培武的双手呈"大"字形悬空吊在铁门上，吊一段时间后，在脚下塞进一个凳子，以换取其"老实交代"。杜培武不断声称冤枉，被认为是"负隅顽抗"，审讯人员由用高压电警棍逐一电击他的脚趾和手指，酷刑之下，杜培武开始"供述杀人罪行"，他说"为了不挨打，我不仅按照审讯者的要求说，还尽可能揣摩他们的意图"，编好了"杀人现场"，"杀人枪支"的下落却怎么也说不清楚。他"交代"一个地方，刑警们马上就押着他去找，找不到就吊起来打一顿，杜培武绞尽脑汁想出了一个说法，说"把枪拆散，沿途扔了，扔到滇池去了"。

杜培武遭受的刑讯令人不寒而栗。另一起冤错案件的被告人赵作海也是因为在刑讯之下违心供述了自己杀人犯罪的"事实"，因而被判处了死刑，缓期两年执行。平反雪冤后，赵作海回忆自己遭受刑讯时这样描述："从抓走那天，他们就开始打我。你看我头上的伤，这是用枪头打的，留下了疤。他们用擀面杖一样的小棍敲我的脑袋，一直敲一直敲，敲得头发晕。他们还在我头上放鞭炮。我被铐在板凳腿上，头晕乎乎的时候，他们就把一个一个的鞭炮放在我头上，点着了，炸我的头。还有开水兑上啥药给我喝，一喝就不知道了。用脚踩我，我动不了，连站都站不起来，他们还把我铐在板凳上，那30多天都不让睡觉。当时打得我真是，活着不如死。我后来说，不要打了，你让我说啥我就说啥。我的口供都是他们教我说的。他们对我说啥样啥样，我就开始重复，我一重复，他就说是我说的了。怎么打死赵振海，都是他们教我的。说得不对就打。"

不只是杜培武、赵作海，湖北的佘祥林故意杀人案、辽宁的李化伟故意杀人案、山西的李逢春强奸案、河南的张海生强奸案、黑龙江的张金波强奸案、浙江的张辉叔侄故意杀人案等几乎所有的冤错案件，所有的被告人都在侦查机关令人无法忍受的刑讯下，屈打成招，违心供认了所谓的"犯罪事实"，无一例外，他们的"招供"后来又成为对其定罪量刑的决定性证据，同时，也是无一例外，每一个冤错案件的被告人在审判阶段都曾为自己辩解，提出自己的口供是侦查人员刑讯所得，都辩称自己没有实施被指控的犯罪。但是，还是无一例外，公安机关都会出具一个"说明"，向法庭证明他们没有对被告人实施刑讯，所有的取证都是依法办案，文明取证得来的证据，而法庭无一例外都采纳了侦查人员自证合法的"说明"，反过来，要求被告人提供证据证明受到了刑讯逼供。

杜培武作为一个警察，有较强的证据意识，他向法庭陈述了在侦查过程中遭受刑讯逼供的情况，并将手上、腿上及脚上的伤痕让合议庭及诉讼参与人过目验证，其辩解以及提供的证据或者证据线索已经足以形成对侦查机关取证合法性的合理怀疑，从而形成了对本案事实认定的合理怀疑，但昆明中级人民法院仍然以杜培武及其辩护人未能向法庭提供证实其观点的证据，也未能提供证实被告人杜培武无罪的证据为由，认为关于杜培武及其辩护人的辩解纯系主观推论，无充分证据加以支持，不予采纳。法院判决书关于"杜培武未能向法庭提供证实其观点的证据，也未能提供证实被告人杜培武无罪的证据"的表述，清清楚楚地反映出他们要求杜培武证明侦查机关取证违法，要求杜培武证明自己无罪的审判指导思想。这个案件发生在昆明，但案件中反映出的问题，并不只是昆明的问题，事实上，这是长期以来我们审判实践中的普遍做法，真实形象地反映我国刑事诉讼实践在特定历史条件下的普遍现象。

通过对杜培武以及前面提到的赵作海、李华伟、张辉叔侄等一系列冤错案件的剖析，我们完全可以得出一个结论：刑讯逼供是我国刑事冤错案件的最主要根源。法院在审判环节错置证明责任，违法要求被告人证明侦查机关取证违法，使得刑讯逼供取得的非法证据可以"免检"——不接受法庭调查审查直接采信，作为对被告人定罪量刑的证据，是冤错案件的最重要直接原因。

（三）证明标准"失守"，"疑罪从有"导致冤错

"确定无疑"的证明标准是案件质量最为重要的程序保障，只要确保案件证据确实充分，排除合理怀疑，对于被告人定罪量刑就具有了客观的、科学的基础。法院在审判过程中，放松对证明标准的把关，对于尚未达到定罪标准的案件勉强下判，是造成冤错案件的另一重要的也是根本原因。

[佘祥林故意杀人案] 1994 年 1 月 20 日，张在玉因和丈夫佘祥林吵架而失踪。同年 4 月，该镇吕冲村一水塘发现一具女尸，经张在玉的亲属辨认后，被认定是张在玉。经有关部门检测，女尸的年龄、体征、死亡日期与张在玉吻合。因此，佘祥林被公安机关当作重点犯罪嫌疑人抓获，佘祥林在侦查机关供述自己杀害了张在玉，湖北省京山县人民法院以故意杀人罪判处其有期徒刑 15 年。

经再审确认本案的证据存在诸多问题：一是认定佘祥林犯杀人罪的直接证据仅有佘祥林本人的口供，其认罪的口供多达四五种，每一次口供的内容各不相同，在没有充分证据和理由的前提下，根本无法选择其中一种口供而否定其他口供。二是佘祥林的口供不仅前后矛盾，间接证据数量也不多，且证据之间无法形成锁链。三是没有查找到本案的凶器，仅根据佘祥林口供认定其作案凶器为石头，证据不足。四是检察机关指控佘祥林因与他人关系暧昧而与妻子张在玉不和，引起张精神失常，佘祥林遂起杀意。张在玉精神失常没有医生诊断证明。五是提取笔录反映根据佘祥林交代在沉尸处提取蛇皮口袋一个，内装四块石头。但从卷内材料反映，侦查中是先有蛇皮口袋后有佘祥林的口供，并非提取笔录记载的根据佘祥林交代提取蛇皮口袋及袋内石头，结合佘祥林翻供，

称在侦查中遭受刑讯逼供，这个证据的证明力存在重大问题。

鉴于存在的以上问题，本案的直接证据只有被告人口供，口供极不稳定，被告人又翻供，其他证据不能形成锁链，且有的重要事实没有证据证实，重要证据之间存在明显矛盾无法排除，本案的定罪证据尚未达到确实、充分，排除合理怀疑的程度。换句话说，根据现有证据，至多只能证明佘祥林可能杀害了张在玉，远不能证实佘祥林确定无疑地杀害了张在玉，属于对于认定被告人犯罪的疑点不能排除，应当依法宣告无罪的案件。这个案件的审判发生在1998年，在当时的历史条件下，法院本着疑罪从轻的"稳妥"做法，对于佘祥林留有余地降格判处，防止了错误适用死刑，具有一定意义，但却难以从根本上避免因证据不足而导致的冤错案件的发生。

[陈开胜贩卖毒品案] 检察机关指控：2011年5月10日左右，被告人陈开胜、谢超群夫妇到云南省昆明市与被告人李先菊协商购毒事宜，并雇用文德友帮助运输。同月13日左右，李先菊安排被告人李兵与一男子驾驶云A559R3昌河牌面包车将一批毒品从云南省瑞丽市施甸县运往云南省昆明市滇池路昆明中级人民法院附近交给陈开胜。随后，陈开胜、谢超群在昆昭高速路口将该批毒品交给文德友。次日，文德友驾驶渝A59838天龙牌大货车将该批毒品从云南省昆明市运输回重庆市大足县交给陈开胜。经陈开胜称量，该批毒品有海洛因600余克、麻古2000颗。

一审法院认为，对于上述事实，公安机关没有查获涉案毒品，证明被告人陈开胜购买了海洛因600余克、麻古2000颗的直接证据只有被告人陈开胜的口供，上家李先菊否认贩卖了毒品给陈开胜，李兵、文德友均称不知具体种类和数量。仅凭陈开胜一个人的供述，数量无法确认毒品数量和种类。但根据现有证据，可以认定陈开胜贩卖毒品的基本事实。因此，对于检察机关指控的具体数量不能认定，而是概括认定为陈开胜贩卖一袋毒品。

二审法院认为，就本案的认定而言事实，没有查获涉案毒品，也就没有称量记录确定数量，也没有毒品成分分析和含量鉴定。李兵在侦查阶段供述是听李先菊说要贩卖毒品，但不知毒品数量和种类，只看见车上有一个蛇皮口袋，李先菊否认贩毒。文德友供述是听陈开胜说运输的是毒品，毒品放在一个黑色的布口袋中，但不知毒品种类和数量。由于毒品的种类、数量是毒品犯罪定罪量刑的基础，现有证据只有陈开胜的口供证明毒品的数量和种类，没有其他鉴定意见等科学证据在案，又得不到其他证人的印证，属于孤证，因此，认定陈开胜贩卖毒品的事实不清、证据不足。

对于本案，我们认为，口供往往能够直接证明案件事实，具有较强的证明力，但同时口供又是主观性极强的证据，稳定性较弱，被告人翻供的情形相当普遍。认定被告人口供，一般应当有其他证据印证。本案中，陈开胜贩卖毒品的数量和种类只有其本人的供述，没有其他证据印证，况且没有鉴定意见等科学证据佐证，被告人口供的客观性和证实性同样存在较大疑问，也就是说，陈开胜口供本身并不具有客观性，加之他随时都有可能翻供，陈开胜一翻供，其口供就不能当然成立，有没有其他证据在案证明，本案的事实根本就难以认定。因此，我们认为，按照定罪、量刑的事实都有证据证明，证据与证据之间、证据与案件事实之间不存在矛盾或者矛盾得以合理排除的证据标准，本案尚未达到证据确实、充分的证明标准，二审法院的处理是适当的。

（四）忽略对被告人有利的量刑事实的证明导致冤错

长期以来，由于专政思想和传统的严打政策的影响，在刑事审判中重打击、轻保护是一个不争的事实。在这样的背景下，审判中，相对而言，法庭更加重视对于犯罪构成要件事实的审查认定以及对被告人不利的加重、从重处罚的事实进行调查，而对于自首、立功、被害人过错、未成年人犯罪等有利于被告人的从轻、减轻甚至免除处罚的事实，则相对容易受到忽略。

[郭永明等绑架案] 2006 年 8 月中旬某天，被告人郭永明、王凯（犯罪时未成年，被判处无期徒刑）合谋绑架本村村民李跃兵，并于次日准备了绳子、棉花等作案工具在村内铁道桥处伺机作案，因时机不成而未得逞。同月 17 日下午，郭永明、王凯继续等候李跃兵时遇见被告人郭江峰（犯罪时未成年，被判处有期徒刑 5 年），郭江峰称本村汾江水泥厂老板王文生最有钱，如果绑架了王文生的大孙子王江号，要 500 万元都给。郭永明、王凯遂决定绑架王江号。次日，郭永明、王凯在铁道桥等候王江号伺机作案时再次遇见郭江峰，郭永明告诉郭江峰准备绑架王江号，后与王凯在村里多方打听王江号的住址。同月 19 日中午，郭永明告知其父被告人郭珍付（被判处有期徒刑 15 年）准备当晚绑架一个人索要 500 万元，让郭珍付在家等候电话负责接应。当天下午郭永明从家拿了一条毛巾去铁道桥，见到王凯和郭江峰，后独自将毛巾与绳子、棉花装进塑料袋内藏匿。郭永明邀郭江峰参与绑架，允诺事成之后给郭江峰分钱，并让郭江峰去村里找王江号，郭江峰答应后即离开，实际上并未去找。后郭永明在村内网吧通过村民郭甫打电话与王江号取得联系，得知王江号正在汾江水泥厂上班。当日 23 时左右，郭永明、王凯到汾江水泥厂，以向王江号购买蒸馏水、需要回郭永明家拿壶为由搭乘王江号摩托车，将王江号骗至村东北地。途中，王凯根据郭永明安排从铁道桥取出事先藏匿的装有作案工具的塑料袋，并从郭永明处拿了一把水果刀。到村东北玉米地后，王凯趁王江号不备捂住王江号的嘴，并持刀威逼，郭永明用绳子将王江号捆绑在电线杆上，用棉花塞进王江号嘴里，并用毛巾系住。随后，郭永明用王江号的手机打电话给王江

号家人，勒索现金人民币500万元。之后，郭永明又回家拿来一根木棍，王凯在砖堆旁捡了块砖，二人用木棍、砖块朝王江号头部猛打数下，后郭永明用绳子勒住王江号颈部，王凯用毛巾捂住其口鼻，致王江号因被勒颈及堵压口鼻致窒息死亡。20日凌晨，郭永明用王江号的手机与郭珍付联系后，和王凯一起到水冶镇，与驾驶豫E43752面包车提前在约定地点等候接应的郭珍付会合。后郭永明从郭珍付处拿走手机，装上王江号的手机卡，多次打电话向王江号家人索要赎金。早上6时许，郭珍付开车与郭永明、王凯到其家中，拿出郭珍付的身份证，预备到银行开户以存赎金，后三人回到水冶镇，郭永明继续与王江号家人联络，索要赎金。中午12时许，郭永明等人被抓获。

被告人郭永明对检察机关指控其犯绑架罪的事实和罪名不持异议，但辩称其出生于1988年农历7月27日，即1988年公历9月7日，犯罪时未满18周岁，属未成年人犯罪，且其系初犯，认罪，悔罪，请求减轻处罚。

某中级人民法院认为，被告人郭永明以勒索财物为目的，绑架他人并予以杀害，其行为构成绑架罪。郭永明在共同犯罪中起主要作用，系主犯。关于被告人郭永明提出其出生于农历1988年7月27日，即公历1988年9月7日，犯罪时未满18周岁的辩护意见，经查，从派出所出具的户籍证明和底册以及村委会保存的户籍底册等证据来看，郭永明出生于公历1988年7月27日，犯罪时已满18周岁。从核实的证据材料看，郭永明所提供的材料及法院调查的证人证言材料，尚不足以推翻检察机关认定的郭永明出生于公历1988年7月27日的事实。遂判决：被告人郭永明犯绑架罪，判处死刑，剥夺政治权利终身，并处没收个人全部财产。

一审宣判后，被告人郭永明以与一审相同的理由提出上诉。

某高级人民法院经审理认为，第一审判决认定的事实清楚，证据确实、充分，定罪准确，量刑适当，审判程序合法。关于上诉人郭永明及其辩护人辩称其犯罪时不满18周岁的理由和意见，经查，原判认定郭永明犯罪时年满18周岁的证据有公安机关出具的户籍证明和户籍底册以及村委会保存的户籍底册等证据在案证实，足以认定，其辩护意见不能成立，不予采纳。遂裁定驳回上诉，维持原判，报请最高人民法院核准郭永明死刑。

最高人民法院经复核认为，被告人郭永明伙同他人以勒索财物为目的绑架被害人，其行为构成绑架罪。郭永明在共同绑架犯罪中系主犯，并杀害被绑架人，作案手段残忍，犯罪后果严重，应依法严惩。第一审判决、第二审裁定认定郭永明犯绑架罪的事实清楚，证据确实、充分，定罪准确，审判程序合法。但认为第一审判决、第二审裁定认为郭永明犯罪时已满18周岁的证据不足。遂裁定不核准郭永明的二审死刑裁定，撤销一二审所判刑罚，发回一审法院重新审判。

被告人的年龄对定罪量刑都可能产生重要影响。刑法规定，已满 14 周岁不满 16 周岁的人，犯故意杀人、故意伤害致人重伤或者死亡、强奸、抢劫、贩卖毒品、放火、爆炸、投毒罪的，应当负刑事责任；已满 14 周岁不满 18 周岁的人犯罪，应当从轻或者减轻处罚，犯罪时不满 18 周岁的人不适用死刑；已满 75 周岁的人故意犯罪的，可以从轻或者减轻处罚，过失犯罪的，应当从轻或者减轻处罚，审判的时候已满 75 周岁的人，不适用死刑，但以特别残忍手段致人死亡的除外。最高人民法院《关于审理未成年人刑事案件具体应用法律若干问题的解释》对未成年人从宽处罚、从轻定罪作出了具体规定。在具体认定被告人的年龄是否系未成年人时，对于没有充分证据证明被告人实施被指控的犯罪时已经达到法定刑事责任年龄且确实无法查明的，应当推定其没有达到相应法定刑事责任年龄。同理，认定是否系老年人犯罪时，我们认为，对于没有充分证据证明被告人接受审判时是否年满 75 周岁时，应当推定其已经年满 75 周岁。这就是有利于被告人原则的具体应用，但实务中，贯彻有利于被告人原则往往不彻底。

三、强化证明责任的保障功能，切实做到疑罪从无

根据我国刑事诉讼法的规定，任何人未经人民法院审判并被证明有罪，都不得确定有罪。证明责任机制要求检察机关对于其指控提供证据予以证明，其证据必须达到确实、充分的程度，对被告人定罪量刑的事实都必须有证据证明，所有证据都经过法定程序查证属实，证据之间以及证据与案件事实之间不存在矛盾或者矛盾已经被排除，对所认定事实已经排除合理怀疑。只要严格依法落实法律关于证明责任的规定，案件质量无疑将会得到最有力的保障。因此，可以说证明责任机制是刑事审判和刑事案件质量的保险闸。通过对于证明责任基本理论的简单梳理，对于近年曝光的一系列重大冤错案件的深入剖析，结合多年来的刑事审判工作实际，我们有这样一个认识：但凡冤错案件发生的背后，都必然存在证明责任"失守"的问题，这一方面表现为审判机关降低标准，对于没有达到法定证明标准的案件，存在疑点，检察机关对被告人犯罪的指控并没有达到确定无疑、排除合理怀疑程度的案件，降低标准，抱着侥幸心理，勉强下判，后来案件中存在的合理怀疑被证明成为事实，被告人没有犯罪的可能性得到证明，导致冤错案件发生；另一方面表现为审判机关错误配置证明责任，对于被告人对指控提出的合理怀疑，违法要求被告人自己证明其确定性，对于被告人对侦查机关取证违法的辩解要求被告人自己提供证据证明。证明责任"失守"的这两种情形的直接后果就是导致疑案的形成：前者直接表现为案件事实、证据因本身达不到证明标准而存疑；后者因为证据的合法性

得不到证明使得证据本身的客观真实性存疑，间接导致案件事实的认定存疑。当这种存在的疑问影响到对被告人定罪的时候，依照法律应当作出证据不足，指控的犯罪不能成立的无罪判决。

我们认为，防止冤错案件发生，应当追根索源，充分发挥证明责任机制的保障功能，切实做到疑罪从无。

（一）转变司法观念，切实树立疑罪从无的执法办案指导思想

人民法院在公诉机关用证据证明被告人犯罪不能达到确实无疑、排除合理怀疑程度的时候作出判决，实际上就是在被告人可能犯了罪，也可能没犯罪的情形下作出决定，要求法官在秩序和自由这两项价值之间作出一个选择。人权保障已经成为我国的宪法原则，也是刑事诉讼的基本原则。为了打击犯罪忽略被告人的人权，以牺牲人权保障为代价片面追求惩罚犯罪，不符合宪法精神和刑事诉讼法法的基本原则。同时，法律理性告诉我们，任何一个法律、一项制度都不可能十全十美，往往都同时兼具长处和劣势。一项良好的制度并不能绝对保证不会放过一个坏人，但是应当确保不会冤枉一个好人。在刑事审判实践中，贯彻疑罪从无的原则，可能会导致放掉一个坏人甚至一些坏人，但是，不能因噎废食，否定这个制度。它更大的价值在于：在绝对不冤枉好人的基础上打击和惩罚坏人。这相对于既有可能冤枉好人，也不可能绝对不放过一个坏人的疑罪从有的原则相比，当然更值得推崇。况且，世界上没有任何一种制度是没有代价的。

（二）统一对证明责任的理论认识，完善法律规定

一个理论、一种机制要有效发挥作用，它自身必须清晰、明确，消除分歧和争议。证明责任这个案件质量"保险闸"在刑事诉讼实践中，屡屡"失守"，导致冤错案件发生，与这个机制在理论上并不明确，立法上并不完善存在密不可分的关系。

当前，对于什么是证明责任，刑事诉讼法理论界和实务界并没有厘清，并达成共识。

有观点认为，证明责任指的是"司法机关依照法律规定的职权在诉讼中所进行的收集、审核、运用证据、证实和确认案件事实的职责，其主体为司法机关，其他任何机关和个人都没有这种最后确认案件事实的权利"。①

也有观点认为，证明责任指的是诉讼证明中的一切责任，它不以证明利己的主张为限，责任的承担者也不以诉讼中的双方为限，只要在诉讼证明中具有

---

① 宋世杰：《举证责任论》，中南工业大学出版社 1996 年版。

某种义务的人所承担的责任，都可以叫作证明责任。[1]

还有观点认为，证明责任指的是司法机关和当事人提出证明主张，并负举证的责任。[2]

另有观点认为，证明责任是指提出积极诉讼主张的一方提出证据、论证所主张的待证事实真实性的证明义务。[3]

从以上不同的观点，对于证明责任的主体、内容，学术界众说纷纭，莫衷一是。认识不统一，当然会造成适用上的分歧，例如，对于被告人有利的量刑事实是否属于证明对象、谁对侦查机关的取证合法性负有证明责任的分歧，将直接导致对案件处理结果的不同。

无论 1979 年刑事诉讼法还是 1996 年刑事诉讼法，都没有对证明责任问题作出明确规定。因此，长期以来，刑事审判中对于证明责任的司法运用一直存在界限不清、责任不明的现象。由于 1996 年《刑事诉讼法》第 34 条规定，审判人员、检察人员、侦查人员必须依照法定程序，收集能够证实犯罪嫌疑人、被告人有罪或者无罪、犯罪情节轻重的各种证据。从收集证据的主体来看，该规定赋予审判人员、检察人员、侦查人员相同的收集证据的义务。据此有人认为，"公诉案件的证明责任只能由公、检、法三机关及其工作人员的承担，这是由我国刑事诉讼法规定的，由刑事诉讼证明活动的性质所决定的，由刑事诉讼的任务决定的"。[4] 但是，就刑事诉讼原理而言，审判人员不应承担证明责任，上述规定很容易使人产生前述审判人员、检察人员、侦查人员一样需要承担提供证据责任的错误认识，也容易导致检察机关怠于行使提供证据责任，且将提供证据责任推诿给法院承担。事实上，证明责任的承担是诉讼当事人的责任而不可能是法院、法官的责任，法院、法官既不承担提供证据责任，更不承担说服责任。

1996 年《刑事诉讼法》第 35 条规定，辩护人的职责是根据事实和法律，提出证明犯罪嫌疑人、被告人的无罪、罪轻或者减轻、免除其刑事责任的材料和意见，维护犯罪嫌疑人、被告人的合法权益。从该规定的字面意思来看，对于有利于犯罪嫌疑人、被告人的事由，辩方需要承担提供证据的责任。我们认为，基于检察机关的客观公正义务与收集证据的优势地位，检察人员应当收集

[1] 甄贞主编：《刑事诉讼法学研究综述》，法律出版社 2002 年版，第 245 页。
[2] 转引自黄维智：《刑事证明责任研究——穿梭于实体与程序之间》，北京大学出版社 2007 年版，第 137 页。
[3] 陈瑞华：《刑事证据法学》，北京大学出版社 2012 年版，第 225 页。
[4] 王圣扬：《诉讼证明责任与证明标准研究》，中国人民公安大学出版社 2012 年版，第 23—26 页。

对被告人有利的证据并提交给法庭。

特别值得提出的是，《关于办理死刑案件审查判断证据若干问题的规定》第 3 条规定，侦查人员、检察人员、审判人员应当严格遵守法定程序，全面、客观地收集、审查、核实和认定证据。可以看出，该条规定系对 1996 年《刑事诉讼法》第 34 条有条件的扬弃，初步理顺了公、检、法三机关工作人员的义务。侦查人员应全面、客观地收集证据，检察人员应全面、客观地审查和核实证据，部分条件下如补充侦查等情形需要全面、客观地收集证据；审判人员应当且主要是全面、客观地认定证据。这在文本意义上确立了法院、法官不承担提供证据责任的原则，这样的规定符合诉讼原理，也切合司法实际，是一个历史的进步。

2012 年《刑事诉讼法》第 49 条规定，公诉案件中被告人有罪的举证责任由人民检察院承担，自诉案件中被告人有罪的举证责任由自诉人承担。据此，被告人有罪的责任即证明犯罪构成构成要件成立的证明责任完全属于控方，控方不但负有提出证据证明犯罪构成要件事实的责任，也负有说服法官的责任。如果指控的犯罪事实真伪不明，法官不能形成认定被告人有罪的内心确信时，控方将承担"证据不足、指控的犯罪不能成立的无罪判决"的责任。2012 年刑事诉讼法删除了原本在明确控方证明责任之外的"但是，法律另有规定的除外"的规定，意味着：承担被告人有罪的责任完全由控方承担，被告人不承担任何责任。遗憾的是，该条前半部分对原 1996 年《刑事诉讼法》第 34 条原封不动的保留，实际上否定了《关于办理死刑案件审查判断证据若干问题的规定》第 3 条规定，让传统错误观念的继续可能存在留下不必要的土壤。

在立法上明确控方承担证明责任，在理论上会具有重要的意义。[1] 首先，在理论和观念上，可以改变前述认为审判机关、审判人员均应承担证明责任的错误认识。尽管"大陆法国家采取的是职权主义的诉讼构造。由于法官负有调查义务，即使控辩双方不提出任何证据，法院仍然要依据职权调查案件事实，而不能直接作出裁判；法院所调查的证据也不以控辩双方当庭提出的为限，而应自行调查新的证据"。[2] 但是，在我国，如果控方提不出任何证据，启动审判程序都基本不可能。如果控方举示的证据无法形成完整的证据链条，法院会建议检察机关或者自诉人撤回起诉。虽然法官也会关注并力求发现案件的事实真相，在庭审过程中或者结束后可以对有疑问的证据进行调查核实，但法官并不承担证明责任。也就是说，法院就控辩双方而言，只能保持"中立

---

[1] 当然，有许多人会认为在实践上会有重要的意义。但本文对此仅抱有谨慎的乐观态度，后文将结合刑事诉讼法修改前存在，修改后仍难以消除的乱象进行详细的分析。

[2] 陈瑞华：《刑事证据法学》，北京大学出版社 2012 年版，第 228—229 页。

裁判者"角色。另外，可以督促侦查机关、检察机关依法严格履行侦查、公诉职责，及时补充完善相关材料，确保案件质量。但是，就定罪程序与量刑程序施行相对分离的今天，对量刑事实的举证责任没有涉及是本次修法的重大缺陷，进而可能导致在刑事诉讼中原本存在对量刑事实不予重视进而导致定罪量刑出现重大错误的情形可能继续蔓延。

（三）对认定被告人构成犯罪存有疑问的案件，坚决依法宣告无罪

证明责任机制是案件质量的保险闸。准确把握证明标准，对于定罪证据不足的案件，依法宣告无罪，是证明责任机制的内在要求，也是贯彻疑罪从无的必然要求，对此，我国《刑事诉讼法》第195条第3项明确规定：证据不足，不能认定被告人有罪的，应当作出证据不足，指控的犯罪不能成立的无罪判决。

应当说，对于定罪证据不足的案件依法宣告无罪，无论从法学理论上、司法政策上还是法律的现行规定上，都不存在障碍。但是，在实践中，人民法院要对刑事案件宣告无罪仍然困难重重。阻力主要来自侦查机关、检察机关，在没有证据证明被告人确实无罪的情况下，人民法院因为案件证据存在瑕疵，仅仅因为还存在被告人无罪的可能，就要宣告被告人无罪，事实上等于否定侦查机关的侦查取证行为、检察机关审查起诉行为的有效性，可以想象，必然遭致相关单位抵触和反对，后果严重的，还可能会影响到公安司法机关之间正常的工作关系。这就需要人民法院、检察机关、公安机关在刑事诉讼过程中，一方面要注重相互配合，统一认识，加强相互沟通和协调；另一方面要坚守法律底线，对于证据不足，检察机关的指控没有达到对被告人定罪必须具有的法定标准的案件，要敢于发挥政法机关之间相互制约的功能，依法宣判无罪。

应当注意的是，贯彻疑罪从无原则依法宣告无罪的案件，是指对于检察机关指控的犯罪事实存有疑问尤其是被告人是否实施了犯罪行为存有疑点尚未排除，被告人存在没有犯罪可能的案件。在司法实践中，对于根据现有证据足以认定被告人构成犯罪，但对于影响对被告人量刑的事实还存有疑问的案件，应当依法认定被告人犯罪，在对被告人量刑的时候，考虑到量刑事实上存在的疑问，可以考虑留有余地。

（四）认真贯彻非法证据排除规则，切实防止冤错案件

刑讯逼供是长期以来一直困扰我国刑事诉讼的顽疾，也是导致冤错案件的最重要因素。2012年刑事诉讼法修订之前，司法机关普遍错置证明责任，要求被告人对侦查行为违法承担证明责任，这不可避免地会导致冤错案件发生。2012年《刑事诉讼法》第56条规定了非法证据排除规则，明确规定当事人有权申请法院对非法证据进行调查，人民法院认为可能存在以刑讯逼供等方法非

法取证的情形，应当对证据收集的合法性进行调查。第 57 条规定，人民检察院应当对证据收集的合法性加以证明；第 58 条规定，对于经过审理确认或者不能排除存在以刑讯逼供等方法收集证据的，应予排除。

非法证据规则的制定为有效地遏制刑讯逼供、防止冤错案件发生提供了强有力的法律手段。但是，徒法不足以自行。长期以来形成的侦查方式必然具有一定的历史惯性，侦查方式的转变需要一个过程，非法证据排除规则的实施也需要一个过程，这是一个需要持续努力的过程。从刑事诉讼法修订以后的情况看，非法证据排除规则在实践中的运行状况并不理想，适用这个规则排除非法证据的情形并不多见，关于非法证据的争议仍然十分激烈。刑讯逼供不会自行消亡，人民法院仍然面对着相当大的阻力。

尽管如此，非法证据规则的确立仍然是刑事诉讼法修订的一大亮点和历史性进步。人民法院有责任、有义务保障被告人的诉讼权利，通过严格依法排除非法证据，对侦查行为的合法性进行审查，倒逼有关专门机关提升办案能力，切实防止冤错案件，将刑事诉讼法立法上的进步实实在在地体现在司法实践中，推动我国刑事法治的不断进步。

论不当得利"无合法根据"的举证责任分配

李 杜[*]

一、问题的提出

作为民法的一项基本制度，王泽鉴先生认为，不当得利是指无法律上的原因而受利益，致他人受损害者，应负返还的义务。[①]在我国不当得利的诉讼中，受损方依据的是实体法上的不当得利返还请求权。法官判断受损方诉讼请求成立与否，必须先判断受损方所依据的不当得利返还请求权成立与否。且判断不当得利请求权的成立与否，并非凭借法官的感官认知功能来直接判断权利的存否，而是通过判断权利的构成要件存在与否来实现的。据学理上对不当得利的构成要件的通说来说，不当得利的构成要件为"一方取得利益"、"相对方遭受损失"、"获益方获益无合法根据"、"取得利益与遭受损失之间存在因果关系"。不当得利返还请求权有四个缺一不可的要件。毫无疑问，当这四个要件都被证明，也就是让法官确信这四个要件都存在时，受损人的不当得利返还请求权被认定成立。与之相反，当法官确信这四个要件有任何一个要件不存在时，受损人的不当得利返还请求权将不被认定成立。但是司法实践中，并不是非此即彼，可能在一切诉讼程序结束时，这四个要件中还有要件处于一种"真伪不明"的状态。法官并不能因此而拒绝裁判，也不能随意裁判，这时就需要依据举证责任分配确定判决。

但是，在我国司法实践中，各地法院对不当得利中"无合法根据"构成要件的举证责任分配有较大分歧。有的法院认为应当由不当得利的获益方来证

---

[*] 西南政法大学法学院民事诉讼法学硕士研究生。

[①] 王泽鉴：《不当得利》，北京大学出版社 2009 年版，第 2 页。

明其获益有合法根据。若获益方对其获益不能提供充分有效的证据加以证明，那么其将承担"有无合法根据"存否不明时的不利法律后果；有的法院认为"获益人获益无合法根据"是不当得利的构成要件之一，原告要求被告返还不当得利的主张被法院支持的前提是原告提供证据证明被告获益无合法根据，构成不当得利。若被告获益的是否有合法根据真伪不明，原告就要因此承担不利的法律后果。本文援引两则案例加以说明。

[**案例1**] 原告金茂福通过金某了解到，被告王永明急需资金，欲借款一个月并可支付利息。于是，金茂福将其300万元存款汇入王永明在工商银行的账户中。一个月后，金茂福通过金某向被告王永明催讨借款本息，但王永明称其并未收到该款，也从未向金茂福借过款，拒绝支付。金茂福遂以王永明无法律依据收取其300万元，给其造成巨额经济损失，构成不当得利为由，诉请法院判令王永明返还300万元及占用期间的法定孳息。法院经审理认为，原告因他人介绍将300万元现金汇入王永明的银行账户，被告王永明取得300万元利益是不争之事实。本案的焦点系被告取得上述利益是否有事实上或法律上的依据。对此，庭审中双方均承认原本并不相识，且从无经济往来，故王永明应对取得上述利益承担举证责任。王永明认为上述款项系案外人王某归还的欠款，但并未提供证据证明，虽讼争双方均提供了王某的证词，但内容互相矛盾。故对王永明的上述辩称不予采信，并依据举证责任分配判决王永明返还金茂福300万元及孳息。①

[**案例2**] 原告沈国荣受案外人刘征的委托，至交通银行汇付被告黄怡君166500元，请被告转交给刘征。经查证，被告并没有依据原告沈国荣的委托将汇款转交给刘征。故原告沈国荣认为黄怡君无故占有原告的钱财，属于不当得利，诉至人民法院要求判令被告黄怡君返还166500元。法院经审理认为，构成不当得利的要件是，没有合法根据，取得不当利益，造成他人损失。原告对于交付金额和对象都是明确的，也不存在误解或过失，原告认为被告没有履行委托事宜，但并未对此提供相应的证据证明，故原告认为被告获益无合法依据构成不当得利之诉称理由未完成举证责任。原告的诉请不符合相关法律规定，本院依法不予支持，判决驳回原告沈国荣之诉讼请求。②

虽然本文所引的案例只是不当得利案件中的沧海一粟，但我国司法实践对

---

① (2012) 浙金民终字第87号不当得利案民事判决书，载金华市中级人民法院网，http://www.jhcourt.cn/SpecNewsShow.aspx? id = 6513，发布时间：2012年3月26日9时3分，最后访问时间：2013年3月5日。

② (2011) 闽民一（民）初字第12634号，载http://wenku.baidu.com/view/94381bbd1a37f11f1855b5d.html，最后访问时间：2013年3月5日。

于此类案件举证责任分配争议略见一斑。从表面上看,是各法院对不当得利举证责任分配理解不同,具体的判决也不同。但本文认为,其中必有本质原因的促使,想要在司法实践中达成一致,维护法律的权威性,必须找到其中的根本原因,借此进行完善。

二、我国不当得利"无合法根据"举证责任分配争议的原因

就举证责任分配这一问题而言,其起到了将实体法与程序法串联起来的"桥梁"作用。具体到不当得利案件中,举证责任分配旨在将不当得利法律关系中"无合法根据"构成要件转化为不当得利诉讼中某一方当事人所负担的举证责任。因此,欲找到不当得利"无合法根据"举证责任分配争议的原因,就必须从我国举证责任分配以及不当得利制度两个方面来分析。

(一) 举证责任分配视角下的原因分析

我国诉讼法学界对举证责任分配的研究起步较晚,经过几代学者辛勤的研究,近十几年来收获颇丰。尽管理论研究如火如荼,但我国关于举证责任分配的立法仍然很单薄。

1. 举证责任分配的立法原因

从整体上看,我国《民事诉讼法》第 64 条①结合最高人民检察院《关于民事诉讼证据的若干规定》(以下简称《证据规定》)第 2 条、第 4 条、第 5 条、第 6 条、第 7 条②就构成了我国关于民事诉讼举证责任分配的基本内容,但这些内容与我国司法实践中复杂的不当得利纠纷相比,显得十分不足。具体而言,引起不当得利"无合法根据"举证责任分配争议的立法原因在于:

(1)《民事诉讼法》第 64 条不涉及举证责任分配问题。本文认为,《民事诉讼法》第 64 条没有明晰原被告应当分别对哪些事实的真伪不明承担不利后果,笼统地表述"谁主张,谁举证"会在司法实践中造成误会。

从举证责任的理论角度,出现矛盾的关键在于,举证责任分配的前提是依据合理标准区分当事人的具体主张,然后按照不同的主张分别分配举证责任。"谁主张,谁举证"这句话的划分标准是"谁提出",这个标准在划分当事人主张时很不合理。因为,任何一方当事人在法庭上都会提出自己的主张,这个

---

① 《民事诉讼法》第 64 条规定:"当事人对自己提出的主张,有责任提供证据。"

② 最高人民法院《关于民事诉讼证据的若干规定》第 2 条规定:"当事人对自己提出的诉讼请求所依据的事实或者反驳对方诉讼请求所依据的事实有责任提供证据加以证明。没有证据或者证据不足以证明当事人的事实主张的,由负有举证责任的当事人承担不利后果。"第 4 条为特殊侵权诉讼举证责任分配。第 5 条为合同纠纷举证责任分配。第 6 条为劳动争议案件举证责任。第 7 条规定:"在法律没有具体规定,依本规定及其他司法解释无法确定举证责任承担时,人民法院可以根据公平原则和诚实信用原则,综合当事人举证能力等因素确定举证责任的承担。"

主张有可能是支持己方的观点，有可能是否认或者抗辩对方的观点。如果笼统地将当事人提出的主张，认定为该当事人的主张，那么只要稍加转变表述的方式，该主张又会成为对方当事人的主张。举证责任就会在双方当事人之间转换，或者说让双方当事人都承担，这是不符合举证责任理论的。因此，判断举证责任的承担并不是依据当事人提出主张与否，而应当是依据一定的标准固定分配给某一当事人承担。哪怕这个主张不是该当事人提出的，只要依据标准由他承担，毫无疑问他就应当承担。

（2）《证据规定》不能明确举证责任分配一般原则。《证据规定》作为我国民事诉讼法的补充，在很大程度上弥补了民事诉讼法的不足。有的学者认为，该规定首次在我国民事诉讼中确立了现代意义上的举证责任，因为其规定了客观的证明责任，确立了我国举证责任分配的一般原则。① 梁书文先生作为最高人民法院原民事审判庭庭长参与了《证据规定》的起草（前五稿的执笔人），他指出："本条②解释第二款弥补了这个不足③，明确了结果意义上的举证责任。"《证据规定》第 2 条第 1 款 "明确了双方当事人各自对什么样的事实主张负有举证责任，而不是就同一个事实主张都负有举证责任"，并认为"这一解释是符合法律要件分类说关于举证责任分配原则要求的"。④ 但也有不少学者反对这个观点，如李国光先生强调："我们认为该条款实际上所确立的仍然是民事诉讼法早已规定的提供证据责任的分配原则，而非结果责任的分配原则。"⑤ 张卫平先生认为，《证据规定》第 2 条虽然在表述上更为详细和准确，将主张具体化为"事实主张"排除了"权利主张"，也强调了举证责任是当事人承担的一种不利后果。但其并没有进一步明确"诉讼请求所依据的事实"究竟是哪些事实，如果诉讼请求所依据的所有事实都让权利人来加以证明，那么这个条款也只是《民事诉讼法》第 64 条的平面展开而已。由此观之，理论界和实务界对《证据规定》是否确立我国举证责任一般原则存在争议。

本文认为，针对其中第 2 条的规定，我们可以从实体法角度去思考。当事人提出的诉讼请求实际上就是实体权利请求，因此，其内涵是提出诉讼请求的

---

① 翁晓斌：《论我国民事诉讼证明责任分配的一般原则》，载《现代法学》2003 年 8 月。

② 指《证据规定》第 2 条。

③ 指《民事诉讼法》第 64 条只规定了行为意义上的举证责任，没有规定结果意义上的举证责任。

④ 梁书文：《关于〈民事诉讼证据的若干规定〉新释解》，人民法院出版社 2006 年版，第 70—71 页。

⑤ 李国光：《最高人民法院〈关于民事诉讼证据的若干规定〉的理解和适用》，中国法制出版社2002 年版，第 45 页。

人就其实体权利请求所依据的事实承担举证责任。与之相应的,一方当事人反驳对方当事人诉讼请求的方式包括了否认和抗辩,否认是通过声称对方实体权利请求所依据的事实不存在或没有发生过来达到否定对方诉讼请求的效果。抗辩是在肯定对方实体权利请求所依据的事实存在的情况下,提出另外的事实来达到否定对方诉讼请求的效果。若当事人对反驳对方诉讼请求所依据的事实有责任提供证据加以证明。那么,当事人就其否认和抗辩的事实都有责任提供证据加以证明。这样一来,问题又回到了原点,提出诉讼请求的当事人和否认诉讼请求的当事人都要承担举证责任。一旦出现要件事实真伪不明的情况,法院不可能判决双方当事人同时承担举证责任,即原被告同时败诉。因此,举证责任依旧无从落实。

综上所述,《证据规定》第 2 条仍然没能明确举证责任分配的一般原则。其中的"诉讼请求所依据的事实"在表述上还是一个模糊的、范围广泛的概念,举证责任无从判定,在司法实践中的运用很是困难。

2. 举证责任分配的理论原因

(1) 举证责任分配理论在不当得利案件中存有疏漏。在长达一个多世纪的理论争论中,涌现出形形色色的举证责任分配学说。但其中对我国举证责任分配理论影响较大的,目前属于我国理论界通说的,是依据实体法法律要件不同进行分类的法律要件分类说,该学说包含了罗森贝克的规范说和莱昂哈德的全备说。其中,罗森贝克规范说后来发展成为德国、日本两国民事诉讼领域里的重要学说,长期居于支配地位。

罗森贝克以法条之构造关系分析出发,建立规范理论。其认为,举证责任分配原则是,若无一定法条的适用就无法获得诉讼上请求成果的当事人,应就该法条要件在实际上已存在的事实,负主张及举证责任,即各当事人应就其有利之规范要件为主张及举证。罗森贝克将实体法法律规范区分为权利发生(根据)规范、权利妨害(障碍)规范、权利削减规范、权利受制规范。规范说理论要义,即主张权利存在之人,应就权利发生之法律要件存在之事实为举证;否认权利存在之人,应就权利妨害法律要件、权利削减法律要件或权利受制法律要件负举证责任。法官在审理中遇到当事人所主张的待证事实真伪不明时,应先对待证事实分类,并依据该分类决定具体的举证责任承担,判决承担举证责任的当事人败诉。

本文认为,规范说固然提供了可供法院决定举证责任归属的裁判准则,对于法律安定性的实践具有重要意义,但其理论本身在处理不当得利案件上仍具有不完备之处。

首先,规范说对于"权利发生规范"与"权利妨害规范"的区分在法律概念上并无实际可分的标准可言。因为，权利发生要件事实与权利妨碍要件事实，两者在发生的时间上属于同一时间点，并无先后之分。即成为权利发生要件的事实，在该事实不存在的情况下，同时也成为权利妨碍要件的事实；而成为权利妨碍要件的事实，当其事实不存在，同时也成为权利发生要件的事实。具体在不当得利案件中，无论是"受益方获得利益无合法根据构成不当得利返还请求权法律效果发生的要件"还是"受益方获得利益有合法根据构成不当得利返还请求权法律效果妨碍的要件"，作为实体法规范而言，这两者是一样的。不当得利构成要件"获益无合法根据"到底是权利发生规范还是权利妨碍规范无法确定。

其次，规范说太过注重法条的结构形式，忽视了当事人的实质正义的要求。针对权利发生要件与权利妨碍要件难以区分的问题，罗森贝克进一步主张，应当依据各个法律条文的表达形式和法条适用的逻辑顺序来加以确定。立法者在制定法律时，将权利发生规范以通常规范的方式予以规定，而将权利妨碍规范以例外的形式作出规定。所以，凡在法条中以但书形式除外的事实，是例外规范，应被视为权利妨碍规范。具体到不当得利中，"受益人获益无合法根据"并非由但书规定，按罗森贝克的观点，该要件应当是权利发生要件，而不能视作权利妨碍要件。但司法实践中，很多情况下导致财产变动的原因并不在受损人的控制范围之内，而是基于他人的行为所致。在该状况下，倘若再让受损人承担受益人获益"无合法根据"要件事实的举证责任明显不公。

由此，本文认为，规范说过于重视法条的结构形式，若依此形式来论断所有类型的诉讼，难以平衡由法官和当事人内心产生的天然的不公正之感。这也是该说在司法适用中并未能得到严格遵守的原因。

（2）不当得利"无合法根据"举证责任分配在理论界存有争议。基于理论界对举证责任分配理论的不同探索，对于不当得利"无合法根据"举证责任该如何分配，总的来说，理论界有三种观点：

第一，支持由被告承担"无合法根据"举证责任。学者杨振山认为，无合法根据是否定性事实，属于消极事实的范围，主张这一事实的原告无须举证，应由被告提供获利有合法根据的证据。如被告不能举证，则应令其承担败诉的后果。① 江伟教授在证据法草案建议稿②的立法理由中认为，在不当得利

---

① 杨振山：《民商法研究债权卷》，山西经济出版社 1993 年版，第 355 页。
② 由江伟先生主持的中国证据法草案（建议稿 2004 年）课题组在《证据法草案建议稿》第 79 条中设置了"不当得利诉讼证明负担分配法则"。该法条规定："提出非债清偿的不当得利返还请求的当事人，应当就原债务已经清偿的、再次清偿的或者得利人得利的事实以及上述得利无法律上的原因的事实，承担证明负担。得利人应当就债务存在的事实，承担举证责任。"

引起的诉讼中,尽管"无合法根据"是不当得利的构成要件之一,但从分配证明负担的角度,不能把这一要件作为不当得利请求权的权利发生要件,而把它作为权利妨碍要件是妥当的。因为,在对获益是否存在合法依据发生争执时,原告关于无合法根据的主张实际上是对被告存在合法依据主张的先行否认,而被告才是主张存在合法依据的一方当事人。这就相当于原告就合法依据问题提起了一个消极的确认之诉,因而这一要件的证明负担应当由被告承担。①

第二,支持由原告承担"无合法根据"举证责任。学者陈界融认为,依据法律要件分类说,债务的不存在是非债清偿的成立要件之一,应由主张此项请求权存在的当事人对此承担举证责任,即"主张非债清偿的不当得利请求权的当事人,应当就债务不存在的事实,承担证明负担。得利人应当就债务存在的事实,承担举证负担"。②

第三,支持将不当得利"无合法根据"举证责任按类型分配。李浩先生认为应分三种情况讨论:其一,原告主张给付目的嗣后不存在的,由原告对该事实负举证责任。其二,原告主张无合法依据,被告主张有合法依据,如赠与等,应由被告对存在合法依据的事实负举证责任。其三,原告主张非债清偿不当得利中,若主张债务根本不存在,则原告只须就给付的事实负举证责任,被告则必须对债务关系的存在负举证责任。若主张履行已经消灭的债务,则原告还需对债务已消灭的事实承担举证责任。若主张履行义务超出债务,则由原告承担其给付超出债务承担举证责任,被告若主张超出部分有合法依据,就必须承担该部分有合法根据的举证责任。③

还有学者认为,将不当得利进行类型化有利于在诉讼过程中分配举证责任。因此,我国应当在现行立法的基础上,将不当得利区分为"给付型不当得利"和"非给付型不当得利"分别考察。同时,虽然法律要件分类说在理论上的地位无可取代,但在具体的实践中并不能兼顾个案正义。虽然待证事实分类说在划分上存在问题早就失去了主导地位,但其在关注案件具体事实上有优势。从某种程度上两种学说能各取所长。所以,应当以法律要件分类说为基准,吸取待证事实分类说的优势,综合考量实体价值、交易公平等因素。④ 甚至还有一些硕士论文提出了应当由法律要件分类说结合英美法系的利益衡量说

① 江伟:《中国证据法草案(建议稿)及立法理由书》,中国人民大学出版社 2004 年版,第286 页。
② 陈界融:《民事证据法:法典化研究》,中国人民大学出版社 2003 年版,第 238 页。
③ 李浩:《民事证明责任研究》,法律出版社 2003 年版,第 350 页。
④ 张江莉:《不当得利中"无法律上原因"之证明》,载《政法论坛》2010 年第 2 期。

来分情况讨论"无合法根据"的举证责任分配方式。①

从上文所引的观点来看，我国不当得利举证责任在理论界发生了长久不平的争议，无法为法官提供权威的、一致的观点。深究其原因，除了举证责任立法上的缺失，大家对举证责任分配各执一词外，还有一个重要原因就是我们国家在不当得利制度上存在很大争议。

（二）不当得利视角下的原因分析

举证责任分配在一定意义上是实体法价值准则、立法目的和民事诉讼制度的自身规律、内在要求在程序上的外在表现。具体到不当得利诉讼中，"无合法根据"要件真伪不明时由哪方当事人承担不利后果，不仅仅是一个程序法上的问题。该问题的答案在很大程度上应当体现不当得利制度的实体法价值判断。当然，这个答案也影响了学者们对"无合法根据"要件举证责任分配是否公平正义的判断。因此，要明确争议的根源，还要从实体法角度对不当得利制度进行分析。而事实上，由于"无合法根据"要件和不当得利的基础具有关联性，"无合法根据"含义不同的背后就体现了不当得利实体法立法趣旨和价值目的的不同。

1. 法律条文中"无合法根据"要件表意不明

目前我国对不当得利制度的法律规定主要体现在《民法通则》第 92 条②，以及最高人民法院《关于贯彻执行〈中华人民共和国民法通则〉若干问题的意见》第 131 条③。这两条规定对复杂的不当得利构成要件做了最粗略的规范，在其构成要件中，受益人获得利益、造成他人利益损失、获益和受损之间存在因果关系，均系对客观事实的判断。当事人有没有获得利益、对方当事人有没有因此受到损失，司法实践中容易判断且确定，可以说具有一定的操作性。但是"无合法根据"，这个看似简单的判断其实很抽象，它可以算得上是不当得利制度抽象性的来源。对它的理解，涵盖了主客观的双重判断，客观上，获益方的获益行为"有没有依据"，可以通过对客观事实的证明来判断；主观上，由于该法律规范没有明确"无合法根据"的含义，因此，"该依据到底属不属于合法依据"就要靠法官依据对理论界学说、法律条文的理解、日常生活经验和审判经验的累积来判断。

---

① 丁莹：《论不当得利"无合法依据"的举证责任分配制度》，中国政法大学硕士学位论文，2011 年 3 月。

② 该条规定：没有合法根据，取得不当利益，造成他人损失的，应当将取得的不当利益返还受损失的人。

③ 该条规定：返还的不当利益，应当包括原物和原物所生的孳息。利用不当得利所取得的其他利益，扣除劳务管理费用后，应当予以收缴。

2. 理论中"无合法依据"要件含义存争议

根据理论界对不当得利基础的分类，无合法根据的解释向来也有"统一说"和"非统一说"两类，前者认为不当得利的基础均是统一的，故此无合法根据也应有统一的解释。但与该论断相悖的是，主张统一说的学者对无合法根据的理解并不是统一的，且分歧较大。

学者们诠释不当得利基础最早是用"公平说"。他们认为无合法根据就是获益人违反"公平"取得利益。不当得利制度的设置就是为了矫正这种不公平的财货转移。这种转移即便在形式上是正当的，如果在实质上是不正当的，受损人仍然可依不当得利返还请求权请求返还。继而德国学者 Collatz 倡导"债权说"，该说认为受益没有债权关系就属于无合法根据。日本学者加藤雅信研究了大量的不当得利判例后提出"法律关系说"，该说认为，无法律上原因指的是财产发生转移所依据的基础法律关系不存在。① 该学说所称的"法律关系"，不仅存在于民法，而且广泛存在于民法之外的商法、民事诉讼法等与财货转移有关的各个领域。具体来说，就民法而言，在债权关系范围内无合法根据就是指不存在合同、侵权等债权法律关系；在物权关系范围内，则是不存在所有权、用益物权等物权关系；在亲属法范围内则是不存在抚养、赡养等法律关系；在继承法范围内，则是不存在继承、遗赠等法律关系。换言之，学者们虽认为所有不当得利的基础都是统一的，"无合法根据"的解释也应是统一的，但实际上对于"无合法根据"的解释仍然是多样的。

"非统一说"又称为"区别说"，认为不当得利的构成要件也不能作统一的说明，"无合法根据"应就各种不当得利分别定义。其中以奥地利学者 Wilburg 的观点最为著名，他倡导非统一说，并认为不当得利应区别为因给付而受利益和因给付之外事由而受利益两种情形，分别探求财产变动是否有法律上之原因。据此，Wilburg 将不当得利区分为"给付型不当得利"和"非给付型不当得利"。给付型不当得利旨在矫正欠缺给付目的的财货转移，其运行依据在于通常情况下当事人宁愿损失自己的财货去增加他人的财产，都是有一定的目的。"无合法根据"就是受损人给付目的自始不存在、目的不达或目的消灭。至于非给付型不当得利，根据产生基础的不同，其财货转移的原因也不同，应依据其基础分别断定受益人是否有保有该利益的权利，"无合法根据"就是受益人不具有保有该利益的权利。

如上文所言，"无合法根据"要件的含义复杂，包含了各种不当得利类型的立法趣旨和实体法价值。理论和实践无法用统一的答案来解答实体法价值准

---

① 洪学军：《不当得利制度研究》，中国检察出版社 2004 年版，第 43 页。

则的问题，也就无法得出统一的不当得利举证责任分配的结果。总的来说，不当得利"无合法根据"举证责任分配之所以出现争议既有举证责任分配上的原因也有不当得利制度上的原因。

三、比较法视野下的不当得利"无合法根据"举证责任分配

（一）德国

1. 德国关于不当得利的相关规定

《德国民法典》第二编"债的关系法"第七章"各个债的关系"之第二十四节"不当得利"中，第 812 条第 1 款和第 2 款界定了不当得利之含义。[①]随后分别规定了各种情况：第 813 条规定"不顾抗辩而履行"；第 814 条规定"明知无债务；礼仪和道德上的义务"；第 815 条规定"结果未发生"；第 816 条规定"无权人的处分"；第 817 条规定"违反法律或善良风俗"；第 818 条规定"不当得利偿还请求的范围"；第 819 条规定"有恶意违反法律或善良风俗时的加重责任"；第 820 条规定"发生不明确的结果时的加重责任"；第 821 条规定"对不当得利返还请求权的抗辩权"；第 822 条规定"第三人的返还义务"。[②] 由德国民法典的具体规范可见，德国实体法首先就不当得利的含义、构成要件、法律效果予以了抽象、概括的规定。继而，将不当得利划分为给付型不当得利和非给付型不当得利。再者，将无权处分型非给付不当得利又作了具体的规定。

2. 德国关于不当得利举证责任分配的相关理论

在民法的基础上，德国采取的举证责任分配通说是罗森贝克所主张的"规范说"，因此，无论事实是消极事实还是积极事实，只要该事实是权利发生要件，就应当由权利主张者举证。但罗森贝克也认为，举证责任分配应当存在例外情况，"若于个案中就事实不存在之证明甚为困难，而于事实存在之证明却甚简单，则若相对人不提出事实存在之证明，且亦不曾致力为之，法院即能（且必须）依自由心证认为该事实不存在"。[③]

由此可知，在德国不当得利诉讼中，原则上应当由不当得利受损方承担四大构成要件的举证责任，"无合法根据"作为消极事实也不能例外。但是，在

---

① 该法第 812 条第 1 款和第 2 款规定："无法律上的原因，由于他人的给付，或依其他方法，而有所取得者，应负返还之义务。法律上之原因嗣后归于消灭，或依法律行为的内容，给付所欲达成之结果不发生，也应该负返还义务。依契约所为债务关系存在或不存在的承认，也应认为给付。"详见陈卫佐译注：《德国民法典》，法律出版社 2006 年版，第 302—305 页。

② 本章中对各国不当得利制度立法情况论述，均依据洪学军：《不当得利制度研究》附录：各国民法典关于不当得利的立法规范。

③ 转引自姜世明：《新民事证据法论》，学林文化事业有限公司 2004 年版，第 319 页。

不当得利受损方很难证明事实存在，受益方很容易证明其有合法根据的特殊不当得利案件中，则由受益方承担"无合法根据"要件的举证责任。特别表现在侵害他人权益的不当得利中受益人获得本属于他人权益范围的利益，"无合法根据"以外的三个要件成立时，受损人就无须再对"无合法根据"承担举证责任，无合法依据的要件也被认定成立。

（二）日本

1. 日本关于不当得利的相关规定

《日本民法典》第三编"债权"之第四章"不当得利"分别在第703条和第704条对不当得利进行了规定。在该法第703条中，规定了善意受益人的返还义务①；与之相对的，第704条规定了恶意受益人的返还义务②。随后在第705条、第706条、第707条、第708条分类型规定了"非债清偿"、"期限前的清偿"、"他人债务的清偿"、"不法原因给付"不当得利。总的来说，日本民法典就不当得利的情况作了一般性规定，并将不当得利分为"善意的不当得利"和"恶意的不当得利"。继而就"非债清偿"、"期限前的清偿"、"他人债务的清偿"、"不法原因给付"四种具体不当得利作了分类规定。

2. 日本关于不当得利举证责任分配的相关理论

在举证责任分配学说上，日本学者倾向于"法律要件分类修正说"，该说从维护法律要件分类说的立场出发，主张不应只重视法律条文的表现形式而分配举证责任，而应综合实体法的立法宗旨、目的以及方便和确保交易的安全、原则和例外关系等实质性考量加以决定。③ 即法律要件说在一般情况下都能合理地分配举证责任，但在完全依据法律要件说会造成不公平的特殊情况下，应结合实质性因素来决定举证责任分配。因此，在实体法对不当得利划分具体类型的基础上，依据"法律要件修正说"，如果受损人因自己的行为使财货发生了变动，该变动在受损人的掌控中，因此应由受损人自己来承担变动有无合法根据的风险，承担"无合法根据"举证责任；如果受益人违反了法律所保护的财货归属使财货发生变动，受损人只需要证明受益人所获益本系受损人所有，该财产变动事实便可通过推定，证明受益人获益行为无合法根据。如果受益人想要继续保有所获利益，必须证明其所受利益有合法依据，就其获益"有合法根据"承担举证责任。

---

① 该法第703条规定：无法律上的原因，因他人财产或劳务受利益并使他人受损失者，于该利益存在的限度内，负返还义务。

② 该法第704条规定："恶意受益人，应返还其所受利益并附加利息，如尚有损害，则负赔偿责任。"

③ 陈刚：《证明责任法研究》，中国人民大学出版社2000年版，第208页。

（三）我国台湾地区

1. 我国台湾地区关于不当得利的相关规定

台湾地区"民法典"第二编"债"第一章"通则"第一节"债之发生"第4款"不当得利"第179条明确了不当得利的含义。① 然后，讨论了不当得利的不同情况，在第180条中规定了排除不当得利返还请求权之事由。具体而言，该事由包括：道德义务、清偿未到期债务、依法清偿债务，明知无给付义务而给付、不法原因给付。② 最后，在第181条至第183条分别规定了不当得利受益人返还不当得利的具体范围，并在第197条、第266条、第419条、第816条中制定了有关不当得利的其他规范。可见我国台湾地区"民法"，也有其显著的模式，即首先从总体上制定了不当得利的一般规定，基本明确不当得利的含义后，以"受损人能否请求返还"为标准，区分一般不当得利与特殊不当得利。

2. 我国台湾地区关于不当得利举证责任分配的相关理论

台湾地区在举证责任分配上，也有不同的学说，其中姜世明先生的学说占有重要地位。他认为，举证责任分配有原则也有例外，一般原则是依据"民事诉讼法"第277条的规定——"当事人主张有利于己之事实者，就其事实有举证责任。但法律别有规定，或依其情形显失公平者，不在此限。"同时，具有一般抽象性的"规范说"符合法律安定性的宪法要求，具有可预测性、可预见性的特点，应作为一般举证责任分配的原则。③ 但他也认为，"规范说"过于注重法条结构形式，对当事人的实质正义造成了妨碍，对于一些证据偏颇和攻防武器不平等的问题，均不能提出有效之解决。因此，法院对于某类型的事件进行评价时，如果依据一般原则所得结果在结合了危险领域理论、武器平等原则、诚实信用、盖然性理论等因素后，发现该结果妨碍了当事人的实质正义，法院应当对一般原则形成的结果作出调整。据此，"无合法根据"作为消极事实能否继续依据"请求权发生要件"分配举证责任，必须经法条文理的构造，以及该规定的立法精神与目的等因素，做整体考量。在一般的不当得利纠纷中，为了维护财产权的安定性，认定现在财产的所有人（受益人）为权利所有人，在被证明无合法根据之前，有必要保有财产的安定性。结合这种考

---

① 第179条规定："无法律上之原因而受利益，致他人受损害者，应返还其利益。虽有法律上之原因，而其后已不存在者，亦同。"

② 第180条规定："给付，有下列情形之一者，不得请求返还：一、给付系履行道德上之义务者。二、债务人未到期之债务因清偿而为给付者。三、因清偿债务而为给付，于给付时明知无给付之义务者。四、因不法之原因而为给付者。但不法之原因仅于受领人一方存在时，不在此限。"

③ 姜世明：《新民事证据法论》，学林文化事业有限公司2004年版，第193页。

虑，认为不当得利"无合法根据"要件为权利发生要件，依据"规范说"由受损人承担举证责任。例外情形下，特别是侵害他人权益之不当得利，综合危险领域理论、武器平等原则、诚实信用、盖然性理论等因素后，一般原则的结果不能实现当事人的实质正义，因此，由受益人承担举证责任。

（四）小结

对于不当得利"无合法依据"要件的举证责任分配问题，域内外的做法存在明显差异。但德国、日本与我国台湾地区却有着惊人的相似。

1. 域外实体法对不当得利制度皆分类研究

无论德国、日本还是我国台湾地区，在实体法上都对不当得利制度作了比较详尽的规定。虽然法律规范条文数量有差异，分类标准也有一定的区别，但都是先对不当得利作了一般性规定之后，再分别对具体类型作规定。从类型上来说，德国法以不当得利产生的事实为界限，将不当得利分为非给付型不当得利和给付型不当得利，并依据无合法根据表现的不同，对二者作了进一步分类。日本民法典中的不当得利条文相对较少，但依然以不当得利受益人受益时的心理状态为标准划分不当得利类型，将不当得利分为"善意的不当得利"和"恶意的不当得利"。我国台湾地区"民法"将不当得利区分为一般不当得利和特殊不当得利，二者之间以不当得利是否产生返还的法律效果为界。由此观之，各国在立法时均将不当得利进行了类型化规定，在这样的规定下，不当得利制度显得更为具体，司法适用更加明确。

2. 域外对不当得利"无合法根据"举证责任分配皆修正"规范说"

从举证责任分配学说的角度来说，这三个国家和地区虽然表述的方式不同，但实质都是以"规范说"为基础，在特殊情况下对其进行修正，以实现法律正义。依据德国举证责任分配的通说罗森贝克"规范说"，德国人认为不当得利诉讼中，原则上应当由不当得利受损方承担四大构成要件的举证责任。但是在完全适用"规范说"会造成当事人举证难易差别巨大时，则由受益方承担"无合法根据"要件的举证责任，如侵害他人权益的不当得利。而日本在适用学说上本就倾向于"法律要件分类修正说"，认为依据法律要件说分配不当得利举证责任会造成不公平的时候，应结合实质性因素来决定举证责任分配。我国台湾地区学者认为"规范说"的地位不可动摇，但完全依据"规范说"分配不当得利举证责任会造成实质的不公平时，应当综合考量立法精神、目的等因素。

四、我国不当得利"无合法根据"举证责任分配的完善

司法实践中矛盾的判决争议虽让人迷惘，但经过举证责任分配和不当得利两种视角下的原因分析，我们可以发现：首先，不当得利"无合法根据"要件在举证责任分配上产生异议，是由于法律对举证责任分配的规定并不明确，法官无法依据法律规范作出判决。同时，我国的举证责任分配通说理论"规范说"也在不当得利案件中存在疏漏，若按规范说作出判决，法官和当事人都会在审视了具体的不当得利案件后，内心产生了一种天然的公平正义缺失之感。法官为了保证个案正义的实现，力图找到一种举证责任分配的方式来重新构建公平的状态，然而每个法官所提出的衡平措施又不尽相同，就产生了不同的判决结果。因此，欲平息司法实践争议就必须走举证责任分配立法完善之路。其次，争议的另一原因是法律规范对"无合法根据"的含义表述不清，理论界对"无合法根据"含义尚有争议，不当得利制度中不同的立法趣旨被隐没在单一的条文之中，无法通过举证责任分配这种加重或减轻当事人负担的方式来分别强调其独立的实体法目的。因此，不当得利"无合法根据"含义必须明确，不当得利必须依据实体法立法趣旨的不同进行分类，在举证责任分配问题上必须走类型化之路。

（一）"规范说"的坚持与修正

1. 坚持"规范说"的理论地位

基于法律安定性的需求，必须要有一项具有可预见性、可预测性的举证责任分配理论存在。若为了个案正义的实现，被司法所拒绝，则会造成对法律安定性的否定。但国家既然提供公力救济，就必须制定一系列有效、足以实现正义的司法制度。然举证责任分配之问题，是一个极为困难的问题。想要提出一个放诸四海皆准的原则，并非本文的行文目的，限于篇幅，也亦非所能。在此，仅就个人所赞同的修正观点，加以具体说明。

我国目前亟待解决的是使举证责任有法可依的问题。但立法总是难以穷尽将来的若干情形，因此，必须有一项普遍适用的举证责任分配法则。《证据规定》第2条虽然强调了结果意义上的举证责任，但对举证责任的分配仍然含混不清，其付诸司法实践还有很长的路要走，需要一种且只能有一种学说来对其进行理论指导和支撑。这是因为，不同的举证责任分配学说有不同的分类标准，有可能一致也有可能矛盾。学说一致尚且能指导司法适用，但若是矛盾，不同的法官对不同的学说倾向不同，就会造成法官恣意裁判。例如，"无合法根据"要件依据消极事实说，属于消极事实，原告不需要对该事实承担举证责任，而应当由支持获益有合法根据的被告承担举证责任。依据规范说，属于不当得利返还请求权的权利发生规范，应当由主张权利发生的原告承担举证责任。若是依据"消极事实说"结合"规范说"来分情况讨论，法官在具体的个案中可以就自身对案件的感知，选择依据消极事实说或者规范说，那么不同案件的判决中依旧会出现举证责任分配的争议。这也正是本文不支持上文所说

"由法律要件分类说结合英美法系的利益衡量说来分情况讨论"或"以法律要件分类说所确立的分配原则为基准,并参照待证事实说所确立的分配准则来考虑举证责任分配"的原因。

若只能有一种学说来对举证责任一般原则进行理论指导和支撑的话,那必然只能是规范说。正如张卫平先生所论述:首先,我国实体法的结构与大陆法系的实体法结构基本一致,各种法律规范的适用条件也很明确,法科学生在对实体法的学习中,也是按照法律要件分析方法去学习运用法律的。在司法实践中,区别权利发生、消灭、妨害规范并加以运用是可以实现的。其次,任何一种学说都是有不可取之处,以及不能照顾到的公平正义。但是这些问题都是可以通过法律规范、司法解释来予以补正。"规范说"的瑕疵并不能影响其在举证责任分配中的运用。①

2. 合理修正"规范说"的适用

(1)"规范说"之修正原则。"规范说"虽然在不当得利案件中存在疏漏,但其根本地位不容动摇。如何处理好坚持与修正的辩证关系,本文认为应坚持三个修正原则:

第一,"规范说"是否应当进行修正的考量标准并不能以单纯个案因素为标准,而应该是以经过类型化的个案群的共同因素为考虑因素。亦即对待不当得利案件中需要对"规范说"进行修正的情形,不能就个案单独进行修正,必须在个案类型化的基础上,事先经过立法、司法实务以及学说对其修正必要性予以确认,并形成该类案件的一般性原则适用。

第二,公平正义不应成为举证责任分配的直接操作规则。法官背离"规范说"理论,不能仅靠内心关于公平正义的考量。从规范说过渡至因公平正义需要而调整,须架构桥梁或设立若干供作检验的考虑基点。这里所谓的衡量基点或桥梁,即修正必要性之基础。以这些考虑因素为基础,经过立法、司法实务或学说发掘、探索,区分不适用"规范说"的不当得利类型。唯有经过此一般化与类型化的过程,方能使法官所作出的举证责任分配决定基本可预测,不违背法律的安定性。

第三,传统上规范说理论忽略了实体法目的和危险(或利益)归属的观念,所以在实质正义所需的弹性上存在不足。举证责任分配的确立,固然需要以实体法为基础,但并非仅从法条构造出发而已。还须综合法律条文的立法目的、立法史等,在解释论上也应重视体系解释,借此来寻求和确定举证责任分

———————————

① 张卫平:《证明责任分配的基本法理》,载何家弘主编:《证据学论坛》(第1卷),中国检察出版社2000年版。

配的决定因素基础。

（2）"规范说"修正必要性之基础。如上文所言，规范说过于重视法条的形式结构，容易对当事人的实质正义造成妨害。但公平正义不应成为举证责任分配的直接操作规则。法官背离"规范说"理论，不能仅靠内心关于公平正义的考量。从规范说过渡至因公平正义需要而调整，必须架构桥梁或设立若干供作检验的考虑基点。这里所谓的衡量基点或桥梁，即修正必要性之基础。

本文认为，从一定程度上说，分配举证责任是在当事人之间分配待证事实真伪不明所产生的败诉风险，而这种风险的承担又从根本上关系到了实体立法目的能否在诉讼上得以实现，单从实体法或者程序法都难以把握其真谛。因此，举证责任分配的问题不仅需要探讨民事诉讼制度的自身规律、内在要求，还必须结合实体法的价值倾向性、立法宗旨进行综合考虑。那么，判断举证责任分配是否公平正义，就必须从实体公平正义和程序公平正义两个方面来考量。

从这一思路出发，本文认为，在不当得利诉讼中，"规范说"修正必要性之基础包括：其一，便于实体法宗旨的实现；其二，贯彻诚实信用原则；其三，使裁判最大限度地贴近真实；其四，实现程序公正；其五，符合诉讼经济。所谓"便于实体法宗旨的实现"意味着举证责任分配方式必须与实体法的价值判断保持高度一致，从诉讼程序上保障实体法的贯彻实施。所谓"贯彻诚实信用原则"意味着当事人在行使诉讼权利和履行诉讼义务时，不能滥用法律赋予的诉讼权利，必须遵守诉讼秩序，尽到真实陈述之义务，不得故意隐匿、销毁重要证据，使待证事实陷入真伪不明的局面；若该举证责任分配方式特别容易造成不负举证责任的一方当事人作出妨害对方举证的行为时，应该重新考虑举证责任分配。所谓"使裁判最大限度地贴近真实"意味着举证责任分配应当便于最大限度地查清案件事实。例如，在通常情况下某待证事实存在的可能性远远高于其不存在的可能性时，将举证责任分配给主张该事实不存在的一方当事人，反之亦然，这样裁判所认定的事实与事实本来面目相符的成分会更多。所谓"实现程序公正"意味着在民事诉讼中，原、被告双方负担的举证责任要大致平衡。这并不是要求原被告的举证责任必须要均分，只是要求大致均衡，并且将举证责任尽可能置于有条件、有能力举证的一方。所谓"符合诉讼经济"意味着在诉讼主体投入的成本一定的情况下获得更大的收益，从而使有限的诉讼资源获得更大的价值。从举证责任分配的角度，就是举证责任的分配应当最大限度地便于法院和当事人在最短时间花费最少的费用得出公正的诉讼结果。

本文亦认为，虽然从总体上影响"规范说"修正的五个方面的要素，但这些要素在具体的不当得利案件适用中并不是同时起作用，也并非总是相互兼容的。在不兼容的情况下就必须依据案件类型的待证事实和证据的具体情况，以公平正义为基准，重新确定价值位序，合理分配举证责任。

这一思路并非无端杜撰，我国很多学者都从这些角度对影响举证责任分配的价值因素进行了探讨。例如，李浩教授认为影响和支配民事举证责任分配的四个方面的价值准则是："实现实体法的宗旨"、"使裁判最大限度贴近真实"、"程序公正"、"诉讼经济"。① 而且，我们甚至可以在现存的法律规范中找到支撑，《证据规定》第 7 条规定："在法律没有具体规定，依本规定及其他司法解释无法确定举证责任承担时，人民法院可以根据公平原则和诚实信用原则，综合当事人举证能力等因素确定举证责任的承担。"换言之，该法条认为公平原则、诚实信用原则以及当事人的举证能力等因素是决定举证责任分配的实质性要素。梁书文法官认为公平原则包括：举证的难易程度、与证据的距离远近、控制证据的情况以及待证事实发生的盖然性。诚实信用原则，比如妨碍举证可能导致对妨碍举证一方不利的推定。当事人举证能力要考虑两个方面：一是当事人是个人还是法人或其他组织。一般地，法人或其他组织比个人的举证能力强。二是考虑个人之间、法人或其他组织之间的不同情况。②

鉴于此，在下文的论述之中，本文会依据"规范说"修正必要性之基础来衡量不当得利中举证责任分配的合理与否。

（二）不当得利"无合法根据"举证责任分配类型化

依据上文所建构的基本完善路径，要完善我国不当得利"无合法根据"举证责任分配，就必须依据实体法立法趣旨的异同分类讨论不当得利。

1. 各种给付型不当得利合并讨论

给付型不当得利，是指因当事人的给付行为欠缺目的而产生的不当得利请求权，该类型不当得利，以给付作为体系构成的核心概念。所谓给付，是指当事人有意识且有目的地用自己财货增加他人财货的行为。这种目的在客观上就是给付行为的原因，只要欠缺给付原因，就是获益无合法根据。因而，根据欠缺给付目的的三种情况，无合法根据也相应地分为三种类型。自始欠缺目的不当得利中，"无合法根据"的含义就是给付原因行为的不成立、无效、撤销；目的嗣后不存在的不当得利中，"无合法根据"的含义就是给付原因行为的嗣后不存在；给付目的不达的不当得利中，"无合法根据"的含义即给付目的不达。

---

① 李浩：《民事举证责任分配的法哲学思考》，载《政法论坛》1996 年第 1 期。
② 梁书文：《〈关于民事诉讼证据的若干规定〉新释解》，人民法院出版社 2006 年版，第 175 页。

通过对各类"无合法根据"含义的了解，可以发现，虽然"给付型不当得利"中欠缺给付目的有三种情形，但所有的给付型不当得利导致损益变动的主体和原因均是单一的，在根源上都是基于受损人和受损人的给付行为。"无合法根据"在客观上都是由于受损人给付行为欠缺原因。因此，在给付型不当得利诉讼中，受损人行为及其真实意思产生的详细背景，可为举证责任分配提供共同的依据。另外，这一类型的不当得利的过程和规范目的基本都是一致的，所呈现的实体法利益衡量与价值判断也是基本一致的，举证责任分配应该统一。在接下来的讨论中，可以把给付型不当得利"无合法根据"举证责任作统一分析。

2. 各种非给付型不当得利再类型化

对于"非给付型不当得利"而言，其发生原因相当复杂，或基于行为，或基于事件，或基于法律，导致了损益变动的主体多元以及"无合法根据"的含义差异。从实体法立法宗旨来看，不当得利制度与侵权制度不同，不是为了填补不法行为所生的损害，而是使受益人返还其不具有合法根据取得的利益。因此，就构成要件而言不以受益人的故意、过失或不法性为必要，只要受益人取得应归属于受损人的利益，就成立不当得利。各类非给付型不当得利虽然产生的事由不同，但都是受益人获取了本应属于受损人的利益，因而在立法宗旨上差异不大。在这种情况下，继续考量其他因素可以发现"基于受损人行为的不当得利"和其他非给付型不当得利在举证的便宜程度方面有所不同，影响着举证责任实质公平的判断，因而无法将举证责任作统一分析。故本文将非给付型不当得利再类型化为：基于受损人行为导致的不当得利和其他非给付型不当得利。在德国、日本、我国台湾地区都有相当部分的学者赞同此种分类方法。①

（三）各类型不当得利中"无合法根据"举证责任分配

1. 给付型不当得利中"无合法根据"举证责任由原告承担

给付型不当得利是在当事人的给付行为欠缺目的时产生的不当得利请求权。这种目的在客观上就是给付行为的原因，只要欠缺给付原因，就是获益无合法根据。现今大部分不当得利纠纷都是这一类型的纠纷，几乎占据了不当得利的半壁江山，厘清其"无合法根据"举证责任分配显得尤为重要。

（1）"规范说"下的给付型不当得利中"无合法根据"举证责任。根据"规范说"的指导，主张权利存在的当事人，应就权利发生规范存在的事实举证，主张权利受制的当事人，应就权利受制规范存在的事实举证。给付人要求

---

① 黄国昌：《民事诉讼理论之新展开》，北京大学出版社 2008 年版，第 162 页。

受益人返还不当得利的依据是民事实体法赋予的不当得利返还请求权，而民事实体法中规定的受益人获益"无合法根据"要件，属于给付人不当得利返还请求权的发生规范，应当由请求权人即给付人承担受益人获益"无合法根据"的举证责任。受益人单纯否认其获益"无合法根据"不需要承担举证责任，只有在给付人欲行使请求权之际，受益人提出能将权利效果加以遏制或排除，使该权利不能实现的法律规范时，受益人才需要对不当得利返还请求权受制承担举证责任。

（2）"规范说"修正必要性之分析。依据上文提出的"规范说"修正必要性之基础的具体内涵，本文认为：

首先，从便于实体法宗旨的实现来看，给付型不当得利是因受损人欠缺给付目的的给付行为，这种情形下不当得利制度的立法目的体现为矫正欠缺给付目的的财产转移。然而，矫正欠缺给付目的的给付行为实质上具有两方面的含义：一方面保护具有给付目的的财产转移，一方面矫正欠缺给付目的的财产转移。实体法更倾向于保护具有给付目的的财产转移还是更倾向于矫正欠缺给付目的的财产转移，也就是考察实体法更注重于保护财产转移后利益状态还是更注重于保护财产转移前利益状态。这对欠缺给付目的处于真伪不明时，当事人的举证责任分配有着至关重要的影响。对于这个问题，姜世明先生认为："就现在之权利所有人（利益所得者），于变动原因合理性被推翻前，对现在权利人之利益，应有照顾之必要（静的安全保障）。"① 言下之意就是实体法更注重于保护财产转移后的利益状态。本文认为，给付型不当得利的立法目的是矫正欠缺给付目的的财产转移，也就是为了治疗物权行为无因性带来的伤害。即在确定物权行为无因性带来的伤害的情况下，对物权行为进行补救。那么，我们首先应当确定的是"物权行为无因性确实带来了伤害"。在给付型不当得利中就应当先确定"给付目的不存在"，继而才能适用不当得利矫正欠缺给付目的的财产转移。因此，从实体法的立法宗旨来看，在给付目的不存在被证明之前，应当保护现在的所有人的权利，即保护转移后的利益状态。为了与实体法的立法宗旨保持高度一致，在举证责任分配上，就应当由利益受损人首先证明受益人获得利益无合法根据，若无合法根据真伪不明，则由受损人承担不利的法律后果。

其次，从实现程序公正和符合诉讼经济来看，保护现在的所有人的权利也是为了保护社会秩序的稳定性。社会秩序的稳定要求法律秩序稳定，经济秩序稳定。任何人都不应因为他人"半是半非"的根据而使自己的利益或者权利

---

① 姜世明：《新民事证据法论》，学林文化事业有限公司 2004 年版，第 323—324 页。

受到质疑，否则会造成诉权的滥用，交易行为基础丧失，继而影响法律秩序和经济秩序的稳定性，影响社会秩序的稳定性。因此，如果当事人质疑对方获益无合法根据，就必须证明对方获益无合法根据，这当然地包括在无合法根据真伪不明时要承担不利的法律后果。对于动产而言，其占有人就推定为权利人，除非真正的权利人举证推翻这种权利的推定，受损人若认为自己才是真正的权利人，就必须承担占有人不是真正权利人的举证责任。

同时，"无合法根据"看似是一个消极事实的主张，当事人举证较难。但是，消极事实和积极事实的区分不能简单地从表述方式来看，更不能受形式上的拘束，应依其实质上为肯定的主张或否定的主张来判断其举证难易。给付型不当得利中受损人可以通过证明其给付行为欠缺给付原因，从而实现对受益人受益无合法根据的证明。虽然给付行为欠缺给付原因看起来是一种消极事实，但从给付人依据给付的意思所形成的具体情形来间接证明该事实，可以转变为对积极事实的主张，成为一种积极事实的证明，降低了当事人举证的难度。例如，给付行为欠缺给付原因的消极事实主张就可以转化为"合同被撤销"的积极事实主张。

此外，给付型不当得利的发生是基于受损人的给付行为，受损人作为使财产发生变动的主体，其掌控着财产资源的变动，由受损人来承担举证责任困难的危险是合理的。同时，我们似乎还可以从日常生活经验来考察当事人双方举证难易。在日常经济活动中，付出利益的人（给付人）一般情况下都会保留其给付的证据，以便日后据此要求受益人返还利益或支付对价。受益人通常不会自行保留证据，以防止给付人日后提出返还，例如出借人会保留好借款人出具的借条，以便日后要求借款人还款，而借款人少有自行保留借据；借款人在还款后会要求销毁借据或者出具收据，以防止日后借款人再次要求还款，而出借人则不会自行保留收据。很明显，给付人较受益人而言更容易证明其给付行为是否有合法根据，应当由给付人承担举证责任。

综合以上论述，在给付型不当得利诉讼中，无论是便于实体法宗旨的实现还是实现程序公正和符合诉讼经济，都认为由不当得利返还请求权人承担不当得利"无合法根据"要件的举证责任是必要的。这和"规范说"指导下的举证责任分配是基本吻合的。因此，在给付型不当得利诉讼中，由不当得利返还请求权人即受损人承担受益人获益"无合法根据"举证责任，既符合"规范说"自身的逻辑体系，也符合实体公正和程序正义，不需要进行修正。

2. 非给付型不当得利中"无合法根据"举证责任分配

依据"规范说"，非给付型不当得利中"无合法根据"的举证责任分配与给付型不当得利并无区别，都是由受损人承担受益人获益"无合法根据"的举证责任,因为他们所依据的实体法规范是一致的。但"规范说"是一种"从抽象到抽象"的概念化思维,在具体适用中难以对所有案件的举证责任作出公正且有效分配。且罗森贝克对不当得利举证责任进行分配,也主要考虑的是给付型不当得利。因此,下文将分别论述非给付型不当得利中"无合法根据"举证责任分配:

(1)基于受损人行为导致的非给付型不当得利中"无合法根据"举证责任由原告承担。因受损人行为导致的非给付型不当得利,是指因受损人非基于给付意愿而为的给付行为导致受益人被动受益,例如,受损人误以为他人的银行账号是自己的银行账号而转账。

首先,从便于实体法宗旨的实现来看,非给付型不当得利的利益获得都是违背了利益归属的规范,其考虑的不是不当得利的过程,而是保有利益的正当性。此时不当得利制度的目的在于矫正违背权益归属的财产变动。换句话说,受益人受益"无合法根据"是指受益人没有继续保有该利益的权利,受损人要实现不当得利返还请求权,必须要证明受益人所得利益本属于自己所有。同时,导致利益变动的主体是受损人,要求利益再次变动的主体也是受损人,为了维护交易安全,应由要求改变现状的受损人承担受益人获益"无合法根据"的举证责任。

其次,从实现程序公正、符合诉讼经济来看,和给付型不当得利较为类似,虽然受益人获益"无合法根据"看似一种消极事实的证明,却能够基于受损人导致财货变动的行为而转变为对特定积极事实的主张。此外,虽然受损人在主观上的交付目的不同,但基于受损人行为的非给付型不当得利和给付型不当得利的发生同样都是由于受损人自身的行为。即使受损人的行为是出于错误的意思,受损人也应当比受益人更清楚不当得利产生的过程。受损人更容易提出证据证明受益人获益无合法根据。例如,受损人能提供其银行账号与受益人的账号相似,其银行转账记录等证据。在举证难易程度上、控制证据的情况上,将无合法根据的举证责任交由受损人承担,也是公平的。正如姜世明先生所说:"对于因请求人行为导致财产利益变动的非给付型不当得利,尽管请求人在行为意思上缺乏真意,但是,由于请求人是使财产发生变动的主体,由其承担举证责任困难的危险,实属合理。"① 同时,受损人掌握着大量的证据,若由受损人承担受益人获益无合法根据的举证责任,更能促进其穷尽一切力量提出证据证明,便于法院尽快查清事实,提高审判效率,节约司法资源。

再次,从使裁判最大限度地贴近真实角度来看,因受损人非基于给付意愿而

---

① 姜世明:《论不当得利无法律上原因要件之举证责任分配》,载《全台律师》2000年4月号。

为的给付行为导致受益人被动受益中一些事实发生的概率明显地低于其不发生的概率。例如，我们用生活常识和通常逻辑可以发现，在正常情况下，受损人主动向特定人支付款项都是基于一定的给付意愿，受损人误以为他人的银行账号是自己的银行账号而转账的发生概率是明显小于其不发生的概率。因此，当受损人是否误以为他人的银行账号是自己的银行账号而转账成为诉讼争议时，应当由受损人就这一低概率的异常状态承担举证责任。

最后，从贯彻诚实信用原则角度考虑，如果免除受损人的举证责任，转而由受益人来承担，在诉讼中将会带来不利影响。即给付型不当得利中的受损人为求逃避举证责任承担，可以通过改变诉讼请求，主张"非给付"的方式来推卸自己的举证责任，从而滥用诉讼技巧违背民事证据制度的目的。

综上所述，本文认为基于受损人行为导致的非给付型不当得利中"无合法根据"举证责任分配由受损人自行承担更为合适。这与"规范说"指导下的举证责任分配并不矛盾，该分配方式不会影响实体正义和程序公正，不需要修正，应当坚持。

（2）其他非给付型不当得利中"无合法根据"举证责任由被告承担。本文已将除因受损人行为导致的非给付型不当得利之外的非给付型不当得利总体称作"其他非给付型不当得利"，包括了因受益人行为、法律规范、自然事件导致的不当得利。

从实现程序公正和符合诉讼经济角度上来说，这一类型的不当得利和给付型不当得利、因受损人行为导致的非给付型不当得利不同，受损人并没有参与到不当得利的产生过程中。至于受益人如何获得该利益，是基于"受益人的行为"还是基于"法律规定"、"自然事件"，受损人并不一定清楚，若要求受损人承担受益人获益"无合法根据"的举证责任，受损人很难找准方向。例如，受损人发现自己丢失的自行车被受益人所拥有，受益人获得该自行车的原因很多，可能是自己偷窃得来，可能是路上拾来、第三人处购买等。对于受损人来说，权益的变动不受其掌控，其主张受益人获益"无合法根据"无法像前两种类型的不当得利一样转变为对特定积极事实的主张。这时的"无合法根据"，就接近于一种"实质上的消极事实"，受损人的证明变得十分困难。而受益人作为财产的获益者，无论如何他都处于财产变动的具体过程之中的，更容易提供获益有合法依据的证据，若由受损人承担会导致实质公平的缺失。

因此，若依据"规范说"，由不当得利受损人承担受益人获益"无合法根据"的举证责任，会造成实质的不公平，符合对"规范说"进行修正的必要性条件，应当对"规范说"指导下的举证责任分配做适度修正。

从"排除合理怀疑"看我国
刑事诉讼证明标准的立法完善

王 海* 杨 琳**

引言

2012 年 3 月 14 日，新修改的刑事诉讼法首次将刑事诉讼的证明标准细化为"排除合理怀疑"，引起了人们的广泛关注。该法第 53 条第 2 款规定："证据确实、充分，应当符合以下条件：（一）定罪量刑的事实都有证据证明；（二）据以定案的证据均经法定程序查证属实；（三）综合全案证据，对所认定事实已排除合理怀疑。"其实，"排除合理怀疑"对我国理论界而言并不陌生，它是英美法系国家关于证明标准的经典描述。这次能纳入新刑事诉讼法条文中，足见立法者的高度重视。但随之而来的问题是，此次修改为什么会引入"排除合理怀疑"，它的内涵是什么，我国又应当如何保障"排除合理怀疑"标准的有效实施，等等。这不仅是学术界思考的问题，也是实务部门需要认真解决的课题。鉴于此，笔者试图从英美法系的来源地出发，探寻这一标准产生发展的历史轨迹，并提出适合我国国情的立法解读，从而为我国刑事证明标准的立法完善提供参考和借鉴。

一、何为英美法系中的"排除合理怀疑"

"排除合理怀疑"是英美法系国家在刑事诉讼中采用的证明标准，就我国而言，属于舶来品。它根植于 200 多年前英国的陪审团制度，在诞生之初就产生了强大而旺盛的生命力，并逐渐被英美法系国家普遍采用。下面，我们将带

---

* 四川省人民检察院助理检察员，西南政法大学诉讼法学博士研究生。
** 成都市金牛区人民法院助理审判员，法学硕士。

领读者追溯它在二百多年的历史长河中的形成发展轨迹，以便对其有一个清晰的认识。

（一）"排除合理怀疑"标准的形成过程

"排除合理怀疑"是伴随着英美法系陪审团制度的发展而逐步确立的。15世纪以前的英国处于教会时期，崇尚教会、敬畏神权是当时英国社会的典型特征。法官在审理案件时害怕因为错误的审判而受到神的追究或者是受到被告亲属的"血亲复仇"，于是就允许知晓案件情况的人一起来审理案件，这就是早期陪审团的由来。到了15世纪早期，陪审团的组成发生了变化，许多陪审员不再来自犯罪的发生地，对案件的相关事实在庭审前也并不了解，于是，他们在法庭审判中成了真正的案件事实和证据的评判者，证人的作用也随之变得越来越重要，陪审团就需要有相应的对证言、对情况证据进行评估的标准，在这种情况下，"排除合理怀疑"的证明标准得以形成和发展。[1]

英国"排除合理怀疑"标准最早确立于1784年理查德·科比特（Richard Corbett）纵火案中。老贝利刑事法院的法官在最后给陪审团的指示里提到："如果存在合理怀疑，那么在这样的案件中，对这些怀疑应当作出有利于被告人的裁决。"[2] 随后，在1786年约瑟夫·理查德（Joseph Richards）故意杀人案中，法官在给陪审团的指示中也明确指出："如果发现任何合理的怀疑，你们可以认定他无罪。"[3] 自此，英国法官在刑事诉讼中经常使用"排除合理怀疑"作为陪审团有罪判断的标准。

美国的"排除合理怀疑"标准确立于1770年"波士顿大屠杀"的审判（the Boston Massacre Trials）中。当时控方在最后陈述中使用了"排除合理怀疑"一词。[4] 随后，这一标准在1793年新泽西州诉Wilson[5]等案件中得以普遍适用。1839年纽约州最高司法法院（New York State Supreme Court of Judicature）在怀特案中明确指出，"审判法官应当明确告知陪审团关于合理怀疑的含义"。[6] 1828年，北卡罗来纳州最高法院在科克伦案中指出，"合理怀疑"

---

① 熊秋红：《对刑事证明标准的思考——以刑事证明中的可能性和确定性为视角》，载《法商研究》2003年第1期。

② See Trial of Richard Corbett（17840707 – 10），Old Bailey Proceedings Online，July 1784. 见 http://www.oldbaileyonline.org/browse.jsp? ref = t17840707 – 10，最后访问时间：2011年10月19日。

③ See Trial of Joseph Rickards（t17860222 – 1），Old Bailey Proceedings Online，February 1786. 见 http://www.oldbaileyonline.org/browse.jsp? ref = t17860222 – 1，最后访问时间：2011年10月19日。

④ Anthony A. Morano, A Reexamination of the Development of the Reasonable Doubt Rule, 55 Boston University L. Rev. , 516 – 519（1975）.

⑤ Statev. Wilson, IN. J. L. 502, 506（1793）.

⑥ People v. White, 22 Wend. 167, 178（N. Y. Sup. Ct. Judicature 1839）.

是轻罪案件乃至死刑重罪案件说服责任的恰当标准。① 随后，该州各初审法院大量采用排除合理怀疑作为证明标准。联邦最高法院也逐渐认可了排除合理怀疑作为证明有罪的标准。早在1880年最高法院就曾指出，"说服陪审团作出有罪判断的证据必须充分到足以定罪，而且必须排除所有的合理怀疑"。② 到了1970年，美国联邦最高法院重申，有罪指控应达到排除合理怀疑标准是一项宪法性要求，"除非构成犯罪的每个必要事实被排除合理怀疑地证明，否则被告人受到正当程序条款保护而不得被定罪"。③ 至此，"排除合理怀疑"标准在美国得以普遍确立。

（二）"排除合理怀疑"标准的含义

1. "排除合理怀疑"标准的内涵界定之争

"排除合理怀疑"标准从确立之日起，就是否对其内涵进行界定在理论和实践中存在较大的争议。

赞成者认为，"排除合理怀疑"的表述过于简单。"排除合理怀疑"的核心词汇是"合理怀疑"，然而，对这一词汇的理解，并非像其本身那么普通、简单和清晰，其含义也并非不言自明，即使受过专业训练的法官也可能会错误地解读"合理怀疑"的内涵，更不用说对法律知识知之甚少的陪审团了。比如，在一起具体的案件中，陪审团可能错误地认为"合理怀疑"标准就是要求证据上没有任何怀疑，也可能错误地将该标准解释为只要比无罪裁定的证据力度强一些即可。这样一来，如果证据标准适用错误，就可能会造成控方和被告方均受到损害。④ 因此，赞成者认为有必要对"排除合理怀疑"的内涵做进一步的确定，这有利于陪审团成员对证明标准的整体理解和统一把握，避免因理解偏差而造成错案的发生。

反对者则主张不应对"排除合理怀疑"的内涵做明确界定。他们认为，从这一标准出现至今，对其内涵的解释进行过无数尝试，然而每一次的尝试都只能让这一标准看起来更加模糊。如1880年，美国联邦最高法院就明确指出："尝试解释'合理怀疑'这一术语通常并未得出使陪审团更加清楚的结果。"⑤ 此外，英国上诉法院至今尚未对"合理怀疑"作出明确解释，并认为最好放

---

① State v. Cochran, 13 N. C. 56, 57 – 58, 2 Dev. 63, 64 – 65 (1828).

② 杨宇冠、孙军：《"排除合理怀疑"与我国刑事诉讼证明标准的完善》，载《证据科学》2011年第6期。

③ In re Winship, 397 U. S. 358 (1970).

④ Jessiea N. Cohen. The reasonable doubt ju Instrueion：Givi meatoa critieal concept. 22 Am. J. Crim. L. 677, 678 (1995).

⑤ See Miles v. U S 103 U. S. 304 (1880).

弃对其进行解释，因为任何进行解释的尝试往往使其更加模糊而非更加清晰。① 加拿大最高法院也认为合理怀疑实际上是一个可以自我定义的术语，难以进行其他解释。该法院在一则判决中指出："对于'合理怀疑'是什么这个问题，除了告诉你们它是一个自我定义的短语之外，没有其他简单的答案，因为它是有理由的怀疑，并非基于想象或猜测的怀疑。合理怀疑可能产生自证据、证据间的矛盾或缺少证据。"② 美国著名证据法学家威格莫尔宣称，"对（排除合理怀疑）这种捉摸不定和不可能确定（最终答案）的思想状态，要作出更加详细的解释，是不明智之举"。③

2. 英美法系关于"排除合理怀疑"的几种典型释义

尽管英美法系国家关于"排除合理怀疑"内涵还没有统一的界定，但是在理论界和实务界已经有关于该标准的不少释义，其中以下几种解释最为典型：

（1）将"排除合理怀疑"解释为一种道德上的确信（moral certainty）。早期的陪审团由于自身知晓案情，因此，在证明标准方面常常使用"令人满意的良知"的表述，即只要案件事实达到了陪审团成员认为的"令人满意的良知"的程度，就可以认定有罪事实。后来又逐渐演变为"道德上的确信"。1850年，美国马萨诸塞州最高法院（Massachusetts Supreme Judicial Court）的首席大法官肖（Shaw）在韦伯斯特案中对"合理怀疑"进行的解释中认为，"合理怀疑"是指案件的一种状态："经过对所有证据的全面比较和考虑，陪审员感觉到根据案件事实作出有罪判决仍然难以达到道德上的确信。……仅仅确定指控事实的真实高于虚假的可能性并不足够，依据证据所形成的案件真实必须达到合理的、道德上的确信。对于依其进行裁判的人来说，这种确信说服并指导着他们的理解，成为他们推理与裁判的根据。这就是我们所说的排除合理怀疑。"④

此外，《布莱克法律词典》也将"排除合理怀疑"解释为"道德上的确信"，即"'排除合理怀疑'的证明，并不排除轻微可能或者想象的怀疑，而是排除每一个合理的假设，除非这种假设已经有了根据；它是'达到道德上确信'的证明，是符合陪审团的判断和确信的证明，作为理性的人的陪审成员在根据有关指控犯罪是由被告人实施的证据进行推理时是如此确信，以至于

① See Regina v. Summers, 36 Crim. App. 14 (Eng. 1952).
② See 25R. v. Brydon, [1995] 4 S. C. R. 253.
③ 张斌：《论英美刑事证明标准的神学渊源及启示》，载中国诉讼法律网，发布时间：2010年3月10日。
④ Commonwealth v. Webster, 59 Mass. 295, 320 (1850).

不可能作出其他的推论"。①

（2）从正当程序的高度来解释"排除合理怀疑"。美国联邦最高法院在温石普（Winship）一案中，对"排除合理怀疑"从正当程序的高度做了如下解释："正当法律程序条款保护被告人非因证据达到排除合理怀疑的程度不被定罪的权利，这些证据必须排除合理怀疑地证明构成他所被指控的犯罪所必需的每一事实。"②随后，在 InreWinship 案中，美国联邦最高法院再次就"排除合理怀疑"从宪法第五、第十四修正案的高度进行了阐释："除非将指控之罪的每个构成要素证明到排除合理怀疑的程度，否则不得裁定被告人有罪。"现今，"排除合理怀疑"的证明标准已被明白地确认为美国《宪法》第 5 条和第 14 条修正案关于正当程序的要求。③

（3）将排除合理怀疑解释为很高的可能性（a high degree of probability）。这种解释的理论依据来源于 17 世纪末期，以洛克为代表的实证主义哲学家关于可能性问题的论述。洛克认为，人类知识分为两个领域：一个是可能达到数学证明的绝对确定性的领域，如直角三角形斜边的平方等于其他两边的平方之和；另一个是对事件进行实证证明不可能达到绝对确定性的领域。在第二个领域中也存在不同程度的可能性，当我们所得到的证据的量和质增加时，则达到越来越高的可能性，但不可能达到绝对的确定性，因此在这一领域所能达到的最高程度的可能性，就称为一种没有理由怀疑的确定性，即很高的可能性。④英国著名的丹宁勋爵（Lord Denning）就认为，在刑事案件中，排除合理怀疑并不需要达到绝对确信（certainty），但必须达到很高的可能性。排除合理怀疑也并非意味着连怀疑的影子都不允许有，而是要求证据的提出是如此的强有力以至于没有丝毫支持其主张的可能性，就认为该案的证明已经达到了"排除合理怀疑"的程度。

（4）用具体量化的标准来解释"排除合理怀疑"。鉴于"排除合理怀疑"的内涵难以界定，因此，有人就提出用具体量化的标准来解释其内涵。"如美国的 Weinstein 法官曾以'排除合理怀疑'为主题对纽州东区的 10 个联邦法官进行了问卷调查，有 9 个法官给出了百分比率。其中，1 个法官认为有罪可能性的比率要达到 76%，1 个法官认为比率要达到 80%，4 个法官认为要达到

---

① 赖早兴：《美国刑事诉讼中的"排除合理怀疑"》，载《法律科学》2008 年第 5 期。

② Evidence, by Muellerandkirkpatric, SecondEdition, Aspenlaw & Business, 1999. 转引自李忠诚：《试论两大法系证明标准之异同》，载中国诉讼法律网，发布时间：2009 年 1 月 30 日。

③ In re Winship, 397 U. S. 358（1970）.

④ 熊秋红：《简评英美刑事诉讼中的证明标准》，载中国诉讼法律网，发布时间：2003 年 11 月 4 日。

85%，2 个法官认为要达到 90%，1 个法官认为要达到 95%。另有一份以'排除合理怀疑'最低比率标准为主题对所有美国联邦法官进行的调查报告也显示：在给出有效调查的 171 个法官中，126 人认为最低标准是 90% 或比这一标准更高，11 人认为最低标准是 75% 或更低，甚至有人认为最低可以是 50%。"这表明，认为有罪可能性的最低比率在 85% 以上的人居多。因此，有学者就主张，作为事实裁判者的法官或者陪审团而言，除非能够证明被告人的犯罪可能性达到 85% 以上，否则，不能裁判其有罪。

（三）"排除合理怀疑"标准与相关问题的关系

1. "排除合理怀疑"标准与证明标准体系的分层理论

在英美法系国家，"排除合理怀疑"与其他层次的标准一起构成英美法系证明标准的完整体系。一般而言，"排除合理怀疑"仅仅是对被告人做有罪判决时才适用的证明标准，但是英美法系还根据人的认识程度的不同（可能性或确定性的不同程度）将刑事案件证明标准进行了具体分等："第一等是绝对确定，由于认识能力的限制，认为这一标准无法达到，因此无论出于任何法律目的均无这样的要求；第二等即排除合理怀疑，为刑事案件作出定罪裁决所要求，也是诉讼证明方面的最高标准；第三等是清楚和有说服力的证明，在某些司法区在死刑案件中当拒绝保释时，以及作出某些民事判决有这样的要求；第四等是优势证据，作出民事判决以及肯定刑事辩护时的要求；第五等是合理根据，适用于签发令状，无证逮捕、搜查和扣押，提起大陪审团起诉书和检察官起诉书，撤销缓刑和假释，以及公民扭送等情况；第六等是有理由的相信，适用于'拦截和搜身'；第七等是有理由的怀疑，足以将被告人宣布无罪；第八等是怀疑，可以开始侦查；第九等是无线索，不足以采取任何法律行为。"① 应当说，在英美法系国家的刑事诉讼中，这样的分类证明体系是十分清楚和完备的，无论是侦查，还是审查起诉，或者审判，不同诉讼阶段都规定了不同的证明标准。这为英美法系国家追究犯罪行为的有序开展奠定了坚实的基础。

2. "排除合理怀疑"标准与死刑案件的证明标准

尽管英美法系国家对"排除合理怀疑"的解释不尽相同，但是自该标准确立之日起，便在英美法系刑事诉讼理论界和实务界具有极高的地位。它是对被告人做有罪判决时所要达到的最高证明要求，即在证明被告人有罪的问题上，必须要达到所能达到的最高限度的可能性，也称为一种没有理由怀疑的确定性，即很高的可能性。然而，随着"排除合理怀疑"标准的普遍适用，英美法系也有学者提出，"排除合理怀疑"标准不应当是所有刑事案件的最高证

① 卞建林译：《美国联邦刑事诉讼规则和证据规则》，中国政法大学出版社 1996 年版，第 22 页。

明标准。因为不同的案件中被告人成立犯罪后所判处的刑罚不同，剥夺或限制的权益的重要程度也有差异，所以应当根据惩罚程度的差异适用不同的证明标准。以死刑案件为例，有人提出，鉴于死刑错判相当频繁，呼吁在死刑案件中，陪审团在认定被告人犯罪成立时应当适用更高的证明标准。"我们建议，在政府剥夺被告人的生命前，控方必须以比排除合理怀疑更严格的标准证明被告人的罪行。如果陪审团以排除合理怀疑的标准裁定被告人犯罪成立，除非它能以排除所有可能怀疑（beyond all possible doubt）的标准认定其有罪，否则它不得适用死刑。如果陪审团不能确保做到这一点，法官有责任适用刑罚但不能适用死刑。"①

3. "排除合理怀疑"标准与被告人的证明责任

众所周知，刑事诉讼适用无罪推定原则，也就是说，被告人的行为是否构成犯罪，这一责任应当由控方或者事实裁判者在认定案件时来完成，否则，被告方应当作为无罪的人而得以释放。然而，在某些特殊情况下，被告方也应承担相应的证明责任。例如，当被告方提出关于正当防卫、精神错乱等方面的辩护时，很显然，在这种情况下，也需要对被告人举证的证明标准作出回应。对此，英美法系的刑事诉讼对控辩双方的证明标准都明确规定了不同的要求，对控诉方的有罪证明需达到"排除合理怀疑"的程度，而对被告方英美法系则采用"优势证明"的标准。这种根据证明主体的不同从而区分适用不同证明标准的做法充分体现了方便诉讼、有利被告的原则，符合现代刑事立法的目的。

二、我国引入"排除合理怀疑"标准的进步意义和实践困惑

（一）"排除合理怀疑"标准入律是顺应司法实践的需要，体现了立法的进步

我国 1996 年《刑事诉讼法》第 162 条将刑事证明标准规定为"案件事实清楚，证据确实、充分"。然而这一标准却与我国的司法实践长期以来存在错位。有学者提出，虽然表面上看起来这是一个主客观相统一的标准，比如"案件事实清楚"是主观标准，是指事实裁判者在认识上、心理上对事实已经"清楚"、"明白"；"证据确实充分"是客观标准，要求证据客观上在质和量两方面达到"确实"和"充分"的程度，但是实际上事实裁判者难以操作，究竟达到怎样的程度就认为是案件事实清楚、证据确实充分，往往不好判

---

① Leonard B. Sand, Danielle L. Rose. Proof Reasonable All Possible Doubt: Is There a Higher Burden of Proof When the Sentence May be Death? 78 Chi - Kent L. Rev. 1359, 1361（2003）.

断。① 而且这一证明标准在司法实践中常常缺乏可操作性，侦查、起诉、审判人员对此经常意见不一，认识常常出现分歧，难以把握。

为弥补这一标准在实际操作中存在的缺陷，最高人民检察院《人民检察院刑事诉讼规则》在事实上肯定了"排除合理怀疑"的刑事证明标准。该规则第 286 条规定，"案件事实清楚，证据确实、充分"是指：（1）据以定罪的证据均已查证属实；（2）犯罪构成要件的各个事实均有相应的证据加以证明；（3）据以定罪的证据之间以及证据与案件事实之间的矛盾得到合理的排除；（4）根据证据得出的结论具有唯一性，即已经排除其他合理可能。②

此外，2010 年"两高三部"《关于办理死刑案件审查判断证据若干问题的规定》（以下简称《办理死刑案件证据规定》）再次肯定了"排除合理怀疑"的证明标准。该规定第 5 条规定："办理死刑案件，对被告人犯罪事实的认定，必须达到证据确实、充分。证据确实、充分是指：（一）定罪量刑的事实都有证据证明；（二）每一个定案的证据均已经法定程序查证属实；（三）证据与证据之间、证据与案件事实之间不存在矛盾或者矛盾得以合理排除；（四）共同犯罪案件中，被告人的地位、作用均已查清；（五）根据证据认定案件事实的过程符合逻辑和经验规则，由证据得出的结论为唯一结论。"③

可见，虽然 1997 年刑事诉讼法条文中没有明确规定"排除合理怀疑"标准，但在最高人民检察院《人民检察院刑事诉讼规则》、"两高三部"《办理死刑案件证据规定》等司法解释中均予肯定，在司法实践中已经是通用的证明规则。而此次将"排除合理怀疑"标准在立法中加以明确规定，正是顺应了司法实践的需要，体现了立法的进步。

（二）"排除合理怀疑"标准入律存在需要解决的实践困惑

虽然新修改的刑事诉讼法顺应实践的需要，明确规定了"排除合理怀疑"的内容，但是这一标准实际操作起来仍然存在不小的困惑，主要体现在以下几个方面：

1. 将"排除合理怀疑"与"结论唯一"、"排除一切怀疑"相混淆

什么是"结论唯一"？对于这个问题，我国目前的认识似乎并不清楚。从"结论唯一"的表述出现的几次情况看，都是和"排除合理怀疑"同时出现的。如 2006 年 11 月举行的第五次全国刑事审判工作会议上，时任最高人民法院院长的肖扬在解释"事实清楚，证据确实充分"的证明标准时指出："特别

---

① 陈光中、李玉华、陈学权：《诉讼真实与证明标准改革》，载《政法论坛》2009 年第 2 期。
② 任运通：《浅析死刑案件的证明标准》，载中国诉讼法律网，发布时间：2009 年 1 月 30 日。
③ 陈光中、郑曦：《论刑事诉讼中的证据裁判原则——兼谈〈刑事诉讼法〉修改中的若干问题》，载《法学》2011 年第 9 期。

是影响定罪的关键证据存在疑问，不能排除合理怀疑得出唯一结论的，就应当坚决按照'事实清楚，证据确实充分'的裁判标准，果断作出证据不足、指控的犯罪不能成立的无罪判决。"① 这里他把"结论唯一"与"排除合理怀疑"加以结合一起提了出来。随后，2010 年"两高三部"在《办理死刑案件证据规定》又将"排除合理怀疑"与"结论唯一"一并提出。这就难免会导致司法实践中有人将二者相混淆。

我们认为，"排除合理怀疑"和"结论唯一"是两个不同层次的证明标准。"结论唯一"，与"排除一切怀疑"应当是同义语，是指比"排除合理怀疑"更高的证明标准。这在《办理死刑案件证据规定》第 33 条中得到了证实。该条规定"依据间接证据认定的案件事实，结论是唯一的，足以排除一切合理怀疑"，就可以认定被告人有罪。由此可见，"结论唯一"，即"排除一切怀疑"应当是比"排除合理怀疑"更高的证明标准。如果从具体量化的标准上来看的话，"结论唯一"要求达到 100%，至少也是 99.99%，而"排除合理怀疑"则明显低于这个标准，达到 95% 或者 90% 以上即可。

2. "排除合理怀疑"的内涵尚未作出清晰的界定，不利于法官对刑事案件证明标准的统一把握

虽然新的刑事诉讼法已经明确地将"排除合理怀疑"写入了法律条文之中，但是关于其内涵是否应当清晰界定，目前在司法实践中尚存争议。有人认为应当按照英美法系对"排除合理怀疑"的原本理解在我国使用，但是也有人提出，应当对其内涵做进一步的明确。我们认为，后一种意见更为可行，理由如下：

首先，我国与英美法系国家的法律传统不同。英美法系国家是判例法国家。因此，虽然"排除合理怀疑"的内涵在法律条文中没有明确，但是法院在审理刑事案件时能够结合具体案情，从而形成对"排除合理怀疑"的独特理解，并且其他法院在审理类似案件时还可参照适用此案中对排除合理怀疑的解释。而我国则不同，我国不实行判例法，先前法官作出的判决不能当然适用于后来法官所审理的类似案件中。而且，与英美法系不同的是，在我国的刑事诉讼实践中，无论是案件事实还是量刑程序均由法官一人完成，所以对案件事实认定的主观过程就难免会受到法官个人情感、经历和个性差异的影响。因此，为避免法官在适用"排除合理怀疑"时因主观上的任意性对案件产生不良影响，需要对刑事证明标准的内涵做清晰的界定。

其次，对排除合理怀疑的内涵做清晰的界定，也符合当前庭审方式改革的

---

① 王斗斗：《"六个坚持"指导刑事审判——访最高人民法院院长肖扬》，载《法制日报》2006 年 11 月 12 日。

实践需要。庭审方式改革已经如火如荼地进行了多年，使庭审方式改革不流于形式，是其中的一个重要内容。如何让庭审的每一个具体环节都能发挥其实质的意义，这不仅是理论界一直思考的课题，同时也是实务界一直寻求解决的问题。长期以来，我国法院在判决书的制作上，常常是理由贫乏、说理性不强，甚至有的地方法院草草列出起诉书上指控的犯罪事实之后，并不对案件证据加以详述，就匆匆以"犯罪事实清楚，证据确实充分"，作出了空洞的有罪判决。这种现象在我国某些地方法院还为数不少地存在。我们认为，如果能够对排除合理怀疑的内涵做清晰的表述，法官就应当增强其在裁判文书中的说理性。就具体案件而言，法官必须要表明，该案的证据内容是如何使其排出合理怀疑的作出被告人有罪的认定的，这对法官而言是一种督促，更是一种制约，也是防止法官任意裁断的重要举措。而且，对于被告方来说，也可以根据排除合理怀疑的具体内涵，来判断法官在认定案件事实的过程中是否达到了排除合理怀疑的程度，有利于其合法诉讼权利的切实维护和保障。

3. 证明标准存在的粗放和不科学性问题仍未得到解决

1996 年刑事诉讼法关于证明标准的规定是"案件事实清楚，证据确实、充分"，它不仅适用于所有的刑事案件，而且在刑事案件侦查终结、审查起诉和审判阶段的适用上是完全一致的。这样的操作尽管一方面有利于防止因证明标准的不统一而导致的司法擅断，但另一方面却反映了我国证明标准的粗放与不科学。因此，长期以来，一直为我国理论界所诟病。

此次新的刑事诉讼法虽然对证明标准的修改有了一定的完善之处，但是不分案件类型、不分诉讼阶段的适用同一证明标准的弊病仍然没有得到妥善解决。主要表现在：一是从案件类型上讲，无论是普通刑事案件还是死刑案件，无论是简单刑事案件还是复杂刑事案件，无论是适用简易程序审理的刑事案件还是适用普通程序审理的刑事案件，对证明标准的要求都是要求达到"案件事实清楚，证据确实、充分，排除合理怀疑"。二是除了立案阶段的标准为"认为有犯罪事实需要追究刑事责任"外，侦查终结移送审查起诉、提起公诉、有罪判决都是要求达到"案件事实清楚，证据确实、充分，排除合理怀疑"的证明标准。

我们知道，证明标准是证明活动中的一个重要内容，它是主观证明过程中唯一可以参照的客观标准。因此，急需引起立法者的高度重视。笔者认为，我国引入排除合理怀疑标准仅仅是我国刑事诉讼证明标准改革的一个方面，更重要的是以此为契机结合我国司法实际，针对不同的诉讼阶段、不同的案件类型、不同的证明对象设定不同的证明标准，构建起一套既符合认识规律与诉讼活动规律又契合我国司法实际的证明标准体系，这才是我国刑事诉讼法此次修改的真正价值所在。

4. 针对不同证明主体、证明对象是否适用不同的证明标准，此次立法也未加以规定

一般而言，证明标准是指司法人员对被告人是否构成犯罪的证明要求或应当达到的证明程度，即证明被告人有罪的责任恒定地由控方来承担，但是，在某些情况下，考虑到诉讼方便的原则，由被告方对某些特殊情形承担证明责任显然更合适。比如，在巨额财产来源不明的案件中，就需要被告人对巨额资金的合法来源进行证明，这也是世界各国在此问题上的一致看法。然而，除了这种情形之外，是否还存在其他需要被告方承担证明责任的事由，比如，当被告方提出正当防卫或者精神错乱等违法阻却事由时，是否就应当对这些事实加以证明（说明），以及应当对这些事实证明（说明）到何种程度？很显然，我国现行立法中并未对此详加规定。此外，从证明对象上讲，无论是犯罪构成方面的事实还是程序法上的事实，无论是有利于被告人的事实还是不利于被告人的事实，无论是定罪事实还是量刑事实，证明标准也并未作区分，在司法实践中也一律套用"证据确实、充分"标准，这应当说也是立法的一项缺失。

三、完善我国刑事诉讼证明标准的相关建议

（一）明确"排除合理怀疑"的内涵

正如前文所述，无论是从中国的法律传统出发，还是从当前庭审方式改革的需要考虑，都需要明确排除合理怀疑的内涵。其中，"排除合理怀疑"标准的核心是对"合理怀疑"一词的理解，何为"合理怀疑"，笔者认为，应当由最高人民法院对"合理怀疑"的具体含义进行统一解释，以便于我国各级法院法官的准确适用。在界定其内涵时，需要从以下几个方面予以考虑：

1. 准确理解"合理怀疑"中"合理"的含义

首先，"合理"，顾名思义，就是要求怀疑要有根据，有证据支持，而不能是盲目怀疑。"合理怀疑"是相对于"想象的怀疑"、"推测的怀疑"而言的，是指理智正常且不带偏见的人在听取和了解证明的全部过程之后仍然持有的对证明效力的怀疑，就是一种"合理怀疑"，否则就是"想象的怀疑"或"推测的怀疑"。比如说，甲开枪杀乙，只射击一颗子弹，乙死后却在身体上发现有两个弹孔，只有一个在致命的部位。如果能够提出证据证明，乙的死亡是另外一枪所致，那么这种质疑就是合理的。[①] 因此，"排除合理怀疑"就是要求办案人员在认定被告人的行为是否构成犯罪时，必须已经切实将本案中的

---

① 姜伟、张军、田文昌：《刑事司法如何面对"排除合理怀疑"》，载《中国检察日报》2001年5月17日。

合理怀疑予以排除。

其次，还要注意的是，"排除合理怀疑"，并非要求排除一切怀疑，而仅仅是对有根据、有理由的怀疑加以排除。如果对提出的任何怀疑都必须加以排除，那么可想而知，法官的判决将随时处于被质疑的状态中。所以从这点上来说，"排除合理怀疑"与"排除一切怀疑"这两者的证明要求程度是不同的。"排除一切怀疑"的证明程度显然要高于排除合理怀疑的证明程度，对于死刑案件的证明具有重要意义。

2. 在司法实践中，根据具体情况的不同可以提出合理怀疑的内容也有所不同

我们知道，刑事证明活动本身是一种逻辑思维推理过程，既然是一种主观的推理过程，就需要通过大前提、小前提从而推导出结论。因此，"合理怀疑"主要针对三方面内容提出：一是案件事实方面；二是法律条文之间存在漏洞或分歧；三是针对案件的推理过程展开。我们认为，无论是对案件事实方面提出的怀疑还是对法律条文规定方面提出的怀疑，都需要有证据支持，否则这样的怀疑就是不被认可的。比如实践中，辩方以侦查人员存在违法行为为由而对被告人罪责提出怀疑的居多，但这种怀疑不能是盲目的。如果辩方提出被告人因侦查机关刑讯逼供而作了有罪供述，除非确实有证据证实，否则这种质疑就不能称为一种合理怀疑，控方当然也就不用为"莫须有"的怀疑承担证明的义务了。此外，"合理怀疑"还可以针对案件的推理过程展开。比如，案件审理中，只要辩方的反驳意见可以提出一种逻辑，使对方的证据陷入矛盾，使对方要证明的巨大可能性成为不可能，就认为达到了使法官慎重定案的目的。

综上，我们认为，所谓的"合理怀疑"应当是能够说出理由，摆出道理，经得起理性论证的，而不是无故置疑，吹毛求疵。"排除合理怀疑"也并非要求连一丁点儿怀疑的影子都不能有，它与"排除一切怀疑"的证明标准是不同的，在死刑案件的证明上，应当坚持"排除一切怀疑"的证明标准。

3. 界定"排除合理怀疑"还需要裁判者的理性和良知

明确了"合理怀疑"的内涵，只是为这一标准在司法实践中的准确适用迈出了第一步。至于具体如何认定，还离不开事实裁判者的理性和良知。"合理怀疑"，并非是一个容易理解的法律术语，不同的人由于其背景、环境、压力的不同，可能会产生不同的认识，因此，对"合理怀疑"的认定其实是一个涉及裁判者的主观价值判断问题。如果事实裁判者认为，保证无辜者不受惩罚的价值远远高于有罪者必须受到惩罚的价值，那么对合理怀疑的理解可能就会严格得多，反之则相反。

当前，由于我国司法队伍参差不齐的现状还客观存在。因此，司法实践中

不同法院对同类案件不同认定的客观情况也时有发生，这都给我们的司法工作的统一化进程带来了一定的困难。如何才能保证让具有不同背景的法官对同一案件的事实认定做到统一有序，这不仅是现代司法证明活动法制化、规范化的内在追求，而且是解决我国当前司法人员素质参差不齐现状的客观需要。

我们认为，除了要准确理解"合理怀疑"的含义外，首先就是要求法官应当具备应有的理性和良知。具体而言，就是对于何为"合理怀疑"，法官应当根据自己的"良知"和普通公众的一般认知或经验常识进行裁判，而不得违背职业道德，更不得作出有违常理的裁判。这是一名合格法官应当具备的最起码的职业操守和职业素养，也是从事审判工作的基本前提之一。其次，还要加强对法官的职业素质和业务能力的培训，这在当前法官队伍的道德修养和专业水平参差不齐的客观背景下显得尤为重要。一方面，应当增加法官进修、培训的机会；另一方面，还要尽快建立我国的判例指导制度，用实实在在的案例来指引法官对何为"合理怀疑"、何为"排除合理怀疑"等内涵作出统一的理解和适用，以便控制法官的恣意，实现诉讼的公正价值。

（二）合理规定死刑案件的证明标准——排除一切怀疑

目前，关于死刑案件证明标准的研究，学界讨论得十分热烈。赞成提高死刑案件证明标准的人认为，作为可能剥夺被告人生命权的死刑案件，理应享有比一般刑事案件更高的证明标准，[1] 但也有人提出质疑，适用高的证明标准就一定能减少死刑误判吗?[2] 我们认为，结合我国的目前实际情况，应当对死刑案件的证明标准作出区别于一般刑事案件的特殊规定，其理由如下：

首先，将死刑案件证明标准与普通案件证明标准相区别，表明了国家对待死刑案件的慎重态度。众所周知，死刑案件是对犯罪分子剥夺生命的最严厉的刑罚方法，一旦适用就无法挽回，所以绝容不得半点错误。然而，近年来我国司法实践中屡屡暴露的死刑案件错误频发事件一次次刺激着公众的神经，也给我们司法者敲响了警钟，究竟是什么原因导致如此多悲剧的发生，是司法人员的操作不当还是我们的立法过于粗糙？我们认为，长期以来，我国在死刑案件的认定上实行与普通刑事案件一样的证明标准是导致死刑案件错误频发的重要

---

① 如何家弘教授认为："在适用普通程序的刑事案件中，证明标准是'排除合理怀疑的证明'……在适用死刑的刑事案件中，证明标准则应该是更高的'排除一切怀疑的证明'。"（详见何家弘：《刑事证据的采纳标准和采信标准》，载《人民检察》2001年第10期）再如，黄芳认为，"一般刑事案件的证明标准为'案件事实清楚，证据确实充分，排除合理怀疑'；死刑案件的证明标准应当为'案件事实清楚，证据确实充分，具有排他性和唯一性'。"（详见黄芳：《刑事证据的采纳标准和采信标准》，载《法学评论》2003年第6期）

② 陈虎：《提高死刑案件证明标准一个似是而非的命题》，载《中外法学》，Peking University Law Journal Vol. 22, No. 3 (2010)。

原因。

　　死刑案件的重要性不言而喻，但是我国刑事诉讼法并未对死刑案件证明标准有过非同一般的特殊规定。我们从刑事诉讼法条文中也看不出，指导司法人员认定死刑案件事实的标准与普通刑事案件有何不同。这就使得在实践中，司法人员认定一起死刑案件与一起盗窃案件的证明标准是一致的。虽然旧法也规定了认定被告人有罪的事实需要达到"案件事实清楚、证据确实充分"的程度，但是何为"案件事实清楚"、"证据确实充分"，司法人员拥有绝对的自由裁量权，这难免会导致司法人员在认定案件事实过程中会人为地降低证明标准。孙万刚涉嫌强奸、杀人案就是范例。孙万刚案经法院再审后改判无罪，再审中发现原审对证明标准的要求相当低，在不能对疑点作出合理排除的情况下就作出了有罪裁定并判处死刑。滕兴善故意杀人案，也同样因证明标准要求过低而导致冤案的产生。佘祥林涉嫌故意杀人案等有问题的死刑错案的产生也与证明标准要求过低有关。因此，我们认为，应当对死刑案件适用高于一般刑事案件的证明标准，这样才能突出我国法律对待死刑案件的慎重态度，从而为死刑案件的公正处理赢得更多公众的理解和支持。

　　其次，对死刑案件适用更高的证明标准已经得到有关国家和国际文件的认可。以美国为例，虽然美国普通刑事案件的证明标准是"排除合理怀疑"，但是在美国的司法实践中，死刑案件证明标准的要求确实要严于其他刑事案件的要求。甚至有的美国学者就主张，应该在"排除合理怀疑"标准之上确定最高级别的刑事证明标准——"绝对有罪证明"（absolute proof of guilt），即可以排除包括无理怀疑在内的一切怀疑的证明，作为判处死刑的案件应该达到的证明标准。此外，在联合国的相关司法文件中也并非一概采用"排除合理怀疑"的表述。例如，1984 年联合国《关于保护死刑犯权利的保障措施》第 4 条规定："只有在对被告的罪行根据明确和令人信服的证据而对事实没有其他解释余地的情况下，才能判处死刑。"这里"对事实没有其他解释余地"（leaving no room for alternative explanation of the fact）与"排除一切合理怀疑"（beyond any doubt）的内涵基本一致，并显然高于"排除合理怀疑"（beyond reasonable doubt）。联合国对死刑案件证明标准的规定足以说明，在诉讼证明标准上，"排除合理怀疑"不是现实可能达到的最高标准，"排除其他可能性"或"对事实没有其他解释余地"才是现实可能达到的最高标准。因此，对死刑案件应当适用更高的证明标准不仅必要而且也具有现实达到的可能。

　　最后，对死刑案件适用标准的研究也符合未来对类案证明标准研究的总体趋势。当前，对类案证明标准的研究已经成为刑事司法理论与实践中的一个热点问题。死刑案件作为刑事犯罪中最严厉的一类案件，其证明标准是否适用得当，不仅关乎被告人的切身利益，体现司法公正，而且对普通刑事犯罪证明标准规定是否得当也具有重要的借鉴意义。因此，在这方面的探索将为未来的证据法立法提供材料和基础。因此，我们建议，应当在刑事诉讼中对死刑案件的证明标准作出明文的规定，即"排除一切怀疑"，在死刑案件的适用上应当严格遵循这一标准。

(三) 证明标准应当体现阶段性和层次性

目前，新修改的刑事诉讼法并未就我国刑事证明标准作出更为细致的规定，其所规定的"事实清楚，证据确实、充分"、"排除合理怀疑"仍然是适用于所有刑事案件和所有诉讼阶段的证明标准。这样的规定，虽然能够阻止因证明标准的不统一而导致的司法擅断，但因没有考虑到司法人员对案件认识活动渐进性规律的特点，从而反映了我国证明标准的粗放性与不科学性，亟须改变。

我们认为，可以在借鉴英美法系关于证明标准分层理论的基础上，构建我国不同阶段刑事证明标准的完整体系。比如，侦查终结的证明标准可以表述为"公安机关有合理根据地认为犯罪嫌疑人实施了犯罪行为需要追究刑事责任"。这样的规定有利于公安机关在侦破案件过程中具体侦查工作的开展。公安机关的立案侦查工作就好像刑事诉讼流程的第一道关口，如果这个关口的标准过严可能带来两种后果：一是会导致公安机关因为没有把握被检察院提起公诉从而撤销案件，这在客观上放纵了犯罪；二是可能会导致侦查机关反复退侦，从而延长对犯罪嫌疑人不必要的羁押，这既违反诉讼经济原则，也是对犯罪嫌疑人合法权益的侵害。因此，侦查终结的证明标准应当低于审查起诉的证明标准。

审查起诉阶段的证明标准可以表述为"表面上证据确凿"，即"检察机关认为犯罪事实已达到表面上的证据确凿，依法应当追究刑事责任"。需要注意的是，审查起诉阶段的"表面上证据确凿"与有罪判决阶段的"证据确实充分"是程度不同的两个概念。这样规定有利于还原检察机关对案件审查起诉的真实过程。众所周知，我国的检察机关在刑事诉讼中承担的重要职能有两项：一是提起公诉，二是法律监督。在审查起诉阶段，检察院最重要的工作就是对案件事实审查、判断，收集犯罪嫌疑人的有罪证据，从而依法向人民法院提起公诉。虽然检察院的法律监督职能贯穿于刑事诉讼的全过程中，但是在审查起诉阶段，检察院的法律监督职能其实受到一定的限制，一方面，检察院由于其公诉职能的强大，所以往往更多的是从有利于提起公诉方面来收集犯罪嫌疑人的犯罪证据，从而忽略了对犯罪嫌疑人有利的证据收集；另一方面，审查起诉阶段的法律监督主要体现为对侦查工作是否合法的监督，而对检察院内部的行为较少进行监督。因此，这两方面的表现都导致检察院在审查起诉阶段对案件事实的查清工作，不能与法院的审判工作相提并论，因此，对这两个阶段规定不同的证明标准是有现实意义的，这既有利于审查起诉工作的进行，也有利于法院审判工作的开展，使法院庭审工作不致形式化。

那么，实践中应如何理解"表面上证据确凿"的含义？我们认为，可以将这一标准进一步解释为"检察院认为案件事实清楚，证据确实、充分"。只有在法院作出有罪判决时才要求"案件事实清楚，证据确实、充分，排除合理怀疑"。所以，"排除合理怀疑"应当是只有在审判阶段才适用的证明标准，这样的规定才比较符合人们对案件事实的认识规律。

（四）区分不同证明主体和证明对象规定相应的证明标准

1. 证明标准应当根据证明主体的不同而区别适用

正如前文所述，证明标准不是一个单一的系统，而是一个复杂的、多层次的综合体系。因此，在适用证明标准上，也不仅仅只是控方的义务，对于辩方来说，在某些情况下，举证责任也可能会转移给其所在一方承担，因此，就需要规定一个相应的证明标准。

我们认为，英美法系关于不同证明主体适用不同证明标准的做法为我国提供了很好的借鉴。在英美法系国家，对控诉方的有罪证明需达到"排除合理怀疑"的程度，而对被告方英美法系则采用"优势证明"的标准，即在被告人负有举证责任的情况下，被告人不必证明到"排除合理怀疑"的程度，而只需达到"证据优势"的程度即可。很显然，"优势证明"是比"排除合理怀疑"要求更低的证明标准，这样的区别适用，一方面符合无罪推定原则的立法精神，毕竟在刑事诉讼中，主要还是要由控方来承担证明被告人有罪的责任，被告方的举证并非硬性的规定，只有在特定情形下，才承担一定的举证责任；另一方面对辩护方证明标准的要求也不宜要求过高，否则就是对控方承担主要证明责任的一种减损。因此，区分不同主体适用不同的证明标准是符合诉讼规律的一种体现，值得我国立法借鉴。

2. 证明标准也应当根据证明对象的不同而区别适用

目前，我国刑事诉讼法规定的证明标准主要是针对实体法事实而言，实体法方面的事实又可具体分为定罪事实和量刑事实，而《刑事诉讼法》第 53 条规定的"事实清楚，证据确实、充分"、"排除合理怀疑"，准确地说是对案件中的实体法事实中定罪事实所要达到的证明程度的要求，至于量刑事实和诉讼程序中的某些事实，比如，回避、强制措施、违反法定程序等则在立法中没有明确规定。

因此，有必要对现行立法进行适当完善。一是需要明确量刑事实所适用的证明标准。一般而言，由于量刑事实属于实体方面的事实，因此通常应当适用严格的证明标准，即达到排除合理怀疑的程度。但是，如果是倾向于减轻被告人刑罚的情节事实则进行自由说明即可，无须严格证明，即不需要通过严格的证据和严密的调查程序就可以得出的证明，这也符合当前有利被告原则的立法精神。二是作为程序法方面的某些事实，如回避、强制措施、诉讼期限、违反法定程序等，也只需达到自由证明的程度即可，无须严格证明。

新刑事诉讼法关于证据制度的完善及对检察工作的要求

郭祖祥*

2012 年 3 月 14 日，第十一届全国人民代表大会第五次会议通过了《关于修改〈中华人民共和国刑事诉讼法〉的决定》，这次"大修"对我国目前现行刑事诉讼法律制度作了重要补充和完善，对于更好地惩治犯罪、保障人权、维护社会秩序、建设社会主义法治国家无疑具有极其深远的重要意义。与 1996 年第一次修改刑事诉讼法相比，这次修改条文数量增加了 65 条，字数增加了 1.1 万字，其中新刑事诉讼法对刑事诉讼证据制度作了较大幅度的修改，从证据概念及种类的划分、举证责任的分配，证明标准的细化、非法证据排除制度的建立、证人制度的完善等各方面作了重要的补充和修改，制度设计更具科学性，司法实践更具操作性。新刑事诉讼法对检察工作更新执法理念、规范执法行为、提高执法能力、强化自身监督制约提出了一系列新的更高更严的要求。对此，笔者试就新刑事诉讼法关于证据制度的修改和完善进行分析，并就检察工作如何适用新刑事诉讼法进行探讨。

一、新刑事诉讼法确立了形式证据观的概念

证据是刑事诉讼的基石和灵魂，没有证据就没有刑事诉讼，证据规则成为刑事诉讼的"帝王条款"。首先，什么是证据？对于这个问题的回答关系到对证据本质的认识问题，也关系到整个证据的根基问题。其实在理论界一直对证据的概念大致有两种学说：一是"事实说"，二是"材料说"。"事实说"认为证据必须是不以人的主观意识为转移的客观事实，从这个意义上讲，证据与

---

* 重庆市巴南区人民检察院检察长。

事实之间画上了等号，证据包含了全部事实，事实是证据的全部内容，1996年《刑事诉讼法》第 42 条规定："证明案件真实情况的一切事实，都是证据。"这是典型的实质证据观在法条上的具体体现。但是该条第 1 款与第 3 款之间存在逻辑上的矛盾，既然证据是证明案件真实情况的事实就无须再经过查证属实，因为"证据"概念本身已经包含了"证据为真"预设，但是该条第 3 款又规定："以上证据必须经过查证属实，才能作为定案的依据。"该款规定了"证据"还须"查证属实"，该条款的背后又隐藏着"证据可能是真可能是假"的预设，二者之间存在逻辑矛盾，而造成这一逻辑矛盾的根本原因在于第 1 款与第 3 款之间的概念不一致，该条第 1 款的证据采用的是"事实说"，而该条第 1 款的证据采用的是"材料说"，违反了逻辑同一律。① 所谓"材料说"认为证据只是证明案件事实的材料，证据与事实之间不能画上等号，二者之间还有一个过渡的中介带，即必须经过"查证属实"这个环节。我们知道，案件是过去发生了的客观事实，而通过对证据的认识只是人们对过去发生了的客观事实在人们头脑中的"再现"，已经不可能与过去的"客观事实"完全一样，这只是法律意义上的事实。"材料说"中的证据形式正是针对法律事实这个内容而言的，只是证明法律事实的材料罢了。正因为如此，新刑事诉讼法采用了"材料说"定义证据的概念，新《刑事诉讼法》第 48 条第 1 款规定："可以用于证明案件事实的材料，都是证据。"这一定义实现了证据内容与形式的统一，即证据的内容是证据所反映的法律事实，证据的形式是证据本身赖以存在的载体，也就是说证据中有事实，但是不等于证据本身就是事实，因为事实具有既成性、客观性，一旦发生，不再改变，但是证据具有现成性、人为性，可能被伪造，可能被篡改，这就是典型的形式证据观。用"材料说"的形式证据取代"事实说"的实质证据承认了证据的存在可能是真是假的问题，消除了 1996 年刑事诉讼法中该条款的内在逻辑矛盾，"材料说"定义证据的确立标志着对实质证据观的扬弃以及形式证据观的确立，这种证据观的重新定义必然引起人们对证据本质属性的理解和认识的重大转变。

二、不得强迫自证其罪原则是证据制度建立和完善的基础

1996 年刑事诉讼法以专门章节对刑事证据作了规定，但是证据这一章节规定了 8 条，对证据制度规定过于原则、简单，缺乏操作性，一些地方存在法律漏洞，其证据立法原则建立在国家职能主义的基础之上，如 1996 年《刑事诉讼法》第 93 条规定"犯罪嫌疑人对侦查人员的提问，应当如实回答"，犯罪嫌疑人如实供述自己的罪行是其法定的义务，其立法理由是为了有利于发现

---

① 童建明：《新刑事诉讼法理解与适用》，中国检察出版社 2012 年版，第 70 页。

案件的真实情况，重视供述在查明案件事实方面的证据价值，注重被追诉者对国家权力的屈服，从而有利于提高诉讼效率。我国司法历来十分重视犯罪嫌疑人供述，口供被称为"证据之王"，虽然规定了："不轻信口供"，"只有被告人供述，没有其他证据的，不能认定被告人有罪和处以刑罚"，但在司法实践中，大家都这样相信：连被告人自己都承认了，那还有什么好说的？于是长期以来侦查机关产生了过分依赖口供的办案思维和办案习惯，刑讯逼供现象屡禁不止，甚至愈演愈烈，如"佘祥林杀人案"、"赵作海杀人案"等。要根本上防止刑讯逼供现象，证据制度的立法原则应当建立在当事人主义的基础上，赋予被告人沉默权，即享有不得强迫其作出不利于自己证言的权利，也没有协助检察机关查明其本人罪行的义务，基于此，修改后的刑事诉讼证据制度正是建立在不得强迫自证其罪这项原则基础上的，新《刑事诉讼法》第50条规定："审判人员、检察人员、侦查人员必须依照法定程序，收集能够证实犯罪嫌疑人、被告人有罪或者无罪、犯罪情节轻重的各种证据。严禁刑讯逼供和以威胁、引诱、欺骗以及其他非法方法收集证据，不得强迫任何人证实自己有罪……"不得强迫自证其罪原则应当说是新刑事诉讼法最大的亮点，真正体现了尊重和保障人权的立法宗旨，有利于从根本上防止刑讯逼供现象，体现了我国刑事诉讼制度的进步，进一步推动刑事诉讼走向民主和文明。

三、证明标准是证据制度的核心以及提高证明力的关键

（一）新刑事诉讼法确立了法律真实意义上的证明标准

证明标准又称证明要求、证明任务，是针对有罪的证明要求，是指法律规定的承担举证责任的诉讼主体运用证据证明自己的主张或对案件事实的认定所达到的标准和程度。证明标准是证据制度的核心，它贯穿于整个刑事诉讼活动的始终，刑事诉讼活动其实就是围绕证明标准对收集的证据进行分析、判断和审查的过程。由于受到传统实质证据观的影响，1996年刑事诉讼法证明标准建立在"客观真实说"的基础上，即刑事诉讼法规定的"认定的事实清楚，证据确实充分"，要求对案件事实的认定与案件发生的事实完全一样，有罪认定必须绝对真实，必须经得起实践和历史的检验，"铁证如山"，但是我们知道，人对客观事物的认识受到外在物质因素以及自身主观因素的影响，物质本身与人的认识之间难免产生"认识误差"，案件事实既然是一种"过去了的事实"，司法者只能把经过法庭调查核实过的、有证据能力的、符合提取、取证法定程序的证据作为定案的依据。换句话说，案件事实是根据现有的证据所认定的事实，有什么样的证据，就有什么样的事实，有多少证据，就有多少事实，这时候证据标准应当是建立在"法律真实"而非"客观真实"的基础上的。所谓法律真实，是司法活动中人们对案件真实的认识符合法律所规定或认

可的真实，在对案件事实的认识达到法律对构成要件要求的标准时，即可定罪量刑，否则应当宣布被告人无罪，不要求也达不到绝对的客观真实。① 新刑事诉讼法规定证据是用于证明案件事实的材料，案件真实是经过法律程序重塑的真实，意味着人们对案件事实的认识是基于对现有证据认识基础上的，可以说，新刑事诉讼法建立了法律真实意义上的证明标准。

（二）证明标准的细化有效提高证据的证明力

1996 年刑事诉讼法对证据标准没有明确规定，比较笼统原则，过于简单，如刑事诉讼法规定犯罪事实、情节是否清楚，证据是否确实充分，但是证据怎样才能做到确实充分，缺乏操作性，对此，新刑事诉讼法对证明标准进行了细化，其第 53 条规定："……证据确实、充分，应当符合以下条件：（一）定罪量刑的事实都有证据证明；（二）据以定罪的证据均经法定程序查证属实；（三）综合全案证据，对所认定事实已经排除合理怀疑。"只有同时具备以上三个条件，才能做到证据确实、充分。"定罪量刑的事实都有证据证明"，这是对证据在量上的规定，证据要充分，只有被收集证据的数量达到充足的程度，才能保证尽可能多地从证据中筛选出能证明案件事实的证据。"据以定罪的证据均经法定程序查证属实"，这是对证据在质上的规定，证据要确实、合法，即对收集到的证据要体现法律真实性，同时要具备法定程序，即证据的收集、审查、质证等程序必须合法。"综合全案证据，对所认定事实已经排除合理怀疑"是对证明标准的新要求，也是最重要的一项要求，"排除合理怀疑"就是对据以定罪量刑的案件事实，按照任何有理性的人正常判断，是确定的，不应怀疑的。所谓合理怀疑是指一个普通的理性人凭借日常生活经验对被告人的犯罪事实明智审慎的怀疑。首先，强调怀疑的合理性，要求怀疑者能够说出怀疑的理由，这种理由应当是具体的、有一定根据的而非抽象的、缺乏一定根据的理由，"所谓合理之怀疑，并非以下怀疑：强词夺理的怀疑、任意妄想的怀疑、过于敏感的怀疑、凭空臆测的怀疑、吹毛求疵的怀疑以及逃避刑责的怀疑。如果属于以上的各种怀疑，即非通常有理性的人所谓合理的、公正诚实的怀疑②"。其次，"排除合理怀疑"不是排除一切怀疑，也不要求达到绝对确定的程度，不要求百分之百的确定无疑，既然刑事案件事实是一种"过去的事实"，无论司法者还是当事者运用证据还原案件事实"原貌"，其"内心确信"程度都不可能必然正确，只能是一种盖然性或高度的可能性，难以用百分比进行精确量化。③ 最后，"排除合理怀疑"是指证据之间以及事实与证据之间的

---

① 陈卫东：《刑事诉讼法理解与适用》，人民出版社 2012 年版，第 120 页。
② 李学灯：《证据法比较研究》，台湾五南图书出版有限公司 1992 年版，第 665 页。
③ 陈卫东：《刑事诉讼法理解与适用》，人民出版社 2012 年版，第 118 页。

矛盾得到合理排除，提出的结论是唯一可能性的，是司法者对证据确实、充分的主观确信。可见新刑事诉讼法关于证据证明标准的细化，规定更加具体明确，更具有操作性，大大提高证据的证明力，从而确保司法者对证据的运用作出正确裁判，减少错判的风险。

四、非法证据排除规则是证据制度证据合法性的必然要求

（一）新刑事诉讼法采用"二分法"的非法证据排除规则

非法证据的排除规则是有关非法证据排除规则和排除程序的一系列规定，体现了人们对非法证据排除规则的认识和理解日渐深入，由于受传统证据理论影响，法庭审理过程以及控辩双方的辩论过程都是围绕证明力进行的，很少涉及证据资格的问题，加之非法证据排除程序的缺失，即便辩方提出证据非法的异议，法官往往置之不理，被告方很难启动非法证据排除程序，其主要原因在于我国刑事诉讼法律没有明确非法证据的排除规定。[①] 而一些司法解释规定不系统、不全面、不具体，缺乏操作性，难以贯彻执行。如 1999 年最高人民检察院《人民检察院刑事诉讼规则》第 265 条规定："严禁以非法方法收集证据，以刑讯逼供或者威胁、引诱、欺骗等非法方法收集的犯罪嫌疑人、供述、被害人陈述、证人证言不能作为指控犯罪的依据。"缺乏相应的排除规则和具体的排除程序，实践中对非法方法收集的证据很少给予排除，不利于遏制刑讯逼供现象发生。对此，新刑事诉讼法明确规定了非法证据排除规则，这是证据制度证据合法性的必然要求，是现代诉讼证据观念的巨大进步。新《刑事诉讼法》第 54 条第 1 款规定："采用刑讯逼供等非法方法收集的犯罪嫌疑人、被告人供述和采用暴力、威胁等非法方法收集的证人证言、被害人陈述，应当予以排除。收集物证、书证不符合法定程序，严重影响司法公正的，应当予以补正或者作出合理解释；不能补正或者作出合理解释的，对该证据应当予以排除。"新刑事诉讼法采用了"二分法"的排除规则，针对不同类别的非法证据采用不同的排除方法，即绝对排除非法言词证据和相对排除非法实物证据（也称裁量排除非法实物证据）。只要是采用刑讯逼供等非法方法收集口供和采用暴力、威胁等非法方法收集的证人证言、被害人陈述的，一旦确认必须毫不犹豫、坚决及时予以排除。针对非法实物证据则视情况而定，主要针对物证、书证的收集违反了刑事诉讼法关于搜查、扣押的程序规定，如未经合法批准或授权，搜查、扣押人员不符合要求等，如果情节不严重，没有严重影响司法公正的，仍然可以作为证据使用；一旦严重影响司法公正的，应当予以补正或者作出合理解释。所谓"严重影响司法公正"包括实体公正和程序公正，

---

① 陈卫东：《刑事诉讼法理解与适用》，人民出版社 2012 年版，第 123 页。

即结合违法取证行为的违法程度、侵权性质和程度，非法取证行为的主观状态、取证手段造成的严重后果等因素综合衡量和考虑，其违法取证行为和后果对案件的实体和程序是否产生严重影响。所谓"补正或者作出合理解释"是指通过合法取证程序重新取证，或者通过正式的解释证明当初搜查、扣押是在紧急情况下不得已而实施的。

（二）新刑事诉讼法明确了非法证据排除的义务主体、举证责任和具体标准

1. 新刑事诉讼法明确了非法证据排除的义务主体

新《刑事诉讼法》第 54 条第 2 款规定："在侦查、审查起诉、审判时发现有应当排除的证据的，应当依法予以排除，不得作为起诉意见、起诉决定和判决的依据。"可见，公、检、法三机关都是非法证据排除的义务主体，都要有法定义务排除非法证据，非法证据排除贯穿于全部刑事诉讼活动的始终，任何诉讼阶段只要发现有非法证据的，相应义务主体都应当予以排除。

2. 新刑事诉讼法明确了检察机关对证据合法性负有举证责任

新《刑事诉讼法》第 57 条规定："在对证据收集的合法性进行法庭调查的过程中，人民检察院应当对证据收集的合法性加以说明。现有证据材料不能证明证据收集的合法性的，人民检察院可以提请人民法院通知有关侦查人员或者其他人员出庭说明情况；人民法院可以通知有关侦查人员或者其他人员出庭说明情况……"可见，在对证据收集的合法性进行法庭调查时，人民检察院应当对证据收集的合法性加以说明，如果检察院提供给法院的证据材料不能证明其合法性的，包括讯问笔录、录音录像等，检察院可以提请法院或者人民法院认为有必要直接通知有关侦查人员出庭说明情况，"说明情况"类似于出庭作证，是指将自己在收集证据过程中知道的或见到的情况向法庭如实陈述。

3. 新刑事诉讼法明确了非法证据排除的具体程序和标准

新《刑事诉讼法》第 56 条规定："法庭审理过程中，审判人员认为可能存在本法第五十四条规定的以非法方法收集证据情形的，应当对证据收集的合法性进行法庭调查。"对证据的合法性进行法庭调查，应当严格遵循法定的诉讼程序，审判长应当宣布休庭，通知侦查人员出庭说明情况，进行法庭调查，当事人及辩护人对检察院的举证活动进行质证，开展法庭辩论等程序。第 58 条规定："对于经过法庭审理，确认或不能排除存在本法第五十四条规定的以非法方法收集证据情形的，对有关证据应当予以排除。"经过法庭调查，确认证据存在非法收集情况的，应当坚决及时予以排除；根据现有证据材料不能排除证据存在非法收集情况的，即"事实不清、证据不足"或没有达到"排除

合理怀疑"的程度，也就是一个正常的理性人仍然认为存在非法取证可能性的，法庭也应当予以排除，不能作为被告人定罪量刑的依据。

新刑事诉讼法关于证据制度的修改和完善无疑是我国刑事诉讼制度的一项巨大进步，有利于尊重和保障人权，但是"徒法不足以自行"，法律的生命在于实施，法律的权威来自执行。对新刑事诉讼法的贯彻离不开司法实践者的严格执行，作为法律监督机关，新刑事诉讼法给检察机关带来新的挑战，也带来发展的机遇，检察机关要主动适应新刑事诉讼法修改的需要，切实提高思想认识，更新执法理念，着力从以下几个方面提高检察工作能力：

（1）切实强化证据意识，着力提高诉讼能力。证据是司法公正的基石，证据决定了案件质量。可以说，证据意识是检察人员安身立命之本，新《刑事诉讼法》第49条规定"公诉案件中被告人有罪的举证责任由人民检察院承担"。检察机关是公诉案件举证责任的唯一主体，如果不能举证或举证没有达到证明标准，即承担"败诉"的风险。因此，检察人员要严格按照新刑事诉讼法规定客观全面收集和认真审查、判断犯罪嫌疑人、被告人有罪、无罪的证据，还要注重收集和运用证据的规范性、程序的合法性，确保案件质量，努力提高诉讼能力。一是树立全面审查案件的观念。要转变过去"重审查有罪、罪重证据，轻审查无罪、罪轻证据"的思维定式，把两种不同性质的证据放在同等重要的位置上审查。二是提高全面分析、判断和运用证据的能力。在分析犯罪嫌疑人、被告人有罪证据时，既要分析现有的指控证据能否形成完整的有罪证据链，也要分析每个证据的证明力，按照证据的三个证明标准对证据上的瑕疵和薄弱环节进行补充，内心确信是否排除了合理怀疑。在分析罪重证据时，既要分析是法定从重还是酌定从重，也要分析辩方提出来的罪轻证据对罪重证据的冲击和影响。尽量避免受侦查机关《起诉意见书》的影响先入为主，要在全面分析案情和证据的基础上，努力形成客观公正的审查意见。三是进一步完善和健全相关工作机制，进一步健全提前介入侦查引导取证工作机制，加强与侦查机关的配合和联系，对重大案件或疑难案件提前介入，参与勘验、检查，对证据收集、固定和补充完善提出意见或建议。加强与审判机关的联系和沟通，通过联席会议、检察长出席审委会等方式，研究分析案件的证据在收集、审查、判断、运用中发现的问题，予以共同解决。

（2）切实转变办案观念，着力增强侦查能力。侦查是我国刑事诉讼的重要一环，也是收集证据和查明案件事实的关键程序，新刑事诉讼法对于严格、公正、文明、规范、理性执法提出了更高更严的要求。首先，检察机关必须彻底转变由口供本位到物证本位的办案模式，切实转变传统思维定式和办案习惯，将侦查工作的重心转移到口供之外的证据尤其是物证中，不断减少对口供的依赖，要把办案重心放在初查上，努力在立案前获取当事人涉嫌犯罪的重要依据，做到收集证据的全面性、准确性、固定性，为立案侦查工作奠定基础。其次，充分运用现代科技手段提高侦查办案能力，提高办案中证据的科技含量，新刑事诉讼法规定了技术侦查措施，但对其使用范围、审批期限进行了十分严格的限制，在具体的办案中，符合技术侦查范围并需要技术侦查的，可以按照规定依法使用，充分发挥现代科技手段在发现犯罪、侦查指挥、取证固证、追逃追赃等方面的特殊作用，向科技要证明力，向科技要战斗力。最后，必须彻底转变从重视证据客观性向证据合法性转变，必须适应新刑事诉讼法关于证据制度修改、完善的发展需要，既要重视实体公正，更要重视程序公正，既要依法打击犯罪，又要保障人权，必须严格、公正、文明、规范、理性办案，用看得见的程序公正实现实体的公正。

（3）切实加强证据审查，着力提高监督能力。新刑事诉讼法在注重证据客观性的同时更加注重证据的合法性，尤其是收集犯罪嫌疑人、被告人有罪的证据时更加注重程序公正、合法，作为法律监督机关，检察机关承担被告人有罪的举证责任，因此，检察机关必须切实加强证据审查制度，加大诉讼监督力度，着力提高监督能力。一是严格证据的合法性审查。要认真审查、鉴别、分析证据，既要审查证据的内容是否真实客观、形式是否合法完备，也要审查证据在收集、固定过程中是否合法；既要依法排除非法证据，也要做好瑕疵证据的审查补正和完善工作。对犯罪嫌疑人、被告人的供述和被害人陈述要结合全案其他证据，综合审查其内容的客观真实性和形式合法性，要求侦查机关提供所有的讯问笔录、询问笔录以及讯问犯罪嫌疑人全程同步录音录像资料，如果怀疑可能存在刑讯逼供的，应当调查出入看守所健康检查证明、看守干警的谈话记录以及调取驻所检察室有关资料，调查是否存在讯问合法性的问题；发现犯罪嫌疑人身体有伤情时，应当及时对伤势的成因和程度进行鉴定；发现全程同步录音录像资料有疑问的，应当要求侦查机关说明其理由，必要时会同技术部门进行审查。驻所检察室应当加强检查工作，如实、详细、准确记录犯罪嫌疑人入所体检情况，对提讯犯罪嫌疑人、被告人的情况加强适时监督，一旦发现违反规定的，及时向检察机关汇报并提出检察建议，记录在案。① 二是做好证据合法性的证明工作。新刑事诉讼法规定对证据的合法性进行证明是检察机关指控犯罪、强化诉讼监督、保证案件质量的一项重要工作。新《刑事诉讼法》第 55 条规定："人民检察院接到报案、控告、举报或者发现侦查人员以

① 童建明：《检察机关贯彻新刑事诉讼法学习纲要》，中国检察出版社 2012 年版，第 43 页。

非法方法收集证据的，应当进行调查核实。对于确有以非法方法收集证据情形的，应当提出纠正意见；构成犯罪的，依法追究刑事责任。"起诉前，当人民检察院收到当事人及其辩护人、诉讼代理人提出非法证据的控告、举报或线索时，应当及时要求侦查机关如实提供相关证明材料，必要时自行调查核实。在法庭审理中，当事人及其辩护人提出证据属于非法收集的，公诉人应当根据全案证据情况说明证据的合法性，向法庭提供讯问笔录以及全程同步录音录像资料，出入看守所健康检查证明、看守干警的谈话记录以及驻所检察室的有关资料。当现有的证据不能排除证据存在非法收集的情形的，可以提请人民法院通知有关侦查人员出庭说明情况。一旦确认存在刑讯逼供或者威胁、引诱、欺骗等非法方法收集口供的，应当毫不犹豫、坚决及时予以排除，向侦查机关提出纠正意见，检察院有关部门应当启动初查程序，一旦构成犯罪的，应当立案侦查，追究有关侦查人员的刑事责任；针对物证、书证的收集违反了法定规定的，应当向侦查机关提出补正意见，要求侦查机关重新按照法定程序收集有关证据，或者作出合理解释，如果说解释不合理或在规定时间内没有解释的，也应当排除该证据。

总之，新刑事诉讼法关于证据制度的重大修改和完善有利于实现犯罪控制与人权保障的动态平衡与理性协调，广大检察干警着力更新执法理念，转变办案模式显得更加紧迫，任务更加繁重，准确理解、全面把握和认真贯彻新刑事诉讼法关于证据制度对于发现案件事实和实现司法公正、尊重和保障人权、进一步推动刑事诉讼走向民主和文明、建设具有中国特色的社会主义法治中国具有深远的意义。

刑事当庭认证制度研究

唐正祥[*]

一、刑事当庭认证的基本理论

刑事证据乃刑事诉讼之基础；所有刑事诉讼行为的终极目标是正义或正义的实现，因此，刑事证据亦为正义实现之基础。所有进入刑事诉讼程序的证据只有经过法院依法予以确认才能作为定案的依据。法院也正是通过对刑事证据的关联性、合法性、真实性等涉及证据能力和证明力的属性进行确认后，才据此确认案件事实进而作出裁判。认证直接关系到刑事案件事实的认定和裁判结果，应为刑事庭审活动中最为关键的一环。

（一）认证的概念

所谓认证，"是指法官在审判过程中，对诉讼双方提供的证据或者法官自行收集的证据进行审查判断，确认其证据能力和证据效力的活动"[①]。事实上，我国三大诉讼法中并无"认证"一词。最早关于"认证"的表述是在1994年司法实务界对民事诉讼庭审方式改革的讨论中，即"（审判人员）应当……通过庭审来判断、认定证据……庭审要讲究质量和效率，当庭能够认定证据的，要果断地认定"。[②] 此后，1997年第7期《最高人民法院情况通报》登载的最高人民法院原副院长李国光在全国法院民事、经济审判方式改革试点工作座谈会上的总结讲话中亦使用了认证一词："当庭认证是指审判人员在法庭上认定证据，当事人举证、质证后，能够当即认定的应当当即认定；不能当即认定的就合议之后再认定；合议之后仍然认定不了需要继续查证的，待下次开庭再予

---

[*] 贵州省黔南州中级人民法院刑事审判二庭庭长，西南政法大学2010级刑法学博士研究生。

[①] 何家弘主编：《刑事审判认证指南》，法律出版社2002年版，第1页。

[②] 马原：《改进民事审判方式，正确执行民事诉讼法》，载最高人民法院民事审判庭编：《改进民事审判方式实务与研究》，人民法院出版社1995年版，第9页。

以认定。……认证是非常严肃而又十分重要的诉讼环节，认证的正确与否，直接关系到案件实体处理是否正确。"此后，随着刑事审判方式改革的发展和控辩式庭审方式的深入推广，认证（包括当庭认证）也从民事诉讼引入刑事诉讼，并获最高司法机关的正式认可——1999 年最高人民法院《关于严格执行公开审判制度的若干规定》第 5 条就规定："依法公开审理案件，案件事实未经法庭公开调查不能认定。证明案件事实的证据未在法庭公开举证、质证，不能进行认证，但无须举证的事实除外；缺席审理的案件，法庭可以结合其他事实和证据进行认证；法庭能够当庭认证的，应当当庭认证。"

要正确认识认证的含义，必须注意认证与审查判断证据之间的异同。认证作为刑事诉讼中的一种审判活动，实际上是一个对证据材料进行判断、取舍的过程，证据的审查判断是认证的前提和基本内容。但由于审查判断证据的主体、效力等与认证的完全不同，故对证据的审查判断并不等同于认证。刑事诉讼中，侦查人员、检察人员、审判人员、辩护人等都要对自己收集和他人提供的证据材料进行审查判断，但侦查人员、检察人员、辩护人对证据材料进行审查判断的目的与结果均与认证不同。因此，证据审查判断的主体包括侦查人员、检察人员、辩护人、审判人员，而认证的主体则只有审判人员；认证的效力一般是终局性的，而证据的审查判断则不具有这种效力。

（二）刑事当庭认证及其制度的概念

自从当庭认证一词被提出后，理论界关于当庭认证（包括刑事当庭认证）的含义发生了激烈的争论，存在多种不同观点，有的观点将当庭认证机械地理解为法官在法庭上的"当即认证"；有的将当庭认证的内容限定为证据的证明力有无和大小；有的则将当庭认证的内容限定为证据的证据能力；有的观点注意到了人们对事物的认识规律，参照并引进了英美法系的认证理论，但不加区别地将当庭认证分为两步，从而使一些可一次性对证据能力和证据力进行确认的情形复杂化。① 上述观点由于或只注意到当庭认证的时机，或只注意到当庭认证的内容，其片面性显而易见。

因此，刑事当庭认证是指法官在刑事庭审过程中，对控辩双方提出或法官自行收集并经当庭质证的刑事证据，运用相关证据规则，确认刑事证据的证据能力和证明力的审判活动。而刑事当庭认证制度，则是指法官在审理刑事案件

---

① 参见周亨元、王进兴：《略论对刑事证据的审查判决》，载《郑州大学学报》1982 年第 1 期；何家弘主编：《刑事审判认证指南》，法律出版社 2002 年版，第 7 页；景汉朝、卢子娟：《经济审判方式改革若干问题研究》，载《法学研究》1997 年第 5 期；程宗璋：《论我国民事证据制度的改革与深化》，载《河北建筑科技学院学报》（社科版）2001 年第 1 期；叶永禄、周刘金：《论民事诉讼中的举证、质证和认证》，载《上海交通大学学报》（社科版）2000 年第 3 期。

过程中进行认证活动所要采取的认证方式、规则以及有关认证权的行使、效力等方面规定的刑事诉讼制度。

（三）刑事当庭认证的基本特征

有学者认为，我国刑事当庭认证有如下基本特征①：（1）口头性，法官对经过控辩双方质证的证据进行认证，或对相对方不持异议的证据确定其证据能力和证据能力，往往是用口头言词表示予以采纳，并记录在案，不制作专门的文书。（2）直接性，法官直接听取控辩双方对证据的意见，直接对证据进行审查判断后直接作出评断，以表明是否可以采纳。（3）公开性，法官对证据的确认不是秘密进行的，而是公开确认，当然，在采用合议制的案件中，法官确认证据前对证据的评议是秘密进行的。（4）相对性，法官认证的效力只是相对的，而不是绝对的，当法官发现已经认证的证据不具有证据能力或证据效力时，可以通过恢复法庭调查的方式撤销原对证据的认证，以纠正错误，保证审判的公正，且我国司法实务部门是认可认证的相对性的。②

但是，由其概念可知，我国的刑事当庭认证作为法官在庭审过程中的审判行为，主要表现为以下基本特征：

1. 主动性，即法官主动认证

我国刑事诉讼法修改后确立的刑事庭审方式，既不同于大陆法系不进行当庭认证的纠问式庭审方式，也有别于英美法系法官须由控辩双方提出申请才对证据进行消极认证的控辩式庭审方式。在我国，法官既是整个庭审程序的指挥者，也是证据、事实的裁判者，法官在举证、质证等方面应当处于被动状态，是消极的"居中裁判者"，而在证据、事实的认定、法律的适用等方面则应发挥积极的能动作用，从而成为证据的"能动判断者"和事实的"积极认定者"。在涉及证据的认定时，法官在形成内心确信后，要作出符合法理性、科学性、逻辑性的认证，法官不能只消极听证而不主动评判，从而导致消极庭审，最终导致裁判成为"稀泥一团"。

2. 规则限制性

在形成认证结论前，须法官形成内心确信，或者说，法官依自由心证原则判断、认定证据。但自由心证并非完全不受限制的自由。③ 法官在对证据形成

---

① 参见胡锡庆主编：《刑事审判方式改革研究》，中国法制出版社2001年版，第128—129页。

② 最高人民法院《关于适用〈中华人民共和国刑事诉讼法〉的解释》第234条规定："法庭辩论过程中，合议庭发现与定罪、量刑有关的新的事实，有必要调查的，审判长可以宣布暂停辩论，恢复法庭调查，在对新的事实调查后，继续法庭辩论。"第236条规定："被告人在最后陈述中提出新的事实、证据，合议庭认为可能影响正确裁判的，应当恢复法庭调查……"

③ 参见汪建成、孙远：《自由心证新论——"自由心证"的自由与不自由》，载何家弘主编：《证据学论坛》（第1卷），中国检察出版社2000年版。

心证的过程中，应当依照一定的证据规则来分析、判断证据的客观性、关联性、合法性等属性，从而形成正确的认证结论。无论是对证据能力还是对证明力的认定，法官都应当受相关证据规则的限制，缺乏规则限制的认证，只能导致认证权的滥用，并进而导致司法不公。在我国通过两次修正刑事诉讼法而确立了较为详尽的证据规则的前提下，通过规则制约法官的认证行为，是极为必要且紧迫的。

3. 对象、时间、场所限定性

对象限定性是指法官认证的对象是控辩双方提出或法官自行收集并经当庭质证的刑事证据，此处强调的是所有出现在法庭上的刑事证据均应当经控辩双方当庭质证，未经当庭质证，法官不得认证。

时间限定性是指当庭认证应当在庭审结束前进行，而不得庭后认证。当然，集中审理原则要求法庭尽可能一次性完成庭审，以保证庭审是一个连续而不中断的过程，因此，"应当在庭审结束前进行"具体而言是指认证应当在被告人最后陈述后进行。

场所限定性是指当庭认证应当在庭审现场面对控辩双方进行，而不得庭外认证。

二、当庭认证及建立该制度的理论依据及必要性

可以说，自从我国理论界研究刑事当庭认证及相关制度之始，对于法庭应否进行当庭认证乃至应否建立当庭认证制度，都存在不同的甚至是截然相反的观点。这些观点中主要有肯定说、否定说两种。

（一）肯定说

该说认为：当庭认证是 1996 年刑事诉讼法修改后，用控辩式审判方式取代纠问式审判方式后提出的目标，是庭审方式改革的重要内容。刑事庭审中认证的任务是在控辩双方举证、质证的基础上，对用以证明案件事实的证据材料经过审查判断后予以确认，使之成为法律意义上的证据。当庭认证是司法公正、效率的当然要求，客观上改变了以往先定后审、庭审走过场及法官控审不分的旧审判方式，有利于调动控辩双方的积极性；切实维护当事人的合法权益，也便于社会各界对法庭审判活动的监督，防止"暗箱操作"；为当庭宣判提供了基础条件，有利于提高诉讼效益；是对抗式庭审核心部分，可以使当庭举证、质证规则得到维护，从而突出庭审的功能和作用，强化合议庭职责、充分发挥合议庭功能；同时还有利于提高法官素质，加强对人民群众的法制教

育，体现了修改后的刑事诉讼法对新的法庭调查模式的要求，等等。①

（二）否定说

该说认为：合议庭对刑事证据"当庭认证"，导致了认定事实上的"裁量纠问主义"，是一种恣意妄断的表现，具有"纠问性"和"反程序性"，违背证据判断的经验法则（单个证据不能自我表明是否真实可靠），极易剥夺当事人、辩护人辩护权等；法院对证据能力的审查原则上应在庭前准备程序进行；对于证明力的审查判断，应当严格贯彻辩论原则，充分听取控辩双方的质证和辩论意见，在合议庭评议之后、宣告裁判结论之前加以综合评断，对于肯定或否定控方或辩方的意见作出有理有据的说明，并且将主要结论和理由具体地写入判决书，以便控辩双方通过上诉或抗诉继续争辩。② 更有学者从立法角度否定当庭认证，其理由是：其一，认定证据属于去粗取精、去伪存真的复杂认识活动，往往建立在法官对所有证据材料的综合分析的基础之上，且通常都需要一定的时间保障。换言之，法官认定证据须形成内心确信，而在大多数情况下，内心确信的形成需要一个过程。如果欲求法官对证据的认定尽可能符合或接近客观真实，就不能一概地要求法官在庭审的有限时间内对证据材料作出全面的认定，否则，就有悖于人们对事物的认识规律。其二，在法庭调查阶段全面认定证据，不仅限制了当事人辩论权的行使，还将继续我国既往的那种无视当事人辩论内容和辩论结果的状况。其三，当庭认定证据易造成法官的被动。由于法官在庭审较短的时间要全面认定证据，其失误的比率难免相对较高，结果极有可能令法庭陷入一种已被认定的证据被其他证据否定的尴尬之态。虽然其最终贯彻了有错必纠的原则，但基于审判权行使的尊严，毕竟是不严肃的。③

（三）评析

由于否定说以"一证一质一认"的刑事当庭认证方式为立论基础，其理论局限性显而易见。事实上，刑事当庭认证除了包括可适用于案情简单的刑事案件（如适用简易程序审理的刑事案件）的"一证一质一认"方式外，更应包括适用于案情重大、证据繁多的刑事案件在法庭审理结束前的"综合认证"。简言之，只要是法官在庭审结束前，在法庭上面对控辩双方所作的认证，都应属当庭认证的范畴。即便是适用于案情简单的刑事案件的"一证一

---

① 参见何家弘、南英主编：《刑事证据制度改革研究》，法律出版社 2003 年版，第 490—495 页；胡锡庆、张少林：《刑事庭审认证规则研究》，载《法学研究》2001 年第 4 期；徐建新：《论刑事审判中的当庭认证》，载《浙江省政法管理干部学院学报》1999 年第 3 期。

② 参见孙长永：《刑事庭审方式改革出现的问题评析》，载《中国法学》2002 年第 3 期。

③ 参见张晋红：《论认定证据》，载《西南民族学院学报》（哲学社会科学版）2001 年第 7 期。

质一认"方式，由于当事人特别是辩方对控方指控的犯罪事实基本无异议，则对支持指控事实的证据亦不会有根本性的异议，此时，当事人事实上放弃了对证据的能力及证明力的辩论权，或者说，是认同了证据的能力及证明力，法官在此情况下当庭作出认证结论，并未剥夺当事人的辩论权，也不违背"单个证据不能自我表明是否真实可靠"的证据判断经验法则。诚然，证据裁判主义要求法官认定证据须形成内心确信，而在大多数情况下，内心确信的形成需要一个过程，如果一概地要求法官当庭对证据材料作出全面的认定，在案情重大、证据繁多的情况下确实难以做到。但如前所言，只要是法官在法庭闭庭前，在法庭上面对控辩双方所作的认证，都属于当庭认证。在不能当即认证时，法官完全可以休庭合议，作出认证结论后恢复庭审并当庭宣告认证结论及其理由。事实上，对刑事审判经验较为丰富的刑事法官而言，无论哪类案件，在法庭辩论终结后，对证据及事实均可形成内心确信，接下来要做的便是梳理该确信并形成结论，而无须过多时日思辨。曾有这样一个案例，被告人杨某某、韦某某、陆某抢劫一案，一审宣判后，三被告人提出上诉，二审审理过程中，发现卷内有被害人献血证复印件一份，载明被害人血型为O型，但公安机关内部鉴定机构将被害人的血型鉴定为 AB 型，遂以事实不清为由发回重审。重审期间，公安机关采集了被害人生父母及女儿的血样，连同原侦查期间提取的被害人血痕一份，委托一省级公安鉴定机构作 DNA 鉴定。鉴定结论表明，被害人与其父母、子女具有血缘关系的概率极大。重审开庭审理要解决的关键问题是本案发现的被害人与报案记录中的被害人是否同一。重审庭审中，控辩双方围绕被害人献血证及 DNA 鉴定结论，针对这一问题发生了激烈辩论。庭审结束后立即进行的评议中，三名合议庭成员一致认为，DNA 鉴定结论及其他证据已排他地证明了本案发现的被害人与报案记录中的被害人为同一人，全案证据也已排他地证明了本案三被告人在抢劫被害人过程中将其杀害的犯罪行为。随后进行的庭审中，审判长代表合议庭对全案证据发表了意见，作出了认证结论。在审判委员会基于合议庭认证结论作出全案处理决定后，案件承办人又在判决书中更为详细地阐述了认证结论。① 因此，认为"当庭认证有悖于人们对事物的认识规律"的观点由于没有考虑当庭认证的灵活多样的方式，自不能作为否定当庭认证的有力论据。

（四）结论

考察两大法系，可以发现，在刑事诉讼方面，英美法系实行控辩式（即

---

① 详见贵州省黔南布依族苗族自治州中级人民法院（2006）黔南刑二终字第 18 号刑事附带民事判决书。

对抗式）的诉讼模式，要求当庭采证，其采证方式为"分离式"①，即对证据是否具备证据能力，由法官当庭根据当事人申请、依照相关证据规则作出判断。而对证据是否具有证明力或证明力大小，则交由陪审团决定。正如英国某法官所言："根据英格兰法律，刑事法院的审判法官……要对有关证据可采性作出裁决，对该案的所有法律问题作出决定以及向陪审团总结该案事实和法律。就陪审团而言，决定所有事实问题，并且负责根据法官所宣称的法律适用于事实。"② 大陆法系则实行纠问式的审判方式，实行自由心证的证据制度，不要求当庭采证，其采证模式为"总括式"③，即无论证据的证据能力还是证明力，都由法官在法庭审理结束后，依其内心确信作出决断，且无须公开其心证过程。同属大陆法系的意大利、日本等国家的刑事诉讼庭审方式由职权主义的纠问式向当事人主义的控辩式转变后，其采证模式从总括式转变为分离式。我国刑事诉讼法修改后，体现了英美法系当事人主义的诉讼模式的特点，突出了控、辩双方的主体职能地位，庭审要求控辩双方围绕案件的事实与证据、法律适用进行言词相衡对抗，控辩双方当庭举证、当庭质证，法官居中裁判，当庭认证，当庭宣判。由于庭审模式的转变，认证模式也应由庭后认证转变为当庭认证。因此，我国在刑事审判中实行当庭认证至少是以下几个重要刑事诉讼原则的体现和要求：

其一，审判公开原则。审判公开原则是当今世界各国包括我国立法中普遍采用的一项重要原则，它要求审判机关对案件的审理过程和判决的宣告应公开进行。而审理过程公开，是指法院审理案件的活动，包括证据的提出、调查与认证等，一律在公开的法庭上进行，因此，当庭认证直接体现了审判公开原则。当庭认证在控辩双方及其他诉讼参与人的直接参加下进行，认证理由当庭公开，也是审判公开原则的必然要求。

其二，司法公正原则。公正历来是人类社会追求的崇高价值目标。诉讼制度以其解决纠纷的公正性而发展至今，司法公正原则包括实体公正与程序公正。当庭认证在诉讼各方及旁听人员参与下进行，从而使法庭对证据的认定职权在阳光下运行，极大地增加审判权行使的透明度，减少乃至杜绝各种人为因素的影响，从而有效防止了以往的刑事诉讼中那种案件的一切事实、证据的取舍、定性均要层层报批、请示，先定后审而可能产生的不公正现象。因此，当庭认证是司法公正的必然要求，体现了刑事诉讼关于实体公正与程序公正的价

---

① 参见樊崇义主编：《刑事诉讼法专论》，中国方正出版社 1998 年版，第 435 页。

② 《英国刑事诉讼法（选编）》，中国政法大学刑事法律研究中心组织编译，陈味秋、陈瑞华、杨宇冠等译校，中国政法大学出版社 2001 年版，第 19 页。

③ 参见樊崇义主编：《刑事诉讼法专论》，中国方正出版社 1998 年版，第 433 页。

值追求。

其三，集中审理原则。集中审理是指刑事案件的审判原则上应是持续而无间断地进行，亦即审理程序应尽可能地一气呵成，即行判决。整个审判阶段应以庭审为中心，所有的事实、证据材料和法律观点等都应当在庭审中一并提出、交流、辩明，审判结论（包括对证据材料的认证）也应在庭审中形成。集中审理原则，一方面体现了现代刑事诉讼的效率目标，另一方面可以防止来自庭外的不正当干扰，保证法官从开庭的连续审理中获得对案件的清晰、完整的印象，以便作出公正的裁决。这一原则要求法官在控辩双方提出证据材料，进行质证、辩论后及时当庭作出认定，并说明理由。

其四，直接言词原则。"在举证、质证、认证'三步曲'的诉讼阶段框架内，它贯彻了直接言词原则这一体现现、近代诉讼灵魂的崇高价值。……在举证、质证、认证的诉讼阶段框架内存在内在的、密不可分的必然逻辑性的联系，三个阶段作为一个整体，前后次序不得颠倒，一环紧扣一环，前一环节通常是后一环节的前提与基础，后一环节又是前一环节的必然发展与衔接。举证、质证作为认证的基础与前提，完整地体现了当事人主义和辩论主义原则。"①

此外，我国的刑事庭审改革的目标之一是提高当庭宣判率，因此我们还可以从当庭认证与当庭宣判的逻辑关系考察刑事当庭认证的重要性和必要性：当庭认证的目的就在于通过当事人积极举证、质证，法官居中判别，在全面客观的基础上确定各项证据的效力，并据以公正裁判。凡当庭裁判的案件，应当也完全可以做到当庭认证；如果不能当庭认证，自然也无法当庭裁判，否则，这样的裁判只能是不说理不论证的裁判。当庭认证是裁判特别是当庭裁判的基础，当庭裁判则是当庭认证的发展趋势和最佳结果。

综上所述，以上肯定说的观点反映了刑事当庭认证的内在属性，代表了司法公正、效率的当然要求。在理论和实务两方面，刑事当庭认证的实施及其制度的建立都具有可行性、必要性、重要性。

三、刑事当庭认证制度的主要内容

作为一种法律制度，不可或缺地包括作为制度实施者的主体、行为实施对象和行为内容等组成部分。刑事当庭认证制度亦如此，包括主体、对象及内容等基本组成部分。

（一）刑事当庭认证的主体

"认证权是基于审判权（狭义上表现为裁决权）而产生的权力，是审判权

---

① 参见何家弘主编：《新编证据法学》，法律出版社2000年版，第423页。

的组成部分和具体体现，也是法官行使裁决权的基础和前提，是判决的先导。"① 毫无疑问，当庭认证是人民法院审判组织的一种审判行为。但由于我国法律规定的"审判组织"既包括独任审判员、合议庭，又包括各级人民法院审判委员会，因此，对独任审判员、合议庭是当庭认证的主体理论上分歧不大，但是否包括审判委员会，理论上争议较大。赞成者认为，审判委员会的职责是讨论重大疑难案件并作出决定，总结审判经验，研究审判工作中的其他问题等。审判委员会讨论案件，不仅可以对适用法律问题，也可以对事实和证据问题作出决定，故当庭认证是审判委员会的职责之一，且如果确立允许法官改变已经确认的证据的制度，当然也就允许审判委员会去改变已经当庭确认的证据，因此，当庭认证的主体包括审判委员会。② 反对者认为，审判委员会侧重对重大、疑难案件的认证结论进行审查，并不直接参与案件庭审，不掌握庭审举证和质证的情况，因而一般不应成为认证主体，不能行使认证职权。③

我国刑事当庭认证的主体仅指独任审判员、合议庭，而不包括审判委员会。这首先是由直接认证原则决定的，所谓直接认证原则，即认证活动的直接性，是指负责审理本案的独任法官或合议庭应当直接听取当事人举证、质证和辩论的情况，有针对性地当庭作出认证。独任法官或合议庭应当自始至终参加法庭审理和认证活动，而不得进行庭后、庭外认证，也不得由其他不是负责审理本案的组织和个人进行认证。而直接认证原则更是刑事诉讼的重要原则即直接审理原则的重要体现和组成部分。根据直接审理原则的原理，刑事诉讼的一切决定均应由案件审理者直接作出。哪怕是在我国实行审判委员会制度下重大疑难案件的最终裁决由审判委员会作出，但裁判文书上体现的裁判者仍然是案件审理者即合议庭或独任审判员。因此，审判委员会不是案件审理者，自不能作为当庭认证的主体。其次，就我国审判委员会的职能而言，是"讨论重大疑难案件并作出决定，总结审判经验，研究审判工作中的其他问题等"。此处的"作出决定"应理解为就案件适用法律问题作出决定，而非在证据、事实等细节上纠缠。事实上，在讨论具体案件时，"合议庭或独任审判员对事实和证据负责，审判委员会对定罪和量刑负责"已成为司法实践中的一条不成文的规矩。当然，因为其不成文，故需在理论和立法上予以明确。最后，当庭认证既是案件审理者的一种审判行为，也是其权利和义务。"证据之评价，虽委

① 程宗璋：《试论我国的民事认证制度》，载《新余高专学报》2000 年第 9 期。
② 徐建新：《论刑事审判中的当庭认证》，载《浙江省政法管理干部学院学报》1999 年第 3 期。
③ 金文彤：《浅析证据适用之庭审认证——以刑事诉讼当庭认证和庭后认证为视角》，载《山东审判》2003 年第 5 期。

诸裁判官之自由，并不受法律的直接干涉，此不特为裁判官之权利，亦其义务。"① 以上论述充分说明了认证与司法裁判的关系。如果将审判委员会也作为当庭认证的主体，则既剥夺了合议庭或独任审判员的认证权利，也不恰当地承担了合议庭或独任审判员的认证义务，从而陷入饱受批判的"审者不判、判者不审"的泥沼。

（二）刑事当庭认证的对象

所谓对象，系指作为行动或思考目标的人或事物。目前理论界对认证对象的理解较为混乱，有的理解为证据的"三性"②，有的理解为证据证明力的有无和大小③，有的理解为证据能力④。从"对象"一词的含义可见，认证的对象仅仅是证据而已。至于证据的"三性"也好，或者证明力、证据能力也罢，均归属于刑事当庭认证的内容，与对象并无瓜葛。

作为刑事当庭认证对象的证据，必须是控辩双方提供或法官自行调查收集，且已经当庭举证、质证的证据。

在此还需明确的是，认证的对象是证据而非案件事实。"认定证据是认定案件事实的手段，认定案件事实是认定证据的目的，二者处于不同的认识阶段，先有对证据的认定，而后才有对事实的认定。"⑤ 认定证据与认定案件事实是法官推理、裁判过程中两个相互衔接又相互区别的认识阶段，不能以对证据的认定代替对事实的认定，也不能用对案件事实的认定活动笼统地代替对各种证据的认定活动。

（三）刑事当庭认证的内容

关于刑事当庭认证的内容，理论界主要有如下观点：第一种观点认为，认证的内容就是要对证据的客观性、关联性、合法性等"三性"进行综合判断；⑥ 第二种观点认为，认定证据的内容就是证据材料是否具备"三性"以及对有的证据材料是否需要根据排除规则予以排除⑦；第三种观点认为，我国的当庭认证的内容是证据的证据能力（合法有效）、真实性（真实可采）和一定

---

① 陈朴生：《刑事证据法》，三民书局 1979 年版，第 576 页。
② 参见曹学庆：《改进民事审判方式实务与研究》，人民法院出版社 1995 年版，第 10 页。
③ 参见沈达明：《比较民事诉讼法初论》，中信出版社 1991 年版。
④ 参见程宗璋：《论我国民事证据制度的改革与深化》，载《河北建筑科技学院学报》（社科版）2001 年第 1 期。
⑤ 金文彤：《浅析证据适用之庭审认证——以刑事诉讼当庭认证和庭后认证为视角》，载《山东审判》2003 年第 5 期。
⑥ 江伟、刘敏：《论民事诉讼中的认证》，载何家弘主编：《证据学论坛》（第 1 卷），中国检察出版社 2000 年版。
⑦ 参见张晋红：《论认定证据》，载《西南民族学院学报》（哲学社会科学版）2001 年第 7 期。

的证据价值①；第四种观点认为，当庭认证的内容既包括对证据"三性"的认定，也包括对证据证明力的认定②；还有观点认为是证据的证据能力和证据效力③等。

理论界之所以对我国刑事当庭认证的内容产生分歧，主要原因在于对证据的属性存在不同理解和认识。"在证据属性问题上，我国证据法学者一般持有两性说或者三性说。持两性说者认为，证据具有客观性与相关性两种属性……即证据所具有的能够实际发挥证明作用的内在属性。持三性说者则认为，证据具有客观性、相关性和法律性三种属性……"④ 而我国当代证据法理论中又以证据的属性是客观性（或真实性）、关联性（或相关性）和合法性（或法律性）三性为通说。

按通说⑤，证据的客观性（或真实性）是指证据是客观存在的事实，而不是人们臆想的产物；关联性（或相关性）是指作为证据的事实必须同刑事案件有关联，对证明案情有实际意义的事实；合法性（或法律性）是指证据的来源、形式等符合法律的规定。不可否认，法官在当庭认证时确实要考虑证据是否真实可靠、是否与本案事实相关联及关联程度如何、证据来源、形式等是否符合法律的规定等诸多因素。但归根结底，法官当庭认证首先要解决一个法律问题，即一定的事实材料，法律是否赋予其证据的资格。如果答案是否定的，则该事实材料即被排除而不被进一步考虑。如果答案是肯定的，则法官接下来要解决一系列存在递进关系的事实判断问题：该证据值得相信吗？该证据能证明待证事实吗？如果能，又能在多大程度上证明？前述被告人杨某某、韦某某、陆某抢劫案中，法官关于被害人血型的几份证据的认证过程及结论充分说明了这一点：被害人生前的献血证载明其血型为 O 型，而公安机关内部鉴定机构以侦查中提取的被害人血痕为检材，将其血型鉴定为 AB 型，显然不符合"同一人不可能有两种血型"的经验法则和科学定律。在此情况下，公安机关内部鉴定机构所作鉴定结论即因不具证据能力而被排除。与此同时，献血证的证据能力自然得到认可，且在一定程度上对本案待证事实有证明价值，但对确定本案发现的被害人与报案记录中的被害人是否同一，则不具有排他的证明力，价值不大。此时，DNA 鉴定结论就成为解决被害人同一性问题的排他的、直接的证据，不但具有证据能力，而且证明力极强。

---

① 参见胡锡庆、张少林：《刑事庭审认证规则研究》，载《法学研究》2001 年第 4 期。

② 参见程宗璋：《试论我国的民事认证制度》，载《新余高专学报》2000 年第 9 期。

③ 何家弘主编：《刑事审判认证指南》，法律出版社 2002 年版，第 3 页。

④ 卞建林主编：《刑事证明理论》，中国人民公安大学出版社 2004 年版，第 283 页。

⑤ 参见程荣斌、庞华玲：《中国刑事诉讼法学》，人民法院出版社 1997 年版，第 117—118 页。

而所谓证据的证据能力，"是指能否在审判中用来证明控辩双方所主张并且必须由审判人员加以判断的事实，也就是有无充当证据的资格，在英美证据法上，又称为证据的可采性"。① 所谓证明力，"又被称为证据价值，它是指证据在认定事实上发生作用的力量，即证据对于事实的裁判者形成心证的影响力，包括证据的可信性和狭义的证明力两个方面。前者指撇开证据与待证事实的关系而言，证据本身是否值得相信；后者指同待证事实的关系上，证据能否证明待证事实以及在多大程度上证明待证事实"。② 近年来，证据的属性是证据能力和证明力的观点也逐渐被理论和司法实务界接受，有的学者甚至将证据能力和证明力称为"诉讼证据的内在品格"③。

因此，相对于其他观点而言，将证据的证据能力和证明力作为我国刑事当庭认证的内容，更符合现代证据裁判主义及该主义的重要原则——自由心证原则的本质要求，也更利于我国刑事当庭认证制度的完善。

（四）刑事当庭认证的方式

结合最高人民法院《关于适用〈中华人民共和国刑事诉讼法〉的解释》（以下简称《最高法院刑诉法解释》）第四章的规定和司法实践，刑事当庭认证的方式可分为单个证据一举一质一认、一组证据一举一质一认、综合认证等。

单个证据一举一质一认的方法又可称为一证一质一认的方法，是指在控辩双方就单个证据在法庭上举证、质证后，审判人员当即作出是否采纳或采信的决定。

一组证据一举一质一认的方法又可称为分类认证的方法，是指根据指控事实、情节的不同，审判人员要求控辩双方分类举证并逐一质证后，对该类证据统一进行认证。分类认证的方法在案件事实、量刑情节多等情况下可以采用，但如处理不当则又可能导致前后证据脱节甚至互相矛盾的后果，而且在控、辩、审三方难以在庭审中迅速达成默契的现实情况下，这种认证方法不但可能达不到庭审条理化等目的，反而可能带来庭审效率降低等负面影响。以上两方法均只适于认定证据能力，而无论案情及证据是否简单。如果将这两种方法用于认定证据的证明力，势必出现孙长永教授所指出的那样，"违背'单个证据不能自我表明是否真实可靠'的证据判断的经验法则"，从而造成错误认证。

根据《最高法院刑诉法解释》第四章第二节至第八节的规定，"单个证据

---

① 徐静村主编：《刑事诉讼法学》（上），法律出版社2004年版，第154页。
② 徐静村主编：《刑事诉讼法学》（上），法律出版社2004年版，第155页。
③ 参见汪建成、孙远：《自由心证新论——"自由心证"的自由与不自由》，载何家弘主编：《证据学论坛》（第1卷），中国检察出版社2000年版。

一举一质一认"、"一组证据一举一质一认"的方式基本适用于对证据能力的认证。

综合认证的方法,是指在控辩双方均出示完己方全部证据材料并经互相质证后,审判人员全面总结并进行系统分析,从而得出认证结论。这种认证方法将对单个证据的审查与对证据间的联系的审查结合在了一起,注重了对全案证据的把握,比较符合认识的一般规律,认证的准确程度一般较高,效果较好,因此较受推崇,这种方法适用所有案件,而无论案情、证据的繁简程度。根据《最高法院刑诉法解释》第四章第八九节的规定,这种方式主要用于对证据证明力的认证。但是,如果庭审中证据出现明显的能力问题时,审判人员不是及时作出决断而是将所有问题都留待综合认证来解决,则极可能造成控辩双方对该证据的能力问题纠缠不休,从而降低庭审效率。

此外,按目前理论界的理解和实务界的做法,认证的时间仍然限定在法庭辩论以前。从世界范围来看,在程序正义的现代司法理念的指导下,无论是英美法系国家还是大陆法系国家,他们在程序设计上无不强调使法官的心证建立在当事人在法庭上质证和辩论的基础之上。因此,这种理解和做法实际上剥夺了控辩双方对证据的辩论权,是不足取的,应将综合认证的时间调整到法庭辩论以后。

四、我国刑事当庭认证制度的完善

一个国家的刑事当庭认证制度与该国的刑事诉讼模式、司法传统是密不可分的。在大陆法系国家,由于实行职权主义的诉讼模式(或称纠问式),法官主导庭审,对证据的审查判断亦由法官秉持内心确信自由地独立完成,虽然也"通过一些证据适用和判断的规则来影响法官对证据效力的判断,进一步保证法官判断的客观性"[1],但对法官的认证仍然是在自由裁量下的规制,因此,大陆法系并不要求当庭认证。英美法系则在其几百年的刑事诉讼发展过程中形成了较为完备的刑事当庭认证制度。由于实行当事人主义的诉讼模式(或称控辩式),严格区分证据的证据能力和证明力。为了"防止当事人之间的诉讼对抗由于缺乏规范而造成无休止的随意辩驳"以及"缺乏法律知识和诉讼经验的平民陪审团偏听偏信"[2],他们制定了严密的证据规则以规范证据能力。在此基础上,对证据能力的认定,由法官根据当事人的提请,依照已经制定的严密的证据规则当庭作出;对证据证明力的认定,则在法官已就证据能力作出认定的基础上,交由陪审团自由判断。在刑事诉讼法修改前,我国实行的是类

---

① 徐静村主编:《刑事诉讼法学》(上),法律出版社 2004 年版,第 162 页。
② 徐静村主编:《刑事诉讼法学》(上),法律出版社 2004 年版,第 163 页。

似于大陆法系的职权主义的诉讼模式，因此也不要求审判人员当庭认证。刑事诉讼法经过两次修改后，吸收了大量当事人主义的合理因素，使我国在原来职权主义诉讼模式的基础之上，更多地呈现出控辩式审判方式的特点。因此，我国刑事当庭认证制度的完善，既注重了借鉴国外的成功经验，更注重了我国的诉讼模式和司法传统，在解决若干基础性问题后，将重点放在了认证模式和认证方法的确定、认证规则的完善等几个方面，且将认证规则作为重中之重。同时，也将那些正确的经验和做法及时用法律固定下来，使其呈现出规范化、制度化的态势。

（一）认证模式的确定：法定认证与自由心证的有机结合

刑事当庭认证作为刑事庭审举证、质证、认证的结论性环节，其基础在于其所根源的证据制度。而"证据制度应指法官在审判活动中判断证据认定事实的规则"①。概括而言，人类诉讼证据制度经历了"证据推断制度"、"据供定案的证据制度"、"自由心证的证据制度"三个阶段；在"据供定案的证据制度"阶段，欧洲中世纪后期各君主专制国家存在过"法定证据制度"。② 在法定证据制度下，由法律预先规定各种证据证明力的大小，同时不允许法官根据自己的认识去判断证据，而只能将法庭上出现的证据按照法定条件机械相加来认定事实。该制度的精神与此处所提刑事当庭认证的基本模式——法定认证模式的精神存在根本之别，此处的法定认证是指法律对证据的证据能力事先制定若干规则，法官在认定证据能力时必须遵守这些规则。国家制定证据能力规则的理论依据主要在于诉讼过程的正当性，为了保证和实现这种正当性，国家将某些证据纳入诉讼，同时又将另一些本身具有极大虚假可能性等的证据予以排除，从而防止人们为了获得事实而不择手段。证据能力认定的法定性或"证据能力的认定是一个法律问题"理论遂由此产生。因此，刑事当庭认证中对证据能力进行认定的基本模式只能是法定认证模式，在此模式下，大量有效的证据规则是根本内容和必要保证。正是基于以上考虑，新修订的刑事诉讼法明确了一些基本的证据能力认定规则，《最高法院刑诉法解释》则在第四章中用7节34条将刑事诉讼法规定的基本规则予以细化。

相对于证据能力认定的基本模式实行法定认证模式而言，对证据的证明力的认证模式只能实行自由心证模式。所谓自由心证，是指"证据的取舍和证明力的大小，均由法官或陪审团根据自己的良心和理性进行自由判断，法官或

---

① 徐静村主编：《刑事诉讼法学》（上），法律出版社 2004 年版，第 155 页。
② 参见徐静村主编：《刑事诉讼法学》（上），法律出版社 2004 年版，第 155—160 页。

陪审团在认证时，不受法律的拘束"①。自由心证是一个在理性的作用下依靠经验法则和逻辑方法接近和发现真实的过程，实质上是一种理性判断。对证明力的认证模式只能实行自由心证模式的理论基础在于："相对于证据能力这样一个纯粹的法律问题而言，证据的证明力则显然是一个事实问题。"② 作为一个事实问题，证明力存在的依据是证据事实与待证事实之间实质上的关联关系。而这种关联关系是客观存在的、多种多样的，有时还是虚假的。任何人既不能用固定的规则去规定或改变这种客观存在的关联关系，也无法用固定的规则去包容其多样性，或者排除其可能的虚假性，而只能发挥法官的主观能动性，由表及里、去伪存真，理性地认识客观存在的、多种多样的、具体的关联关系。由此，以自由判断和内心确信为基本原则的自由心证便成为必要。但是，现代意义上的自由心证并非不受任何限制的自由，"近代证据制度发展的历史，就是一部自由心证由绝对走向相对的历史，就是一部自由心证由自由走向不自由的历史。"③ 其限制性表现在：④（1）要求法官在运用自由心证时须站在客观立场并遵循逻辑上和经验上的一般法则，从而对证据的证明力作出合理的判断；（2）法官必须叙明心证的根据和理由；（3）通过一些证据适用和判断的规则来影响法官对证据效力的判断，进一步保证法官判断的客观性。因此，为防止法官"恣意心证"，一系列科学的规则也是必不可少的。有鉴于此，新修改的《刑事诉讼法》第48条、第53条等规定了证据的真实性、充分性规则。

前文已述，刑事当庭认证的内容既包括证据的证据能力，也包括证据的证明力。法官既不能只认定证据能力，也不能只认定证明力，更不能什么都不认定。那么，在证据能力的认定方面适用法定认证的模式，在证明力的认定方面适用自由心证模式，并将二者有机结合，便是唯一的、必然的选择。

（二）认证方式的确定：一步认证与二步认证相结合

如前所述，当前我国刑事当庭认证的具体方法有一证一质一认、分类认证、综合认证等。但这些方法未从理论上解决"认什么"、"如何认"等最基本的问题。刑事当庭认证的主要内容是证据的证据能力和证明力，要解决的问题是证据是否具有证据能力和证明力，以及证明力有多强。这就涉及是先认定

① 江伟、刘敏：《论民事诉讼中的认证》，载何家弘主编：《证据学论坛》（第1卷），中国检察出版社2000年版。
② 参见汪建成、孙远：《自由心证新论——"自由心证"的自由与不自由》，载何家弘主编：《证据学论坛》（第1卷），中国检察出版社2000年版。
③ 参见汪建成、孙远：《自由心证新论——"自由心证"的自由与不自由》，载何家弘主编：《证据学论坛》（第1卷），中国检察出版社2000年版。
④ 参见徐静村主编：《刑事诉讼法学》（上），法律出版社2004年版，第161—162页。

证据能力还是先认定证明力，或者二者同时认定的问题；换言之，就是刑事当庭认证是一步到位还是分两步进行的问题。这实际上与诉讼构造有关。大陆法系由于实行纠问式审判方式，证据的证据能力和证明力都由法官按自由心证原则判断，既不要求公开心证过程，也不要求当庭公开心证结论，而是庭后一次性完成对证据能力和证明力的认定，因此属于典型的庭后"一步认证"方式。英美法系由于实行控辩式审判方式和陪审团审判，严格区分证据的证据能力和证明力。对证据能力的认定是法官的职能，对证明力的认定是陪审团的职能。庭审中，主持审判的法官要当庭对有争议的证据作出是否具备证据资格的裁定，但对法官已裁定具备证据资格之证据的证明力，还要由陪审团在庭审之后秉其良心和理性进行评议和认定。由此可见，英美法系的认证方式是典型的"两步认证"方式，当庭认证的内容也仅仅是证据的证据能力而已。我国修订后的刑事诉讼法确定的诉讼模式既保留了纠问式的一些特征，又更多地呈现出控辩式的特点。纠问式的特征要求法官在庭审中适当主动地行使其职权，控辩式的特点又要求法官对控辩双方对证据提出的异议当庭作出决定。在此情况下，既不能保持缄默不语，又不能严格区分证据能力和证明力而将证明力交由他人裁断，而只能"一肩挑"并视案情和证据情况选择先认定证据能力还是证明力，或者二者一并认定。因此，对我国刑事当庭认证方式的准确概括应当是"一步认证"和"两步认证"方式。

所谓一步认证方式，是指法官在当庭认定证据时一次性完成对证据能力和证明力的认定。一步认证方式适合于案情、证据均较简单的案件。司法实践中，一步认证方式主要适用于适用简易程序审理的刑事案件。两步认证方式是指法官在当庭认定证据时分别完成对证据能力和证明力的认定，由于证据能力涉及证据能否进入下一步诉讼程序的问题，因此，该方式要求先完成对证据能力的认定。两步认证方式适合于案情、证据均较复杂、疑难的案件，司法实践中主要表现为适用普通程序审理的刑事案件。

法官在庭审中作出一步认证或两步认证方式的选择后，方可视案情和证据情况决定使用一证一质一认、分类认证或者综合认证的方法。从这个意义上说，一步认证和两步认证方式与一证一质一认、分类认证或者综合认证的方法是属与种的关系，一步认证和两步认证方式属于"属"的范畴，一证一质一认、分类认证或者综合认证的方法则属于"种"的范畴。

（三）认证规则的完善：以证据能力认证规则为主

刑事当庭认证是法官根据质证情况，结合证据规则对控辩双方提出的证据当庭进行取舍的活动。在取舍过程中，法官的法律理论素养、司法经验、证据规则等都影响着认证的过程和结果。而证据规则的设置、完善在认证机理中起着重要的制约作用。"刑事证据规则作为刑事诉讼活动中应遵循的'游戏规则',至少具有二方面作用:……二是根据证据认定事实时限制对证据的自由取舍。"① 因此,在我国法定认证与自由心证相结合的认证模式下,确立和完善证据规则显得至关重要。同时,刑事证据规则既不是一般的原则、精神或制度,也不是细枝末节,而是司法实践随手可用的尺度。刑事证据的特征和我国的认证模式决定了我国刑事证据规则特别是认证规则应以证据能力规则为主,同时也应兼顾证明力规则。

1. 证据能力认证规则

(1)关联性规则。在证据三大特性中,关联性是证据的自然属性,"是实质性和证明性的结合"②,是证据与案件事实之间存在的客观联系,这种客观联系体现为证据必须在逻辑上与待证事实之间具有实质意义上的证明关系。关联性规则要求,控辩双方提交法庭的任何证据都必须与待证事实存在关联性,否则即不具有证据能力而被排除。"无关联性之证据,既无从形成自由心证,亦不许以心证使证据与事实相关联。"③ 证据的关联性包括两个方面。一是证据与案件事实有直接或间接的联系,直接联系是指证据直接证明了某犯罪行为全过程或犯罪过程的某个环节,可以起到确认有罪、无罪、罪轻罪重的作用;间接联系是指该证据不是犯罪的反映,但在刑事证明中起着不可忽视的作用,如作案时的天气等自然现象,就对确定作案时间有重大作用。二是证据证明的事实对案件事实有肯定性或否定性证明作用,肯定性证明作用是指对案件事实有积极的肯定作用;否定性证明作用是指该证据不但与案件没有直接联系,反而对案件事实有消极的否定作用,如强奸案中现场提取的男性分泌物与被告人的不同一;再如前述杨某某、韦某某、陆某抢劫一案中公安机关关于被害人血型的鉴定结论。证据的关联性不同,其证明力也有所不同,关联性越大,证明力越强;不同的证据与案件事实的关联程度不一,有疏有密,其证明力也有强弱之分。目前我国已基本确立了关联性规则,如就言词证据的关联性规则,新《刑事诉讼法》第 118 条规定,"犯罪嫌疑人……对与本案无关的问题,有拒绝回答的权利",第 189 条规定,"审判长认为发问的内容与案件无关的时候,应当制止"。《最高法院刑诉法解释》第 69 条对物证、书证,第 84 条对鉴定意见,第 104 条第 2 款对所有证据的关联性规则均作了较为详细的规定。

(2)合法性规则。合法性是指证据材料的主体、来源、形式、取得等必须符合法定的条件和方式。合法性规则是关于证据合法的要件及不合法证据的

---

① 龙宗智:《相对合理主义》,中国政法大学出版社 1999 年版,第 443 页。
② 徐静村主编:《刑事诉讼法学》(上),法律出版社 2004 年版,第 163 页。
③ 陈朴生:《刑事证据法》,三民书局 1979 年版,第 554 页。

效力等内容的规定。我国刑事诉讼法对于各种证据的合法要件包括收集的主体、程序、方法和手段及证据形式等都作了明确的规定：其一，收集证据的主体限于享有侦查、审判权的司法人员和辩护律师。公安机关和检察机关中的侦查人员在刑事诉讼中享有侦查权，可以进行侦查活动，收集各种证据。法院的审判人员在法庭审理过程中，如果认为需要进行庭外调查的，可以进行勘验、检查、扣押、鉴定等活动。辩护律师在刑事诉讼过程中既可以依法自行收集有关的案件材料，也可以申请人民检察院、人民法院收集调取证据。其二，以排除性的方式规定了证据收集程序，即严禁刑讯逼供和以威胁、引诱、欺骗及其他非法的方法收集证据。其三，首先规定了八种法定证据形式，其次对大部分具体证据规定了一些形式要件，如讯问、询问笔录都应由讯（询）问人和被讯（询）问人签名或盖章，勘验、检查笔录应由参加勘验检查的人和见证人签名或盖章等。符合上述形式和条件的证据为合法证据，反之为不合法证据，不具备证据能力。此处试举一例以说明该问题：被告人覃某某于 2004 年 9 月某日将一幼女诱至某森林公园强奸，作案后不久即被抓获，公安人员随即对覃某某、被害人进行了讯问、询问，但未固定其他证据如现场物证等。此案诉至法院后，法官审查发现，在对覃某某、被害人的讯问、询问笔录上，有同一侦查人员具名，而讯问、询问又几乎是在同一时段进行的。法官据此认为公安人员在收集本案关键的两份言词证据时违反了法定程序，取证行为不合法，该两份言词证据不得被采信。后检察机关撤回该案，通过对被害人父母保存的被害人被强奸时所穿外裤上所留斑痕，与被害人、被告人血痕进行 DNA 同一鉴定，才最终定案。①

（3）非法证据排除规则。按通说，非法证据"包括两大类型：一类是以违法方式获取的口供，另一类是违反法定程序（主要是搜查、扣押程序）取得的实物证据"。② 但另有观点认为除了上述两大类型外，非法证据还包括形式非法和主体非法的证据。③ 因此，非法证据包括形式非法、主体非法和程序或手段非法的证据的观点不能说不正确，但因我国刑事诉讼法已明文规定了形式、主体非法的证据排除规则，因而研究意义不大，本文以程序或手段非法的证据排除规则研究为重点。

"非法证据排除规则通常是指执法机关及其工作人员使用非法行为取得的证据不得在刑事审判中采纳的规则。"④ 该规则实际上是合法性规则的补充。

---

① 详见贵州省都匀市人民法院（2005）都刑初字第 109 号刑事附带民事判决书。
② 徐静村主编：《刑事诉讼法学》（上），法律出版社 2004 年版，第 187 页。
③ 参见何家弘主编：《刑事审判认证指南》，法律出版社 2002 年版，第 15 页。
④ 杨宇冠：《非法证据排除规则研究》，中国人民公安大学出版社 2002 年版，第 1 页。

世界各国对非法证据的态度不一，有的绝对排除，有的相对排除。对程序或手段非法的证据"适用排除规则一般做法是：其一，对非法获取的口供应当排除；其二，对违反法定程序获取的物证，适用利益权衡原则"。①绝对排除非法获取的口供，一是出于保护人权，二是出于保证口供真实性的考虑。适用利益权衡原则排除违反法定程序获取的物证，"体现了现代刑事诉讼中追求实体真实以惩罚犯罪和严守正当程序以保障基本人权两种目的的尖锐对立"②。因此是一种价值选择。在我国，由于侦查技术所限、社会治安状况未根本改善等客观原因，出于打击犯罪、保护人民的需要，在充分保障基本人权的前提下，对于违反法定程序获取的物证既不能一概否定其证据能力，也不能一律赋予其证据能力，而应按照利益权衡原则予以区别对待，一般情况下应予排除，但对如重大刑事案件中具有不可替代性的关键证据、紧急情况下为防止重大刑事犯罪获取的证据，如果收集过程或手段非法，则采"补正主义"，即"收集物证、书证不符合法定程序，可能严重影响司法公正的，应当予以补正或者作出合理解释；不能补正或者作出合理解释的，对该证据应当予以排除"。③

（4）传闻证据规则。确立传闻证据规则是现代刑事诉讼直接、言词原则的要求，其核心价值在于直接感知案件情况的人必须出庭作证，以利于法官获得正确的心证。该规则是指除特殊情况外，传闻证据不具有证据能力。传闻证据包括两种情形：一种是证明人在庭审日以外就其直接感知的案件事实亲自所作陈述，另一种是证明人在庭审中就他人所感知的案件事实向法庭所作的转述。在我国，刑事诉讼法已规定了有限的传闻证据规则，如"证人证言必须在法庭上经过公诉人、被害人和被告人、辩护人双方质证并且查实以后，才能作为定案的根据"④、"公诉人、当事人或者辩护人、诉讼代理人对证人证言有异议，且该证人证言对案件定罪量刑有重大影响，人民法院认为证人有必要出庭作证的，证人应当出庭作证"⑤ 等，同时配套了强制证人出庭作证等制度。应当说，这是一大进步，但是，正因其"有限"，并不能解决司法实践中普遍存在的证人、鉴定人、被害人不出庭作证而较多使用书面证言的问题。

（5）意见证据规则。意见是从察觉到的事实经推理而得出的结论。意见证据规则是指证人在向司法机关作证时只能陈述其所知道的案件事实本身，而不能将自己的判断和推测作为证言的内容；鉴定人对案件中的专门性问题，只

---

① 徐静村主编：《刑事诉讼法学》（上），法律出版社 2004 年版，第 187 页。
② 徐静村主编：《刑事诉讼法学》（上），法律出版社 2004 年版，第 187 页。
③ 见修改后的《刑事诉讼法》第 54 条。
④ 见修改后的《刑事诉讼法》第 59 条。
⑤ 见修改后的《刑事诉讼法》第 187 条。

能就案件事实作出结论性意见，而不能回答法律问题。该规则适用于证人证言和鉴定结论。其理论依据在于：对案件事实的判断和适用法律是法官的职责，证言中如果含有主观意见，则易引发偏见，妨碍公正地认定事实；以鉴定结论解决法律问题，就会侵犯法官的职权。我国刑事诉讼法未对意见证据规则作出规定，为弥补这一不足并有利于司法实践，《最高法院刑诉法解释》对该规则作了明确，即"证人的猜测性、评论性、推断性的证言，不得作为证据使用，但根据一般生活经验判断符合事实的除外"①。但遗憾的是未就鉴定意见作出规定，这仍将导致实践中遇到此类情况时不知如何应对。如仅委托对非法经营获利情况进行司法会计鉴定，但司法会计鉴定意见同时作出被告人的行为系"贪污"的结论时，就没有法律规定可以援引。

2. 证明力认证规则

（1）真实性规则。一般而言，所谓真实是指客观存在的事实。近年来，关于定案真实，理论上一直存在客观真实与法律真实之争，多数意见已倾向于只能是法律真实，因为人类不可能穷尽一切客观真实，而只能无限接近。又由于作为一种存在，真实是需要发挥人的主观能动性去发现和确认的，因此，此处所谓证据的真实性，是指裁判者对该证据形成了确实无疑的内心确信。证据的真实性规则即要求该证据应使裁判者形成确实无疑的内心确信，否则该证据不具有证明力，不能作为定案依据。我国刑事诉讼法关于"证据必须经过查证属实，才能作为定案的根据"、"证据确实"等规定，一定程度上反映了真实性规则。

（2）充分性规则。证据的充分性有两层意思：一是指证据对待证事实有证明价值，足以证明待证事实；二是指具有证明价值的证据在量上达到一定的要求。第一层意思首先要求证据有一定的证明价值，其次要求待证事实因此而被证明。因此，如果某证据根本没有证明价值，则可径行适用关联性的证据能力规则予以排除；如果该证据有一定的证明价值，但不足以证明待证事实，则需适用补强证据规则，如果适用补强证据规则仍不足以证明待证事实，则该证据不具有充分性，不能作为定案依据。第二层意思是"孤证不能定案"的经验法则的必然要求，一个单独的证据，无论其证明价值多高，如果没有其他证据印证，也不足以证明待证事实，就不能达到充分性要求。笔者主审的一个案件就充分说明了这一点。检察机关指控被告人杨某某伙同张某某（在逃）将被害人韦某某拐卖至江苏与他人为妻，依据的主要的也是唯一的证据便是被害人陈述，庭审中被告人也辩称其是与张某某、韦某某到江苏骗婚。此案中，仅

———————
① 见《解释》第75条第2款。

依被害人陈述，无论从质上还是量上都不能证明被告人杨某某拐卖韦某某的事实，不能达到证据的充分性要求。①

（3）补强证据规则。所谓补强证据规则，是指法律明确规定某些证据的证明力不足，不能单独作为证明案件事实的依据，而须其他证据佐证的规则。一般认为，该规则是自由心证原则的例外，"是适用于口供的一项证据规则"②。从我国刑事诉讼法关于"只有被告人供述，没有其他证据的，不能认定被告人有罪和处以刑罚"的规定来看，我国是确立了口供补强证据规则的。但事实上除了口供以外，证明力不足而需补强的还有其他证据，因此，《最高法院刑诉法解释》第109条规定："下列证据应当慎重使用，有其他证据印证的，可以采信：（一）生理上、精神上有缺陷，对案件事实的认知和表达存在一定困难，但尚未丧失正确认知、表达能力的被害人、证人和被告人所作的陈述、证言和供述；（二）与被告人有亲属关系或者其他密切关系的证人所作的有利被告人的证言，或者与被告人有利害冲突的证人所作的不利被告人的证言。"

（4）最佳证据规则。物品、文件有原物、原件、复制品、复印件等不同的表现形式。最佳证据规则是指在刑事诉讼活动中，物证原物、书证原件的证明力最佳。从修改后的《刑事诉讼法》第190条及《最高法院刑诉法解释》关于物证、书证的审查与认定的规定看，我国已较为详尽地规定该规则。刑事诉讼活动首先要求取得原物、原件，但有时原物、原件无法取得或难以出示，此时应当允许采用次佳证据。因此对于最佳证据规则应赋予若干例外，并严格规定其条件：第一，并非出于恶意，原物、原件已经遗失或销毁而无法取得的；第二，采取一切有效司法手段，仍不能得到原物、原件的；第三，原物不便搬运、不易保存而使原始材料难以出示的；第四，不能外借的官方文件、档案和其他资料；第五，不宜在法庭上公开出示的。

刑事当庭认证制度作为刑事庭审程序至关重要的一个环节，自刑事审判方式改革以来，一直受到理论界和实务界的普遍关注。本文在解决刑事当庭认证的基本理论和主要问题的前提下，提出了完善我国刑事当庭认证制度的设想，以期抛砖引玉，对完善我国刑事庭审程序产生积极影响。

---

① 详见贵州省都匀市人民法院（2007）都刑初字第159号刑事判决书。
② 徐静村主编：《刑事诉讼法学》（上），法律出版社2004年版，第188页。

审判阶段非法证据
排除的程序规制

新刑事诉讼法吸纳了现行的"两高三部"《关于办理刑事案件排除非法证据若干问题的规定》（以下简称《规定》）的部分内容，从基本法的层面确立了非法证据排除规则，但从其内容来看，已有较大变化。鉴于二者的效力层级，我们必须关注这些变化，吸取实践教训，在法律规定的框架内对之前的程序设计进行修正，着力于新刑事诉讼法相关规定的落实。

一、关于证据收集合法性审查的模式之选

（一）关于非法证据排除的性质

在讨论如何进行非法证据的排除之前，必须合理定位非法证据排除的性质。就非法证据排除的性质学界主要有"案中案"说、侦查行为的司法审查说①及解决证据可采信说。

前两种学说均认为对于证据收集合法性的调查，侦查人员成了变相的被告，被告人反过来成了控方。如此理解，易造成审判机关的职能错位，使法庭审理重心偏移，亦徒增相关主体的排斥感，造成实践中的诸多难题，对非法证据的有效排除无所助益。

对于第三种学说，虽触及了非法证据排除的本质属性，但如此理解却与我国当前的诉讼模式不相契合。证据可采信是来源于英美法系的证据概念，解决

＊ 重庆市第一中级人民法院刑二庭庭长，西南政法大学证据学研究中心研究员。
① 该两种学说均认为非法证据排除程序系"案中案"，或认为辩方提出排除申请是一种独立的"司法审查之诉"，并认为这种"司法审查之诉"属于新型的"被告人诉警察"、"被告人诉检察官"、"被告人诉初审法官"的形态。

的是证据能否进入法庭审理范围的问题，对于不具可采信的材料根本不能进入庭审，以免造成事实认定者对事实的不当认定，因此对于证据可采信问题一般在庭前程序中解决，特殊情况下进入庭审时亦不能在事实认定者面前解决，然而我国并无庭前解决非法证据排除问题的法律依据，且审理一个案件只能由同一个法官或同一个合议庭进行，该审判组织负责对全案的审理，包括证据的筛选与评价、事实的认定及定罪量刑等。因此，采此学说亦将带来实践难题。

面对我国现阶段只能在庭审中由实体审查者解决非法证据排除的立法模式，如果我们将非法证据排除视为质证中的一个环节，即辩方对证据的合法性提出异议时，控方对证据合法性的证明，那么，实践中的一系列难题均能迎刃而解。

（二）合法性审查是否必须且应该独立于实体审查

"程序优先审查"的模式选择使刑事诉讼过程中要么不启动非法证据排除程序，要么庭审重心完全偏离、庭审效率低下，此模式遭遇了严重的水土不服。那么在新刑事诉讼法未对排除模式作明确限制的当下，构建契合现实条件的非法证据排除模式，是既定政策落实的必然之选。

1. 证据合法性审查是否必须独立于实体审查

将证据合法性审查独立于实体审查，意义在于彰显证据能力独立于证明力的功能，即将无证据能力的直接予以排除而不进行证明力的判断，意在规制证据收集中的程序违法；同时，若二者审查主体不同，还可避免事实认定者作出不当的认定。显然在我国当前庭审模式下无法实现第二种功能，那么，是否证据合法性审查必须独立于实体审查才能彰显证据收集程序合法性即第一种功能呢？答案是否定的，其实，只要非法收集的证据予以排除而不能作为定案的根据这一目的达到，审查模式仅是通向这一目的的行进方式，我们完全选择可以适合自身的一种方式。

实际上，公诉人举证证明被告人实施了某犯罪行为，辩方在质证环节自然包含对证据合法性、关联性、真实性的质证意见，当辩方提供线索或材料使法庭认为证据收集合法性存疑时，控方必然应对证据收集的合法性予以证明。质证程序完全可包容非法证据的排除程序。对于证据收集是否合法，法庭既可当庭予以认证，亦可庭后予以认证。一审法院据予以认证的证据作出的事实认定，还需面对二审法院的审查，若控方未能对证据收集的合法性进行证明的有关证据一审予以认定，那么据此作出的事实认定就可能有问题，将面临二审的纠错。因此在二审事实、法律全面审查的机制下，包含在事实认定中的证据审查必然有救济的途径。那么，我们可以得出，证据合法性审查独立于实体审查并非实现排除非法证据之必需。

2. 证据合法性审查独立于实体审查是否能彰显更多的程序性价值

如若证据合法性审查作为独立的程序有相应的独立裁判及对应的独立的救济程序，即若辩方提出排除的申请，法庭未启动调查或启动调查后作出不予排除的裁决，辩方可对此提起独立的上诉、复议等救济程序，且需救济程序终结后才进行实体审查的话，证据合法性审查独立于实体审查自身具有当然的程序性价值。但是，在没有相应的独立救济程序的前提下，单纯设立证据合法性审查独立于实体审查的模式就谈不上能有更多的价值了，实质上还是实体审查之中证据审查的一个环节而已，并未彰显更多的程序价值。

（三）排除模式的现实之选

从理论上探讨，先独立审查证据取得的合法性并作出是否排除的裁决并对该裁决设立独立的救济程序固然最佳，这可以是我们的终极目标。但是，在当前立法赋予的固有资源情况下，需要的是分配正义。诉讼资源有限的情况下，设计最佳程序获得效益最大化，这才是符合现实实用主义的。在当前刑事案件中，被告人对指控事实有争议的，只要之前做过有罪供述，辩解理由绝大部分均为"供述不属实，系侦查人员刑讯逼供取得"，该类案件庭审要解决的主要问题即庭前供述取得合法性问题，亦即对庭前供述收集合法性的调查，不管是采用何种模式，目的均在于法庭必须对该证据收集合法性的问题进行审查且必须作出是否排除的裁决。在现行刑事诉讼模式中，并无专门的程序性上诉机制，除对是否回避决定可申请复议外，对程序违法的救济均在实体问题审理终结后一并提出上诉时解决，二审法院发现一审审理违反法律规定的公开审判、回避、审判组织组成及剥夺或限制了当事人的法定诉讼权利或其他诉讼程序可能影响公正审理的，发回原审法院重审。《规定》采程序审查优先模式，但亦未规定专门针对程序性裁决的上诉机制。如前所述，程序性审查优先并未实现更多的效益，相反，将出现以下问题：在当前无罪案件需提交审委会讨论的情况下，一旦排除非法言词证据将导致宣判无罪时，合议庭只能休庭，待审委会讨论作出决定后才能再次开庭审理实体性问题，而一旦作出排除的决定，控方还可能因收集新的定罪证据而申请延期，如此一来，诉讼将一再拖延，集中审理原则无法体现；而不采先行调查，仅在质证阶段对证据收集合法性存疑的进行调查，则可避免如此问题，实体审理不因证据收集合法性问题未作出裁决而中止，控方若自觉证据不足时，庭后可申请延期，如若有新证据再次针对性地开庭，无新证据法庭则可径行择期宣判，一并解决证据是否排除及被告人的刑事责任问题，在同样收益的情况下，成本最小。刑事案件由于其程序的严谨性和被告人被羁押的特殊性，庭审所消耗的诉讼资源远远大于其他案件，多次开庭必然大大增加司法负荷。因此，在质证环节调查证据收集的合法性问题更能满足效率需求。也只有方便于法庭的审理才能提高效率，也才能使该项制度焕发勃勃生机。

不采先行审查模式而在质证环节调查证据收集的合法性亦能实现非法证据的排除。如前所述，非法证据的排除也就是证据的筛选问题，即将法律规定不具有证明能力的证据予以排除，不能作为定案的根据。只要法律明确规定某类证据不具有证明能力，且明确了如何认定的标准，并要求对此类证据必须予以排除，进一步设定未依法排除的后果，那么，在何阶段予以排除将不是核心内容。就如量刑规范化的改革，目的在于规范量刑裁判权，而是否必须采独立的量刑程序则只是其中的一个路径而非必要条件。非法证据排除的目的在于宣布采用刑讯逼供等非法方法收集的被告人供述等无效，以此遏制非法取证，保证刑事诉讼程序的合法性，这与程序审查是否独立于或优先于实体审查并无必然联系。且立法赋予辩方在审前或庭审的任何时候均可提出排除申请，客观上，独立或优先审查并非均能实现，因而，将有关证据合法性的审查视为质证的一个环节，按新刑事诉讼法的规定视辩方提出排除非法证据的申请为其要求排除非法证据的质证意见，在经法庭审查后当庭认证或在判决书对证据是否采纳说理部分作出是否排除的决定，并以采纳的证据来认定案件事实。

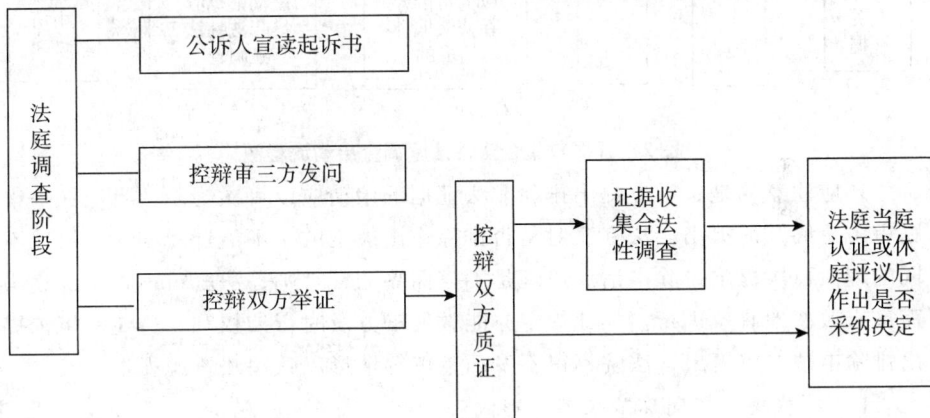

图1 证据收集合法性调查所处环节示意图

二、排除程序的具体设计

新刑事诉讼法确立了非法言词证据应当予以排除的证据规则，但仅对排除的对象、排除主体、举证责任主体、证明程度等"实体"性要素予以规定，为司法实践部门根据先前运行状况对具体排除程序进行修正迎来了契机。下面我们分步具体设计非法证据排除的程序，保障相关立法规定的落实。

（一）启动：设置前置程序及限定启动时间、次数

既然非法证据排除程序的启动条件为：审判人员认为可能存在……情形的，那么，审判人员通过什么途径以什么标准认为可能存在……情形呢？从审判人员的职能分析，审判职能表现为居中裁判，要求审判人员直接发现存在某种情形有违其中立地位，因此，辩方提出存在……情形应是其发现的途径，而是否可能存在……情形，审判人员的判断标准是什么？能否仅凭辩方一面之词便作出决定，答案当然是否定的，若单凭辩方提出有关线索或材料就认为可能存在或不可能存在某种情形，有违"两造俱备，居中裁判"的诉讼基本原理，难逃司法专横之嫌，因此，只要辩方提出有关线索或材料申请排除非法证据的，就应告知控方，由其答辩，在审查双方意见的基础上，法庭才能进行初步审查是否存在……可能，并作出是否就证据收集合法性进行法庭调查。

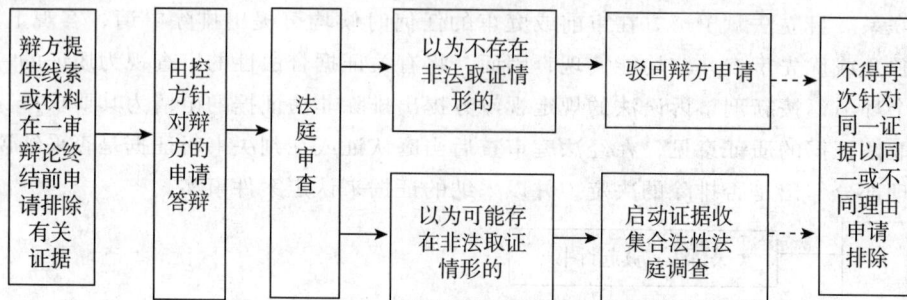

```
┌─────────┐   ┌─────────┐   ┌─────┐   ┌─────────┐   ┌─────────┐   ┌─────────┐
│辩方提供 │   │由控方针 │   │法庭 │   │以为不存 │→  │驳回辩方 │   │不得再次 │
│线索或材 │→  │对辩方的 │→  │审查 │→  │在非法取 │   │申请     │   │针对同一 │
│料在一审 │   │申请答辩 │   │     │   │证情形的 │   └─────────┘   │证据以同 │
│辩论终结 │   │         │   │     │   └─────────┘               │一或不同 │
│前申请排 │   │         │   │     │                            │理由申请 │
│除有关证 │   │         │   │     │   ┌─────────┐   ┌─────────┐   │排除     │
│据       │   │         │   │     │→  │以为可能 │→  │启动证据 │   └─────────┘
└─────────┘   └─────────┘   └─────┘   │存在非法 │   │收集合法 │
                                      │取证情形 │   │性法庭调 │
                                      │的       │   │查       │
                                      └─────────┘   └─────────┘
```

图 2　证据收集合法性法庭调查启动流程图

还应注意的是，辩方提出排除非法证据的申请应以一次为限，且应在一审庭审辩论终结前提出。法庭已对是否排除作出决定的，不能针对同一证据以不同的理由再次提出排除申请。道理是不言而喻的，否则，法庭审理将无法集中而富有效率地有效进行。如此规定亦能敦促辩方及时行使权利，避免一审未提出排除申请二审提出，法院不得不发回重审等情形以致司法资源无端浪费。

（二）裁决：不同环节采不同形式

在何时以何种方式裁决是程序规制需要解决的问题，亦是实践中各方普遍关心的问题。根据上面的分析，关于非法证据的排除法庭可能需要在以下两个环节作出裁决：一是是否进行证据收集合法性的法庭调查（辩方提出排除申请后的必经环节）；二是证据收集合法性法庭调查后作出是否排除有关证据的裁决（启动证据收集合法性调查后的必经环节）。

对于是否进行证据收集合法性的法庭调查，解决的是在庭审过程中是否启动某项程序的问题，直接决定庭审的进程，就如当事人提出回避申请，法庭必须作出决定后才能继续审理一样，法庭就该项问题必须当庭作出裁决，即当庭

作出驳回当事人申请或要求控方就有关证据收集合法性予以证明的决定。

对于是否排除有关证据的裁决属于对该证据是否具有证据能力的认定，属于证据认证的范畴，根据证据认证的要求（当庭认证①或庭后认证）及法庭作出裁决的方式（当庭宣判、择日宣判），那么，法庭对某证据是否排除（或采信）的裁决亦当然地包括当庭裁决和休庭后作出裁决并在判决书中予以明确。

综上，对于是否启动证据收集合法性的裁决必须当庭作出，而对于有关证据是否排除的裁决可当庭作出或在判决书中一并作出。

（三）救济：对应排除步骤设定救济途径

法谚云，"无救济即无权利"，为保障非法证据排除规则得到真正的落实，必须设置有效的救济机制（对于裁判机关而言即为程序制裁机制），促使一审不得不依法启动证据收集合法性的调查并依法作出是否排除有关证据的裁决，另外，有效的制裁机制也能强化一审法官面对现实压力的勇气，能够、敢于依法作出裁决。

如辩方提出庭前供述收集程序不合法，法庭需进行以下几步：

第一步，法庭应要求其提供相关线索、材料，若辩方未提供相关线索或材料，直接驳回；若辩方提供相关线索或材料，应由控方答辩，控方答辩后，合议庭对证据收集合法性仍存疑的，应要求控方提供证据证明证据收集的合法性，反之，驳回辩方的申请。

第二步，控方举证证明收集程序合法，辩方质证。

第三步，合议庭当庭作出是否排除的决定或告知休庭评议后作出裁决并在判决书中载明。

根据现行二审终审的基本原理，针对非法证据排除的几个步骤，可针对性地设计以下救济途径：

（1）若一审未理会辩方的申请，未进行第一步即初步审查并作出是否进行调查的决定，应属于新《刑事诉讼法》第 227 条规定的"剥夺或者限制了当事人的法定诉讼权利，可能影响公正审判的"，若辩方上诉，二审应直接裁定撤销原判，发回重审。②

（2）若控方针对辩方提出的线索、材料答辩后，法庭决定驳回辩方申请

---

① 1999 年最高人民法院《关于严格执行公开审判制度的若干规定》第 5 条明确提出："法庭能够当庭认证的，应当当庭认证。"

② 因剥夺诉权系完全的程序性事项，应直接发回重审。

或决定启动证据收集合法性调查的;① 或者启动对证据收集合法性的调查后，作出了是否排除的裁决的，当控、辩某方认为裁决不当，导致事实认定错误提出抗诉、上诉的，二审法院应审查后裁定驳回或改判。

---

① 法庭作出是否启动证据合法性法庭调查的决定，虽解决的是侦查机关收集证据的程序是否合法的问题，但经过了法庭的初步审查，且是在控辩审三方均参与的情况下作出的裁决，二审若审查后认为应当对证据收集合法性进行法庭调查的，不宜直接发回重审。

● 前沿聚焦

关键证人出庭作证制度研究

重庆市人民检察院第一分院课题组*

　　关键证人所提供证言的真实情况，极有可能会决定被告人罪与非罪，帮助事实裁判者对回溯法律事实作出正确或错误的判断。关键证人出庭作证，是直接言词原则的必然要求。因此，《刑事诉讼法》第 187 条第 1 款规定："公诉人、当事人或者辩护人、诉讼代理人对证人证言有异议，且该证人证言对案件定罪量刑有重大影响，人民法院认为证人有必要出庭作证的，证人应当出庭作证。"关键证人出庭作证既可以保障被告人及其他诉讼参与人的质证权，提高庭审的对抗性，实现程序公正，又可以平等武装控辩双方，更好地发现法律真实以保障被告人的实体权利。鉴于关键证人出庭作证制度对于我国的司法实践而言，尚处于起步阶段；关键证人出庭作证制度的司法实践也尚存在一定的问题，亟待完善。

一、关键证人出庭作证制度在司法适用中的运行现状

　　课题组收集了 2012 年至 2013 年 4 月，重庆市检察院第一分院及辖区办理的 10 件关键证人出庭作证案件，其中一审案件 5 件，涉及受贿罪 1 人、故意杀人罪 3 人、抢劫罪 1 人、贩卖、运输毒品罪 1 人共五项罪名出庭证人 10 人；二审案件 5 件，涉及受贿罪 2 人、贪污罪 2 人、抢劫罪 1 人、盗窃罪 1 人、强奸罪 1 人共 5 项罪名出庭证人 7 人，进行样本分析。

---

　　* 本课题系重庆市人民检察院重点课题。课题负责人：于天敏，重庆市人民检察院第一分院检察长，法学博士，全国检察业务专家。

（一）辩方申请关键证人出庭作证多为职务犯罪侦查案件，其余类型的案件中，控方申请关键证人出庭作证的情况较多

10件案件中共17名关键证人出庭作证，其中，4件职务犯罪案件为辩方申请法院通知出庭作证的关键证人共计9人，另有5件非职务犯罪案件为控方申请法院通知出庭作证的关键证人共计7人，1件为法官直接通知出庭作证的关键证人1人。4件职务犯罪案件中，辩方申请的关键证人全部翻证，而其余由控方申请或审判方直接通知到庭的关键证人在庭审中的陈述与庭前证言一致。

（二）二审阶段中职务犯罪案件辩方申请关键证人出庭作证率更高

10件样本案例中，3起职务犯罪案件关键证人在二审阶段出庭作证。这与职务犯罪中，一审被告人存在希望通过好的认罪态度或希望法院认定其有自首情节以获得从轻判处的博弈心理具有较大的关联性。一旦一审判决的内容确定后，上诉人就可以一审判决结果为基础进行二审从轻量刑的"努力"。因此，二审中，职务犯罪案件的关键证人出庭作证比率较高。通过分析，我们同时也发现控方往往在一审阶段，更有动力申请关键证人出庭作证。这与司法实践中，控方更加重视一审庭审实效的倾向性具有内在的契合度。

（三）在对于证人的询问技巧方面，控、辩、审三方的能力均还有待提高

从对证人发问的程序上来看，7件案件较为规范，有2件案件基本规范，有1件案件不甚规范。如有的案件控方对于己方证人的发问寥寥数语就草草收兵，明显没有庭前预备方案，也没有抓住庭审中的新情况进行及时发问，有的案件控方或辩方对于对方证人的发问明显未抓住矛盾点，甚至问出了对己方"不安全"的问题。再如，在样本案件的一起强奸案中，关键证人为法官通知其到庭，法官当然地认为其有主导性的调查权，先由三名法官轮番询问后，法官询问了控方及辩方对证人有无发问，此时控方及辩方均表示无发问。此种法官超强主导，控辩双方完全消极的询问状态，与关键证人出庭作证制度的立法本意有所背离。

二、关键证人出庭作证制度在司法适用中存在的问题与争议

（一）如何界定关键证人

何为关键证人，应是研究关键证人出庭作证制度的逻辑起点。明确关键证人的含义，有助于如申请、通知到庭、保障等多个细致程序和配套措施的良好运行。司法实践中，存在一些误区和争议，如认为目击证人才是关键证人，认为只要是出现矛盾证人证言的就是关键证人、多个证明内容相同的证人证言只有一个为关键证人、量刑关键事实中的证人非关键证人等。这些认识上的偏差，导致程序运行中出现偏误。如果对关键证人的界定无法建立起一个具有普

遍意义的判断标准，甚至可能会引发涉案人员或社会其他人员对司法公正性的质疑。

（二）法院认为证人无必要出庭之无救济

根据《刑事诉讼法》第 187 条第 1 款的规定，出庭的关键证人必须同时具备三个条件，即：公诉人、当事人或者辩护人、诉讼代理人对证人证言有异议；证人证言对案件定罪量刑有重大影响；人民法院认为证人有必要出庭作证的。因此，关键证人能否出庭的决定权在法院。如果符合前两个条件，但法院认为证人无必要出庭，控、辩双方则无救济。如贾某受贿案中，辩方申请 8 名证人出庭作证，但合议庭认为多个关键证人证言证明内容一致，无必要全部通知。这就涉及救济权利的设定问题，有待在程序设置上加以完善。

（三）证人出庭作证之证据突袭

庭前会议中书记员会制作庭前会议笔录，将在主审法官主持下，控辩双方证据展示，对回避、管辖等程序问题的意见以及申请法官通知关键证人出庭作证等情况记录在案。在正式庭审时，仍有辩护人申请法院通知新的证人出庭作证，有的甚至是未在审前程序中出现过的证人出庭作证，造成证人提供当庭证言的证据突袭。如贾某受贿案中，庭前会议中辩方仅申请 3 名证人出庭作证，在正式庭审中又增加 2 名，且有 1 名为从未出现过的新证人。对于此种情况，除了公诉人申请法庭延期审理，是否还应当有其他相应的程序制裁措施，有待进一步研究。

（四）保障证人到庭措施不甚周全

为保障证人到庭，《刑事诉讼法》第 63 条、最高人民法院《关于适用〈中华人民共和国刑事诉讼法〉的解释》（以下简称《司法解释》）第 207 条等法律规范明确了对证人的经济补偿范围限制在因履行作证义务而支出的交通、住宿、就餐等费用；经费来源为列入司法业务经费，由同级政府财政予以保障；补偿主体为人民法院；证人出庭作证，其单位不得克扣其工资、奖金或其他福利待遇。但上述规定存在一定缺陷，导致在司法运用中产生问题。其缺陷主要在于：

1. 补偿标准不够细化

法律及相关司法解释只规定补偿范围为"因履行作证义务而支出的交通、住宿、就餐等费用"，实践中因很多情况下无相应的发票，只能是根据证人的说法或者是法院依照其自行设计的标准进行补偿，这必然导致补偿标准的不确定性，可能会出现补偿金额远低于实际费用的情况，影响证人出庭积极性。同时法律对无工作单位的自由职业者、无业人员的"误工费"未作出明确规定，对于自由职业者必然会耽误其工作时间，对于无业人员可能会耽误其找工作的时间。

2. 补偿程序不完善

《司法解释》规定，人民法院为关键证人出庭作证的补偿主体，但对人民法院如何补偿并未作出规定。例如，法院内是否需要单独设立补偿部门、是主动补偿还是被动补偿、是否需要调查核实程序等均无可操作性规范。

3. 对出庭证人所在单位的克扣行为缺乏约束措施

对证人所在单位克扣工资、奖金等待遇的行为，法律作出禁止性规定，但如果单位有克扣行为，法律缺乏约束性制裁措施，也不利于保障证人的合法权益。

（五）庭前能否"培训"证人产生争议

庭前对己方证人能否就出庭作证的相关问题进行交流，甚至"训练"，在司法实践中产生争议。如一起受贿案中，辩方证人出庭作证时手持回答辩护人问题的草稿，明显地具有庭前"培训"的嫌疑，其庭审证言的客观真实性如何认定，有待探讨；同时，庭前对证人的沟通交流合法性界限如何把握也有待研究。

（六）一律禁止诱导询问之绝对化

我国还没有建立明确的证人询问规则，且缺乏证人询问的实践探索。但从有关法律规定来看，我国明确了"一律禁止诱导询问"的原则。根据最高人民法院《司法解释》第213条明确规定，向证人发问时应当遵循"不得以诱导方式发问"的规则。第214条规定，控辩双方的发问方式不当或者内容与案件无关的，对方可以提出异议，申请审判长制止，审判长应当判明情况予以支持或者驳回；对方未提出异议的，审判长也可以根据情况予以制止。《人民检察院刑事诉讼规则（试行）》第438条第1款规定："讯问被告人、询问证人应当避免可能影响陈述或者证言客观真实的诱导性讯问、询问以及其他不当讯问、询问。"第2款规定："辩护人对被告人或者证人进行诱导性询问以及其他不当询问可能影响陈述或者证言的客观真实的，公诉人可以要求审判长制止或者要求对该项陈述或者证言不予采纳。"从上述规定看，我国对法庭上采用诱导方式询问证人持绝对禁止态度。但这种不分询问主体、不分主询问与反询问、不分询问内容等具体情况，采取"一刀切"的方式，并不符合询问方式的内在属性要求，影响交互盘问的实际效果。故有必要对"一律禁止诱导询问"规则进行改造，区分情况和类型予以适度准许。

事实上，诱导性询问是指向证人提出直接或间接表明提问特定问题，假定诉讼程序中存有争议的事实存在，或假定提问前证人尚未作证的事实存在的问题。如前所述，在一些情形中如反询问过程中适度准许诱导，有利于更好地查清案件事实、提高庭审效率。故在诱导性询问规则的设计上，应根据发问的时空因素尤其是发问意图准许其有条件的适度存在。

（七）庭审证言与书面证言不一致之证据采信

《司法解释》第78条规定了证人庭审证言与庭前证言不一致时的证据采信原则。实际上明确了证人出庭的当庭证言效力高于不出庭的书面证言效力，但在司法实务中较容易产生争议。一是对有强烈翻证动因的当庭翻证与有证据印证的庭前证言的选择与把握出现认识分歧。如对于时翻时证的证人证言易出现认识偏差。对于犯罪形式越来越隐蔽的职务犯罪，行贿人等的违法犯罪行为与社会正常交往通常较难识别，也需要司法人员透过现象准确把握其行为本质。二是对于拒绝当庭作证的证人的书面证言，若证人是基于一些思想顾虑而不愿到庭而法院又未予强制，一律不采信其庭前证据，在现行的诉讼模式下是否妥当。

三、完善关键证人出庭作证制度的几点思考

（一）准确界定"关键证人"的内涵

从价值层面来看，法官需判断某证人证言是否具有重大影响。某证言是否对案件事实具有重大影响当然是一种价值判断。而对于这一抽象的判断，必须要有明确的判断标准才会避免司法实践出现执法标准不统一的情况出现。首先，我们应当明确关键证人出庭所追求的价值理念应当是实现司法公正。反向推之，如果没有该证人出庭对其证言的真实性会无可避免地产生相当的质疑无法排除，可能会导致某个影响定罪或量刑的事实无法认定，则该证人证言即为关键证言。其次，从事实层面来看，法官应当判断的是某证人所提供证言的内容是否包含可能影响定罪或可能影响量刑方面的重要事实。而从目前我国刑法学界的研究情况来看，刑法学者们关注较多的为定罪问题，对量刑即刑罚学的关注较少。因此，我们既应当关注定罪又应当关注量刑方面的证据。避免司法实践中注重定罪证据审查而忽视量刑方面证据审查的弊病，也避免只关注对定罪有重大影响的关键证人，而忽视对量刑有重大影响的关键证人。具体而论，对关键定罪事实的认定，主要是犯罪构成的入罪事实与法定的阻止性出罪事实，包括犯罪的七何要素、刑事责任能力、主观罪过情况、共同犯罪中的地位、作用、正当防卫、紧急避险等；对关键量刑事实的认定，主要是法定情节，如涉及自首、立功、犯罪形态等方面的内容，对酌定情节则一般难以称为"关键"。因此，从定罪和量刑两方面把握"关键证人"的核心要素，有利于对关键证人出庭作证制度的准确适用。

（二）设立对法院无理由不通知关键证人到庭的救济途径

司法诉讼中的知情权应属诉讼参与人应然的权利范畴，这种知情权受到限

制只能是一种例外，仅在公开理由有妨碍司法公正、国家安全等特殊情形下进行。保障知情权一方面是保障诉讼参与人的程序权利，另一方面也是限制和对抗权力机关滥用权力的方式。因此，由控辩双方申请法院通知证人出庭作证，法院不同意的，应由法院说明理由，既是法院程序公开的法定义务，也是抗辩双方享有知情权的法定权利。同时，具有正义内核的程序设置必有对于救济方式的设定，无救济的程序制度既无益于保障相关人员的权利实现，也不利于权力运行的科学化与正当性，有滋生"专权"之嫌。因此，对于刑事诉讼庭审程序中控辩双方申请法院通知证人出庭作证，法院作出不同意决定，但申请证人出庭作证的控辩双方有异议的，可提请司法复议，作为对此程序的救济途径，以彰显程序公正。

（三）分情况处置证人出庭作证之证据突袭

对于我国现行庭前会议程序中确定出庭证人，又在正式庭审程序中进行变动、增加的，除了对方需增加防御准备时间外，一般无其他程序性制裁。而国外关于证据突袭的情况有较为完善的规定，可资借鉴。

英美法系国家普遍建立了控辩双方审前平等开示的原则，但往往对控方作出了更加严格的要求，对于控方未开示应当开示的证据材料的，辩方可申请初审法院救济，依法向上诉法院提出上诉或申请司法审查；对于辩方未开示相关证据材料的，应当充分考虑这种不同的程度及有无正当理由，法庭或陪审团不得仅仅从中作出推断被告人有罪。大陆法系国家则出于对维护实体真实的考虑，对违反开示义务的不利后果制裁不如英美法系国家严格。如在意大利，区分出庭作证的证人、鉴定人和技术顾问与以质证为目的而准备传唤到庭的证人、鉴定人和技术顾问，对前者要求强制开示，对后者则不作强制性的要求。

我国可以借鉴域外法，对于恶意进行证据突袭的，如以质证为目的新增加从未出现过的证人的，则法官应充分行使司法权力，谨慎决定是否同意，并允许法官对该证人的庭审证言作出不利推定。

（四）保障证人到庭作证

保障证人到庭作证关键是要落实对出庭证人的物质保障，制定细致且符合地方条件和基础的证人物质补偿制度。

1. 建立制定合理的经济补偿标准

鉴于证人出庭作证并不是一种市场经济行为，故其因出庭作证所担负的成本只能是具有一定补偿性的给付。因此，不能以不同证人的不同收入情况作为其当受补偿多少的依据，而应当建立起统一的标准。这样也可以解决对没有固定单位的自由职业者或无业人员进行补偿的问题。

2. 进一步完善补偿程序

鉴于法院有关键证人出庭与否的裁决权，并且为了实现证人出庭证言提供的客观性，不应由申请证人出庭作证的控、辩任意一方支付给证人补偿费，否则，可能会出现一旦庭审过程中，证人所提供的证言不利于申请其出庭作证的一方时，证人的物质保障无法变现。因此，应当由法院支付给证人必要的费用，并且应由法院主动向证人发放，无须证人提出申领。

3. 对证人所在单位的违法行为予以约束

对于证人所在单位为拒绝或阻挠证人出庭作证而扣发证人工资、津贴等情况，法院有权发出司法建议，检察机关也可发出检察建议予以纠正。

（五）把握证人出庭作证的庭前准备与庭前培训的界限

对于控辩双方正常地在庭前与证人进行沟通，讲解法律知识、告知证人有意作伪证或隐匿作证要负的法律责任、帮助证人做好出席庭审准备工作的，属合法范畴。理由在于此时控辩双方基于善意的目的告知证人司法政策及证人的法律义务，有利于不具有法律专业素养的证人在庭审上更好地有效参与问询程序，以利于查清案件真实，体现程序公正。而对于明知证人将在庭审中提供虚假证言而对证人进行培训和诱导的，属非法培训行为，应予以否定；触犯法律的还应承担法律责任。其理由非常明晰，即此时培训证人具有非法目的，属恶意，诱导证人的行为妨害了司法公正。证人受培训后在庭审中提供的虚假证言因不具有合法性和客观真实性属不具有证据资格。

（六）适度引入交叉询问中的相关规则与技术

1. 禁止意见证据规则和传闻证据规则

证人根据其所感知的事实作出的意见或推断性证言是意见证据，交叉询问禁止采用意见证据和传闻证据。在我国庭审实践中，尽管刑事诉讼法没有明确规定，但一般来说证人的意见证据应当排除。传闻证据指证人在本案法庭审理之外作出的用来证明其本身所主张的事实的各种陈述。庭审询问是在法庭上进行的询问，这就要求控辩双方传唤的证人必须亲自到庭，否则庭审询问也就无法进行了，这也是对直接言词原则的维护。

2. 禁止复合提问规则

庭审询问中是否必须采用一问一答的形式，是一个较为现实的问题。在我国目前的庭审询问中，询问人往往采用一个非常笼统的问题让证人对案件事实展开漫无边际的陈述，或证人不针对询问人的问题进行明确的回答，而采用陈述的方式回答。上述方式是不够科学的询问方式，不利于庭审争点的确定，且不利于庭审效率的提高。因此，庭审询问关键证人应禁止复合提问。

3. 异议规则

异议规则是指在交叉询问过程中一方当事人针对对方当事人违反交叉询问规则的提问或证人的不当回答提出反对，由审判人员当即裁定该反对是否有效的规则。法庭异议对于法庭审判的规范、高效运作具有非常重要的意义。

（七）综合认证矛盾证言

如前所述，虽然交叉询问是发现真实最佳装置，但基于司法工作的复杂性，当庭证言也并不必然比庭前书面证言客观真实性强，尤其是当证人与被告人之间具有深厚的感情、物质联系或利害关系的情况下，当庭仍然极有可能不向法庭进行如实陈述，如部分受贿案件行贿人的当庭证言。因此，此时在该证人审前提供在卷书面证言来源的合法性、真实性的证明上，应有更多的考量因素，故需要具体案件具体分析，进行综合认证。

证人准备基本问题研究

王剑虹[*]

证人准备是指在证人正式陈述其证言之前，律师或检察官采用一定的方法来讨论证人的实际证言。[①] 具体而言，证人准备主要是指律师与检察官为了取得良好的庭审效果而对证人作证时的举止、措辞加以指导，并鼓励证人如实陈述。证人准备与调查程序及证据开示程序有所区别。Aron 教授及 Rosner 教授将证人准备分为三个阶段，包括初次面谈、准备开庭以及模拟开庭。进行证人准备时，辩护律师或检察官应当比所有证人都更了解全案的有关证据与事实，而且他们在此阶段也应当早已确定了其参与庭审的策略。[②]

在通常情况下，首先，律师在进行证人准备时，可以向证人建议其作证时的措辞，以准确反映证人对其作证事项的回忆；其次，律师可以向证人详述其他证人的证言，并能提示证人可根据他人证言再次考虑其回忆的准确性；最后，在询问证人并要求其回忆有关案发事实时，律师可以向证人释明相关法律，也就是说，律师只能告知证人如何作证，但不能对证人作证的内容加以改变。另外，律师对证人进行庭前准备还可以采取模拟庭审、交叉询问的方式。

一般认为，刑事诉讼中进行证人准备有诸多的积极价值，具体包括：律师在审前与证人会晤，首先，可以了解证人是否了解与本案有关的信息，能够有效降低司法的成本（如因传唤证人作证而引起的时间、物质成本）。其次，进

---

[*] 西南政法大学法学院副教授，法学博士，西南政法大学证据法学研究中心副主任。本文系重庆市教育委员会 2011 年度人文社会科学青年课题："拒证特权制度研究"（11SKC096）阶段性成果。

[①] Ames W. Mcelhaney：Trial Notebook（503d，ed. 1994）；State v. Earp，571A. 2d 1227，1234 − 35（Md. 1990）；State v. Earp，571 A. 2d 1227，1234 − 35（Md. 1990）.

[②] Roberto Aron & Jonathan L. Rosner：How to Prepare Witnesses for Trials 12. 01，pp. 212 − 213（1985）.

行证人准备也有利于律师充分履行其法定职责，即根据相关的案件事实来判断其当事人所面临的状况。再次，律师通过审前与证人的接触也有助于证人回忆案件时的情况，增加事实裁判者了解相关的案件信息，从而有助于其对案件事实作出准确的认定。最后，证人准备，一方面，有助于律师让证人了解其在庭审过程中必须陈述哪些证言，并按逻辑顺序来对证言加以陈述，从而在庭审时，帮助事实的认定者更易于理解该证人陈述的证言；另一方面，律师还可以通过证人准备告知证人不应陈述不具可采性及可能引起偏见的证言，从而落实相关的证据规则。如果律师通过证人准备活动了解到证人证言中可能会出现不具可采性或可能引起偏见等信息，那么律师在对证人进行询问时，可以采取变更询问方式或变更问题等手段以避免证人陈述这类信息。

但是值得注意的是，虽然美国法律并未禁止允许审判中进行证人准备，且在美国的刑事诉讼实践中，证人准备被绝大多数律师（包括辩护律师与检察官）视为出庭诉讼技巧的重要组成部分，① 但一旦律师所进行的证人准备超过合理界限，就可能因此给查明真相带来风险，这也是本文关注的一个重点。

本文即围绕有关证人准备及证人培训的司法实践运作、风险预防以及法律准则规制等问题展开论述，以期对我国刑事证人出庭作证准备提供参考经验。

一、证人准备实践运作之风险

如上文所述，证人准备行为一旦超过合理界限，即可能成为所谓的"证人培训"。在美国，证人培训被称为诉讼制度之"黑幕"② 甚至"肮脏的秘密"③。一般来说，在司法实践中，尽管辩护律师与检察官在防止虚假证言方面具有同样的义务，但从现实风险来看，证人培训所引起的最突出的风险主要存在于检方对其证人的不当准备之中。由于检方证人准备的过程是保密的且不能对其进行有效的审查，因此检方进行证人准备时，检方与警方对证人是否进行了培训以及在多大程度上进行了证人培训，这些行为是否及在多大程度上导致了证人作出虚假或误导性的陈述，这些问题都难以接受充分的审查。具体而言，过度的证人准备在实践中可能导致的风险主要包括以下几个方面：

（一）基于培训证人之动机而产生的风险

一般认为，检察官培训证人的动机主要包括消除证据矛盾、规避难堪细节以及隐藏相关证据，下文将从此三种动机来分析培训证人可能产生的风险。

① Roberta K. Flowers, Witness Preparation: Regulating the Profession's Dirty Little Secret, Hastings Constitutional Law Quarterly（2010-2011），p. 1008.

② John S. Applegate, Witness Preparation, TEX. L. REV.（1989），pp. 277, 279.

③ Roberta K. Flowers, What You See Is What You Get. Applying the Appearance of Impropriety Standard to Prosecutors, 63 Mo. L. REV（1998）., pp. 699, 740.

1. 消除证据矛盾

检察官培训证人的动机首先在于消除证据矛盾。一般来说，检察官总是希望能成功地对被告人进行定罪，这样检察官就会试图消除存在于证人证言中的矛盾。某些检察官蓄意地对控方证人加以影响从而改变证人的一些不稳定的陈述。在 Kyles v. Whitley① 一案（本案系一死刑案件）中，检察官诱导本案的关键证人 Isaac Smallwood 就该杀人案作出了极为详细的证言。Smallwoo 在法庭上声称，他亲眼看到 Kyles 与被害人打架，并在此过程中 Kyles 从其右边口袋中掏出一把黑色的手枪向被害人射击，然后开着被害人的车扬长而去。检方当着陪审团的面询问证人："Isaac Smallwood，在案发现场还有其他比你更清楚此案的证人吗？"② 但是证人 Smallwood 最初的证言却与其在法庭上的陈述大相径庭。其在警方第一次对其询问时表示，他并未亲眼看到杀人案的发生，也没有看到被害人车外的袭击者，他仅仅在闪电时看到袭击者开车驶向自己。但这些情况，检方却未依法向辩方予以开示。美国联邦最高法院后来推翻了该判决，原因在于控方没有履行向辩方开示有关信息的宪法义务。但是多数派的观点则强调，检方极有可能在前对证人施加了不正当的影响，导致证人证言的改变。

由上述判例可见，检方利用控方证人并说服其己方合作的主要动机在于：检方不是试图确认证人一些前后不一但符合客观情况的说法，而是希望通过这种证人培训来使证人在就有关案情作出一致的陈述，③ 但是在此过程中证人可能会因检方的行为而作出虚假陈述，从而最终导致案件错判的风险。

2. 规避难堪的信息

还有一些检察官试图影响证人的证言以隐瞒一些可能会让证人在法庭上处于难堪境地的信息，同时这些信息会对检方的指控产生一定的弱化作用。常见的规避难堪信息的方法是：在庭前即告知证人，如果被问及可能让自己难堪或者影响指控的问题，证人就宣称自己不记得此事或不知道内情。④检方也可能向证人补充一些细节信息，以消除证人的疑虑。

另一种规避策略是检察官在审前指示证人仅回答被询问的问题，而不主动提供信息。⑤在 Alcorta v. Texas⑥ 一案中，最高法院就撤销了被告谋杀其妻的罪

① 514 U. S. 419 (1995).

② 514 U. S. 444 (1995).

③ Randolph N. Jonakait, The Ethical Prosecutor's Misconduct, 23 CRIM. L. (1987) BULL. pp. 550, 559.

④ James M. Altman, Witness Preparation Conflicts, LITIG., Fall (1995), pp. 38, 43.

⑤ See Altman, supra note 33, at 43 (arguing that instructing a witness not to volunteer information, and to answer only the question asked, "can become part of a general strategy of concealment and evasion").

⑥ 355 U. S. 28 (1957).

名。在该案中，被告承认了自己杀害了妻子，但其声称自己在案件发生之前发现了妻子（被告早已怀疑妻子不忠）与奸夫 Castelleja 在车内亲吻，故一时激愤才实施了犯罪行为。Castelleja 是本案的唯一目击证人，他作证时声称，自己与死者仅是普通朋友关系。在案发当晚，他只是开车送死者回家。但是，在审前的准备程序中，该证人却告诉检察官说他与被告的妻子发生了五至六次性关系。检方因此建议证人出庭作证时，如果辩方问到有关其与死者的不正当关系的问题，证人可以如实回答；但如果辩方没有问到这个问题，证人就不要主动提及上述有关性关系的问题。控方在庭审中的一次重要的询问中，明显对相关问题进行了精心设计，让证人就其与被害人的关系作出字面上客观的回答，同时小心翼翼地避开有关证人与死者发生过性关系的问题。①

3. 隐藏不利的证据

检察官可能会为了阻止某些重要信息被披露，而这些信息依正当程序本应向辩方开示，但检方却不希望辩方了解这些证据，为此检方会为达到此目的而对证人进行不当的准备。② 毋庸置疑，检察官往往都倾向于不履行向辩方开示辩护证据的义务，因此这些检察官们往往也能够隐瞒相关的证人证言以便确保其隐藏的证据不被他人发现。比如在 Walker v. City of New York③ 一案中，检察官就有极大的可能性对一位合作证人进行了培训，该证人因此在法庭上作了虚假陈述，向辩方隐瞒了有关削弱证人可信度的相关信息。Walker 描述了检察官在该起抢劫杀人案的调查中对合作证人的准备与培训。在最初阶段，证人指认有两人共同参与了该犯罪行为。但检察官随后得知，其中的一个同案嫌疑人在案发时尚在监狱服刑，因此他不可能参与实施该犯罪。但检察官却在大陪审团听证程序中引诱其合作证人对该案作证，而未提及第二个共同犯罪嫌疑人。第二巡回法院对检察官没有披露此矛盾的行为进行了责难。但法庭并未讨论证人未提及第二个嫌犯存在的原因，显而易见的是，证人的这一疏忽毫无疑问是源自检方对其进行的精心培训。④

---

① 如检察官在庭提出如下问题：Q. Natividad Castilleja ，你是否与被告人的妻子 Herlinda 恋爱？A. 没有。Q. 她有没有与你恋爱？A. 没有。Q. 你曾经与她谈到过爱情吗？A. 没有。Q. 除了开车送她回家以外，你还与她有过约会吗？A. 没有。我只是开车送过她。Q. 只是从工作地点送她回家吗？A. 是的。Id. at 30.

② Brady v. Maryland, 373 U. S. 83, 87.

③ 974 F. 2d 293 (2d Cir. 1992) .

④ Bennet L. Gershman, Film Review, The Thin Blue Line: Art or Trial in the Fact – Finding Process 9 PACE L. REV. (1989), p. 275.

（二）基于证人的认知因素而产生的风险

1. 因证人记忆而产生的风险

记忆极易出错，记忆过程的恢复与重建也是相当脆弱的。对某件事物的感知难以给人留下单一、清晰的印象；它会较大地受到包括回忆方式等诸多因素的严重影响。目前有大量的研究描述了暗示性的提问对记忆产生的歪曲效应。不过证人准备可能有助于证人进行客观回忆，证人的不当准备也可能歪曲证人本来准确的回忆。由于记忆的复杂性质，对于证人来说，他很能区分已经遗忘事实的真实回忆与因受到调查者建议而形成的不准确记忆。①

一些检察官通过提问与暗示来影响证人回忆某些事实，用一些可能并不准确但证人相信其真实性的信息来帮助证人填补一些记忆的空白。另外，由于检察官作为政府律师的独特地位，证人往往认为检察官是专业知识渊博且应当充分信任的政府官员。实际上，由于检察官的权力及声望，证人可能总是试图将自己对案情的回忆与证人认为检察官所希望听到的答案保持协调。

美国联邦最高法院在 Strickler v. Greene② 一案中特别指出，警方与检察官对证人进行培训极易改变证人的记忆。在 Strickler 案中，嫌疑人因涉嫌谋杀而被判处死刑。本案的一位重要的控方证人 Anne Stolzfus 最初告知警方她对发生在购物中心的这起绑架案记得不太清楚了，而且她也难以辨识嫌犯、被害人及作案车辆。但在庭审阶段 Stolzfus 却令人惊讶地就整个案件发生过程作出了极为详细的陈述。她仔细描述了三名嫌疑人与被害人的体貌特征，甚至还指出了案发现场的货车的车牌号码。证人否认其从新闻报道那里知悉了上述信息，她宣称："我的记忆力特别强。"但是警方侦查人员所准备的文件却揭示了 Stolzfus 的记忆所受到的不当影响，但这些文件却并未向辩方开示。本案的侦查员 Claytor 与证人 Stolzfus 进行了一次较为深入的交谈，在此过程中，证人的记忆则被不断地唤醒，对此证人宣称："我与侦查员 Claytor 合作，我能够清楚地回忆起了案发过程。"联邦最高法院则讨论了检察官是否违背了其向辩方开示证据的义务，法院后来认为检方并未违反相关义务。但法庭也从未论及诸如检察官与警察是否鼓励证人根据控方的有罪推论而重构记忆等问题。③

2. 因证人的语言与交流而产生的风险

检察官可能试图通过询问问题、作出陈述或专门展示对某些事实特别强调

---

① Mirjan Dama~ka, Presentation of Evidence and Factfinding Precision, U. PA. L. REV. (1975), p. 1083.

② 527 U. S. 263 (1999).

③ Stephen A. Saltzburg, Perjury and False Testimony: Should the Difference Matter So Much?, Fordham L. Rev. (2000), p. 1537.

的证据来填补证人记忆的空白。过去有一些检察官认为，很多检察官在向证人调取证言过程中向协作证人提供大量的事实，这种行为非常令人不安且极度危险。而且，检察官在向证人传达相关事实时，其所用的语言与措辞可能会对证人的反应产生显著影响。专家研究表明，在询问中适用特定的措施可能歪曲证人对案件事实的回忆与表述，比如检察官可以询问证人"你是否看见一辆小汽车"，也可以问证人"你是否看见那辆车"，后者比前者的暗示意味就更为强烈。与之相似，检察官可以问证人"嫌疑人是否猛击了被害人的脸"，检察官也可以换一种询问方式——"嫌疑人是否撞到了被害人的脸"。上述两种不同的询问方式同样可能会引起不同的回应。还有诸多交流技巧可能会对证人证言产生影响。其中，最常见的是进行诱导性询问，向证人出示有关能唤起其记忆的文件，将其他人就此案的证言告知证人，将证人集中起来让其彼此交流。

（三）基于特定证人身份而产生的风险

一些证人特别容易受到相关的询问技巧的影响，一般来说证人包括：

一是儿童证人，原因在于儿童心智的不成熟性及敏感性，因此儿童证人特别容易受到暗示性询问的不当影响。

二是指认证人。指认证人也是不可靠的证人之一。这些证人可能会按检方的意愿来调整自己的证言。检方亦可能试图修正这些证人的证言从而强化其指认结果的证明价值。在 Strickler v. Greene① 一案中 Ann Stolzfus 的证言及 Isaac Smallwood 在 Kyles v. Whitley ②的证言就存在这种"记忆调整"过程。在这种记忆调整中，检方通常意识到证人的证言实际较为薄弱且不可靠，但检方却选择将这类看似可信、确定的证言提交给陪审团。

三是协作证人，他是最危险的控方证人。其他证人一般不会有协作证人这样强烈的说谎动机。而且，其他证人一般也不会像协作证人那样能够熟练地伪造证据、误导以及欺骗侦查及公诉人员。对检察官来说，协作证人能够提供对被告最有杀伤力的证据，协作证人也能作出最有说服力的虚假陈述，且陪审团往往也对他们的证言深信不疑。

二、证人准备的实际风险预防

检察官对证人进行准备是否具有合量性难以调查的原因主要基于两个方面：一是检察官与证人的交谈一般没有详细的文字记录或其他的文件予以载明。这种交谈一般是私下进行，这样交谈的相关情况就只有检察官与证人了解。二是交叉询问难以揭示该不当的证人培训。要预防这种不当培训主要有赖

---

① 527 U. S. 263（1999）.

② 514 U. S. 419（1995）.

于检察官个人的正直与公正的观念。在审前对证人作证进行准备，如果行为正当，是检察官与证人参与对抗式诉讼的重要方式，检察官通过与证人密切合作，检察官能够全面、公正、客观地确认事实真相，以实现探知真相的价值目标。检察官作为法律人，他有着探知案件真实情况的伦理义务，而不仅仅是为了追求控方的利益，因此检察官尤其应重视这一价值取向。但是，有的检察官并未意识到自己作为正义守护人的角色地位，因此就有必要设置一些预防措施来防止真相探知的过程受到不当影响。这些程序包括：

（一）文件记录

证人准备一般是私下秘密进行的。既然对证人准备过程并无相关的记录，就难以对此过程中发生的事进行详细的审查。证人、警察及检察官都不愿意承认其对证人进行了不当的培训。诚然，对证人准备过程进行书面记录，该记录可能披露检方存在对证言进行不当加工的情形。但是，对于那些引起证人虚假陈述或误导性证言的细微暗示（如证人自身易受暗示、自己虚构等），书面记录可能也难以披露。①

（二）交叉询问

交叉询问往往被视为在对抗制诉讼模式下揭示案件真相最重要的保障。②但却没有实证的材料能证明这一论断。在 Geders v. United States③ 一案中，最高法院注意到，有充分技巧的交叉询问对于披露对证人进行不当准备及培训的问题至关重要。法院认为，合乎职业伦理的审前准备与违反职业伦理的证人培训之界限容易确定，而且由辩方律师对证人进行反询问也容易发现检察官向证人施加的不当影响。但是，假设对证人施加影响的方式不易让人察觉，那么交叉询问就不太可能揭露这类证人培训。

（三）规范证人准备的方式

检察官协助证人客观有效地进行陈述，这一行为本身没有错误。但是，由于检方负有实现司法公正的义务，所以检察官应当对自己的行为加以规制从而确保证人不会受到诱导性询问而作出虚假、误导性的陈述。因此在证人交谈方式、特定证人的自愿性、与记忆或语言交流等方面来指导及监督检察官来进行证人准备就具有一定的必要性。从实务经验来看，在审前帮助证人准备作证时，检察官应当遵循如下规范：

1. 要求证人如实陈述

检察官应当告知证人仅就其了解的事实真相进行陈述，而不是证人自以为

---

① 116 See Rock v. Arkansas, 483 U. S. 44, 59 – 60 (1987).

② JOHN HENRY WIGMORE, EVIDENCE § 1367, at 32 (J. Chadbourne rev. ed. 1974).

③ 425 U. S. 80 (1976).

是真实的情况，或者是其他人所了解的情况。检察官应当告知证人不要对事实加以修饰，或用一些他本不知晓的情况对记忆空白进行填补。①

2. 保持客观立场

检察官应当客观地评价证人陈述，以确保其准确性与可信性。检察官在询问证人之初，应当尽量采取开放式的提问，在证人就案情作出全面陈述后，才针对特定的问题展开陈述。

检察官不能将某些话语强加于证人，也不能提示证人有关问题的答案。检察官应尽量多了解证人的生活背景以及可能会导致证人作伪证的动机，对上述问题应当不带任何功利性地加以审查。

3. 介绍法庭审理程序

检察官应当在审前向证人解释法庭审理程序，如证人应坐在何处以及询问的顺序等。检察官不能提前告知指认证人被告在法庭中的座位。②检察官应当告知证人清楚地向陪审员陈述有关情况，且在此过程中其目光应当与陪审团适当接触。检察官还应当告知证人在作证时应当端正坐姿，避免使用分散他人注意力的肢体语言且穿着打扮应当得体。

4. 详述直接询问

检察官可以提前将直接询问的问题写出来并就特定的问题向证人进行解释。检察官可以鼓励证人在陈述作证时尽可能用自己的语言来表达，而不要使用一些俚语或挑衅性的措辞。

5. 尽量消除及合理解释证据矛盾

检察官应审慎地消除或解释与其他证据有矛盾的证人证言。这可能包括用证人早前的陈述或其他证据（包括其他证人的证言）来刺激证人的回忆。检察官不能暗示证人应当作何陈述，也不能指出证人证言的矛盾及漏洞而故意向证人透露其应当陈述的内容。审查证人先前的陈述时，除非具有相当的必要性，否则检察官不能向证人宣读其先前陈述。

6. 准备交叉询问

通过审查证人前后陈述的矛盾及与其他证人证言的差异来准备交叉询问。检察官应当确保证人能纠正或解释相关的差异。同时，检察官还可以审查证人有关的犯罪前科以及可能影响证人作证中的个人偏好。检察官应当知悉证人以前可能存在的犯罪记录或不良行为记录。检方也应告知证人不要主动提供相关信息，而是尽量以"是"或"否"来回答问题，且证人还不能在回答问题过

---

① Patricia J. Kerrigan, Witness Preparation, TEX. TECH L. Rev (1999), pp. 1367, 1380.
② United States v. Oreto, 37 F. 3d 739, 745 (1ˢᵗ Cir. 1994).

程中进行猜测或添油加醋。另外，检察官应当告诫证人在庭审中应当注意如下问题：在交叉询问中不要老是盯着检察官，且证人在检察官面向被告时，不要回答问题；当问及其是否就本案情况向警察及检察官作证时，证人应当明确回答；检察官还可以就辩方律师可能询问的问题在审前与证人进行模拟的交叉询问。①

（四）完善救济措施

具体来说，对不当证人准备的救济措施主要包括以下内容：

1. 审前污点听证

如果有合理理由相信证人证言因诱导性或强制性的询问策略而受到不当的影响，那么法庭就应当启动审前污点听证。这类听证较为常见。在很多情况下，如果警察或检察官的行为导致事实认定程序产生不当的问题，这时就有必要启动审前听证程序，以消除控方对证据及指控的不当影响。因此，审前听证可能被适用于决定证人因审前受到诱导而在法庭上陈述的指认证言是否具有可采性②、性虐待案件中的儿童陈述③、采用催眠手段获取的证言④、因警方弄虚作假而取得的酒精测试证据⑤以及警方采取错误行为而取得的相关证据⑥。

审前污点听证程序可以基于对证人审前的不当诱导影响其证言证明力而启动。在此程序中，法庭可以对所有相关问题加以审查，包括彼此矛盾的证人证言，证人作伪证的动机、证人陈述的可信性、证人准备阶段是否存在书面记录、证人是否被收买、协作证人是否有可能因不与检方合作受到的惩罚、询问证人的方法与形式、询问的次数以及证人陈述期间的在场人员等。

为了启动审前听证，辩方律师应首先举证证明有关证人证言可能系因受到控方不当影响而作出的问题。在决定是否启动审前听证时，法庭应当考虑检方与证人交谈及准备是否可能导致虚假、不准确或误导性的证言。

2. 适当利用专家证言

如果证人准备过程可能引起虚假或歪曲事实的证言，法庭就应当准许有关认知心理学方面的专家就有关记忆、语言等引起虚假、不准确或误导性的证言的可能性出庭作证。根据美国《联邦证据规则》第 702 条的规定，可以利用专家的科学证言来帮助陪审团理解，对证人进行培训中的诱导性影响可能会在

---

① Bennett L. Gershman, Witness Coaching By Prosecutors, Cardozo Law Review（2001 - 2002），pp. 851 - 859.

② Manson v. Brathwaite, 432 U. S. 98（1977）.

③ State v. Michaels, 642 A. 2d 1372（N. J. 1994）.

④ People v. Hughes, 453 N. E. 2d 484（N. Y. 1983）.

⑤ State v. Gookins, 637 A. 2d 1255（N. J. 1994）

⑥ Jackson v. Denno, 378 U. S. 368（1977）.

多大程度上导致证言的虚假与错误。专家证人也可以对有关影响认知与记忆的因素加以识别，并指出证人可能会在多大程度上受到诱导的影响、审前的询问策略是如何使证人作出虚假、错误或被美化的陈述。专家证人可能在法庭上作证声称证人的可信度与证方的准确性无关，而陪审团成员却会对此持相反观点。专家证人亦可能不相信证人对突发事件的良好记忆力。

3. 记录

如果审前对证人的询问过程有相应的视听资料予以记录，那么辩方才有可能对证人的可信度提出质疑，陪审团也才能对证人的可信度作出评价。视听资料能更好地显示证人在审前许多询问中的举止及肢体语言。使用这类程序性的保障措施的情形相对较为罕见。但对儿童的询问则往往有同步录音录像。而且，视听资料往往用来证明政府是否采用了不公正的手段来获取证据，如被告供述等，或者以催眠方法取证。全程记录检方询问证人过程对于揭示上述各种诱导因素对证言的影响有着至关重要的作用。

三、对证人准备行为的法律规制

证人准备在运作过程中存在的现实风险，虽然可以通过实践经验的积累，采取一定的措施来预防、消除风险，但要从根本上消除证人准备的风险及充分发挥其积极作用，从法律规则的角度来对该行为加以规范才是最终的解决之道。虽然美国现行法律等对证人准备并无特别明确的规制，不过美国律师职业行为标准准则（以下简称 ABA 准则）及 ABA 刑事司法准则对证人准备行为的相关问题进行了一定的规制。

（一）ABA 准则

首先，ABA 准则 1.1 就明确规定，适格的代理应包括"法律知识，技巧，周详以及基于行使代理权之合理必要而进行的准备"①，合理的证人准备也因属于该准则的"合理必要准备"，即律师应当出于代理活动合理需要，进行充分、彻底的准备，如果律师应当充分调查案件的事实，其中自然包括向证人了解相关情况。

其次，ABA 准则通过对律师的义务进行规定等方式来影响律师的证人准备工作。如 ABA 准则规定了律师应当根据案件事实对审判进行充分的准备，而且，律师也不能引导证人作虚假陈述。如 ABA 准则 3.4 规定，律师不应当劝说或帮助证人作虚假陈述，如果律师违反此规定，那么通常其面临取消其出庭资格或吊销律师执照等惩罚。

最后，ABA 准则还禁止使用源自不当证人培训的证人证言。ABA 准则还特别

---

① A. B. A. MODEL RULES OF PROF'L CONDUCT R. 1.1 (2002).

要求，一旦律师发现有关证言是虚假的，那么他应当在第一时间对其加以更正。ABA 准则也明确规定，不允许使用"不实的、欺诈性或者歪曲事实的陈述"。

（二）ABA 刑事司法准则

ABA 刑事司法准则在 1968 年生效适用，并于最近经历了一次修订。

ABA 刑事司法准则规定了检察官进行证人准备应遵循三个准则：准则 3 - 4.2 规定了"与未来证人的关系"；准则 3 - 4.3 规定了"与专家证人的关系"；准则 3 - 7.6 规定了"证据的举示"。对辩方规定有四个准则：准则 4 - 3.3 规定了"与委托人交谈"；准则 4 - 4.4 规定了"与证人的关系"；准则 4 - 4.5 规定了"与专家证人的关系"；准则 4 - 7.5 规定了"证据的举示"。

上述准则 3 - 4.2 则规定，在没有法律授权的情况下，检察官不得收买证人或者给予证人相关的利益从而促使证人改变证言内容。同时，检察官不得单独询问刑事案件中的证人。另外，上述准则 3 - 4.2 要求检察官应当告知证人有不自证己罪的特权。该准则也要求检察官应当尊重被害人及证人的权利，在案件中作出重要决定之间应当及时与其进行磋商，向其提供合理的信息，甚至对其进行必要的保护。检察官也应当及时提示证人必要的礼仪。上述准则还禁止检察官与证人保持不当的关系。所有的禁令均是处理有关检察官如何影响证人的问题，而不是为了解决检察官与证人应当讨论的内容。而针对辩护律师，该准则 4 - 4.3（d）特别规定：辩护律师不能阻碍潜在的证人与检察官的交流。同时，如辩护律师劝说当事人以外的任何人拒绝向检方或其他共同被告的辩护律师提供相关信息（该信息系这类人员有权获得），这种行为也将被视为违反律师职业道德规范的要求。

上述准则 3 - 4.3 则规定了检察官与专家证人的关系。在检察官提出专家证人时，检察官应当评估该专家的资质、经历及声望，并调查专家检验程序与方法在科学上的可接受性。上述准则也要求检察官不能向专家证人支付过高的费用，否则可能会影响专家证言。另外，准则还规定，检察官应出于公正与审慎的考虑，告知证人相关必要的信息，并提示证人其意见与相关书面文件是可以公开的。最后，与普通证人不同，有关专家证人的准则还规定了检察官与专家证人交流的内容。该准则鼓励检察官在法庭澄清专家的地位与作用是为了协助事实认定者，解释相关检验如何实施，建议相关弹劾的问题并接受对方律师的质询。

辩方证人出庭作证研究

段明学* 孙 琳**

引子

被告人聂某某与被害人向某某（男，殁年 28 岁）因赌场利益纠纷产生矛盾。2003 年 1 月 21 日晚，聂某某得知向某某在重庆市某歌舞厅，遂电话指使邹某某（另案处理）纠集人员前往报复。于是，邹某某纠集涂某某、雷某某等人（均另案处理）赶到该歌舞厅，持刀追砍向某某等人。向某某经送医院抢救无效死亡。2012 年 2 月 12 日，被告人聂某某被公安机关抓获。2012 年 12 月 12 日，重庆市某分院以聂某某犯故意杀人罪向重庆市某中级人民法院提起公诉，法院于 2013 年 1 月 16 日公开开庭审理。其间，辩护律师向法院申请 5 名证人出庭。试问：

1. 辩护律师申请辩方证人出庭作证，法庭是否予以许可？

2. 检察机关能否对辩方证人进行庭前询问？

3. 检察机关能否要求被告人及其辩护人在庭前提供辩方证人的书面证言？

4. 如果辩方证人的当庭证言极不客观，甚至有被指使作证之嫌，检察机关在法庭上应当如何处理？

修改后的刑事诉讼法进一步完善了证人出庭作证制度，以破解司法实践中长期存在的证人出庭作证难这一"瓶颈"问题。证人出庭作证，对于查明案情、核实证据、正确判决具有重要意义；其背后则蕴藏着通过直接言词审判的方式实现控辩平等对抗，促进程序公正和实体公正的深刻理念。这预示着我国刑事诉讼模式将进一步转向职权主义和对抗制交融的"混合型"刑事诉讼模

---

* 重庆市人民检察院第一分院法律政策研究室主任。

** 重庆市人民检察院第一分院公诉一处副处长，法学博士。

式。自新法实施以来，法庭审判正呈现出一些新的变化。证人出庭作证的情况明显增多；不仅有检察机关申请出庭作证的证人（控方证人），还有被告人及其辩护人申请出庭作证的证人（辩方证人）。被告人及其辩护人申请新证人出庭，往往是证明被告人没有犯罪时间或不在犯罪现场的。辩方证人出庭作证，固然有助于法庭"兼听则明"，但也给检察机关指控犯罪提出了严峻的挑战。目前，有关辩方证人出庭作证的理论研究付之阙如；因此，我们有必要借鉴域外的做法与经验，构建适合我国国情的辩方证人出庭作证制度。

一、控方证人与辩方证人的区分

控方证人（witness for the prosecution）和辩方证人（witness for the defence）是英美国家对刑事诉讼中证人的基本分类，其区分以证人由哪方提出为依据。按照英美证据法中较为普遍的解释，"被请到法庭为辩方提供证据的人"或者"由辩方申请为其作证的人"为辩方证人，反之为控方证人。[1] 对证人作如此区分，与英美对抗制诉讼模式有关。在英美，刑事诉讼长期被视为解决纠纷的法律装置，奉行对抗制诉讼模式（当事人主义诉讼模式）。在这种诉讼模式下，双方当事人在诉讼中居于主体地位，通过积极主动地互相对抗来发现真实。法官的角色只是充当冲突双方的公断人，并无收集、调查证据的职责，所有证据皆由双方当事人提供。即使为了查明案件事实，需要提出新的证人，也需要控辩双方重新申请。正是如此，由控方提供的证据称为控方证据，其提供的证人称为控方证人；反之，由辩方提供的证据称为辩方证据，其提供的证人称为辩方证人。无论是控方证人还是辩方证人，他们基本上没有独立的利益，也不具有中立性，分别服从、服务于控方利益和辩方利益。"抗辩制审判传统上只有两种利益构成，即控方利益和辩方利益，在这两种利益的两极竞争中，被害人和证人的利益很少得到独立的保护。"[2]"这种制度安排创造了一种典型的两极对抗的竞技场；在此，没有任何中立的立场。证人易于加盟当事人一方；当事人的律师对其进行作证演练之后，更是如此。对于证明手段，人们并不把它看作是'中立性'的信息来源，也不认为它会'超然于'当事人的利益。证据在某种程度上'属于'当事人一方的感觉——与当事人的律师较少参与证据调查的制度相比——显得非常之强。"[3]

大陆国家实行职权主义诉讼模式，强调法官在审判中积极查明案件事实的

---

① 何家弘主编：《证人制度研究》，人民法院出版社 2004 年版，第 4 页。

② ［英］麦高伟、杰弗里·威尔逊主编：《英国刑事司法程序》，姚永吉等译，法律出版社 2003 年版，第 315 页。

③ ［美］米尔吉安·R. 达马斯卡：《比较法视野中的证据制度》，吴宏耀等译，中国人民公安大学出版社 2006 年版，第 257 页。

作用，而不强调当事人在诉讼中的主体地位和能动作用。法官可以采取任何足以证明案件事实真相的证据，并决定采取一切必要的证明方法。法官既要注意查明不利于被告人的证据，也要注意查明有利于被告人的证据。被告人并无举证的义务，虽然被告人也可以提出证人，但证人必须保持中立，所以没有"控方证人"和"辩方证人"的说法。"大陆法系非对抗性的审判在本质上就是由法官主持的官方调查：他决定调查的任何证据都是他的——或者更确切地说，是法庭的——证据。因此，严格来讲，这儿并不存在'控方的证据'或者'控方的证人'。""在这一模式下，并无专属于控方抑或辩方的证人。所有的证人都是法庭的证据来源，从他们身上获取信息是法官而非当事人的主要职责。法律不允许当事人去影响证人作证，遑论帮助证人准备在法庭上的证词。'训练'证人可能置当事人于触犯干预司法的各种刑事犯罪的险境。"①

随着两大法系刑事诉讼制度的相互借鉴、融合，大陆法系国家亦逐渐接受了控方证人与辩方证人的区分。"实际上，将证人划分为控方证人和辩方证人，早已为包括我国在内的世界各国证据法学理论和司法实践所接受。"② 对证人的这一划分，有利于科学地设计诉讼程序，增强刑事诉讼控辩双方的对抗，便于查明案件事实。

二、辩方证人出庭作证之沿革

伯尔曼曾说过："如果没有一种对于过去的重新整合，那么，既不能回溯我们过去的足迹，也不能找到未来的指导路线。"③ 辩方证人出庭作证，经历了自由参与、限制参与到广泛参与这样一个否定式发展历程，清晰地反映出被告人从程序客体到程序主体、诉讼权利不断扩大的历史。考究辩方证人出庭作证的历史沿革，可以探寻其发展轨迹中蕴含的法律精神，梳理不同时期的得失经验，以为完善我国证人制度之殷鉴。

（一）古代弹劾式刑事诉讼时期

我们知道，在古代社会，刑事诉讼程序与民事诉讼程序并无多大区别。犯罪并不认为是对公共秩序的侵犯，而被视为对个人权利的侵害。与这种犯罪的私法性质观念相适应，各国基本上奉行弹劾式诉讼模式。诉讼的发动，往往由个人，通常由犯罪被害人提起。只有被害人的起诉（自诉），才能引致程序的开始。原、被告双方诉讼地位平等，对争执的事实须由当事人提出证明予以确

---

① ［美］米尔吉安·R. 达马斯卡：《比较法视野中的证据制度》，吴宏耀等译，中国人民公安大学出版社 2006 年版，第 111、193 页。

② 熊志海：《刑事证据研究》，法律出版社 2004 年版，第 170 页。

③ ［美］哈罗德·J. 伯尔曼：《法律与革命》，贺卫方等译，中国大百科全书出版社 1993 年版，序言第 5 页。

认（当事人举证责任）。不同于现代刑事程序的是，它不是由原告证明罪责，而是被告人必须证明其无罪。一般地说，原告要证明被告人有罪，必须提供两个或两个以上的证人。如古印度《摩奴法典》规定："当事人举证时应宣誓，通常三个证人即可证明事实的存在。"而被告人要证明自己无罪，必须提供数量更多的证人。"如果原告有一个证人，那么被告就要有两个证人来辩护，这就意味着被控告人须以比控告人起诉时多一倍的人来证明，那么控告人是 2 个、4 个、6 个的话，被控告人须有 4 个、8 个、12 个证人来反驳。"① 这种以证人多寡作为证言证明力衡量标准的"人海战术"，可谓荒谬至极。如果被告人无法提供证人，则必须诉诸神明裁判，以确定其是否有罪。"在英国和欧洲大陆，依据他人证词宣誓审判和神明裁判都是解决对被指控犯罪者有罪或无罪困惑的常用方法。"② 如公元 5 世纪的《萨利克法典》中第 1 项条款便是："倘若某人被指控，且确实没有证人为其开脱，则他需以汤釜来洗刷嫌疑。"7 世纪爱尔兰的一部法律文件规定，"在没有证人的情况下，应以汤釜为媒介或以抽签法来解决纠纷"。在俄罗斯法律中，热铁神判适用于被告人不能提出证人的杀人案件。③

（二）欧陆纠问式刑事诉讼时期

1215 年，当时在罗马召开的第四次拉特兰圣会宣布废除神明裁判，英国和欧洲大陆刑事司法程序的分道扬镳就此开始。英国最后采用陪审团审判，陪审团审判与自诉传统相结合建立了被称为"抗辩式"的诉讼程序。而在欧洲大陆，则采用了不同的路径，它们发展出包括刑讯在内的一套要求更为严格的调查手段，这就是所谓的"纠问制"程序。"到了 13 世纪，普通法系和大陆法系之间最根本的区别就已初见端倪；普通法已经显示出倚重外行司法而其官僚传统薄弱的鲜明特点，而大陆法系则已经开始选择由官僚控制法律的雏形。"④ 纠问程序的功绩在于使人们认识到追究犯罪并非受害人的私事，而是国家的职责。其严重错误则在于将追究犯罪的任务交给法官，从而使法官与当事人合为一体。⑤ 在纠问式程序下，被告人沦为程序客体，对其进行的诉讼程序甚至对其本人都予以保密，其辩护权基本上被牺牲殆尽。法官作为程序的主

---

① 何家弘主编：《证人制度研究》，人民法院出版社 2004 年版，第 35 页。

② ［美］爱伦·豪切斯泰勒·斯黛丽、南希·弗兰克：《美国刑事法院诉讼程序》，陈卫东、徐美君译，中国人民大学出版社 2002 年版，第 131 页。

③ ［英］罗伯特·巴特莱特：《中世纪神判》，徐昕等译，浙江人民出版社 2007 年版，第 42 页。

④ ［美］詹姆士·Q. 惠特曼：《合理怀疑的起源》，佀化强、李伟译，中国政法大学出版社 2012 年版，第 77 页。

⑤ ［德］拉德布鲁赫：《法学导论》，米健、朱林译，中国大百科全书出版社 1997 年版，第 121 页。

导者，可以主动追查事实，并可以采取一切必要的手段，以达到查明事实真相的诉讼结果。刑讯和欺骗是法官获取证据的两种重要方法。"在这样的程序下，被指控者证明自己无罪几乎不可能……被指控者既不被允许获得代表他利益的律师帮助，也不能提供支持他的证人。"① 法国在旧制度时期，法庭在进行最后讯问的过程中，被告人可以进一步作出辩解，可以援用证明其无罪的事实等；如果法庭允许被告人就这些事实提出证据，被告人应当当场向法庭告明证人的姓名。但法官可以命令实行拷打，即使在此之前已经进行过拷打，仍可再次实施。②

（三）英美对抗制刑事诉讼形成与发展时期

耐人寻味的是，英美对抗诉讼程序在形成过程中，居然也形成了禁止被告证人的制度。在英国，直到 16 世纪，被告人都不允许传唤证人，即使他们已经在法庭上并且准备作证。典型的例子如 1554 年思罗克莫顿案和 1590 年尤德尔案。在这两个案件中，证人已经到庭，并愿意作证，但法官都拒绝了被告人提出的由他们作证的要求。在一些案件中，尽管允许被告人传唤自己的证人，但是，控方证人比辩方证人仍然有两处优势：一是控方有权申请强制其证人出庭，而辩方则不能；二是因为控方的证人宣誓作证，具有更强的可信度；而被告人的证人作证时却不能宣誓。

为什么要禁止被告人的证人宣誓作证，原因不得而知。有的猜测允许被告人的证人宣誓作证冒犯了女王陛下，被视为是不适当的；有的则认为，这一规则纯属早期历史的遗迹，那时陪审团被认为是事实的唯一证人，他们尚未适应在审判中的新角色，即作为其他人提出证据的裁判者。后一种观点逐渐得到英国议会的认可和支持。③

禁止辩方证人宣誓作证的规则，从柯克时代起就饱受批评。柯克在《英国法总论》中认为这种禁止没有依据。在无君统治时期（1649—1660 年），黑尔委员会建议立法废止这一做法，但未果。在斯图亚特王朝晚期，发生了一系列著名叛逆案件，如 1678 年的"天主教阴谋"案、1683 年的"赖宅阴谋"案及 1685 年"蒙茅斯叛乱"案等，反动的统治阶级利用子虚乌有的伪证将无辜者（包括政治贵族）纷纷定罪并处决。在这些案件中，由于辩方证人不能宣

---

① ［美］爱伦·豪切斯泰勒·斯黛丽、南希·弗兰克：《美国刑事法院诉讼程序》，陈卫东、徐美君译，中国人民大学出版社 2002 年版，第 132 页。

② ［法］贝尔纳·布洛克：《法国刑事诉讼法》（第 21 版），罗结珍译，中国政法大学出版社 2009 年版，第 42 页。

③ Daniel Huff, witness for the fefense: The Compusory Process Clause As A Limit On Extraterritirial Criminal Jurisdiction, Texas Review of Law & Politics, Vol. 15, 2010, p. 133.

誓作证，因此他们的可信度比控方证人低。对这种司法不公的深恶痛绝，激起了光荣革命后一场捍卫被告权利的运动，从而催生了1689年《权利法案》以及1696年《叛逆罪审判法》。《叛逆罪审判法》力图使辩方与控方获得同等的地位，规定被告人有权让其证人宣誓作证。证人不愿出庭作证的，被告人可以申请法院强制其到庭。1702年法令允许重罪案件的辩方证人宣誓作证。1702年后，尽管辩方证人可以宣誓作证，但被告人依然不被允许，表面上是避免其为了替自己辩护而昧心伪证。这样一来，尽管刑事审判的核心目的是听取被告人陈述，但他却不能宣誓。这种状况在英国一直持续到1898年。①

美国独立后，国会于1791年发布的宪法第六修正案规定："在一切刑事诉讼中，被告享有下列权利：由犯罪行为发生地的州和地区的公正陪审团予以迅速而公开的审判，该地区应事先已由法律确定；得知被控告的性质和理由；同原告证人对质；以强制程序取得对其有利的证人；取得律师帮助为其辩护。"从而以宪法修正案的形式确认了被告人有权强制证人到庭作证的权利。

三、英美国家关于辩方证人出庭作证的理论与实务

不管英美法系还是大陆法系国家，在法庭审理过程中都要求证人出庭作证，接受法庭质证和各方的询问。即使对于辩方证人，被告方也有权传唤其出庭作证，这被视为被告人的一项基本权利。由于两大法系诉讼模式之间的差异，辩方证人出庭作证的有关规则并不一致。限于篇幅，本文主要介绍英美国家辩方证人出庭作证的有关理论与实务问题。

（一）辩方证人的传唤规则

在对抗式刑事诉讼模式中，被告人可以自始至终保持沉默，并且不会因此而受到不利推论。他也可以放弃沉默权，走上证人席作证。也就是说，被告人是一个适格的但不是可强迫的证人。但是，被告人不能作为控方证人，只能作为辩方证人。被告人除了自己作证外，还可以传唤己方的证人出庭作证。"普通法中相关性和实质性的理念使辩方律师有权传唤适格证人就被告人是否有罪出庭作证。"② 如果满足了这一条件，辩方甚至可以传唤审理的官员作证。关于警察证人，他们不仅是由控方专有，也可以应辩方要求提供一些满足相关性和具有证明价值这两个要素的无罪证据和反证证据。

由于证人属于控辩双方各自的证人，因此，传唤、保证证人到庭的责任主要由控、辩双方承担。控、辩双方可以自行传唤，也可以申请法院传唤。即使

---

① [美] 兰博约：《对抗式刑事审判的起源》，王志强译，复旦大学出版社2010年版，第34页。

② [英] 麦高伟、切斯特·米尔斯基：《陪审制与辩诉交易》，中国检察出版社2006年版，第147页。

控、辩双方申请而由法院进行的传唤也属于控、辩双方的证人。在实践中，法院主动传唤证人的情形十分少见。在英国，法院为了正义的目的，当然有权力传唤证人，然而，"法官传唤证人的权力应当保守地使用。无论如何，在皇家检察官已经决定不再继续控诉的案件中，法官不得传唤另外的控方证人。因为这么做实际上就是接管了控诉"。① 检察官有义务保证支持其指控的证人出庭作证，但他们不能仅仅满足于控诉者的角色，而必须保证司法的公正性。如果检察官知晓可以给出实质性证据的证人而他们自己不欲传唤他，他们负有责任使辩方可以获得该名证人。在英国，曾有这样一个案例：控方未能告诉辩方可以证明 H 的小汽车是停在道路左手边，而不是超越了中间的白线并与控方证人的汽车碰撞的证人，导致对 H 疏忽定罪被取消。②

（二）辩方证据、证人名单的披露规则

为了尽可能实现控辩之间的"平等武装"，确保被告人接受公正的审判，英美国家赋予了控方有将在他控制之下的证据向辩方披露的义务。控方披露的证据，既包括法庭指控所依赖的证据，也包括侦查阶段已经收集但没有作为指控被告人证据的材料。传统上，除了要求被告人必须披露不在犯罪现场的证据外，被告方并没有在审判前披露他们案件的义务。"传统的反对将辩方置于这样一项义务之下的论点认为它腐蚀了两条基本原则：控方有证明的责任，被指控者有权受不自证其罪的保护。如这种观点所说，一旦对辩方披露辩护意见施加任何的压力，那么实际上他就被迫填充了控方针对他的案件的不足。"③ 尽管有这些争论，为了防止辩方发动"突然袭击"，英美国家仍在不断强化辩方的证据披露义务。不过，辩方并没有披露在审判时不使用的材料的义务，辩方所披露的，是将要在审判时出示的证据以及将要出庭的证人名单等。主要包括：

第一，不在犯罪现场的证据与证人名单。1970 年，美国最高法院在威廉姆斯诉佛罗里达州的判例中，阐述了不在现场通知规定的合宪性。该案中，被告人已经完成了所要求的事项，把不在犯罪现场的证人的名字和地址通知给了控方；然后，控方对该证人进行了取证，并且当证人在法庭上作证时用取证的内容来反对不在犯罪现场的证言。最高法院明确要求，被告方应控方的需要，

---

① ［英］约翰·斯普莱克：《英国刑事诉讼程序》，徐美君等译，中国人民大学出版社 2006 年版，第 156 页。

② ［英］约翰·斯普莱克：《英国刑事诉讼程序》，徐美君等译，中国人民大学出版社 2006 年版，第 228 页。

③ ［英］约翰·斯普莱克：《英国刑事诉讼程序》，徐美君等译，中国人民大学出版社 2006 年版，第 181 页。

以书面的形式提前通知不在犯罪现场、说明犯罪发生期间他所在的特定地点而且提供不在犯罪现场的证人的名字和地址。作为回应，控方应当将反对不在犯罪现场的证人通知辩方。对违反此项证据展示义务的做法就是排除证人证言（除了辩方使用被告人自身的证言）。① 据说，不在犯罪现场的一些特点使其较其他辩护更为紧迫地需要提前告知。这些原因有：（1）不在犯罪现场是辩护的"屁股兜"，很容易在审判的最后几个小时内进行准备，因此更容易对控方造成突然袭击；（2）一个假的不在犯罪现场的辩护建立在第三方作伪证的基础上，如果允许控方有机会准备他们的证言，这种作伪证的念头很容易被打消；（3）不在犯罪现场的辩护需要由检察官做独立的调查，如果在审判前不能方便地进行调查，将经常导致诉讼延期的情况发生；（4）如果控方在审前调查过程中发现不在犯罪现场的证人并没有说谎，那么提前展示不在犯罪现场的辩护会引导控方消除指控。② 英国《1996年刑事诉讼和侦查法》第5（7）条规定："如果辩护陈述中含有不在现场的证据，被告人必须在陈述中提供不在现场的证据的细节，包括：（a）被告人相信能拿出证据支持不在现场证据的证人的姓名和住址，如果在提交陈述时被告人知道其姓名和住址的话；（b）被告人掌握的对发现这样的证人可能有实际帮助的任何信息，如果被告人提交陈述时不知道其姓名和住址的话。"辩方陈述必须在控方履行（或声称履行）了初步披露义务的14日内提交。如果辩方在披露义务中有缺陷，即有下列行为之一：（1）未能作出披露；（2）在法定期限之后进行披露；（3）在陈述中阐述了不一致的辩护；（4）在审判时提出与辩护陈述中不同的辩护；（5）在陈述中没有给出具体的情节，而在审判时举出犯罪时不在犯罪现场的证据；（6）在陈述中没有给出证人的细节，而在审判时传唤犯罪时不在现场的证人。符合任何一种情况，则辩方披露中的缺陷会被法院（或在法院准许下由当事人）评论，并且法院或陪审团可以从被指控者未能适当地披露的情形中得出推论。当然，在被指控者提出不同的辩护的情况下决定该如何处理时，法院应该考虑到辩护不同的范围以及对此是否存在正当的理由。无论如何，法院不可以根据上述情形中得出的推断而直接宣告被指控者有罪。

第二，其他证人名单与证人证言。在美国，大约一半的州授权法院指定辩方展示其在准备中提出的辩方证人的姓名和住址。但是，"被告没有义务列举任何成为辩方可能证人的人，特别是当辩护律师还没有对该证人进行提问确定

---

① ［美］伟恩·R.拉费尔等：《刑事诉讼法》（下册），卞建林等译，中国政法大学出版社2003年版，第1011页。

② ［美］伟恩·R.拉费尔等：《刑事诉讼法》（下册），卞建林等译，中国政法大学出版社2003年版，第1022页。

该证人能够提供有利的信息时尤为如此"。① 超过一半的州则要求，辩方须对包括在证人名单中证人的记录的陈述进行展示。一般地说，要求展示的证人陈述主要是会见人与证人会谈时所作的逐字逐句的、完整的会见记录。但是，一些州则要求将展示的范围扩展到对证人口头陈述的书面总结，会见人用自己的语言对会见情况所作的书面报告也需要展示。

对于辩方披露的证据，控方是否可以将之作为他们案件的一部分？换句话说，控方是否可以用辩方证据来指控犯罪？对此，英国刑事司法皇家委员会认为，不应当允许控方将由辩方披露的事项援引为其案件的一部分。因为，"允许这样的行为将对反对自证其罪特权构成严重的破坏，证明责任应当自始至终在检察官一方"。② 控方要想能使用辩方陈述，必须清除两个障碍：（1）他们必须表明陈述是被告人作出的；（2）他们必须为其采纳建立一条证据路径。

（三）辩方证人的"训练"与询问规则

由于证人分属于控方或辩方，因此，被告方有权对己方证人进行训练。"证据资源'属于'纠纷的一方当事人，（'他是我的证人！'）并以党派化的形式只被用以阐明对该当事人有利的信息。证人的演练、证据资源的其他党派式的使用通常不会导致对证据的怀疑。"③ 在美国，对证人的训练被认为是非常必要的。英国并不赞成"作证演练"；即便如此，直接询问前，事务律师不与证人会见的情形也非常少见。当然，对证人进行训练并不允许教唆其作伪证。

"在观念上，对抗制庭审中存在两个案件：一个是'控方案件'，另一个是'辩方案件'。"④ 相应地，庭审调查过程中针对每一项指控的举证都分为控方举证与辩方举证两个阶段：第一个阶段是控方举证，第二个阶段是辩方举证。辩方举证阶段，由辩方传唤辩方证人以交叉询问方式向法庭展示辩方的案件事实，并接受控方的质证。无论是控方还是辩方，都必须保证该证人的诚实性与可靠性。这是普通法的一项基本规则。"实际上，律师应为其传唤出庭之证人的诚实性或可靠性担保，尽管那些证人可能证明是怀有敌意的。反对质疑

---

① ［美］伟恩·R. 拉费尔等：《刑事诉讼法》（下册），卞建林等译，中国政法大学出版社 2003 年版，第 1024 页。

② ［英］约翰·斯普莱克：《英国刑事诉讼程序》，徐美君等译，中国人民大学出版社 2006 年版，第 183 页。

③ ［美］米尔吉安·R. 达马斯卡：《比较法视野中的证据制度》，吴宏耀等译，中国人民公安大学出版社 2006 年版，第 79 页。

④ 孙长永：《当事人主义刑事诉讼中的法庭调查程序评析》，载《政治与法律》2003 年第 3 期。

己方证人的规则正是从这古老的观念中产生出来的。"① 一般地说，控辩双方不能质疑本方的证人，以防止举证和诉讼秩序的混乱。但是，这一传统规则正在不断弱化，例外情形在不断增加。例外情形主要包括：（1）不情愿与该方当事人合作的证人；（2）对本方怀有敌意的证人（敌意证人，hostile witness）；（3）在法庭上由于记忆力下降而改变陈述的证人，等等。美国《联邦证据规则》第 607 条规定："关于证人的诚信问题，任何一方当事人，包括传唤该证人作证的当事人，都可以提出质疑。"质疑证人有五种方法：（1）反驳；（2）展示证人在诚实性方面存在不良品格；（3）展示证人的当前陈述与先前陈述不相一致；（4）展示证人存在偏见；（5）展示证人的感知、记忆或者表达能力存在的缺陷。② 另外，对本方证人的询问不得提出诱导性问题（反对诱导性问题规则），但是，对于敌意证人、在直接询问中作出意外回答的证人、理解能力有限的证人、记忆力已经竭尽但显然还掌握着额外的相关性信息的证人、专家证人等，辩护律师可以提出诱导性问题。

随着两大法系刑事诉讼制度的融合，大陆法系国家逐步认可了控方证人与辩方证人的区分。如法国，"证据的提交和法庭辩论，显然吸收了英美法系控辩双方各自提出证人，并对另方的证人进行交叉询问的做法"。③ 但与英美国家相比，大陆法系国家由于实行职权主义诉讼模式，因而法庭承担着重要的证据调查责任，不需要也不能依赖当事人主动提供证据。尽管被告人可以申请传唤证人，但法庭依职责传唤证人仍是主要方式。大陆法系国家并未设置专门的证据开示程序；当然，法官并不赞成试图较晚提出证据而搞证据突袭的做法，任何一方都不能期望通过提出不可预料的新证据来得分。即使是被告人申请传唤作证的证人，也不允许对其进行作证训练，因为这种行为违反了职业道德规范。在法庭上，控辩双方均可以询问证人（无论是控方证人还是辩方证人），并没有严格的规则。明确这些特点，对于构建适合我国国情的辩方证人出庭作证制度，具有重要的参考价值。

四、辩方证人出庭作证的制度建构

我国刑事诉讼法并没有对控方证人与辩方证人作出明确的区分。在理论上，所有的证人都属于法庭的证人，而不属于任何一方当事人。根据修改后的刑事诉讼法之规定，证人是否出庭都由法院决定（第 187 条），并且由法院负

---

① [美] 乔恩·R. 华尔兹：《刑事证据大全》（第二版），何家弘译，中国人民公安大学出版社 2004 年版，第 50 页。

② [美] 诺曼·M. 嘉兰等：《执法人员刑事证据教程》（第四版），但彦铮等译，中国检察出版社 2007 年版，第 159 页。

③ 《程味秋文集》，中国法制出版社 2001 年版，第 268 页。

责传唤（第 182 条第 3 款）。审判人员在开庭以前，可以召集公诉人、当事人和辩护人、诉讼代理人，对出庭证人名单等与审判相关的问题，了解情况、听取意见（第 182 条第 2 款）。辩护律师经证人或者其他有关单位和个人同意，可以向他们收集与本案有关的材料，可以申请法院通知证人出庭作证（第 41 条）。在法庭审理过程中，公诉人、当事人和辩护人、诉讼代理人经审判长许可，可以对证人发问（第 189 条）。当事人和辩护人、诉讼代理人有权申请新的证人到庭（第 192 条）。证人证言必须在法庭上经过公诉人、被害人和被告人、辩护人双方质证并且查实以后，才能作为定案的根据（第 59 条）。此外，最高人民法院《关于适用〈中华人民共和国刑事诉讼法〉的解释》（以下简称《解释》）、《人民检察院刑事诉讼规则（试行）》（以下简称《规则》）也对证人传唤、证人出庭、证人询问、证人保护等问题作出了具体明确的规定。

新刑事诉讼法实施以来，辩方申请证人出庭作证的情况日益增多。法庭对辩方证人出庭作证的态度，也正在悄然发生改变。之前，法院对辩方证人出庭一般不热情，不支持。在对一个基层法院的调研中，某法官就直截了当地说，本来有些律师提出传召证人的申请，但我们一般不批准；多拒绝他几次，他自己就知趣了，就不提申请了。① 如今，法庭为鼓励证人出庭，一般会批准被告方申请证人出庭作证的请求。辩方证人，即使不属于被告一方，但其出庭作证的目的不言而喻：就是对被告人无罪、罪轻的事实作证。辩方证人出庭作证，导致法庭审判的不确定因素增加，检察机关指控犯罪的难度加大。如果辩方未事先告知公诉机关辩方证人的名单，而在法庭上发动"证据突袭"；如果辩方通过做"工作"，诱使控方证人在法庭上改变证言等，面对这些"突发事件"，法官、检察官应当如何应对？无论《解释》还是《规则》，都语焉不详，含糊其辞；有些规定仍然十分陈旧，难以适应庭审对抗性增强的需要。为此，有必要借鉴英美国家的有关经验，结合新刑事诉讼法的实施，构建适合我国国情的辩方证人出庭作证制度。龙宗智教授曾经指出："为保证必要的抗辩性，应通过制度和操作允许审判中建立控方证人和辩方证人的观念。"②

（一）完善辩方证人的传唤规则

目前，证人传唤一律由法院负责。新《刑事诉讼法》第 187 条规定，公诉人、当事人或者辩护人、诉讼代理人对证人证言有异议，且该证人证言对案件定罪量刑有重大影响，人民法院认为有必要的，证人应当出庭作证。《解释》第 51 条规定："辩护律师向证人或者有关单位、个人收集、调取与本案

---

① 康怀宇：《让我看到法律——刑辩律师的真实处境及其他》，载《律师与法制》2005 年第 1 期。
② 龙宗智：《刑事庭审制度研究》，中国政法大学出版社 2004 年版，第 314 页。

有关的证据材料，因证人或者有关单位、个人不同意，申请人民法院收集、调取，或者申请通知证人出庭作证，人民法院认为确有必要的，应当同意。"第203条亦规定："控辩双方申请证人出庭作证，出示证据，应当说明证据的名称、来源和拟证明的事实。法庭认为有必要的，应当准许；对方提出异议，认为有关证据与案件无关或者明显重复、不必要，法庭经审查异议成立的，可以不予准许。"实践中，证人出庭作证是否"有必要"是很难把握的，不同的法官有不同的认识。这种由法院垄断证人传唤权的做法，其弊端有二：一是加重了法院的工作负担；二是限制了被告方的程序参与权。特别是，法院一旦拒绝被告方传唤证人的申请，被告方几乎毫无救济途径。而法院如果拒绝被告方提出的关键证人出庭作证的申请，其后果是显而易见的：使其后的庭审流于形式，司法公正成为水中月、镜中花。典型的例子有：2009年5月16日，夏俊峰与妻子在摆摊时被城管查处，后与城管发生争执，持随身携带的尖刀将2名城管刺死，1名重伤。夏俊峰称自己被城管殴打在先，属于正当防卫，其辩护人也持同样的观点。夏俊峰家属找到6个证人证明其被打，均未被获准出庭作证。[①] 涉及如此重大的、人命关天的案件，法院无故拒绝辩方证人出庭作证，违反了基本的程序正义原则。这个案子虽然发生在新刑事诉讼法实施前，但足以能够说明上述道理。因此，有必要进一步完善传唤证人的责任分配机制。一是要对法院的传唤裁量权予以限制。被告方申请辩方证人出庭作证，法院认为"没有必要"而予以拒绝的，必须书面说明理由。被告方不服的，有权向上级法院申请复议，复议期间，法院不得对该案件进行审理；正在审理的，应当延期审理。二是赋予控辩双方自行传唤证人的权力。"法院从查明事实真相出发，固然有传唤证人的责任，控、辩双方也应当分配其传唤证人的责任。"[②] 这既是适应我国庭审诉讼结构吸收当事人主义因素以及保障控、辩双方适度对抗的需要，也有利于减轻法院的工作负担，解决我国法院在传唤证人上现有司法资源能力的不足。对于被告方提出的传唤证人出庭作证的申请，法院认为"没有必要"拒绝的，被告方既可以向上级法院申请复议，也可以直接传唤证人出庭作证，法院不得拒绝或者阻止。但是传唤证人的费用，原则上需要由被告方支付，这样可以限制被告方随意传唤证人，影响法庭审理的顺利推进。

（二）强化被告方的证据披露义务

新《刑事诉讼法》第40条规定："辩护人收集的有关犯罪嫌疑人不在犯罪现场、未达到刑事责任年龄、属于依法不负刑事责任的精神病人的证据，应

---

① 刘昌松：《公正的司法判决才能为对立情绪解套》，载《现代快报》2011年5月11日第A23版。

② 章礼明：《传唤证人责任的分配机制研究》，载《人民检察》2007年第19期。

当及时告知公安机关、人民检察院。"此即被告方的证据披露义务。"增加这一规定，主要是考虑，如果律师掌握了犯罪嫌疑人无罪的确实证据，却为了所谓辩护效果故意压住来搞'证据突袭'，既损害了其委托人的合法权益，不将其及时解脱出来，违反律师的职业要求，也不利于司法机关及时纠正错误，改变侦查方向，损害公正司法。"① 但本条规定还可以进一步细化。主要是，辩护人收集的证明被告人无罪（如不在犯罪现场）的证人陈述以及证人名单、住址、联系方式等，必须及时告知公安机关、检察机关。这样，便于检察机关对辩方证人进行复核，以作出正确的处理决定。何谓及时？应当是最快的时间内，而不得无故拖延。当然，作为回应，检察机关也应当及时披露有利于犯罪嫌疑人、被告人的证据与证人名单，以及不准备在法庭上出示的证据（特别是自行排除的非法证据），以便于辩方对案情有更加全面的了解，更好地做好辩护准备。

（三）强化庭前会议确定证人的功能

新《刑事诉讼法》第182条第2款规定："在开庭以前，审判人员可以召集公诉人、当事人和辩护人、诉讼代理人，对回避、出庭证人名单、非法证据排除等与审判相关的问题，了解情况，听取意见。"根据《解释》第184条的规定，召开庭前会议，审判人员可以就是否对出庭证人、鉴定人、有专门知识的人的名单有异议向控辩双方了解情况，听取意见。根据上述规定，庭前会议的一个重要功能，就是确定控辩双方出庭证人的名单。在庭前会议，控辩双方就出庭证人名单达成一致意见后，由审判人员予以确认。庭前会议确定的出庭证人名单，应当对控辩双方、法院均有拘束力。法院传唤证人，应以庭前会议确定的证人名单为依据。没有合理的理由，控辩双方都不得擅自变更证人名单。实践中，部分辩方证人名单并未进入庭前会议确定的证人名单之中，而辩护律师在开庭前或者开庭中要求该证人出庭作证。对于这种情况，法庭要认真进行审查，是否属于"新的证人"。确实属于新的证人的，可以决定延期审理，以给检察机关必要的准备时间。如果属于辩护律师庭前会议之前已经掌握，而在法庭审理过程中搞"证据突袭"的，法庭原则上不予准许。即使辩方证人出庭作证，法庭也可以依法排除该证人的证言，或者对被告人作出不利评价。

（四）借鉴交叉询问制度，完善询问证人规则

无论《解释》还是《规则》都规定，不得对证人进行"诱导性询问"。如《解释》第213条规定："向证人发问应当遵循以下规则：（一）发问的内

---

① 郎胜主编：《中华人民共和国刑事诉讼法修改与适用》，新华出版社2012年版，第100页。

容应当与本案事实有关；（二）不得以诱导方式发问……"《规则》第 438 条规定："讯问被告人、询问证人应当避免可能影响陈述或者证言客观真实的诱导性讯问、询问以及其他不当讯问、询问。辩护人对被告人或者证人进行诱导性询问以及其他不当询问可能影响陈述或者证言的客观真实的，公诉人可以要求审判长制止或者要求对该项陈述或者证言不予采纳。"我们认为，我国刑事诉讼法规定的证人询问，虽然不能称作典型的、严格意义上的交叉询问，但仍然可以从广义上界定为一种交叉询问。① 随着新刑事诉讼法的实施，交叉询问制度中的一些与现行庭审模式不冲突的有益因素已经在我国刑事诉讼法配套制度和司法实践中体现出来，如强制证人出庭、庭前准备会议中的证据开示、控辩双方积极对抗性地向法庭直接展示案情事实等。

借鉴交叉询问的制度设计，可将法庭询问阶段分为主询问、反询问、再主询问和再反询问，并确定不同询问阶段不同的询问目的。主询问的目的，是论证己方的诉讼主张；反询问的目的，则是揭露相对方不实的事实和证据，审查和澄清模糊的争点。主询问中不得进行诱导性询问理所当然；但是，反询问中，是否可以适用诱导性规则，值得研究。我们认为，对对方证人的询问，应当允许使用诱导性询问；证人翻证的，也应当允许使用诱导性询问。这样才能够更好地揭露对方证人证言中的矛盾点，帮助法庭去伪存真。此外，为了保证交叉询问的成功，还应当建立传闻证据规则、相关性规则、敌意证人规则等。

当然，我们也要注意防止交叉询问的过分当事人化，仍应强调法官在法庭调查中的主导作用。由于法官事前已经查阅了全部案卷材料，对案情已经熟悉。因此，交叉询问的目的，在于进一步揭示事实真相。法庭应当注意引导控辩双方围绕尚有疑问的事实和证据展开调查。这样才有利于发现事实真相，也有利于提高庭审效率。《解释》第 78 条第 2 款规定："证人当庭作出的证言与其庭前证言矛盾，证人能够作出合理解释，并有相关证据印证的，应当采信其庭审证言；不能作出合理解释，而其庭前证言有相关证据印证的，可以采信其庭前证言。"因此，证人庭前陈述与庭上证言不一致的，既可以将其视作传闻证据，也可以将之列为实质证据。究竟作为哪种证据，由法官根据庭审情况自由裁量。

（五）强化辩方证人的保护制度

尽管新刑事诉讼法进一步完善了证人保护制度，但仍然存在一些缺憾。特别是对辩方证人的法律保护有待强化，"不仅对控方证人要提供保护，对辩方

---

① 龙宗智：《刑事庭审制度研究》，中国政法大学出版社 2004 年版，第 305 页。

证人也要一视同仁地提供保护"。①控辩双方都可以在庭前接触己方证人，以为诉讼做准备；但不得进行"作证训练"，更不得诱使证人或者威胁证人改变证言，甚至提供伪证。辩护律师经控方证人同意，可以向他们收集与本案有关的材料。控方证人改变证言的，辩护律师应当及时告知检察官，以便于检察官进行复核。检察官也可以向辩方证人复核证据，但不得施加压力，阻止辩方证人出庭作证，或者诱使、威胁其改变证言。法庭上，控方证人翻证的，检察官可以进行反询问，可以引用庭前陈述进行反驳，以还原事实真相。证人涉嫌伪证除非有确凿证据，并造成严重后果，否则，检察官不得对证人展开调查，更不得对证人滥权追诉。

---

① 史洪举：《强制证人出庭 权利保护先行》，载《人民法院报》2013年2月3日第2版。

侦查人员的证人资格研究

陈寒融[*]

引言

长期以来，侦查人员是否应当出庭作证、该以何种身份出庭作证等问题都为学界和实务界广泛讨论，在新刑事诉讼法首次对侦查人员在非法证据排除中的出庭说明义务和为目击犯罪事实出庭作证义务作出规定的立法环境下，对这一问题再次进行思考，具有更深远的意义。在刑事诉讼法修改之前，虽然多有学者就"警察出庭作证"提出呼吁并结合国外相关立法例进行分析论证，也有少数城市就此展开试点，但收效甚微——在实践工作中，围绕侦查人员的许多不同层面的原因相互交杂，都会对侦查人员的出庭作证工作造成消极的影响甚至阻碍。但除了警检关系等涉及顶层制度设计的因素，仅从法律层面考虑，归根结底是对此事项明文规定以及配套规则的缺失，和在立法缺失、实践中又操作混乱的情况下立法者态度的模棱两可。作为一个基础概念，证人资格的有无作为某主体能否参与诉讼、以何种身份参与诉讼的界限和标准，在侦查人员出庭问题中是不容忽视的。要解决侦查人员出庭中的一系列困难与冲突，对其身份进行统一和明确是最重要的，而关键的着手点即是侦查人员的证人资格。

一、证人资格概述

"就事实知之最真最详者，莫若曾经见闻之人。"证人作为进入诉讼前的案件事实的最直观记录者，长久以来都对刑事案件的事实认定起着举足轻重的作用。证人证言自刑事诉讼产生之初就已存在，可谓人类历史上最源远流长的

---

* 西南政法大学刑事诉讼法学硕士研究生。

刑事证据模式。虽然时代变迁与社会发展让司法证明活动进入"科学证据"①模式，但证人证言依然作为常规性的证明手段，在各法系诉讼模式下普遍存在。

证人资格，是证人证言的基本构成要件，是判断一个主体能否作为证人的标准，是其取得"证人"这一诉讼身份所应具备的条件，因此证人资格也被称为证人适格性、证人能力或证人条件。证人资格意味着证人能够作证的最低要求，从证据基本特征的要求来看，刑事证人资格代表着证人证言这一证据形式的合法性要件，因此也有人认为"证人资格实质是证据资格（证据能力）的一种"②。进一步说，其也是最大限度保证证人证言客观性和关联性的必然要求。不具备证人资格之人所做的证言，不得据以为认定事实的证据——至少，不得称为证人证言这一法定证据形式。

一个明确的证人资格制度旨在解决的问题即是"什么样的人能够当证人"或"什么样的人不能够当证人"。因此，证人资格应当包括两方面的含义——积极方面，即证人资格的成就条件；消极方面，即证人资格的禁止性规定。无论是英美法系还是大陆法系国家，证人资格问题都是刑事诉讼体系中的首要问题，是证据法关于证人证言的重要内容之一。这些国家不仅对证人资格问题有着深厚的理论研究，并多数已经对其制度化并在现实司法活动中得以体现。在我国，虽然近十年来学界对证人资格问题在理论层面上进行过系统研究，但我国证人资格制度一直模糊抽象，关于刑事证人资格的立法规制甚至可谓空白，缺少可参照执行的实际价值。这直接或间接影响着我国司法实践中作证环节出现的一系列混乱。基于不同的社会背景、经济发展、宗教信仰的因素，对证人资格的理解和规定古今有别、中外不同。笔者将简要介绍当下主要国家关于证人资格的相关规定。

（一）英美法系关于证人资格的规定

在英美法系国家，证人这一概念伴随司法制度而产生，随着司法制度的变革和更替，其对证人资格的限定也显现出一个动态的、历史的演变过程。"举凡有色人种、当事人亲属、破产人、利害关系人、犯罪人、精神障碍人、儿童、无宗教信仰人，均不视其为证人"——在十六七世纪，无论是英国还是

---

① "科学证据"是运用具有可检验特征的普遍定理、规律和原理解释案件事实构成的变化发展及其内在联系的专家意见。其之所以应运而生，一方面是因为传统的人证认定方法不足以满足当代司法实践的需要；另一方面是当代科学技术的发展为事实认定提供了新的技术手段。何家弘教授曾说"科学证据的时代已经来临"，其标志是证明方法和手段由"人证"为主的证明向"科学证据"为主的证明的转变。

② 蔡羽琪：《美国刑事证人资格制度的借鉴》，载《法制与社会》2012 年 8 月刊（上）。

美国，对证人资格的限制都非常苛刻，基于身份和能力，某些类别的人被认为是法律不信任之人，因而被完全剔除在证人范围以外。但随着以证人证言为核心的对抗制庭审的发展，这类规定的弊端显露无疑。就如贝卡利亚在《论犯罪与刑罚》中针锋相对所言"一切有理智的人，也就是说，自己的思想具有一定的连贯性，其感觉同其他人相一致的人，都可以作为证人"。① 随着社会进步，证人资格的限制开始逐步放宽，年龄、宗教、利益关系等因素可能依然会成为法庭上裁判者用以评判和斟酌证人可信性和证言证明力的根据，但已经逐渐和证人资格的认定相脱离。19 世纪之后直到今日，英美法系国家中的证人范围变得愈加宽泛。以美国为例，美国《联邦证据规则》在第 601 条首先规定"除本规定有其他规定外，任何人都有资格作为证人"。该条款可以认为是美国法对证人资格的普遍性规定，其假定将证人资格赋予给每一个人，即承认任何人都有潜在的以证人身份作证的可能性，法律对此不予剥夺。而所谓"其他规定"，在第 601 条中也已经明确：第一，对待证事实没有亲身体验的人不能作为证人；第二，主持审判的法官不能在自己审判的案件中充当证人；第三，参加审理的陪审团成员不能在自己陪审的案件中充当证人。而第 602 条要求只有在有充足证据证明证人对待证事项亲身经历并知情的情形下才能作证；第 603 条则对证人宣誓和郑重陈述作出了规定。笔者认为，第 602 条和第 603 条实际上并非对证人资格的进一步限制，而是对证人资格进行判定的标准的规定，是对第 601 条的辅助性规定或者解释性规定。我们可以看出，基于英美法系中严格的传闻证据排除规则，在我们对证人这一身份的普遍认识基础上（即案件事实的直观记录者），以上规则实际上仅排除了主审法官和参审陪审团的证人资格。其他任何人包括当事人、鉴定人（专家证人）②、侦查人员（警察）③ 等，只要对案件事实有直接的了解，并了解真实陈述责任，都具有证人资格。值得注意的是，这里的法官和陪审团都是指特定的诉讼身份，而不是针对整个职业群体。英国也取消了之前对证人资格的诸多限制，现在的证人

---

① ［意］贝卡利亚：《论犯罪与刑罚》，黄风译，中国法制出版社 2005 年版，第 26 页。

② 英美法系中没有和我国"鉴定人"完全等同的概念，在我国，公安机关可以下设鉴定机构，故部分鉴定人同时具有鉴定人和侦查人员的身份，尤其在涉及人身伤害的刑事案件中，首次法医鉴定往往都由侦查机关的鉴定人员执行；在英美法系，一般已经实现了侦鉴分离和控鉴分离，鉴定以一种"三方协议"的模式交由签约的社会鉴定机构进行，法医鉴定必须交由完全独立于警察的验尸官或法医鉴定人来操作，鉴定人员以专家证人的身份对法庭作证。

③ 英美法系没有"侦查人员"这一概念，警察是一个独立的职业。而在我国，这两个概念也不是相互等同的，如检察机关自侦案件中负责侦办案件的检察工作人员是侦查人员，但并不是警察。笔者认为，在我国法律环境下，"侦查人员"是一个上位概念，而"警察"只是侦查人员中的一类。或者说，"警察"是一种固定的职业，而"侦查人员"才是一种诉讼法上的身份。

资格条件与美国没有实质性差异，美国的相关规定在英美法系国家中可以说是具有代表性的。

（二）大陆法系关于证人资格的规定

与英美法系国家相比，大陆法系国家在审判中更倾向于书面审理原则，对证据的分类更为精细，如德国刑事诉讼法将证据种类分为广义上的人证（Personalbeweis）和广义上的物证（Sachbeweis），人证包括证人和鉴定人所提供的陈述，物证包括书证和狭义物证。可见，大陆法系国家对证人的定义往往是狭义的，即专指向法庭陈述所知案件情况的第三人。在此范围内，基于大陆法系国家的自由心证主义的庭审方式，① 证人资格一般不受性别、年龄、职业、职务、信仰等因素的影响，可谓限制较少。如《意大利刑事诉讼法典》第 196 条规定："所有人具有作证的能力"；《法国刑事诉讼法典》第 101 条规定："预审法官应当通过执达员或警察代理人传唤任何他认为其证言有助于查明案情的人到庭作证"；《日本刑事诉讼法》第 143 条也规定："裁判所除本法有特别规定的某些场合，对任何人均可作为证人进行询问"。此处的"特别规定"也仅限于拒证权，并不涉及证人资格。在证人资格方面，大陆法系国家主要强调其"第三人"（与我国含义不同）的地位，即与具有其他诉讼参与人身份的人的分离。以德国法为例，其规定任何人都能成为证人，只要他能感知并且陈述这种感知，但他不能具有其他的诉讼身份，因而同案被告、审判法官、检察官、自诉人和辩护人不能作为证人参与相应案件。② 与上文在英美法系的叙述中一样，这些对象指的也是特定的诉讼身份，而不是职业群体，即没有哪一个职业被法律直接排除了证人资格。并且，在大陆法系国家，对于审判法官、检察官和律师，更强调证人优先原则的适用，即不是排除相应人的证人资格，而是在与证人身份冲突的其他诉讼身份方面采取回避。

（三）我国关于证人资格的规定

在上文笔者已经提到，我国对证人资格的规定抽象模糊，缺乏明确统一的规定。被学者普遍认为是我国证人资格规定的根据的有两个条文。《刑事诉讼法》第 60 条规定："凡是知道案件情况的人，都有作证的义务。生理上、精神上有缺陷或者年幼，不能辨别是非、不能正确表达的人，不能作证人。"参照对国外相关条文的解读，将该条文认为是我国对证人资格的普遍性规定无可厚非。需要注意的是，"生理上、精神上有缺陷或者年幼"不是对证人资格的

---

① 与英美法系的陪审制和辩论主义的诉讼体制不同，自由心证主义假定法官具有健全理智以及丰富的知识和经验，以此为前提条件，法官依其自由心证判断证据的证明力的可采性，不受法律形式的限制。

② 宋英辉、孙长永等主编：《外国刑事诉讼法》，北京大学出版社 2011 年版，第 298 页。

限制性条件，该表述应是对后述"不能辨别是非、不能正确表达"的指引性解释。

从该规定来看，我国并未对证人资格作出严格限制，其对证人资格的唯一限制在于"不能辨别是非、不能正确表达"，即当某一主体具有该特征时排除其证人资格，而没有排除某一群体以证人身份作证的潜在可能性。而最高人民法院《关于适用〈中华人民共和国刑事诉讼法〉的解释》（以下简称《高法解释》）第75条规定："处于明显醉酒、中毒或者麻醉等状态，不能正常感知或者正确表达的证人所提供的证言，不得作为证据使用。"该条文并未对证人资格作出进一步的限制，与美国《联邦证据规则》中的规定相似，该条款可谓是补充性条款，是对"不能辨别是非、不能正确表达"作出的解释。另外，由于我国并未严格采用传闻证据排除规则，对传来证据采有保留的接受态度，故证言内容是否为证人直接感知，依据《高法解释》第74条，其和年龄等因素一样并不作为证人资格的直接限制，而只是审查证据证明力和可采性时起到一定的参考作用。按照如上的分析思路，乍看之下，我国的证人资格制度似乎与国际立法方向趋同，也符合了两大法系的共同内容和发展趋势，即对证人资格采取宽泛认定的态度，以假定所有人都具有证人资格为基础，再由法律明文对个别主体予以排除。但从我国的实践来看，模棱两可的概括性条文和留有余地的补充性规定造成了证人资格认定的混乱局面，对侦查人员、鉴定人和专家辅助人等诉讼参与人是否应当出庭、以何种身份出庭等问题也出现了各执一词、各行其是的情况。其中尤以对侦查人员的出庭活动和出庭身份争议最大。

二、侦查人员的证人资格在比较法视野下的理论探析

（一）直接言词原则

1. 直接言词原则与大陆法系环境下的证人资格

直接言词原则是直接原则和言词原则的合称，是大陆法系国家在审判阶段适用的重要原则。其中，直接原则又称直接审理原则，是指法官、陪审员必须亲自接触案件的所有材料，在审判庭上审查证据，检验物证，让当事人、证人、鉴定人出庭并亲自听取他们的口头陈述，听取法庭辩论，然后据以对案件的实质问题作出裁判；言词原则又称言词审理原则、言词辩论原则或口证原则，是指法院审理案件，特别是当事人及其他诉讼参与人对诉讼材料的提出和进行辩论，要在法官面前以言词及口头形式进行，这样取得的材料，才能作为法院裁判的依据。① 直接言词原则约束每一个出庭的人员，基于该原则和检警一体化的诉讼模式，在大陆法系国家，警察可以以控方证人的身份出庭作证，

---

① 潘金贵主编：《证据法学》，法律出版社2013年版，第15页。

在法庭许可的情况下，辩护律师也可申请警察出庭作证。①《日本刑事诉讼法》第 143 条规定："法院，除本法有特别规定的以外，可以将任何人作为证人进行询问"；在德国，证人是在法官面前应陈述自己对案件事实之感受之人，但其不得为诉讼中不能担任证人角色之人，以致需要回避证人职务者。然而德国法对证人范围非常广泛，从总统乃至议员皆应作证，只是对场所有所限制；在法国，凡是法官认为了解情况的人，法官都可以听取他们的陈述，对此，没有任何处于年龄或亲属关系之原因而产生的限制；《新加坡警察法》第 4 条第 2 款也规定：（警察）出席任何刑事法庭。

完整的直接言词原则对侦查人员证人（警察证人）的存在有着必然的影响。在大陆法系，直接言词原则的严格贯彻与其一元制的法庭审判结构和法官单方主导的职权主义模式紧密相关。没有英美法系的强烈对抗色彩，大陆法系法官之审查认定证据乃至事实的过程更显主动和自由。虽然在客观上，对排斥传来证据的执着程度远不及英美法系，但大陆法系法庭的做法是选择最符合自身认知需要的方式或手段来调查证据，最重要的标准即是直接言词原则，具体而言则，是该原则的两个核心要素："亲自听取"和"口证形式"。从证人出庭作证这一角度来看待这一原则——需要作证的人员只有出庭，才能真正实现法官的"亲自听取"，也才能够真正保证该证据能以言词或口头即"口证形式"展现出来。因此，从大陆法系各国立法来看，直接言词原则的具体要求中，必不可少的一项即是在法庭审判过程中，所有提供言词证据的人必须出庭作证，其证词只有经过控辩双方的盘问质证，才具有法律效力。直接言词原则一般性禁止了以书面材料代替证人出庭，只有在极其特殊的情况下，证人无法出庭接受询问，法律允许其先前书面证言的使用，但往往对其效力有所限制。② 而进一步从侦查人员作证的角度来看；侦查人员作为对证据发现与收集工作全面负责的人员，不仅对证据审查过程中法庭的疑问有着高度发言权，而且对证据收集的程序性有着解释义务。以德国法和法国法为例，在"审检合院"的检法关系下，法官引导诉讼程序和检方指挥侦查可以说是最为显著的两个特征。警察作为检方的辅助机构，一方面，其听从检察官或预审法官的安排而活动，向其汇报、对其负责；另一方面，警察独立进行侦查和搜集证据的

---

① 李富成：《警察出庭作证论纲》，载《公安研究》2010 年第 1 期。
② 《德国刑事诉讼法》第 251 条规定了不能出庭的情况，包括证人已经死亡、发生精神病或居所不能查明，因患病、虚弱或其他不能排除的障碍，证人在较长时间或者不定时间内不能参加法庭审判……在这些情况下可以在庭上朗读其先前的证言笔录和其他陈述，作为案件证据。但如果只有被告人的有罪供述而没有其他证据予以佐证，不能通过宣读警察制作的诉讼案卷中的材料包括书面证言来证实案件。

工作，对相关事项有最高的掌握程度。法庭虽然是警察和检方提交的证据的审查者，但客观上对警察在证据了解上有着相当的依赖性。这种依赖性使得法庭要求其到庭作证成为必要，而直接言词原则又保障其成为必然。而侦查人员以何种身份出庭作证，并不被当作一个需要刻意探讨的话题，虽然基于大陆法系的证据法理论和实践对证人资格的大量限制，传统大陆法系各国并未广泛明确警察出庭的证人资格，但其出庭活动已经成为普遍存在和被普遍接受的常态，多数主流大陆法系国家并未将警察列入明文排除证人资格的诉讼身份范围。故警察以证人身份出庭作证，是忠于直接言词原则的、顺理成章的庭审表现；换言之，全面、完整的直接言词原则，毫无疑问能够成为大陆法系环境下警察证人资格的理论基础和依据。

2. 有限的直接言词原则与我国环境下的证人资格

在我国，虽然直接言词原则在理论研究和实务探讨中得到普遍的推崇和承认，但实际上立法并未明确规定直接言词原则，在司法实践中，该原则更是未得到有效的贯彻。书面证言的大量使用、证人出庭率低、卷宗裁判主义的盛行、二审不开庭审理、审委会讨论定案等现象或做法都是与直接言词原则相左的。在我国，直接言词原则主要体现在一审程序之中，且其中更多的是对直接原则的体现，即庭审中要求诉讼参与人在场、法官亲自调查和认定证据等；而言词原则仅主要表现在控辩双方的辩论环节。尽管修改后的《刑事诉讼法》确立了证人在一定情况下的"应当出庭作证"的义务和强制到庭措施，但从总体来看，不论是在立法规制方面，还是司法态度方面，我国对直接言词原则的接受和采纳都是相当有限的。而有限的直接言词原则作为一种有缺陷的审判原则运行起来，对证人出庭工作的负面影响是直接并且明显的，我国数十年在该方面止步不前的司法实践已经充分证明了这一点，在"案卷笔录中心主义"下，书面证言在刑事诉讼中几乎通行无忌，虽然《刑事诉讼法》第60条规定"凡是知道案件情况的人，都有作证的义务"，但法律并未规定这是向法庭作证的义务，证人在被询问的过程中形成证言笔录，似乎也成了"履行作证义务"的合理解释。而《刑事诉讼法》第190条规定，对未到庭的证人的证言笔录，应当当庭宣读。这更是对书面证言作为证据的更直观的肯定。这种不对书面证言作任何限制的立法，曾被龙宗智教授称为"中国作证制度之三大怪现状之一"①，其在立法上限制的缺乏、用途广泛，又具有极高证明力的特征，都表明了其在我国刑事诉讼领域难以动摇的重要地位。当直接言词原则被选择

---

① "三大怪现状"指：其一，证人向警察和检察官作证，却不向法庭作证；其二，证人不出庭，书面证言在庭审中通行；其三，警察不作证。参见龙宗智：《中国作证制度之三大怪现状评析》，载《中国律师》2001年第1期。

性地适用而不是严格地一以贯之，连普通证人尚可以书面这种间接的方式向法庭作证，在我国三机关联动、配合尤为密切的现实环境下，法庭需要侦查人员到庭接受直接询问以达到调查目的，更有如天方夜谭。我国不完善的程序规定给直接言词原则开了一道可以趁虚而入的口子，使得证人出庭作证不成为必要，在此基础上探讨侦查人员证人，更显得力不从心。

（二）传闻证据规则

1. 传闻证据规则与英美法系环境下的证人资格

人们经常引用威格摩尔的一段话来评价传闻证据排除规则："它是英美证据法上最具特色的规则，其受重视程度仅次于陪审制，是杰出的司法体制对人类诉讼程序的一大贡献。"[①] 在英美法系国家的立法或者判例中，没有规定直接言词原则，但确立了与之相似的传闻证据规则，该规则与直接言词原则之间存在许多不同，但两者都是基于共同的理念，即公正审判的要求和发现真实的需要。[②] 传闻证据是指用来证明主张事实的真相的庭外陈述，根据规则要排除适用。不论是"传闻言词"还是"传闻书面"，只要是证人在审判或听证外的陈述，如果要被用来证明陈述内容的真实性，则构成传闻证据而应当被排除适用。传闻排除规则能够产生和直接言词原则相同的效果，二者都一般性地排除了书面证言代替证人出庭的情况，除了法律明文规定的"传闻例外"，任何人都有可能以证人身份出席法庭，就其所了解的事实作出陈述。而传闻例外本身多为对不出庭的特殊情况予以规定，[③] 并未对任何类型的主体的证人资格予以直接的剥夺。英国司法界有名言称"警察是法庭的公仆"（Policeman is the public servant of the court），《加拿大皇家骑警作证规则》也有明文规定"皇家骑警只是法庭的证人，不支持公诉方，也不支持被告方"（You are court's witness. You do not support either the prosecution or the defense）。在更多的英美法系国家中，法律明文并没有刻意提及侦查人员（警察）是否以证人身份或应当以何种身份出庭作证，但在实践中要求其作为证人出庭是毫无争议的做法，其宣誓、接受询问和对质的程序和普通证人没有差别，并且，基于刑事案件有警察在侦查方面的介入的普遍性，警察证人在刑事案件中的出庭率相当可观。

传闻证据规则与侦查人员证人（警察证人）的存在也有着必然的联系。

---

① ［美］约翰·W. 斯特龙主编：《麦考密克论证据》，汤维建等译，中国政法大学出版社 2004 年版，第 479 页。转引自威格摩尔：《证据》，查德伯恩出版社 1974 年修订版，第 1364 节，第 28 页。

② 潘金贵主编：《证据法学》，法律出版社 2013 年版，第 15 页。

③ 以美国为例，《美国联邦证据规则》第 804 条对传闻例外进行了规定，第 804a 条首先明确证人不能出庭的常见情况，包括免征特权的行使、证人拒证、证人声称失忆、证人因死亡或疾病难以作证等；而第 804b 条则规定了以上情况下可以采纳的传闻证据种类，如法院主持的庭前听证记录、临终陈述、对己不利的先前陈述和关于个人和家族史的陈述等。

在理性主义证据制度①下，英美法中证据的表现形式具有多样性的特征，但今天统率英美证据法学的，仍是以口头形式为特征的"人证中心主义"。其基本含义就是对证据形式不作特殊要求，任何法律行为都可以用证人的形式加以证明。在人证中心主义下，证人与人证同构，证人的概念采用了广泛的形式，凡不在法律禁止之列的均具有证人资格。证明案件事实需要证人作证，而证人作证需要真实性保障，人证中心主义是传闻证据规则的制度基础，而传闻证据规则就是保障证言真实性的机制。具体而言，英美法系下证人证言的价值取决于感知能力、记忆力、语言表达能力、是否诚实等因素，在作证程序中采取了要求证人宣誓、亲自到庭和交叉询问的条件来对上述价值予以确保，而传闻证据规则则是进一步对以上三个条件的保证，缺少任何一个条件，都可能受到构成传闻证据的异议。② 区别于职权主义，英美法系庭审中控辩双方的对抗性特征格外显著。与大陆法系"法庭的证人"不同的是，在英美法系的事实裁判程序中，证人在两极对抗的竞技环境中明显具有更强的倾向性，即控方证人和辩方证人针锋相对，没有"中立"的立场，各自服务于双方当事人，其整个作证活动以最大限度地挖掘其战术价值——促使己方胜诉的方式而运行。③ 在传闻证据规则的限制下，证人不出庭作证，原则上该项证据就被排除了可采性；而仅就侦查人员证人来说，在英美法系国家，除了法官、陪审团、控方检察官、被告人及其辩护律师和证人以外，没有设置其他的诉讼身份（甚至鉴定人都未与证人分离），因此根本不存在警察是否具有证人资格之争，警察出庭作证与普通证人无异，其接受法庭的传唤、宣誓和严格的交叉询问，否则就可能受到藐视法庭的指控。大多数情况下，警察作为控方的证人，为接出警、现场勘查、抓捕罪犯、提取证据等情况作证，若其不能到庭，削弱的便是控方证据的强度，并最终影响着整个指控的力度和庭审的胜败。直接言词原则促使侦查人员证人存在，其主要原因是基于法官依职权调查证据的需要；而传闻证据规则对侦查人员证人存在必要性的主要影响，是在于侦查人员不出庭作证将导

---

① 神明裁判的终结为英美法历史中的理性司法证明方式扫清了障碍，而对抗制审判制度更是使得理性主义的证据法学得以繁荣昌盛，理性主义传统在英美法系国家可谓主流，并源远流长。理性主义传统的核心信条是：诉讼法的主要目的是在裁判中达到"裁决公正"（rectitude of decision），即法律正确适用于证明为真的事实。该目的的实现，是通过理性方式对事实真相的追求。虽然书证作为理性的稳定的证据表现方式，也曾一度被追崇，然而书面审理所造成的诉讼活力减退和诉讼机能萎缩等弊端，使得"书证中心主义"逐渐退为历史陈迹。

② ［美］约翰·W. 斯特龙主编：《麦考密克论证据》，汤维建等译，中国政法大学出版社2004年版，第481页。

③ ［美］米尔吉安·R. 达马斯卡：《比较法视野中的证据制度》，吴宏耀、魏晓娜等译，中国人民公安大学出版社2006年版，第257页。

致控方相关证据的排除,并直接影响指控罪名的成立与否。严格的传闻证据规则,应该认为是支撑了英美法系环境下警察证人资格的理论基础。

2. 相对的"传闻证据规则"与我国环境下的证人资格

在我国,无论是在司法理念还是立法实践上都从未确立传闻证据规则,甚至可以说,该规则在我国法律环境下是完全不存在的。我国证据学理分类下,与原始证据相对应的是"传来证据",即间接来源于案件事实、经过复制、转抄等中间环节辗转而形成的证据,因其由原始证据衍生而来,故又可称为二手资料或派生证据。与传闻证据不同的是,我国的传来证据与原始证据同样具有证据资格,在原始证据缺失的情况下,传来证据也可以独立作为定案根据使用。并且,传来证据并不像传闻证据一样以"庭审内外"作为判断的界限,证人不出庭作证,其证言的证据属性并不会因以书面方式呈递而改变,若根据其内容应属于原始证据的,其书面证言也依然是原始证据。而对侦查人员来说,更有一种可以肆意横行的万能文书"情况说明"可以无节制地使用,虽然笔者认为这类文书本质上甚至不具有证据资格,在实践中的运用完全是一种不合理的证据越位,但仅从形式上来看,这类文书可以说具有"传闻"的性质。对于这些材料,我国立法并没有明文规定和限制,也正因如此,其使用范围和频率都有进一步扩大的趋势,而对于其效力,不论是在审查起诉还是审判环节,司法官员都对倾向于对其深信不疑并照单全收。尽管修改后的刑事诉讼法规定了一定情形下侦查人员应当出庭,但在更多时候,一纸情况说明就"免除"了侦查人员的作证义务,不得不说这对侦查人员证人身份的确定增加了极大的阻力。尽管基于间接性和依赖性,我国对传来证据在证明力方面有所限制,即在同等情况下要逊于原始证据,但传来证据呈现出普遍采纳的状态,确是不可否认的事实。对比以排除适用为原则,以采纳为例外的严格的传闻证据规则,我国司法或许反映了对其思想价值的适度参考,但还相去甚远,笔者暂时将其勉强称为相对的"传闻证据规则"。虽然相对的"传闻证据规则"并不是导致我国侦查人员证人地位尴尬的直接原因,但在有限的直接言词原则已经为书面证言的适用广开门路的情形下,侦查人员可以不受传闻证据规则约束,通过"情况说明"等书面材料来履行证明义务,在此环境下讨论侦查人员的证人资格,以及在此基础上的侦查人员证人出庭责任,不免有点勉强。

三、侦查人员证人资格在现行法环境下的学理证明

关于证人资格,我国立法中就仅有寥寥数语,更未对侦查人员证人资格作出直接、明确的规定。关于侦查人员证人资格的理论基础和立法者意图等,只能试图从与其有关的其他条文中窥探。与侦查人员证人资格紧密相关的另一论题是"侦查人员出庭作证",也是长期以来我国刑事司法实践中的未决难题和刑事诉讼法修改期间的热议话题。新刑事诉讼法中涉及侦查人员出庭的最直接和最主要的条款是第 57 条第 2 款和第 187 条第 2 款，虽然该二项条款是否可以真正被理解为侦查人员出庭作证的法律依据还有待考究，但这次修法所做的增加和改动确实可以称为侦查人员出庭作证问题上的一次重要飞跃。

新《刑事诉讼法》第 57 条第 2 款规定："现有证据材料不能证明证据收集的合法性的，人民检察院可以提请人民法院通知有关侦查人员或者其他人员出庭说明情况；人民法院可以通知有关侦查人员出庭说明情况。有关侦查人员或者其他人员也可以要求出庭说明情况。经人民法院通知，有关人员应当出庭。"该条款确实已经对"侦查人员出庭"以义务的方式作出了规定，但也仅限于"侦查人员出庭"而已，即该条款对侦查人员出庭活动的性质并没有明确，而是采用了语意不明的"说明情况"一词，其是否具有"作证"的性质，在学界和实务界依旧众说纷纭，存在较大争议。而新《刑事诉讼法》第 187 条第 2 款规定："人民警察就其执行职务时目击的犯罪情况作为证人出庭，适用前款规定。""前款规定"是指新刑事诉讼法对证人出庭义务的规定。该条款规定了警察在执行职务时目击犯罪的情况下的出庭作证义务，并对其证人身份作出了确认，这确实是在侦查人员出庭作证方面的重要进步。另外，根据新《刑事诉讼法》第 187 条第 3 款、《公安机关办理刑事案件程序规定》第 247 条和《人民检察院刑事诉讼规则（试行）》（以下简称《高检规则》）第 449 条的规定，部分鉴定人和侦查笔录制作人也属于侦查人员出庭的范围。①

（一）从证人概念出发，侦查人员理应具有证人资格

笔者在上文已对证人概念和证人资格略作阐述，并简要介绍了两大法系和我国对证人概念及证人资格的相关态度和立法规定。在我国立法下，除了《刑事诉讼法》第 60 条和《高法解释》第 75 条以外，没有其他对证人资格明确加以限制的条文。但无论是《刑事诉讼法》第 60 条的普遍性规定还是《高法解释》第 75 条的补充性规定，都表明我国排除证人资格只有"不能辨别是非、不能正确表达"这唯一实质性条件。即只有因为这一客观条件以致不能达到理想作证效果的人，才不具证人资格。

---

① 新《刑事诉讼法》第 187 条第 3 款规定："公诉人、当事人或者辩护人、诉讼代理人对鉴定意见有异议，人民法院认为鉴定人有必要出庭的，鉴定人应当出庭作证。"《公安机关办理刑事案件程序规定》第 247 条规定："公诉人、当事人或者辩护人、诉讼代理人对鉴定意见有异议，经人民法院依法通知，公安机关鉴定人应当出庭作证。"《人民检察院刑事诉讼规则（试行）》第 449 条规定，对于搜查、查封、扣押、冻结、勘验、检查、辨认、侦查实验等侦查活动中形成的笔录存在争议，需要负责侦查的人员以及见证人出庭陈述有关情况的，公诉人可以建议合议庭通知其出庭。

1. 狭义证人概念不应成为否定侦查人员证人资格的理由

英美法系采用了广义的证人概念，包括诉讼当事人、鉴定人和勘验检查人在内的人等都可作为证人；而大陆法系则采用了狭义的证人概念，证人仅指了解案件事实情况的第三人。我国在这方面与大陆法系之规定相近。虽然我国规定"凡是知道案件情况的人，都有作证的义务"，但同时又将"证人证言"与"犯罪嫌疑人供述与辩解"、"被害人陈述"、"鉴定意见"、"勘验检查笔录"等分列，作为不同的证据种类。这表明我国实际采用狭义的证人概念。换言之，我国的证人仅指"证人证言"所对应之"证人"，而不包括其他"知道案件情况的人"。许多人以此作为侦查人员不能进入证人范围的理由，但如此理解所存在的最大的问题在于对"第三人"的误读。正如笔者上文所提，大陆法系强调其第三人的地位与具有其他诉讼参与人身份的人的分离，而庭审中心模式下，警察并不被认为是这类可能发生身份冲突的诉讼参与人；但我国基于"诉讼阶段论"的三机关分工、协力的诉讼模式，侦查人员被理所应当地划入"诉讼参与人"的行列。因此，狭义证人概念不但不能成为否定侦查人员证人资格的理由，反而肯定和包含了这一含义；因为采纳大陆法系的狭义证人概念，又不考虑我国的现实状况而予以盲目代入而造成的错误理解，得出以上否定侦查人员证人资格的结论，这明显是不科学的。另外，我国以列举的方式规定了八种法定证据种类，其目的更多的是为实践中的某类证据材料确认合法形式，而并不在于强调证据种类间的界限。犯罪嫌疑人、被害人和鉴定人对案件事实作出陈述的行为也具有作证的属性，因其所作的陈述已经有相对应的法定证据种类，而不将其与"证人"混为一谈，但这不意味着剥夺其他具有作证可能性的诉讼参与人的证人资格，否则就是对证人范围的人为缩小。

2. 侦查人员证人资格的确定符合我国证人概念的定义

笔者认为，"证人"不包括犯罪嫌疑人、被害人这两类当事人，不包括鉴定人、勘验检查人员这两类诉讼参与人，是因为法律已对其对应证据种类作出了规定，但"证人"的定义绝不能局限于错误解读的"第三人"，即将所有的诉讼参与人都一律予以排除。作证活动是对证据客观性、关联性和合法性的完整统一的体现，是对实体法事实和程序法事实的完整统一的证明，笔者认为，在我国法律环境下，作为证明主体的证人的狭义概念即是了解案件事实情况，并能就证据或事实方面提交首次陈述的诉讼参与人。这也就理所应当地排除了同为诉讼当事人的法官和公诉人具备证人资格的可能性——公诉人是证据的审查者和事实的推定、构建者；法官是证据的采纳者和事实的最终认定者，二者均不是证据的陈述者，在时间上也不可能处于"首次"的序位。这也在一定程度上解决了部分学者对调整证人概念可能导致证人范围过分扩大的担忧。

而侦查人员能够作为证人，有其可能性和必要性，也符合上述概念的要求。首先，不同于法官和公诉人，侦查人员虽然属于诉讼参与人，但即使在出庭的情况下也并非固有的庭审角色，即其原本就不具有与证人身份客观相冲突的庭审身份；另外，侦查人员是除被害人和传统目击证人以外唯一可能近距离接触犯罪嫌疑人并得出专业认识的诉讼参与人，同时也是最主要的讯问工作承担者，活跃于最容易出现刑讯逼供的诉讼阶段，因而成为证据合法性最主要的责任主体。无论是目击犯罪事实还是涉及刑讯逼供，侦查人员都是直观感受者，是提交"首次陈述"的潜在者，这意味着侦查人员有条件也有义务在刑事诉讼中，充当法庭需要其充当的证明角色。值得一提的是，证人不局限于"第三人"的另一层含义则是主张"证人仅能就诉讼之前的案件情况作证"是片面的。过去，许多教材在区分证人和鉴定人采用"时间说"，强调证人的"案前了解"犯罪事实和鉴定人的"案后了解"犯罪事实，由此往往建立起证人仅能就诉讼之前的案件情况作证的误区，而实际上从证人的概念和法律对证人证言的规定来看，并无此意。这也就避免了该误区将部分侦查人员划入"诉讼后知晓案件事实"的行列，并以此否定其证人资格。

（二）从证据能力出发，侦查人员理应具有证人资格

证据能力是证据材料在诉讼中能够作为证据采用的能力和资格，即证据材料在法律上允许采用的能力，因此在英美法系往往称为证据的可采性（admissibility of evidence），而我国的证据理论通常将证据能力表现为证据的合法性，即审查诉讼中所提交的证据是否具备证据能力取决于其是否合乎法律的规定。[①] 作为证据基本特征——客观性、关联性和合法性中的首要特征和唯一的形式要件，合法性代表着证据的程序属性，强调证据的来源、形式、收集和认定的合法化，是证据能否立足于诉讼领域的第一标准，是客观性和关联性得以发挥作用的基础保障。而我国法律对证据能力的具体规定，概括起来则主要有两个方面：一是法定证据种类，二是法定取证手段。在审查一份证据是否具备证据能力时，即是从这两方面是否合法来进行审查。

1. 侦查人员证人资格对证据能力的直接决定作用

侦查人员为目击犯罪事实作证的情形已经由新《刑事诉讼法》第 187 条第 2 款所规定，侦查人员在该情形下以证人身份作证，即侦查人员在该情形下的证人资格也为立法者所承认。以此为前提，这一作证结果最终以证据的形式被予以固定，则该份证据的法定证据种类应为证人证言，这毋庸置疑。而反过来思考，侦查人员的证人资格，是该份证据材料存在的基础条件。正因为相关

---

① 潘金贵主编：《证据法学》，法律出版社 2013 年版，第 42—43 页。

侦查人员具有证人资格，其针对执行职务过程中亲历的犯罪事实所做的回忆和陈述才得以形成相应的"证人证言"并以此形态保存、继而使用；如果否定了侦查人员的证人资格，也就否定了这一证据作为证人证言的资格，而其又不具备其他法定证据种类的特征，则进一步被否定了得以在诉讼中使用的证据能力，这一证据的适格性也就荡然无存。因此，侦查人员的证人资格，是其为目击犯罪事实作证的结果符合法定证据种类的直接原因；从这个角度来看，侦查人员理应具有证人资格，侦查人员的证人资格，是对目击犯罪事实相关证据的证据能力的有无，起直接决定作用的因素。

2. 侦查人员证人资格对证据能力的辅助证明作用

而在《刑事诉讼法》第 57 条第 2 款所规定的侦查人员出庭证明取证合法性的情形下，该份证据的证据种类则不单一为证人证言，其具体属于法定证据种类中的哪一类，由其自身产生或被制作时的证据种类所决定。虽然并不排除正是由于不具备法定证据形式而导致该证据面临合法性的质疑，但一般情况下，进入非法证据排除程序的证据本身已经明确了自己独立的法定证据种类。在该情形下，侦查人员的证人资格并不能通过直接确定证据种类合法的方式来明确这一证据的证据能力，即侦查人员是否具备证人资格，并不是相关证据具备证据能力的决定性因素。但对于一个合法性已经受质疑的证据，其证据能力能否得到预期中的保留，则需要作为取证主体的侦查人员进行证明。诚然，证明的方式有很多种，即使是一直为学界所诟病的由侦查机关出具"情况说明"，也必须承认其是证明方式的一种。但在众多证明方式中，选择一种最直观、最公正、最有效的方式是理所应当的——在立法并没有明确规定书面"情况说明"可以随时作为非法证据排除程序中的证明方式的情况下，通过取证的双方的当面对质和当庭询问，是解决相关证据合法性问题的最佳途径。而这一活动的主体，在传统庭审中表现为证人这一角色。否定侦查人员的证人资格，即是否定了探寻取证合法性的最理性方式，采用其他证明方式，并不能对相关证据的证据能力起到更稳定的证明作用。因此，明确侦查人员的证人资格，是在确定证据种类合法的基础上，进一步确定其取证过程合法的辅助证明方式，最终都是为了明确相关证据的证据能力的有无。

（三）从身份双重性出发，侦查人员理应具有证人资格

1. 身份双重性不是对回避规定和证人优先原则的违反

有部分反对确立侦查人员证人身份的观点认为这是对回避规定和证人优先原则的违反。关于回避，我国《刑事诉讼法》第 28 条规定："审判人员、检察人员、侦查人员有下列情形之一的，应当自行回避……担任过本案的证人、鉴定人、辩护人、诉讼代理人的。"由该规定来看，"曾担任过本案证人的侦

查人员应适用回避，实际上否定了承担侦查任务的侦查人员作为本案证人的资格"。① 笔者认为，这一认识并不妥当，是对回避相关规定的错误解读，是对其与证人优先原则之内在联系的混淆。

证人优先原则也可称为证人不可替代原则，其强调证人的身份是由其对案件情况的感知在客观上与案件之间形成了相应的证明关系所决定，该不可替代性意味着证人不能由办案人员随意指定和更换，也就进一步决定了"审判、检察、侦查人员如果在非执行职务中了解案情，就不应当担任本案的工作，而应当作为证人参加诉讼"。② 对于从事侦查职业的人员来说，目击犯罪事实存在两种可能：一是在私人时间目击犯罪，二是在执行职务过程中目击犯罪，二者区别的关键点在于其是否具有"侦查人员"这一身份。在"非执行职务中"了解案情，意味着该人员在案件发生时并不具备侦查人员这一身份，其接触案件时和传统的、普通的目击证人无异。在这种情况下，该人员优先取得了证人的身份，因此不应当在未来程序中担任本案的侦查工作，这一过程即为法律意义上的回避的适用。这是所谓"证人优先原则"中"优先"一词的真实含义，即任何人只要优先取得了证人资格，就必须放弃其潜在的其他诉讼身份，证人身份的优先性是绝对的。这也是回避制度存在的理论基础，回避制度是实践中证人优先原则的具体体现，是为其服务的。因此，《刑事诉讼法》第 28 条关于回避的条款所解决的，不是侦查人员能否当证人的问题，而是当过证人的人能否当侦查人员的问题。③ 因此，"担任本案的侦查人员不能同时作为本案的证人，如果侦查人员承担侦查任务同时就侦查过程的情况到庭作证，就违反法律规定，造成角色冲突，该冲突直接构成侦查人员出庭作证的法律限制"。④ 这明显是对该条文内在联系的错误解读。法律基于证人优先原则规定了回避制度，否认了具有证人身份的人担任侦查人员的可能性，但这不意味着法律也否认了具有侦查人员身份的人担任证人的可能性。本文所讨论的侦查人员是在接触案件和开始了解案件时就已经具有侦查人员身份的人，不是《刑事诉讼法》第 28 条的规制对象。相反的，正因为目击证人证言兼具原始证据和直接证据的特征，对定罪量刑影响甚大，基于证人的不可替代性，才更不应当剥夺侦查人员的证人资格。因此，侦查人员同时具有证人的身份，并没有违反回避规定，也没有违反证人优先性原则，反而是对证人优先性原则的落实和贯彻。

---

① 郝宏奎：《警察出庭作证若干基本问题探讨》，载《浙江公安高等专科学校学报》2004 年第 2 期。

② 徐静村主编：《刑事诉讼法学》，法律出版社 2011 年版，第 116 页。

③ 顾永忠：《侦查人员出庭作证的法律依据辨析》，载《法学家》2009 年第 6 期。

④ 徐永胜：《警察作证的障碍分析及对策研究》，载《武汉公安干部学院学报》2008 年第 3 期。

2. 身份双重性不是证言可信度缺失的理由

有学者曾分析:"警察首先抵达犯罪现场,目击被害人之惨死,不免对被告产生深恶痛绝之情绪,是其所为之侦查,皆以不利于被告之着想,而不注意有利于被告证据之搜索。""警察之陈述殆属不利于被告,鲜有作有利于被告之陈述。""事实上警察之陈述所以必为不利于被告,原与其所从事之职务有关。"① 侦查人员作为"大控方"一员的职务身份往往成为反对其作为证人出庭作证的理由,认为侦查人员基于其职务性,无法客观地对案件事实作出陈述,若其同时具有侦查人员和证人这双重身份,其"证言"必然带有浓厚的控诉成分,不利于犯罪嫌疑人权利的保障。但实际上,这一观点是对证人身份地位的一种误解。我们要求并默认证人的陈述是客观的,但实质上,证人这一身份本身就是具有党派性的,即证人证言具有各自的倾向,控方证人证言倾向于认定犯罪嫌疑人有罪,而辩方证人证言则正好相反;证人所了解的案件事实对更符合哪一方的主张,其就成为哪一方的证人。而侦查人员基于其职务身份和打击犯罪的职责,有更高概率了解到对犯罪嫌疑人不利的情况是符合客观实际的,因此其往往应该作为控方的证人作证,这与证人的党派性也是完全符合的。可以说,证人的党派性是证人的基本属性之一,仅主观推测证人可能存在党派倾向性,就事前限制其出庭作证是毫无根据的。证人证言是否可信、可信的程度有多少,应当通过控辩双方的质证询问来解决,不经过法庭调查就直接否认其可信度,势必不利于案件真实的发现。② 因此,侦查人员天然的党派性不是其身份双重性的障碍,更不能成为其所提供的证言缺乏可信度的理由。

3. 身份双重性是出庭侦查人员首要特征和内在要求

根据新《刑事诉讼法》第 57 条第 2 款和第 187 条第 2 款的规定,侦查人员对执行职务过程中目击的犯罪事实和涉及非法取证的事项负有出庭的义务。若明确侦查人员的证人资格,就意味着出庭作证的侦查人员同时具有"侦查人员"和"证人"两个诉讼身份;而正确理解该身份的双重性,又正是在我国立法背景下明确侦查人员证人资格的认识基础,更是侦查人员出庭作证制度进一步改革的前提。这两个诉讼身份并不是绝对冲突和绝对分离的,这一身份的双重性应当被认为是出庭侦查人员最主要的一个特征,是该职务和执行该诉讼活动的内在要求。

首先,侦查人员身份是证人身份的前提条件和基础。在新《刑事诉讼法》第 57 条第 2 款规定的情形下,侦查人员基于该身份侦办案件,参与案件的侦

① 蔡墩铭:《审判心理学》,台北水牛出版社 1986 年版,第 339—340 页。
② 汪建成:《警察作证制度的理论推演与实证分析》,载《政法论坛》2003 年 8 月刊。

查取证过程，因而就具备了为关于证据收集合法性作证的潜在可能性，而其取证期间的具体行为方式的合法与否，就是决定该可能性是否实现的关键；在新《刑事诉讼法》第187条第2款规定的情形下，侦查人员基于该特殊职务身份参与案件，在其接到任务、执行职务之初，就具备了与案件甚至犯罪嫌疑人发生最直接的接触的高度可能性，也就是日后需要就该事实作证的潜在可能性。在不讨论"作为普通证人目击犯罪"的情况下，即在侦查人员出庭作证的最主要的两种情形中，不论是为证明证据收集合法性，还是证明执行职务过程中目击的犯罪事实，甚至包括侦查笔录制作人因笔录争议出庭的情况在内，如果不具备侦查人员的身份，该人员就不会参与该案件，不会与案件事实的认定产生任何关联，换言之，也就不存在为该案件的任何情况作证的潜在可能性。所以说，侦查人员的身份为证人身份的取得提供了基础，是其前提条件。

相对的，证人身份是侦查行为的结果体现和对该结果的支持。虽然不能称之为"必然结果"，但该结果的发生即证人身份的取得，是具有高度盖然性的。不论是为证明证据收集合法性，还是为证明目击的犯罪事实，抑或是证明侦查笔录的可采纳性，"出庭作证"都是对侦查行为来说可预期的合理结果——既然以侦查人员身份进行了取证或笔录制作，就有保证该过程或该行为符合法律规定的义务，进而就有该过程或该行为被质疑时的证明责任，这也符合"行为—义务—责任"的认识模式；而目击证人证言不仅是原始证据，也往往可能是涉及犯罪是否成立的直接证据，在任何案件中都是屈指可数的重要证据，故目击证人出庭之必要性无须赘述。对任何目击证人而言均如此，其中当然也应包括了以惩罚犯罪、保障人权为目的的侦查人员，更因为该目击证据是其以侦查人员的身份、在执行侦查职务过程中所获得的，作证活动也是对侦查工作结果的交待，出庭作证的目的无非是更加良好地实现作证效果，甚至达到效果最大化。因此，这从侦查人员的职务身份和追诉犯罪的职能来看，也是内在的要求。

就侦查人员证人资格进行国内法环境下的学理分析和证明时，笔者依照现行法的规定，将分析对象确定为"出庭侦查人员"，但从我国的司法现状出发，在仅有义务性规定又未予规定不出庭相关的法律后果和配套措施①的情况

---

① 新《刑事诉讼法》第188条对强制证人出庭作出了规定，却没有在该条款中再次提及"人民警察"或"侦查人员"，对应当出庭为目击犯罪事实作证的警察可否采取强制出庭的方式，也引发了学界和实务界的热切讨论。笔者相信立法者的原意是保守的，即否认对警察可以采取强制到庭的措施，否则应当在第188条中对其明文规定，或采取不设置第187条第2款，而在第188条后增加"人民警察就其执行职务时目击的犯罪情况作为证人出庭，按照证人的有关规定"这样总揽式的表述方式。而如此立法的目的，涉及我国顶层制度设计、刑事诉讼模式和公安司法部门间的权力平衡等各方面的因素。

下，侦查人员出庭可预见地不容乐观。就如刑事诉讼法修改前的证人出庭作证的义务性规定一样，往往难以得到落实。但即使在新刑事诉讼法对强制证人出庭作出规定的情况下，我国也没有就证人出庭作出严格的普适性要求，承认和允许证人的不出庭作证，是符合我国司法现实的。因此在很长一段时间内，侦查人员不出庭的现象会广泛存在，因此脱离司法现实、仅在理论层面上讨论"出庭侦查人员"又是片面和缺乏实践意义的。如果要确立侦查人员的证人资格，则该证人资格应该覆盖整个作证行为，即包含出庭状态的口头作证和不出庭状态下的书面作证。目前，不出庭的证人以询问笔录的方式固定其证言，即传统意义上的书面证言；而不出庭的侦查人员则频繁出具"情况说明"等这类不具证据资格的书面材料。基于不出庭现象以及随其衍生的证据问题更多并非涉及学理层面而是司法实践，笔者将在下部分对其作出阐述。

（四）从诉讼地位出发，侦查人员理应具有证人资格

1. 侦查人员不具法定庭审身份

首先，从我国刑事诉讼结构来看，属于吸收了"正三角结构"和"倒三角结构"部分特征的"线性结构"，即在本质上，我国刑事诉讼仍是一种由国家司法机关一方和被告人一方组成的"双方组合"，诉讼活动的基本内容是司法机关积极地推动司法活动，侦、诉、审三机关虽然职能不同，但目标一致、彼此协作，[①] 这一点在我国"三机关分工负责、互相配合，互相制约"的原则中得到了确认。因而在我国刑事诉讼的阶段性尤其明显，侦、诉、审三阶段分别由三机关主导负责，虽然阶段交接或倒流使得机关之间存在诸多交涉，但整体上算是泾渭分明，每一阶段的工作重心和目标都指向明确。检察机关一方面基于法律监督的职责，另一方面作为承上启下的审查起诉者，与其他两部门的交集稍多，但对公安机关和审判机关这两个处于头尾阶段的机关来说，在彼此负责的阶段内应该是互不逾越的。进一步从整个诉讼参与的角度来看，公安机关、检察机关和审判机关都属于国家机关，但从职能角度上来看，只有检察机关和审判机关才作为刑事诉讼主体承担诉讼基本职能。虽然侦查人员为指控犯罪而收集证据，呈现出与公诉人目标一致的"大控方"色彩，但公安机关行使侦查权，只是控诉职能的辅助职能。[②] 最后，综合上述制度基础从庭审结构的角度来看，常态化的庭审主要由控、辩、审三方组成，另外还有证人、鉴定人等其他起辅助作用的人参与。从上文的诉讼结构和职能分析可以看出，立案侦查阶段是侦查人员证据准备的时期，那么审查起诉阶段就是侦查人员等待证

---

① 徐静村主编：《刑事诉讼法学》，法律出版社 2011 年版，第 43 页。
② 徐静村主编：《刑事诉讼法学》，法律出版社 2011 年版，第 45 页。

据审核的时期，检察院向法院正式提起公诉，意味着对侦查工作的肯定，原则上也意味着一个刑事案件的侦查工作的真正结束（除非启动了法院审理过程中的补充侦查程序），至此，作为控方指控被告人行为的任务已经全部转移到公诉人身上；而我们之所以将侦查机关作为"大控方"的组成部分，是因为其侦查行为是指控的辅助行为，是因为对犯罪分子的最初的指控是由侦查机关提起的。因此，庭审意义上的控方，仅有检察机关一个。换言之，侦查机关是庭审之外的"控方"成员，侦查机关并不在庭审结构中占据一席之地——侦查人员也就不具备法定的庭审身份。

因此，侦查人员这一身份，是一个置于整个刑事诉讼程序视野中而存在的诉讼身份，其始于立案侦查阶段的开端，止于审查起诉阶段的结束，也就不可能成为也没有必要刻意将其设置为一个独立的庭审主体，这无论是在两大法系其他主流国家还是我国，都是一致的。"侦查人员"是一个审前身份，那么，在审前环节以侦查人员身份参与案件的司法人员，在审判环节应该以何种身份参与庭审，就成为必须解决的问题。笔者认为应当确定侦查人员的证人资格，不仅因为"证人"已经是庭审中一个既定的、必要的角色，而且以这个身份所进行的活动与侦查人员作证所涉及的主要内容相符合，让侦查人员以证人身份出庭作证，足够满足法庭对其作证的需要，也能够合理解决其含混不清的作证地位问题。

2. 侦查人员对控方证据负有最初解释义务，且无最终决定权

最终呈现于法庭之上的控方证据，绝大多数来自侦查机关移交审查起诉之前的收集。一次刑事诉讼，仅从证据的角度来看，侦查阶段是侦查人员收集和整理证据的过程，审查起诉阶段是公诉人员审查和核对证据的过程，而审判阶段是审判人员认定和运用证据的过程。侦查机关作为整个刑事诉讼过程的启动者和法律调整队伍里的最先了解者，是控方证据尤其是不利于犯罪嫌疑人的证据的质量的保证者。虽然一个案件的证据状况本身具有相当的客观性，但后期用于提起公诉和作出裁决的证据的数量及其证据水平很大程度取决于侦查机关的提供水平，这是不争的事实。可以说，侦查人员收集和提交证据的程度，影响甚至决定了公诉人指控犯罪的力度和法官对定罪量刑的判断。虽然公诉人才是对被告人的直接指控者，并且要对侦查人员移交的证据进行审查和分析并最终提交至法庭，但仅从证据层面分析，公诉人和审判人员一样都是对证据的审查者和在此基础上针对定罪量刑的推理分析者，公诉人即使按照法律规定对事实认定负有直接的证明责任，但仅就对控方证据解释义务的行使能力来看，其也只是基于证据审查工作的"第二解释者"。只有侦查人员是真正意义上提交控方证据的主体，因此对控方证据在侦查结束后的任何阶段所面临的证明问题

负有最初最原始的解释义务，根据最佳证据规则和对所提请证据负责的原则，侦查人员作为证人亲自参与法庭调查和辩论，是确保最佳证明效果的合理途径。侦查人员基于该诉讼地位特征而需取得证人资格的必要性，由此也得到证实。

而从对控方证据的运用的决定权来看，公诉人对移交审查起诉的案件的证据进行审查，并有权作出是否以其为支撑而提起公诉的决定；而审判人员作为罪与罚的裁断者，对控方证据所构建的指控事实是否成立以及法律后果有着最终的决定权。而侦查人员可以决定是否移交审查起诉，但该行为本质上是对证据的提交行为，而不是对证据的运用，作为证据的提请者，侦查人员自始至终处于等待检阅的状态，对于证据的运用程度和运用结果即诉讼的走向没有任何决定权。因此即使处于国家机关的主动追诉地位，即使作为"大控方"的组成部分，侦查阶段一结束，侦查人员就进入一种被动负责的状态，直至诉讼结束。区别于在程序上有积极主导权的公诉人和审判人员，侦查人员基于其诉讼地位特征而产生的这一状态决定了其不存在自证自裁的风险，其与普通刑事证人一样，在庭审中是为证明活动而提供服务的辅助者，这也就赋予了该角度下侦查人员取得证人资格的合理性。

四、我国现行法环境下侦查人员证人资格的明确与施行

（一）制度层面——构建侦查人员证人出庭作证的良好背景环境

1. 在证明结构上往"审判中心"进一步靠拢

上文简单提到过，在我国，刑事诉讼的阶段性尤为明显，以时间和各机关的诉讼功能为节点，一审判决作出前的侦查、审查起诉和审判三个阶段相互衔接又相对分离，在理念上强调明确分工，强调相互制约，少有偏重。而审判作为刑事诉讼的决定性环节，是整个刑事诉讼的重心，为各大法系主流国家所公认，但在我国的立法和司法实践中未有体现。在证据方面，书面证言中心主义得以多年盛行、侦查人员敢于频频提交不在证据之列的"情况说明"，与我国始终未将审判环节置于正确的高度不无关系——在"诉讼阶段论"深入人心的前提下，没有建立审判中心的意识，反而取而代之以一定程度的侦查中心，就是我国的现实状况。这不仅意味着侦查活动对审判结果的直接影响，而且意味着审判结果对侦查活动的高度依赖，不论是公诉人还是审判人员，证据的审查者对侦查人员这一证据提交者有着近乎天然的高度信任，相信他们可以全面客观、可以准确无误、可以文明合法——尽管这种信任可能只是形式上的，但这种信任所造成的后果却是实质上的，试想：在这样侦查本位的环境下，连侦查人员所提交的其他证据都显得"毋庸置疑"，因其自身提供的证言或程序性行为而需要对法庭尽解释义务的"必要性"又有多少？侦查人员逾越至能够

主导诉讼结果的"司法官员"之位，却"屈身"以证人身份接受法庭之上的质疑和询问的可能性又有多少呢？在这样的前提下，审判不是运用证据的决定性环节，而是对侦查环节已获证据的一种程序性确认。

尽管，随着新刑事诉讼法的生效与执行和近年来司法理念的不断调整和改革，这种司法被侦查"绑架"的现象缓解甚多，但真正的审判中心在我国仍然尚未建立。将刑事审判划分为审前阶段和审判阶段，审前阶段应被定义为一种"审判准备阶段"，侦查人员的证据收集和公诉人员的证据审查都是在承担审判准备的职能。虽然英美法系和大陆法系在诉讼模式上有本质的区别，但英美法系基于当事人主义而强调以庭审对抗为中心；大陆法系基于职权主义而强调法官审理为中心，如此看来不论是哪个法系，都确立了以庭审为中心、以审判为本位的证明结构。而以此为前提，侦查都被置于服务于审判的辅助地位，侦查人员作为控方证据的提请者，进而作为控方证人参与庭审，则是与其身份地位完全匹配的做法。

因此，在充分认识侦查人员证人资格的必要性和可行性的基础上，立足于我国的现状，以此为目标有针对性地尽量创造一个与之相适应的司法环境，是当务之急。从上文的论述来看，侦查人员的证人身份需要一个在形式和实质上相统一的审判优位背景、一个相对理想的"审判中心"证明结构，虽然这显然不可能一蹴而就，但作为宏观层面上的制度基础，这是必要的要求，是合理的预期。先在法律工作者尤其是侦查部门中理顺侦查与审判的关系，准确定位侦查工作的辅助性质，才能进一步将这个观念普及至其他诉讼参与人乃至社会公众。仅宏观地说，强调审判阶段的核心地位、在审前阶段和审判阶段中作出有所偏重的调整，并不意味着对侦查工作本身重要性的否认，也不意味着对侦查工作必要功能性的削弱，而是强调在价值认识上对审判的偏重和对侦查本位的批驳——毕竟，价值偏向决定政策偏向和规则偏向；同时，强调侦查工作作为控诉职能上的辅助职能，反而也是对其功能性的一种重视。而从微观层面来看能够促进证明结构往"审判中心"进一步靠拢的具体措施，新刑事诉讼法在证人出庭、庭前会议等很多细节程序上作出的修改都表明，审判的核心地位在逐渐凸显，以侦查机关和审判机关为着手点，笔者的建议将在下文进一步阐述。

2. 在出庭观念上明确侦查人员"出庭作证"的行为性质

（1）"出庭说明情况"——与侦查人员证人资格相冲突的认识缺陷。侦查人员的证人资格受到争议和质疑，与我国对侦查人员出庭这一活动的性质模棱两可的界定不无关系。在新《刑事诉讼法》第 187 条第 2 款，立法者使用了"人民警察……出庭作证"的字眼，由此至少可以窥见立法者对于侦查人员为目击犯罪事实"作证"的肯定态度，这也意味着侦查人员在此情况下的证人资格得以明确；而根据第57条第2款的规定，侦查人员为证明取证合法性应"出庭说明情况"，但"出庭说明情况"是一种何性质的活动，立法者未作解释。有关非法证据排除的相关条文为本次修法所新增，新增内容几乎沿用了此前颁布的《关于办理刑事案件排除非法证据若干问题的规定》（以下简称《非法证据排除规定》）中的内容。有趣的是，《非法证据排除规定》里就该问题全数采用"出庭作证"的表述，但在新刑事诉讼法中一律变为了"出庭说明情况"。① 这一怪相——在新《刑事诉讼法》第187条第2款已经能够采用明确表述的情况下，笔者很难认为这不是立法者的有意为之——在这似是而非的用语中，立法者虽然没有正面明确该活动的性质，但也表明了其不认为该活动为"作证"活动的态度。即立法者之所以采用"出庭说明情况"的表述，是基于侦查人员证明取证合法性的出庭活动不具有"作证"性质这一认识，是对侦查人员"出庭作证"的统一活动性质的刻意回避；同时，这也意味着对该情况下侦查人员证人资格的否定，即立法者不认同侦查人员在证明取证合法性时可以作为证人参与刑事庭审——"说明情况"是一个职权色彩浓厚的词汇，这说明在立法者的认识中，更倾向于将需要出庭证明取证合法性的侦查人员的定位为一种"司法工作人员"的身份，而非"证人"的身份。

尽管"出庭说明情况"仅是一个条文上的规定，但其所反映出的不仅是立法层面上的问题，而是立法者在理念上、认识上的缺陷。根据笔者的采访，相当部分的实务人员也认为"出庭说明情况"并非作证，原因在于取证合法性问题出现在诉讼成立后的侦查阶段而非案件发生的诉前阶段，其争议的是单纯的侦查人员操作问题，而不是案件事实，因此也就不能称为"作证"。这是对证明对象认识的狭隘和偏差所造成的误区，笔者将在下文分析。在笔者看来，无论从法理还是实践角度都有充足的理由来明确侦查人员出庭作证的活动性质及其证人资格，因此，立法者之所以一分为二地来看待侦查人员的出庭活动、人为地割裂"出庭作证"这一统一完整的庭审行为，更多的是基于对侦查本位尚未改善等一系列现实制度问题的一种妥协，是针对侦查人员作为证人出庭接受质询的现实操作难度而制定的对策。但法律本应是具有前瞻性的，立法者以"出庭说明情况"来绕开当下制度观念的纠结与分歧，看似以中庸之道解决问题，但实际上也反映出其在对侦查人员证人的存在必要性和必然性认

---

① 《关于办理刑事案件排除非法证据若干问题的规定》第7条规定："经审查，法庭对被告人审判前供述取得的合法性有疑问的，公诉人应当向法庭提供讯问笔录、原始的讯问过程录音录像或者其他证据，提请法庭通知讯问时其他在场人员或者其他证人出庭作证，仍不能排除刑讯逼供嫌疑的，提请法庭通知讯问人员出庭作证，对该供述取得的合法性予以证明……"

识尚浅的事实。笔者认为，只要该条款下的出庭活动的定位悬而未决，这就是一种典型的难以自圆其说的"制度先行"，这一方面意味着我国侦查人员出庭机制始终没能完整地建立；另一方面该制度在未来的实践中必然会由于法律依据的不稳定而面临操作上更多的矛盾。

（2）"出庭作证"——侦查人员出庭证明活动的本质归属。"出庭说明情况"这一用词，从表面上的规则层面来看是不严谨的，从更深入的制度层面来看更是与现阶段的理念转变方向格格不入。而仅从"出庭作证"的方面看，该表述完全可以涵盖目前法律所规定的、需要侦查人员出庭进行证明的两个事项，侦查人员的出庭活动，是完全可以明确的作证行为，对此笔者可以从刑事证据的两个特性的角度来简要分析。

从刑事证据的基本特征来看，侦查人员出庭的两个事项，都和我国刑事证据所应具备的"三性"有着微妙的联系。侦查人员为目击犯罪事实作证，是对其视觉、听觉等感官所记录的案件事实的呈现的过程。该情况下出庭的条件，是其目击的犯罪事实对案件有重大影响并存在争议——"有重大影响"意味着该证据与案件事实有着较强的关联性，而"存在争议"则意味着该证据的客观性可能有待商榷。简言之，侦查人员出庭的证明对象是案件相关证据的客观性和关联性，这一环节是证明该证据期待中的证明力和检方关于定罪量刑的法律建议能否实现的关键环节。而在侦查人员证明取证合法性的情况下，其出庭的目的是证明侦查阶段的取证手段和取证过程符合法律规定，以维护和确保该证据继续在庭审中有效使用的资格——换言之，即是为了保证证据的形式要件"合法性"的成立，保证该证据的证据能力。而在该条款下出庭的条件，概括而言即是证据的合法性受到了质疑。简言之，该条款下侦查人员出庭的证明对象是案件相关证据的合法性，这一环节是证明相关证据的证据能力有无的关键环节。而从刑事证据的证明对象来看，侦查人员就目击犯罪事实作证，其目的与效果都在于证明案件的实体法事实。其是对犯罪客观要件的再现，也是对犯罪主体和客体的确认，虽然难以单独有力地证明被告人的犯罪主观要件，但多可以从侧面反映并辅助证明。另外，执行职务过程中所目击的，往往还包括被告人是否逃跑、是否抵抗、是否使用暴力等涉及自首、坦白等法定量刑情节和认罪态度是否良好等酌定量刑情节的重要犯罪事实，还包括被告人是否具有正当防卫、紧急避险甚至是依法行使职权等的排除行为违法性的事实。而侦查人员为证明取证合法性出庭，其目的和效果都在于证明案件的程序法事实。许多实务人员将"案件事实"默认为"实体法事实"，因此产生了上文提及的"证明取证合法性不属于作证"的观点。的确，证据收集合法性问题出现在侦查阶段，与案件其他当事人没有关联，侦查人员为此出庭也并非能够直接对案件实体事实起到证明作用，但这不能成为将其排除在证明对象之外的理由。因为在一场完整的刑事庭审中，除了实体法事实以外，还有程序法事实需要证明，而侦查人员为证明证据收集合法性而出庭，正是为了完成对出现争议的程序法事实的证明。完成这一证明活动，是对刑事诉讼证明对象完整性的确保。

在逐步构建审判中心主义的过程中，尽快取消"出庭说明情况"，明确侦查人员"出庭作证"的活动性质，树立起侦查人员出庭作证的正确观念，既是对侦查人员证人资格在理论上的有力支撑，也是在实践中为侦查人员证人出庭排除阻碍，提高可操作性的制度基础。

3. 在庭审互动中强化双向对质，强调质证实效

质证原则在刑事诉讼中的重要性在任何一个国家都毋庸置疑。我国在两个条款当中确立了初步的质证原则，《死刑案件证据规定》第 4 条"经过当庭出示、辨认、质证等法定调查程序查证属实的证据，才能作为定罪量刑的根据"和修改后的《刑事诉讼法》第 59 条"证人证言必须在法庭上经公诉人、被害人和被告人、辩护人双方质证并且查实以后，才能作为定案的依据"。之所以说"初步"，是因为不论在立法还是司法上，我国所奉行的并不是完整意义上的质证原则。质证，在当事人主义诉讼模式中处于核心地位，其原貌即是强调二人同时在场，面对面进行质问，这既是查明事实的一种方法，又涉及当事人的基本权利。因此，质证原则是对直接言词和交叉询问的充分运用，它不是形式上的法庭调查手段，而强调的是在对质双方的"矛盾"中找寻"统一"即争议事实的真相的这一证明过程。在我国，质证往往被解释为在审判过程中包含讯问、询问、对质、辨认、说明、解释等方法的整个法庭调查过程，[①] 其中也以讯问等由法官主持的单向性质的质证手段为常态，而双向互动的对质方式在现实庭审中却鲜有尝试。这种倾向性明显淡化了质证活动的实效性，仅从侦查人员作证的角度来看，法庭对控方证据的疑问，侦查人员完全可以通过其他"非面对"的替代方式来完成质证。虽然，在我国的质证环境下，这并不是侦查人员作证单独存在的问题，而是所有证人作证都普遍存在的问题，但侦查人员基于指控身份的特殊性和侦查中心环境所造成的不当优越感，使得针对其的对质工作更是举步维艰。这是侦查人员不具有刑事证人资格的结果，但也进一步造成了侦查人员以证人身份作证的阻碍。

在当前由法官进行单向质证的基础上，强化双向对质以促进质证的实效性，是在制度和理念上值得尝试的改革。侦查人员基于提供指控证据的辅助控

① 冯承远：《新刑事诉讼法证据制度解读与适用》，中国检察出版社 2012 年版，第 21 页。

诉职能质疑被告人及其辩方证人，而被告人及其辩护人基于天然的自我保护意识也最有动力和理由对指向他的最不利证据进行争辩；同时，侦查人员还是潜在地可能对被告人实施过刑讯逼供等非法取证行为的主体，从调查取证合法性的角度来看，相较于由侦查人员单方提供存在失实可能性的书面材料或录像资料，由可能的该行为的施方和受方进行当面对质，是取得最佳质证效果的最直观方式。一次充分的对质，是"证据战"的关键展示环节，使得在争议证据方面控辩双方必然有所胜负，是一个在效果上此消彼长的活动，这正是通过审判得出裁决所必需的过程。笔者建议以立法的方式将对质活动变成一个常态化的庭审环节，所谓常态化，即是以必经对质环节为原则，而在案情简单、证据确凿的情况下存在例外。秉承循序渐进的改革思路，在现阶段我们在司法上至少应先保证出庭证人的对质活动，这也与修改后的刑事诉讼法中强调的证人出庭作证的相关规定的精神相吻合；在此基础上，在同样是修改后的刑事诉讼法新增的关于侦查人员作证的两种情况下参照出庭证人的做法，强化侦查人员与被告人之间的对质活动。这一方面是在保障人权的角度上给予被告人与公权力平等抗衡的机会，另一方面也是通过对控方证据提出更高要求来保障和提升控方证据质量。

（二）规则层面——建立侦查人员证人相关工作机制

1. 建立侦查人员证人资格审查工作机制

无论是普通证人还是侦查人员证人，法院在确定证人名单时，都需对相关证人资格进行审查和确认。根据前文的介绍，我国没有实质意义上的直接限制证人资格的规定，证人是否具有作证的资格，关键审查其对犯罪事实的感知与否以及感知程度，对目击证人更是注重其对案件事实的亲历性。既然作为证人中的特殊种类，侦查人员证人与普通刑事证人相比所具有的特殊性就决定了对侦查人员证人的资格审查也存在区别于普通证人的特殊注意事项，主要有以下两点。

（1）审查待证事实与限定作证范围的关系。区别于普通刑事证人，侦查人员证人的作证范围是有所限制的，从目前的立法来看只有两类：一是针对执行职务过程中的目击犯罪事实；二是针对被启动了非法证据排除程序而需作出解释的控方证据。侦查人员需要以该特殊身份证明的事项受以上范围的限制，换言之，侦查人员仅就证明以上两类事实而获得证人身份。侦查人员作为控方证据的收集和提请者，对案件细节的掌握程度可能较普通证人要高，这是客观存在的事实。将侦查人员的证人资格，限制在"必须"或"仅能"由相关侦查人员作证的待证事实范围内，是注重刑事诉讼比例原则的体现。法庭在审查并决定侦查人员证人资格时，应充分考虑待证事实是否属于法律规定的两类仅能由侦查人员作证的范围。具体而言，"执行职务过程中目击的犯罪事实"，主要将涉及犯罪嫌疑人是否有抗拒抓捕、销赃毁证、逃匿等从重评价情节或是否有自动投案、全力施救等从轻评价情节，这类对罪名认定、罪名转化以及最终的量刑有重大影响的、针对性极强的待证事实，可以由执行当次职务的侦查人员予以证实，并只能由该特定的侦查人员予以证实。在此情况下赋予特定侦查人员以证人身份作证的资格，符合立法的原意。而对于普通的、存在其他目击群众的待证事实，同等情况下限制侦查人员的证人资格、尽量使用传统证人作证，则是法庭在审查并决定证人名单时应注意的。

（2）审查侦查人员职务与待证事实之间的联系。无论是为证明目击犯罪事实还是取证合法性，侦查人员证人的作证行为都是基于其职务性质的先行为而产生的，即没有侦查人员的职务身份、没有当次的职务行为，该公民与该刑事案件原则上就不会发生关联，也就不存在以侦查人员证人的身份就相关事实作证这一后续活动。因此，侦查人员的职务身份和职务行为是与侦查人员证人资格的成立与否息息相关的因素，是一个前提性的要求。具体而言，在证明执行职务过程中的目击犯罪事实时，应当要求侦查人员提供其警务身份证明、当天当次的出警记录等辅助证明材料，证明该侦查人员的职务与目击犯罪事实之间的必然联系。这是保障该证言证据关联性的必要手段，也符合了审查和保证目击证人对案件事实的亲历性要求。而在证明侦查阶段的取证合法性时，除了提供相应的职务身份证明以外，还需提供当天当次的讯问证明材料，核对并确保出庭作证的侦查人员就是涉嫌非法取证的侦查人员本人。强调"本人"，是因为作为案件的承办人员，侦查人员是可以替代的，但作为侦查人员证人，就必须遵循证人的不可替代性。侦查机关毕竟是打击犯罪的日常业务机关和侦查阶段的主要负责单位，承办人员交流、案件汇报制度等都会使得相关事实为其他侦查人员所了解，但这些人员对相关事实的了解并不是基于与本案的关联，而是通过"传来"而得。因此必须确保侦查人员证人证言的原始性，只有能够提供"第一手证据"即原始证据的侦查人员才能够获得侦查人员证人资格，通过其他渠道了解相关事实的侦查人员不具备侦查人员证人的资格，不得作为证人作证。侦查机关不能把"派出"侦查人员证人出庭当作一项新的专项"侦查业务"，随意指派了解情况的侦查人员出庭作证。

2. 建立侦查人员证人通知到庭工作机制

立法规定证人的通知由法院负责。司法实践中，证人出庭是经由控辩双方各自提请，由法庭决定并完成通知。随着刑事诉讼法的修改，证人的到庭方式可以分为通知到庭和强制到庭两种。一般情况下，通知程序由法院按照控辩双方在庭前准备程序中提供的证人信息以开庭3日前送达出庭通知书的方式来完成，而修改后的《刑事诉讼法》第 188 条新增的法院强制到庭作为证人拒不出庭情况下的救济措施，给证人出庭工作的落实提供了进一步的保障。侦查人员作为控方证人，是否按照传统控方证人的出庭程序，即由检察院在庭前向法院提交相应侦查人员证人的通知信息，由法院以通知书的方式直接、单独通知其个人履行出庭作证的义务，并在其拒不到庭的情况下采取强制到庭的措施，是一个值得斟酌的问题。一方面，侦查机关毕竟是刑事诉讼链条中主导关键环节的重要国家机关，也是我国"分工负责、互相配合、互相制约"的司法运行模式所指向的三大主体之一，在我国"审判中心"的证明结构尚在缓慢建立的过程中，其稍显强势的心理地位依然存在，三机关之间注重配合胜于制约，是过渡时期不可避免的现实。另一方面，区别于普通刑事证人，侦查人员证人的职务特殊性决定了其作证活动不仅局限于证人本人和法庭这"一对一"的关系，还存在证人与其他机关、两个机关或三个机关之间的复合关系。侦查人员作为案件承办人员有着对侦查机关汇报总结的义务，反之侦查机关对相关案件在总体上有着了解和指导的权利，这是侦查机关内部行政性所决定的。而非法证据排除程序的启动，不仅涉及了侦查机关的取证合法性，而且涉及检察机关对证据的审查和使用、侦查机关和检察机关的工作交接等问题。

因此，虽然参与作证的是侦查人员个体这毋庸置疑，但仅考虑其独立性，而越过其与侦查机关的直接隶属关系，由法院直接通知侦查人员个人，从国情和制度现状考虑，有着打破三机关"互相配合"的平衡点、制造或激化部门间矛盾的现实风险；而从侦查人员证人的职务特殊性考虑，也存在缺少中间环节、影响部门间和部门内部工作交接的纰漏。在这种情况下，完全按照普通控方证人的方式通知侦查人员证人，是不妥当的。在落实侦查人员证人的通知到庭工作时，本着尊重其特殊性和注重"配合"的原则，可以从以下角度进行调整。

（1）通过间接方式通知侦查人员证人作证。所谓"以间接方式通知"，是和针对普通证人的法院直接通知方式相对应的通知方式，即在通知侦查人员证人到庭时，充分尊重证人与侦查机关之间的隶属关系，以及侦查机关与检察机关作为"大控方"的工作衔接关系，不采用单独、直接通知侦查人员证人出庭作证的方式，而是经由相应单位，间接通知侦查人员证人履行出庭作证的义务。具体而言，无论是侦查人员作为目击证人的"积极提请作证"，还是为证明侦查人员取证合法的"消极提请作证"，在向法庭提交侦查人员证人申请之前，检察机关一般应就此与侦查机关完成沟通和确认，其中既包括与侦查人员本人的沟通，也包括与侦查机关中和该案有关的部门负责人的沟通。参考较为成熟的外国立法经验，侦、控部门之间就出庭作证的必要沟通，是减少庭审质证过程中受到辩方攻击、避免对公诉工作造成妨害的重要方式。① 在检察机关向法院提请证人申请后，由法院向侦查机关有关部门发出要求特定侦查人员作证的出庭通知书，并经由该部门转交至相应的侦查人员证人。这种通知方式，不仅在法院和公安机关之间形成一种相互尊重的、平和的配合关系，而且避免了检察机关作为中间机关的尴尬，给予检察机关与前后两个机关充分沟通和衔接的时间，也减少了侦查人员拒不出庭或客观上出庭受阻的情况的发生。

（2）以缓和方式处理侦查人员证人拒绝作证的情况。修改后的《刑事诉讼法》第188条对证人拒不出庭的情况作出了规定，主要包括强制证人到庭的出庭保证措施，和训诫或拘留的惩罚性措施，而这些规定是否同样适用于侦查人员证人，立法没有给出明确的答复，《刑事诉讼法》第188条并没有像第187条一样对侦查人员证人采用"适用前款规定"的描述，可见立法者在参照普通证人有关规定来处理侦查人员证人拒绝作证的情形这一思路上，也依然持保守的态度，即不得对侦查人员证人采取与普通证人一致的强制性或惩罚性措施，更不能盲从域外经验，以更严重的藐视法庭罪处理。综观整个刑事诉讼，侦查人员自身往往是强制性和惩罚性措施的实施和执行者，如果对侦查人员同样采取这种措施，惯常身份的倒置和作为国家机关工作人员的尊严受损感会进一步增加侦查人员证人抵触的情绪，越过侦查机关本身对侦查人员采取强制或惩罚性措施，不仅无法起到预期的作证效果，无疑还会损害由通知制度所维护的公安机关与法院之间平和的配合关系。

采用何种方式处理侦查人员拒绝作证的情形，应从侦查人员证人拒绝作证可能的原因出发。虽然良好的通知制度能在很大程度上避免侦查人员证人拒不出庭的情况，但并不能完全排除侦查人员证人基于主观或客观的原因最终未能良好履行出庭作证义务的可能性，如果证人权利保障的相关配套制度尚未跟进，侦查人员可能出于自身情况而对作证活动有所顾虑；而如果法院或检察机关就作证事项未能与侦查机关良好沟通，侦查机关也在很大程度上可能扮演阻碍侦查人员证人作证的角色。笔者认为，无论是出于何种原因，解决问题的关键都在于介于法院和证人之间的侦查机关——侦查机关内部的强烈行政化管理特征决定了侦查机关是协调解决该问题的最佳人选。而协调的具体方式，可以由法院单方发函请求协助，也可以参考域外对此启动听证程序，② 但在我国，参与听证的人员应当有所限制，即控制在侦、控、审三机关之内。如果侦查人

---

① 何家弘：《论警察出庭作证的程序保障——〈以波士顿警察局规则和程序规则320〉为蓝本》，载《犯罪研究》2010年第4期。
② 何家弘：《论警察出庭作证的程序保障——〈以波士顿警察局规则和程序规则320〉为蓝本》载《犯罪研究》2010年第4期。

员证人自身仍一意孤行地拒绝作证，由法院建议侦查机关内部对该侦查人员施压、内部纪律处分或其他惩罚性措施更显合理，与此相近的，针对警察不当作证行为，由当事人向指挥警官和警务处长报告，并由警局内部处理，也有域外经验的支持。从法院的角度来看，以积极与侦查机关沟通或建议这种较缓和的方式来处理侦查人员证人拒绝作证的情形，将形式上对侦查人员证人采取强制性措施的权利交由侦查机关来行使，是以对侦查机关的行政性管理特征充分地"扬长避短"，以真正达到促进侦查人员证人出庭的效果。

3. 建立侦查人员证人对质询问工作机制

庭审质证环节在任何一个刑事审判中都是最关键的环节，仅就侦查人员证人出庭作证而言，庭审质证也是该作证活动最具实质意义的步骤。如上文所介绍，我国对证人证言的质证主要采取"本人陈述＋各方询问"的方式，在少数有证人出庭的重要案件中，能保证被告人和证人的当面对质活动。侦查人员证人既然作为特殊的证人种类，对其在作证实质性环节的给予特殊的考虑与设置，是尽可能达到预期作证效果的必要方法。从立法与司法现状出发，为取得侦查人员证人作证的良好质证实效，主要在于落实对侦查人员证人的对质询问工作。

（1）对侦查人员证人的特殊询问。从控方的角度来看，侦查人员证人出庭作证多是基于控方的申请，无论是在作为目击证人作证环节还是在非法证据排除程序中，侦查人员证人与控方的良好配合无疑都会形成一种指控力量上的叠加。因此，控方在对侦查人员证人进行询问的目标主要有两点：一是强调控方证据的有力；二是强调控方证据的可采，最终都是为了引导指控事实的成立。基于这两个目标，作为询问顺序上的第一个询问者，控方首先有必要在询问中向法庭及其他诉讼参与人展现侦查人员的职务正当性，在具体的询问问题中，则一般需涉及侦查人员的隶属关系、职务或警衔、该案件的承办情况或接触情况、目击当次出警中承担的具体任务等；而在非法证据排除程序中，控方作为证据的第一审查者和向法庭的直接提交者，有必要通过询问展现侦控工作交接的正当性，在此基础上进一步对侦查阶段的取证合法性进行询问，具体的询问问题一般从职务行为入手，考察是否存在侦查手段和非法取证行为界限混淆的问题。

从辩方的角度来看，侦查人员作为目击证人出庭，属于控方所能提供的指控能力较强的证据，与控方询问的目标相对应，辩方对于该证据质证的主要目标：一是质疑并考察该侦查人员证人的职务正当性；二是强调该目击证言中影响被告人定罪量刑的情节；三是质疑和考察控方证据的可采与否。因此，辩方在控方的询问未涉及或尚存疑问的情况下，可就职务正当性对侦查人员证人继续询问；在此基础上，着重询问侦查人员证人目击过程中涉及轻罪或轻刑评价，或已由控方提出的涉及重罪或重刑评价的细节，如被告人是否拒捕、是否逃匿、是否如实供述、是否采取补救措施等。另外，侦查人员出庭作证是辩方申请非法证据排除中最关键的证明环节，辩方可以针对讯问笔录的时间偏差、讯问录像的中断或空白、被告人在看守所期间的体检伤情等可能存在的疑点，对侦查人员进行询问。

从法庭的角度来看，法官在询问侦查人员证人方面的工作主要有两点：一是作为居中裁断者在控辩双方询问结束后进行总结性询问，即对控辩双方询问过程中尚未提及或尚未明确的问题进行进一步询问；二是作为质证活动的主导和指挥者，在控辩双方询问侦查人员证人的过程中，对不当询问予以及时制止和提醒。基于控辩双方各自的本职最容易产生的问题，主要是控方明显"过度配合"的诱导式询问和辩方对侦查活动明显带有非法取证偏见的不合理质问，对此法官需特别注意并应作出适时适当的调整。

（2）侦查人员证人与被告人的充分对质。如上文所述，我国的法庭质证程序以法官主导的单向质证为常态，即使在证人出庭作证的情况下，其流程也多呈"陈述—询问"这样单一的模式，证人与被告人之间缺乏具有明显对抗性的对质活动。同样作为控方证人，与普通的证人相比侦查人员证人有其天然的控诉属性，而被告人基于趋利避害的本能，也对指控力较强的侦查人员证人证言有着天然的反抗，因此，侦查人员证人与被告人之间有着更强的对抗性，这种对抗性反映在庭审中，理应表现为针锋相对的对质询问。尽管普通刑事证人的双向对质尚不能在庭审中得到普及，但笔者认为，侦查人员证人与被告人之间的对质必要性更加显著，率先尝试保证侦查人员证人与被告人的充分对质活动，不但能在现阶段使侦查人员证人出庭作证应有的价值尽可能完整地体现，也为被告人对其他证人的双向对质权的落实奠定了基础。

被告人对侦查人员证人进行对质询问应在控方询问之后、辩方律师询问之前。在证明目击犯罪事实的程序中，被告人可以对侦查人员证人所做陈述中其认为有出入的细节进行询问，尤其是对影响其本人或同案犯的定罪量刑的情节进行重点询问，侦查人员应当仔细回想并作出明确答复；而在非法证据排除程序中，被告人可以就相关证据的取证时间、地点、在场人员以及讯问内容等对侦查人员进行询问，并可就涉及刑讯逼供或其他暴力方式取证的相关争议如被告人伤情、致伤行为、致伤工具、致伤过程等细节进行更近距离的对质；有条件的法庭还可使用多媒体记录并同步展示对质双方的面部表情和举止。由于涉及非法取证的双方当事人同时在场，当面对面的口头质证尚不能解决双方争议时，甚至可以对双方各自的陈述采取"复演"的行为对质方式，必要时还可以与提交法庭的讯问同步录音录像进行比对，由在场的诉讼参与人以最直观的方式对双方的真伪作出判断。

4. 建立侦查人员证人出庭行为规范化工作机制

从庭审的实质性内容的角度来进行规范，强化和完善对侦查人员证人的对质询问活动以提高庭审质证的实效固然重要，但同时也需注意到，有许多形式上的因素，虽然与质证活动的实质性内容以及事实的认定没有直接、必然的关联，但其规范与否却在一定程度上对质证效果产生影响。这些形式上的因素，具体到侦查人员证人身上即是其参与整个庭审过程中的行为举止。虽然与侦查人员作证的相关事项没有实际上的联系，但不受规范的出庭行为是可能产生偏见、制造矛盾的潜在诱因，因此出于为实质性质证活动营造一个公平公正、不受干扰的环境的考虑，确保侦查人员证人出庭行为的规范化，也是完全有必要的。

（1）出庭仪表规范化。证人出庭作证，只要符合法庭严肃的气氛，法律对其着装、仪态并没有特定的要求。但侦查人员证人作为国家机关工作人员，基于其特殊职务身份而获取得以参与庭审的证人资格，并为与其特定职务行为相关的争议事实进行证明，在仪表上要求其表露该特殊性，是合情合理的要求。笔者认为，侦查人员证人出庭作证，无论是为证明目击犯罪事实还是取证合法性，都应着警服、佩戴警徽、警帽出庭作证。这一方面是对其职务合法性的形式上的展示，另一方面也是以在其能力范围内最佳的姿态表现对法庭的尊重和对作证活动的重视态度。而在仪态方面，侦查人员证人表情和举止需自然、得体、自信，不能表现出对被告人或其他诉讼参与人的不屑或蛮横。①

（2）出庭言语规范化。从遵守法庭纪律的角度出发，侦查人员证人在作证用语上应当给予法庭以及其他诉讼参与人以最大限度的尊重，听从法官的指示和提醒，不得有国家机关工作人员的特权思想，仅在其受限的作证范围内使用合理谨慎的用语；从其证人身份特殊性的角度出发，侦查人员证人是执行侦查任务的执法部门工作人员，其专业化水平与普通证人相比明显较高，因此，采用简洁明了、逻辑缜密、准确到位的用语，也是对侦查人员证人出庭言语的要求。

（3）出庭人数规范化。一般情况下，无论是执行侦查任务还是讯问犯罪嫌疑人，侦查人员的人数都要求在两人以上。相应地，侦查人员证人在出庭作证时原则上也应受该人数要求的约束。尤其是在非法证据排除程序中，取证活

---

① 何家弘：《论警察出庭作证的程序保障——〈以波士顿警察局规则和程序规则 320〉为蓝本》，载《犯罪研究》2010 年第 4 期。

动不可能是由一名侦查人员单独完成的，单名侦查人员是否有违法取证的情形、两名以上侦查人员是否共同实施了违法取证的行为，只有通过两名以上参与者与被告人相互当庭对质询问，才能够起到预期的质证效果。因此，除了在执行侦查职务过程中确实只有一人目击犯罪事实的，其余情况下对同一争议事项至少都应有两名侦查人员证人出庭作证，这也是提高侦查人员证言可靠性和准确性的保障措施。

5. 跟进针对侦查人员证人的配套辅助机制

既然侦查人员得以以证人身份出庭作证，在强调这一证人种类基于其职务的特殊性而设计专门、独立、有针对性的工作机制的同时，也不能遗漏了其作为证人所应享受的一般性基本权利。无论是为证明目击犯罪事实还是为证明取证合法性，侦查人员作为证人出庭作证，都是一个由职务行为引起的具有独立意义的庭审行为。尽管基于侦查阶段的侦查行为，这一行为具有一定的职务性质，但整体看来，在审判环节侦查人员的双重性身份中起主要作用的应当是其证人身份。因此，侦查人员出庭作证，不应当因为仅仅被认定为一个职务行为，从而否认侦查人员因作证行为而获得补偿和奖励的权利；更不应当出于对其国家机关工作人员的公权力身份"优越"的偏见，而否认侦查人员因作证行为而需要获得保障和保护的权利。这几项权利，既是每一个法治国家刑事证人所理应具备的最基本权利，也是对我国当下证人出庭工作起到最积极促进作用的证人权利。对于以证人身份作证的侦查人员来说，如果连作为普通刑事证人的最基本权利都不能保障，要其自身认同相较于过去既增加工作量又增加危险性的出庭作证工作，无疑是件难事。在现行法环境下，除了强调侦查人员证人的作证义务而设置一系列程序性规定以外，还应从证人权利的角度出发，跟进针对侦查人员证人的配套辅助机制。具体而言，现阶段应在以下两个角度注意对侦查人员证人的权利保障。

（1）明确侦查人员证人的基本证人权利。肯定了侦查人员以证人身份作证这一前提，在理念和立法上都应同时明确，通过证人资格审查的侦查人员证人应享有普通刑事证人的一系列权利，最主要的是按照同等标准领取因作证工作而遭受损失或必要开销的补偿或补助，和以同类理由申请包括本人及其近亲属或其他关系密切的人在内的证人保护。当然，在保障最基本证人权利方面，也要同时考虑侦查人员证人的特殊性，如基于侦查人员证人所提供证言的强烈指控性质，对相关侦查人员的保护工作相较于普通刑事证人就要更加注意；而又因为侦查人员本人的职业特征和可能存在的天然优势，进一步注重预防和避免打击报复证人行为转移至侦查人员证人的近亲属，也是在立法上值得考虑的问题。当然，保护工作参照普通证人的规定分为依职权和依申请两种，对侦查人员本人的保护以责任单位依职权进行保护为原则，而对其近亲属的保护则以相关人员自行申请并通过审核为原则。

（2）明确保障以上权利的责任分配问题。关于刑事证人权利保障的责任分配，立法上并未有相关明确的规定，如由何单位决定和发放证人补偿或补助、由何单位决定和实施针对证人的保护工作、对同一问题的决定和执行的单位是否同一、对同类问题的责任主体是按阶段各自负责还是交由专门机关统一负责等，这些问题亟待解决但各机关各执一词，或各地区各行其是，尚未有统一明确的规定来指导实践工作。在这种情况下，要求参照普通证人的相关规定保障侦查人员证人的基本权利，难免成为一种空谈。而侦查人员证人基于身份的双重性还面临了更多一层的责任分配问题，即其相关证人权利的保障是统一由其所隶属的侦查机关（即可能为公安机关或检察机关侦查部门）负责，还是与普通证人采取相同的规定。笔者认为，明确这一问题的关键在于理解侦查人员证人作证行为的性质——正如上文所述，既然侦查人员出庭作证只是基于职务行为而产生的后续行为，而不是职务行为本身，并且笔者之所以称之为"侦查人员证人"，表明"侦查人员"乃其特征属性，而"证人"才是其本质——侦查人员证人出庭作证，不具有职务行为积极主动的传统特征，而是一种等待被质询、被审核的消极被动行为，在整个作证过程中，其证人身份占据了主要的地位，扮演了主要的角色。既然该行为非职务行为，由侦查人员所隶属的侦查机关来承担相应的权利保障责任则不具合理性。因此，笔者认为，在证人基本权利保障的责任承担方面，无须对侦查人员证人进行单列化管理，对于侦查人员证人出庭作证所产生的有关补偿、补助以及必要保护的人财支出，由负责普通证人相关权利的单位同时负责——具体的负责方式尚未定论，但笔者倾向于以"法院承担为主，侦查、检察机关协同配合"的责任分配方式。证人出庭仅涉及庭审阶段，且最终出庭证人名单由法庭基于认定事实需要所确认，故其补助或补偿理应由法院同意负责，侦查人员证人也不例外；而庭审过程中的证人保护涉及遮蔽容貌、改变声音等举措，基于法院在庭审环节的主导地位理应由其承担。而需要所谓的"协同配合"，一是指案件进入审判程序以前的侦查、审查起诉阶段的证人保护工作需由审前单位各自负责；二是指进入审判程序后的非庭审期间需要在证人的日常生活进行保护的，法院限于其人力状况，请求公安机关协助进行保护工作。这实质上是一种按阶段各自负责的责任分配方式，只是从实际中可预期的运行效果来看，是以法院为主，以公安机关、检察机关为辅的。

●实证研究

刑事证据法
实施情况调研报告
——以西部四省部分公安司法机关为考察对象

西南政法大学"刑事证据法
实施情况调研"课题组*

　　随着两个"证据规定"的颁布和修改后的刑事诉讼法及其司法解释对证据内容的大幅扩充，我国已经初步建立了比较完善的证据规则体系。时至今日，两个"证据规定"已经实施3年，新刑事诉讼法也已施行逾半年，刑事证据法的相关规定在实践中的运行情况究竟如何？是否发挥了预期的作用？还有哪些难题？尤其在我国相对较为落后的西部地区，实施情况到底如何？这些问题都亟待学界予以关注和研究。基于此，西南政法大学"刑事证据法实施情况调研"课题组于今年8月对西部四省的部分司法机关（包括：Y省K市中院及其辖区内4个基层法院、D州中院及其辖区内X区法院；Q省Y市D县检察院、公安局、B区、D区检察院；S省X市Y区检察院；G省B市中级法院、检察院和Q区公安局）进行了刑事证据法事实情况的相关调研活动。调研形式主要以座谈、访问为主。鉴于刑事证据法涉及的内容较多，课题组主要重点关注了六个方面的问题：非法证据的排除；瑕疵证据的补正与合理解释；证人出庭作证；司法鉴定与鉴定人、专家辅助人出庭；证明标准的理解与

　　* 课题组负责人：潘金贵，西南政法大学法学院教授，博士生导师，西南政法大学证据法学研究中心主任。成员：王剑虹，西南政法大学法学院副教授，法学博士，西南政法大学证据法学研究中心副主任；颜飞，西南政法大学法学院副教授，法学博士。本课题系国家重点学科西南政法大学刑事诉讼法学科进行的"刑事诉讼法实施情况调研"课题的子课题。

适用；技术侦查所得证据材料的使用。

一、关于非法证据的排除

随着制度的健全和规则可操作性的逐步提升，各界对非法证据排除规则的关注重点从具体内容转至实施效果。从调研的情况看，实践中的非法证据排除规则存在不少问题。

（一）非法证据排除规则的适用状况不理想

调研发现，近些年，X市D县没有出现过由于违法取证而排除相关证据的案件。自两个"证据规定"颁布以来，也没有出现过因为证据合法性异议而启动排除非法证据程序的案件。对于非法证据排除规则"零适用"的现状，公诉人员表示，这并非因为被告人对控方出示证据合法性的完全认可，有时被告人会提出自己的供述受到一定的物理或精神强制，但是其所提供的线索不足以使法官产生合法性疑问。

从K市中院及其辖区内部分基层法院的调研情况看，非法证据排除规则的适用状况也不容乐观，非法证据排除难的现状仍然没有明显改变。虽然近年来申请排除非法证据的被告人或辩护人越来越多，但是能够启动非法证据排除程序的案件却非常少，最终能排除非法证据的案件更是寥寥无几。在大多法官看来，要排除非法证据必须迈过两道坎：排除程序的启动是第一关，大多数排除非法证据的申请到这一关口就已止步；即使是法官启动非法证据的调查程序，也会由于各种阻碍因素使辩方的努力在第二关口成为泡影。K市中院刑一庭一位法官谈到，由于新刑事诉讼法实施前已经存在非法证据排除程序，所以他们只是按部就班地处理非法证据争议问题，新法实施前后并没有多大进步。

据K市P区法院统计，两个"证据规定"实施以后，在所有申请排除非法证据的案件中，只有不到10%的案件成功启动调查、排除程序，在所有进行调查的案件中又只有5%左右的案件能够排除非法证据。排除非法证据的困难可见一斑。新刑事诉讼法实施后，K市X区法院出现过一起排除非法证据的案件，具体情况是：在一起职务犯罪案件中，侦查人员在没有任何手续的情况下将犯罪嫌疑人带到检察院羁押室进行讯问，3天后才放回去，法官在庭审中将其认定为非法证据予以排除。除此之外，调研的几个基层法院2013年上半年暂无其他成功排除非法证据的案例。

同K市中院的状况一样，D州中院排除非法证据的情况也不甚理想。据刑二庭某法官回忆，新刑事诉讼法实施以来，对关键证据合法性进行质疑的被告人或辩护人极少，而且基本都是顺带提起而已，很少有人较真，目前为止暂无成功排除非法证据的案件。刑一庭的法官表示，虽然有些案件辩护人可以提出一些线索，但公诉人总能举出证据进行辩驳，所以法官也不敢轻易排除非法证据。可见，非法证据排除效果不理想不只是一个地方的问题，而是一个普遍的现象。

在 X 市 Y 区检察院，迄今在审查起诉过程中基本没有排除过非法证据。多位检察官表示，在审查起诉中会注意非法证据问题，但是即使发现有非法证据，通常会通过其他方式解决其合法性问题，而不会轻易排除。

（二）公安司法机关对于非法证据的防范和处理

1. 公安局

D 县公安局刑侦部门负责人提到，为了防止翻供，公安局在每个办案单位都设有专门的办案区，已经全部装有同步录音录像设备，在办案过程中会严格按照规定对相关案件进行同步录音录像。而 B 市 Q 区公安分局法制部门的干警则表示，法制部门在对案件把关过程中，是很注意审查非法证据问题的，对于公安干警在侦查取证中存在的违法行为，均会指出并责令改正。

2. 检察院

在对 X 市 D 县的调研过程中，侦监检察官和公诉检察官均提到，他们在审查批捕和审查起诉时会特别注意对证据合法性的审查。这是 D 县法院近年来非法证据"零排除"的一个重要原因。侦监部门负责人表示，他们在审查批捕案件时首先会审查程序问题，特别注意审查侦查人员在取证时是否使用刑讯逼供、威胁、引诱、欺骗等非法方法。他们在每起案件的审查过程中，都会讯问犯罪嫌疑人，① 主动了解侦查部门是否存在违法取证的情况。为防范被追诉人在庭审中以侦查人员违法取证为由翻供，检察人员会通过多份笔录对犯罪嫌疑人的口供进行固定。自侦部门检察官表示，他们在每一起案件的讯问过程中都会严格按照规定进行全程同步录音录像，一来约束自身取证行为，二则可以有效应对犯罪嫌疑人在庭审上的翻供。

3. 法院

尽管 K 市、D 州两个地区法院排除非法证据的状况不容乐观，但大多法官比较重视对证据合法性的审查。在 D 州中院，承办法官一般会在开庭之前审查案件的证据材料，一方面看证据是否充分，另一方面主要审查证据在形式上和程序上有何问题。如果证据在形式上出现问题，法官会将相关问题告知公诉人进行处理。在 K 市中院，承办法官会在向被告人及其辩护人送达起诉书副本时告知其享有申请排除非法证据的权利，如果对证据的合法性有异议，应当及时提出。总体而言，两地法院的法官对待非法证据调查的前置工作是比较

① X 市 D 县人民检察院每年审查批捕的案件比较少，以 2012 年为例，全年共受理审查批捕案件 92 件，共 156 人，对于侦查监督部门而言，较少的工作量可以保证他们在每起案件的审查过程中，都有时间和精力讯问犯罪嫌疑人。

认真的。

（三）认定、排除非法证据的困难

1. 难以获取证明侦查人员非法取证的证据或线索

这是目前非法证据调查过程中最棘手的问题。特别是在大量的变相刑讯逼供中，被告人同样会遭受到肉体上或精神上的剧烈疼痛或痛苦，但是基本不会在身体上留下明显的痕迹。即使法官根据被告人的描述会产生些许怀疑，公诉方也会努力通过相应的方式证明绝无此事。例如，在 K 市中院刑二庭遇到的一起案件中，被告人提出侦查人员向自己身上泼凉水，然后用风扇吹干，因为当时正值冬季，被告人表示自己实在无法承受作了有罪供述。法官到看守所实地调查时发现看守所办公室确有一台电风扇，而且没有储藏起来，由此怀疑最近被人使用过。但是在后来的庭审中，公诉方举出看守所工作人员证言证明该电扇没有被任何人带出办公室，再加上公安机关出具的没有刑讯逼供的情况说明，遂认定侦查人员系合法取证。

2. 法庭调查的滞后性影响非法证据的排除

除了变相刑讯逼供不留痕迹给法官调查工作带来不少困扰外，庭审时外伤的痊愈也会令法官的调查困难重重。因此，不少法官表示，很多案件由法庭来调查非法取证为时已晚，由于与侦查阶段相隔较远，相关线索和证据随着时间的推移已经不复存在，调查工作的开展非常困难，所以最好将排除非法证据的程序提前。也有法官认为，应当建立一种专门的司法调查机制，由专门人员从接到非法取证的举报之日起着手开展调查工作。当然，这样的想法在目前的司法体制下不太实际，但将排除非法证据的程序提前确有必要。由于法庭调查非法取证的滞后性和受到的制约因素较多，学界和实务界支持检察机关发挥审前排除非法证据作用的呼声日益高涨。《人民检察院刑事诉讼规则（试行）》对于审查批捕环节、审查起诉环节调查非法证据机制的完善也为排除重心从审判阶段向审前阶段前移提供了契机。

3. 侦查机关和检察机关的定罪压力阻碍法院排除非法证据

调研中，不少法官谈到：法院排除非法证据会受到各方面的阻碍，尤其是来自侦查机关和检察机关的定罪压力。因为各机关绩效考核制度的存在，法院一旦排除非法证据导致无罪判决的产生，检察机关将会在考核中被扣分，而检察机关又是刑事诉讼的监督机关，对法官的决策会产生很大的制约。所以，如果各机关的权力配置和绩效考核机制没得到合理改善，法院排除非法证据将长期受侦控方掣肘。

4. 查明案件事实的需要阻碍非法证据的排除

客观地看，非法证据不具备合法性但其证明力有时候是很强的，因此一些法官谈到：在审判实践中，法官在审判案件时将查明案件真相和准确适用法律视为首要任务，他们不愿意看到一些案件因为证据的排除而存疑。尤其是在强调证据相互印证的情况下，排除能查明案件事实真相的证据更是难以容忍的事。所以，不少争议案件中，法官会依据实际证明力来决定是否排除非法证据。例如，在 D 州中院刑三庭今年审理的一起毒品案件中，法官已经在很大程度上认定被告人在侦查阶段遭到刑讯逼供，但由于被告人的口供可以和其他证据相互印证，他们也相信这份刑讯逼供所得口供的真实性。最终为了能够顺利定案，法庭没有认定和排除这份"非法口供"。类似于这种处理方式的案件在我国刑事审判实践中还不少见，"证明力决定证明能力"的认定标准已经成为法庭排除非法证据时的一种潜规则。此外，一些检察官也持有的非法证据固然非法但真实性客观存在因而不一定要排除的观点，认为非法证据排除应当重点放在因为非法取证而导致证据失真的情况上。

二、关于瑕疵证据的补正与合理解释

"两个证据规定"的出台，首次从司法解释的层面建立了瑕疵证据补正规则，这无论是在证据法学理上还是在司法实务中都是一个大的突破。准确地区分"瑕疵证据"和"无证据能力的证据"，也可以防止将至始欠缺证据能力的证据混淆为瑕疵证据而允许其一再补正，从而使得严重侵犯人权和违反法定程序获得的证据被采纳。

（一）瑕疵证据的主要形式及处理情况

在 D 县检察院的座谈中，侦监检察官和公诉检察官谈到，在移送审查批捕和起诉的案件中时常会发现瑕疵证据，主要形式体现在讯问、询问笔录只有一个侦查人员的签名和同一时间段内同一侦查人员询问不同证人或犯罪嫌疑人。对于这种情况，办案检察官会即时告知侦查部门进行补正或作出解释，目前为止，在所有涉及此类证据的案件中，侦查部门都对此重新取证或作出了合理的解释，暂未出现因为讯问主体的原因而排除犯罪嫌疑人供述或证人证言的情况。

相比而言，审判阶段出现瑕疵证据的情形就比较少，K 市中院法官表示，在他们审理案件的过程中，很少出现证据因为瑕疵需要补正或合理解释的情形，也很少出现被告人或辩护人对瑕疵证据提出异议的情形。我们可以从两个方面解释这一现象：首先，中院一审都是可能判处无期徒刑以上刑罚的案件，对应的检察院相对比较重视，在审查起诉阶段对证据无论是从实质证明力还是从形式要件都有比较严格的要求，如有瑕疵证据基本会在这个阶段得到补正；其次，由于瑕疵证据通常可以补正或得到合理解释而被采纳，相比非法证据而言，对其提出异议于案件事实的认定并无实质影响，所以被告人或辩护人较少关注证据的瑕疵问题。

在 X 市 Y 区检察院，有的检察官也谈到：由于瑕疵证据和非法证据的界限在立法上没有明确的界定，因此在审查起诉过程中不好把握。对于程序性的瑕疵证据，只要不是严重的违反程序性规定，他们在审查逮捕或者起诉时一般只是指出问题所在，较少要求作出补正或者解释。

（二）瑕疵证据与其他不合法证据的混淆

在 D 县检察院，调研组发现一些办案检察官未能准确区分瑕疵证据与其他不合法的证据。例如，在一起故意伤害案件中，因为公安机关临时缺少鉴定人员，遂令一个从法医学专业毕业的干警作出一份鉴定意见，侦监部门以鉴定人不具备鉴定资格为由不予采纳这份鉴定意见，而这位干警在随后不久考取了鉴定人资格证书，侦监部门转而认定这份鉴定意见具有证据效力。办案检察官认为，这位干警实际上具备鉴定人的能力，只是暂未考取鉴定人资格，其出具的这份鉴定意见存在瑕疵，当他取得鉴定人资格后，鉴定意见得到"补正"便可以使用。实际上，这位检察官没有准确区分瑕疵证据与其他不合法证据，由不具备鉴定人资格的干警作出的鉴定意见缺乏最基本的构成要素，自始不具备证据能力，即使鉴定者后来取得鉴定资格，原鉴定意见也不得像瑕疵证据那样通过解释或补正而得到采纳，只能由具备鉴定资格的鉴定人重新进行鉴定。

（三）瑕疵证据的弥补方式不当

D 县检察院一位侦监检察官指出，在审查一起未成年人犯罪案件时发现，侦查人员在没有适格成年人在场的情况下对犯罪嫌疑人进行了讯问。对此，检察院随即要求侦查部门说明情况，而后在侦查部门作出解释的情况下采纳了此次讯问所得的供述。在 B 市 Q 区公安分局，干警反映对于未成年人讯问时，由于各种原因，缺乏合适成年人在场的情况也较为常见，对于此种情况下讯问获得口供是否有效则存在不同的认识。在交流中，我们认为，如果未成年人讯问笔录只存在轻微瑕疵，可以通过情况说明方式加以弥补。但是如果案情重大复杂，而笔录存在较大错误或者侦查活动存在明显瑕疵的情形，检察机关应该责令侦查人员在适格成年人当场的情况重新进行讯问，重新制作讯问笔录。

（四）合理解释的标准不好把握

对于瑕疵证据得到合理解释的标准是什么，K 市 G 区一名法官认为，合理解释就是侦查人员的解释符合常情常理，使自己相信证据的真实性即可。K 市 W 区的一名法官认为，侦查人员的解释必须理由充分，应该有一定的证据解释自己程序违法的情形。由于对合理解释的判断是一种主观认知，所以不同法官有着不同的理解，实践中存在合理解释随意性的问题。

三、关于证人出庭作证

《刑事诉讼法》第 187 条第 1 款规定："公诉人、当事人或者辩护人、诉讼代理人对证人证言有异议，且该证人证言对案件定罪量刑有重大影响，人民法院认为证人有必要出庭作证的，证人应当出庭作证。"从调研情况看，刑事诉讼法为促进证人出庭作证所作的努力似乎并没有收到明显的成效。

（一）证人基本不出庭作证的情况基本没有改观，出庭率依然很低

X 市 D 县检察院检察官谈到，自新刑事诉讼法实施以来，D 县只出现过一起证人出庭作证的案件，具体情况如下：在一起涉嫌挪用公款的案件中，一审判处 3 个被告缓刑，二审时辩方要求传唤证人出庭作证，出庭作证的 5 名证人全部翻证，导致案件发回重审最终改判无罪，目前 X 市检察院已经抗诉，X 市中院已经开庭审理，尚未进行判决。严格地讲，这起案件中的证人出庭作证是由 X 市中院所促成，不应该计入 D 县法院的数据，也就是说，在 D 县法院开庭审理的案件中，尚未出现证人出庭作证的情况。

据 K 市中院及辖区内各基层法院法官反映，新刑事诉讼法实施后，证人出庭作证的状况较以前没多大变化，证人出庭作证率仍然较低。D 州中院法官也表示，证人出庭作证的情况基本没什么变化，公诉人仍然采用宣读证言笔录的方式代替证人出庭作证，他们在审查判断各证人证言时，不会分析单个证言是否为真，会综合起来分析判断。对于他们认为的对定罪量刑确有重大影响且控辩一方有异议的证人证言，还是会通知证人出庭作证，对于附带民事诉讼当事人申请证人出庭作证的，一般会通知证人出庭。

在关于二审开庭审理是否通知证人出庭作证的问题上，K 市中院和 D 州中院法官有类似的想法，由于二审证人出庭作证可能出现与一审定案完全不同的证人证言，使得整个案件的情况变得错综复杂，所以两个中院的法官认为应当尽量控制二审证人出庭作证，采纳更为稳定的证言笔录即可。K 市中院刑一庭曾经遇到一起案件，证人在二审开庭时作了完全不同于一审阶段的证言，法官通过察言观色和询问最终自由心证认为证人说了谎，但找不出明显、充分的理由，最后虽然没有采信二审更改的证言，但却不敢将判断的过程在判决书中表述出来。类似的情况，在 D 州中院也曾发生过，导致发回重审、补充侦查等一系列程序倒流的问题。可以见得，二审法官对于证人出庭作证的方式是比较排斥的。

（二）证人出庭作证难的原因

首先，控方不希望证人出庭。有两位 X 市 D 县检察院公诉检察官都明确表示自己不希望证人出庭作证，证人一旦出庭作证，很有可能在辩方律师的询问下改变庭前证言，这会导致控方补充侦查、法院延期审理等一系列后果，更有可能导致指控的失败，前面所提及的挪用公款案就是一个明显的例子。

其次，法官对证人出庭带有排斥心理。站在法官的角度，他们同样对证人

出庭作证带有排斥心理，前文已经介绍了两中院二审法官排斥证人出庭的原因。此外，就法官而言，他们最主要的顾虑就是证人出庭对于庭审效率影响较大，如 B 市中级人民法院刑一庭庭长就直言，之所以基本不通知证人出庭，就是担心证人一旦在庭上的证词与侦查期间的证词不同，将会导致法官不得不花大量的时间去查证。K 市 W 区、X 区都有法官谈到，如果证人当庭证言与审前证言矛盾，他们可能需要花费更多时间去开展一些庭外调查工作或者建议退回检察机关补充侦查，所以只要书面证言能与其他证据相印证，他们就基本不会让证人出庭作证。

最后，证人对自身安全的担心和碍于情面是阻碍其出庭作证的一个重要因素。X 市 D 县检察院一位检察官提到，在最近的一起抢劫案中，他们主动申请法院通知一名目击保安出庭作证，而那名保安因为担心被打击报复未出庭作证。类似这样的情况在 D 县还比较常见，参与座谈的 D 县副检察长详细介绍了证人不愿出庭作证甚至不愿作证的最常见状况：D 县流动人口较少，在某个范围内人与人之间都比较熟悉，在大多数轻伤害案件中，当事人和证人都互相认识，在公安、检察人员向证人了解案情的时候，他们常常以"没看清楚"之类的话语进行搪塞，之所以这样，一是他们担心因为作证而受到报复；二是碍于情面尽量回避。

由上可见，导致证人极少出庭作证的因素是多方面的。如果要从本质上提高证人出庭作证率，改观每个阻碍证人出庭作证的因素都十分必要。

首先，要求公安司法人员转变固有观念，积极传唤关键证人出庭作证；于控方而言，不要过分担心证人庭上改变证言带来的困难，应该积极做好应对工作，提高应变能力；于法官而言，证人在庭上接受询问不是对庭审效率的降低，相反更有利于案件事实的发现。其中，法官在推动证人出庭作证上影响最大，从证人出庭作证的条件来看，控辩各方对证言提出异议，属于较为明确的"客观标准"，而证言"对定罪量刑具有重大影响"、"法院认为有必要"等方面的条件是主观性较强的标准，取决于法院自己的判断。假如某一刑事法官坚持程序正义，并从善意的角度来理解证人出庭作证制度，那么证人出庭作证的可能性就大一些。相反，假如某一刑事法官盲目相信公诉方所提交的证言笔录的真实性，认为动辄传召证人出庭作证属于"没有必要"或者"浪费司法资源"，甚至对证人出庭的条件给出恶意的解释，那么证人出庭作证将变得极为困难。

其次，应当细化保障证人出庭作证的两项制度（证人保护与证人补偿），使其具有操作性，这样才能减少证人因为作证产生的担忧和顾虑，提高证人出庭作证的积极性。在以上两项工作到位的情况下，证人出庭作证率能否得到质的提升，还有待进一步观察。

四、关于司法鉴定与鉴定人、专家辅助人出庭

此次刑事诉讼法的修改，将证据种类中的"鉴定结论"改为"鉴定意见"，表明鉴定意见并不具有更高的证明价值，它需要同其他证据一样，在法庭上经过控辩双方的质证和辩论，通过法官综合全案证据审查判断，才能作为定案的根据。新刑事诉讼法同时确立了鉴定人出庭作证制度，明确了经通知鉴定人出庭鉴定人拒绝出庭的法律后果，再加上规定诉讼各方可以通知有专门知识的人出庭就鉴定意见发表意见，我国已初步形成了以"鉴定人为主、专家辅助人为辅"的司法鉴定主体格局。此次调研中发现在鉴定制度方面主要存在以下问题：

（一）多份鉴定意见并存，如何取舍是实践中最为棘手的问题

鉴定主体混乱、反复鉴定、多头鉴定、鉴定意见权威性低一直是我国司法鉴定中比较普遍的问题。特别是多份鉴定意见并存时，且在短时间内难以有所改变的情况下，法官对鉴定意见的取舍就会遇到很大的难题。D州中院法官谈到，当出现两种不同鉴定意见的时候，他们一般都很难作出决定，特别是当两种不同的鉴定意见会带来两种不同结论的时候，他们更是谨慎小心，长时间踌躇不决。有的时候，法官会根据一些外在的因素来决定鉴定意见取舍。例如，一名法官认为，比较发达地方的鉴定机构作出的鉴定意见相对较为落后地方鉴定机构作出的鉴定意见更值得相信，因为较为发达地方的鉴定机构鉴定设备更加先进，鉴定人的专业技术水平和职业素养要更高一些。

（二）审判中的重新鉴定问题

D州中院刑二庭一名法官反映，在不少案件的二审中，辩方要求进行重新鉴定。在这种情况下，他们会要求辩方给出充足的理由，否则不会同意重新鉴定。如果辩方给出的理由能够使他们对一审定案采信的鉴定意见产生合理的怀疑，他们一般会同意重新鉴定。但是从目前的情况下，他们极少同意辩方在二审中提出的重新鉴定要求。对于辩方的要求，法院也会主动审查判断是否有必要或有条件进行重新鉴定。

在D州某县法院审理的一起非法行医案件中，一名未取得职业资格的"医生"在使用中草药给病人治病时导致其中毒死亡。D州一个比较有权威的鉴定机构作出的鉴定意见认为确系中草药致病人中毒死亡，一审法院以此认定被告人构成非法行医罪。但是辩方在二审中提出重新鉴定的要求，D州中院二审法官审查后认为：虽然侦查机关对中草药进行了封存，但是此时已离首次鉴定几个月时间，检材可能会随时间的推移、气候的变化发生改变，如果重新鉴定，所得出的鉴定意见很可能已经无法准确反映当时的情况。最终二审法官以

此为由拒绝了辩方重新鉴定的申请。如此决定是有依据的，最高人民法院《关于适用〈中华人民共和国刑事诉讼法〉的解释》第85条明确规定"送检材料、样本来源不明的，或者因污染不具备鉴定条件的，不得作为定案的依据"。如果被称为"检材"的物证、书证、视听资料、电子数据来源不明或者因为受到污染而不具备鉴定条件之情况的，那么鉴定人纵然遵循科学的程序和方法，使用合格的技术和设备，也无法提供真实可靠的鉴定意见。所以，只有鉴定检材真实性和同一性得到确认，才能保证作出反映案件真实情况的鉴定意见。在本案中，二审法官怀疑作为送检材料的中草药已经改变了原有的形态特征，是根据生活经验和相关知识得出的推断，具有一定的合理性。以此为由拒绝辩方的重新鉴定申请并无不妥。关于审判阶段重新鉴定的问题，K市中院及其基层多名法官认为，在审判过程中原则上不应该进行重新鉴定，否则将导致审理过程的延宕，而且重新鉴定得出的不同鉴定意见也不一定就是准确的。

（三）鉴定人出庭作证问题

1. 鉴定人出庭频率较低

从调研情况看，新刑事诉讼法实施后，鉴定人出庭作证的案件比较少。相比申请证人出庭而言，辩护人申请鉴定人出庭作证的积极性不高。D州中院某刑庭法官提到，在今年本庭所承办的案件中尚未有一起案件控辩双方申请鉴定人出庭作证。在K市中院及其辖区基层法院审判的案件中，控辩双方申请鉴定人出庭的也比较少，鉴定人到庭作证的就更少了。K市P区法院一名法官表示，如果控辩双方和其他诉讼参与人不对鉴定意见提出异议，他们一般不会对鉴定意见持有疑问，更不会主动通知鉴定人出庭作证。在控辩双方不通晓专业知识、专家辅助人运用尚不成熟的情况下，通知鉴定人到庭上作证成效有限，所以鉴定人到庭作证的频率远不及证人。

2. 鉴定人不愿出庭作证

在所调研的法院为数不多通知鉴定人到庭作证的案件中，经常会遇上鉴定人推脱或直接拒绝的状况。据有此经历的法官反映，鉴定人主要以自己工作比较繁忙为由拒绝到庭作证，也有鉴定人希望得到除必要补助外的出庭费用，但是法院不会给予除补助之外的出庭费用，所以大多鉴定人不愿意浪费精力到庭作证。

3. 强制鉴定人出庭的建议

关于经通知出庭鉴定人拒绝出庭的法律后果，法律并没有像对证人那样规定一系列处罚措施，也没有规定强制鉴定人出庭制度，只是明确不得将该鉴定意见作为定案依据。对此，有法官表示不够合理，既然鉴定人接受了鉴定委托，出庭作证就应该是他的义务和责任，他应当在必要的时候出庭解释说明、回应质疑，保证自己作出的鉴定意见具备证据资格。当有些鉴定意见直接关乎到案件主要事实认定的时候，如果鉴定人坚持不出庭，鉴定意见得不到采纳，控方或法庭就会大费周折的安排重新鉴定，导致司法机关工作量增加的同时也增加了被告人的讼累。所以，有的法官认为应该建立强制鉴定人出庭作证制度和鉴定人惩戒制度（最严可取消鉴定人资格），以此加强鉴定人对出庭作证的重视程度。对于鉴定人无故拒绝出庭作证的情况，法院可以反映给司法行政机关，由司法行政机关对鉴定人进行处罚。

4. 鉴定人出庭作用不理想

除了鉴定人出庭难的问题之外，有的法官对于鉴定人在庭上的表现表示不满。K市G区审理的一起盗窃手机案件，法庭通知鉴定人出庭作证，鉴定人开始不来，后来通过做工作答应来后，在庭上就是把鉴定意见书上的内容复述了一遍，让法官和公诉人很是不满。法官认为，鉴定人到庭不能只是简单完成出庭的任务，应当积极发挥自己的专业能力，将无法从鉴定意见书看到的鉴定过程通过描述和各种数据、图表的展示展现出来。

（四）专家辅助人出庭

将有专门知识的人引入法庭审理对鉴定人作出的鉴定意见提出意见，实现控辩双方对鉴定意见的有效质证，协助法官了解专门技术问题、正确审查判断鉴定意见，是本次刑事诉讼法修改的一大突破。专家辅助人出庭制度，由于只是一种新的尝试，存在一些问题是难免的。K市中院刑二庭法官对于专家辅助人制度的实施提出了三个值得注意的问题：首先，由于专家辅助人无法获取足够的信息，可能会影响其发表意见的效果。其次，这种趋于"自由竞争"的解决技术难题的方式，看似给予了控辩双方平等的机会，但由于相关费用颇高，实际上对于经济状况不好的被告是不平等的。最后，如果专家过于偏向本方或者直接倒戈，没有尽可能保持客观的立场，那么他出庭发表的意见可能使问题更加扑朔迷离，反而不利于事实的准确认定。这位法官同时建议严格控制使用专家辅助人的案件和范围，可以考虑将专家辅助人纳入合议庭来辅助案件的审理。虽然这名法官的建议有些超前，但是他提出的问题却是非常实际的，可能会在专家辅助人制度实施与发展的过程中逐步暴露出来。不过，当务之急还是需要细化相关规定，明确专家辅助人的权利和义务，以及参加庭审的程序规则等，增强该制度的可操作性。

在K市W区法院上半年一起涉及烟草的案件中，辩方请了一位烟草方面的专家出庭就相关问题进行提问，整体效果比较好。虽然只是对鉴定意见的一种补充说明，但审判法官认为对于其理解鉴定意见大有作用，并且希望在以后的审判中有更多的专家可以出庭对鉴定意见提出自己的意见。从中可见，法官并不像排斥证人出庭一样排斥鉴定人、专家辅助人出庭参与法庭审理,反而希望听到更多的意见,这样有利于他们更准确的审查判断鉴定意见。

五、关于证明标准的理解与适用

新刑事诉讼法对于"事实清楚,证据确实、充分"的证明标准作了进一步的解释,要求认定案件事实的证据必须符合以下三个条件,才能认定为"证据确实、充分":一是定罪量刑的事实都有证据证明;二是据以定案的证据均经法庭程序查证属实;三是综合全案证据,对所认定的事实已经排除合理怀疑。上述第一个条件是对证据裁判原则的强调,第二个条件是对程序合法性的强调,第三个条件中的"排除合理怀疑"是衡量"事实清楚,证据确实、充分"的重要标准。

(一)法官对于证明标准的理解

在对 D 州中院的调研过程中,不少法官表达了他们对我国刑事证明标准的看法。刑二庭一名法官认为,无论是要求"实事求是"的证明标准,还是"排除合理怀疑"的证明标准,都是主观性的证明标准,没有一个硬性的衡量标杆。能不能证明案件事实,是需要法官在建立证据意识、理念的基础上根据长期的审判经验积累、以往的工作经历来判断。刑一庭的一名法官也同样认为"排除合理怀疑"是一个主观性的证明标准,不同的法官会有不同的认识。在他承办过的一起抢劫致死案中,他认为对于被告人的有罪认定可以排除合理怀疑,于是判了死刑立即执行。在死刑复核过程中,省高院已经通过,但最高院死刑复核法官认为该案证据还是存在一些问题,就没有裁定核准。刑三庭一名法官认为,"事实清楚,证据确实充分"是一个模糊的概念,以此作为证明标准操作性不强。案件事实只需要法官通过查实几项关键证据,根据审判经验、程序规则和实体法规定就可以去判定。

从法官的反映可以看出,他们在审案过程中无法对证明标准有一个精确的把握,更多的时候是诉诸自己的内心判断,由此导致不同案件达到的证明程度有所差异。然而,证明标准本身难以被量化,无论设置怎么样的标准,都是对案件事实主观认识的衡量和评价,在本质上都摆脱不了主观性,任何一种标准在实践中不同法官的心中会呈现出不同的样态。由于"排除合理怀疑"是一个来自英美证据法的舶来品,我国法官对于其背后蕴含的价值理念、制度逻辑和实践经验还不够了解,所以暂时难以理解引入"排除合理怀疑"可以带来的改变。

(二)各机关对证明标准的把握不同

对于新刑事诉讼法关于我国定案标准"证据确实充分"的细化解释,X市 D 县检察院的干警均表示没有什么理解障碍。而主要问题在于,各机关对于我国证明标准的把握不尽一致，进而导致实践中互相之间会出现一些分歧。D县检察院一位侦监检察官提到，他们在审查批准逮捕的过程中，经常就证据要件是否已经满足与侦查人员进行争论。在有的案件中，检察机关认为公安机关没能达到证明标准，法院认为检察机关没能达到证明标准，最终造成这些案件被退回补充侦查，导致程序倒流。为什么会出现这种情况，一位公诉检察官谈了自己的看法：在刑事诉讼中，不同岗位上的办案人员关注的侧重点有所不同，侦查人员更侧重于打击犯罪，往往只注重有罪的证据；检察官会更多的考虑公平正义，比起公安机关更注重保障犯罪嫌疑人的权利；法官完全处于中立的地位，遵循证据裁判，更加注意听取辩方的意见，各机关不同的出发点使得他们对于证明标准的把握存在差异。诚然，出现这样的情况也属正常，而问题的关键是我国刑事诉讼法要求在侦查终结、提起公诉时均达到作出有罪判决时的标准，实在有些难为公安机关和检察机关。

（三）法院对有的案件未严格执行证明标准

尽管法官对于证明标准的把握会严于控方，但在有些案件中，他们也没有严格执行证明标准。X市D县检察院一位公诉检察官谈到，有的时候，在审判法官内心认为被告人构罪的情况下，如果证据上存在问题，他们往往会在定罪的同时对被告人从轻量刑，比如对该判实刑的被告人判处了缓刑。对于这种现象存在两种解释：一是法官未能严格遵循证据裁判和疑罪从无的原则，采用了疑罪从轻的处理方式避免他们认为构罪的被告人逃脱法律的制裁；二是通过不同的证明方式可能会得出不同的结论，比如在自由心证的证明模式下认为构成犯罪的案件，在证据印证规则的证明模式下就成为存疑的案件。

据K市W区法院法官讲述，在有的案件中，他们未做到严格执行证明标准。比如在严打期间，公安局工作量的突然猛增，直接导致移送过来的案件证据质量下降，这种情况下法官会放宽证明要求，通过自由心证判断能否定案。

（四）对死刑案件证明标准的把握

对死刑案件证明标准的把握是否应该严于其他刑事案件，D州中院两名法官有着不同的看法。

前文提到的一起没有被最高院核准死刑判决的毒品案件，承办法官就认为死刑案件的证明标准应该与其他案件同等看待，否则社会危害性更严重的死刑案件会因为证明标准过严而难以定案，或者会以一种"留有余地"的变通方式去处理。

另一名法官则认为对于死刑案件证明标准的把握当然要严于其他案件，因为人命关天，如果罪犯一旦被执行死刑，一切错误就无法挽回。

由于D州有的县和他国接壤，因此长期以来，因为毒品犯罪而判处死刑的案件较多。不过，法官们反映，自从死刑复核权收归最高人民法院尤其是"两个证据规定"出台后，各级法院对死刑案件的证明标准把握越来越严，即使是毒品案件判处死刑立即执行的数量也已有较大幅度的下降。

六、关于技术侦查所得证据材料的使用

修正后的刑事诉讼法规定了技术侦查制度，明确了技术侦查适用的案件范围、程序、主体、获取材料的运用等问题。因此，调研中课题组较为关注技术侦查的相关问题。

（一）技术侦查措施的使用情况

新刑事诉讼法实施以来，X市D县公安局、检察院并未在案件侦查中使用过技术侦查手段，在往年案件的侦破过程也很少使用。主要有两个原因：第一，在X市只有市公安局才能实施秘密监控、监听之类的技术侦查措施，基层公安机关没有采取此类技侦手段的权力和设施，当需要通过监听、监控之类的技侦手段调查案件的时候，他们只能向市公安局专门负责技术侦查的部门申请帮助；第二，D县人口流动性较小，几乎没有或很少出现危害国家安全犯罪、恐怖活动犯罪、黑社会性质组织犯罪和重大毒品犯罪和重大贪污、贿赂案件，使得技术侦查措施的使用空间较小。

K市和D州的情况则与X市截然相反，Y省是毒品犯罪大省，与其他犯罪案件有所不同，毒品犯罪案件不一定要先有犯罪结果才展开侦查，很多时候在犯罪过程中就开始秘密侦查，再加上毒品犯罪本身的隐秘性，技术侦查措施在毒品犯罪案件的侦查过程中无论在刑事诉讼法修正前还是之后均得到广泛运用。

（二）技术侦查所得材料的使用情况

1. 公安机关对技侦材料作证据使用持反对态度

尽管新刑事诉讼法已经明确对采取技术侦查措施收集的材料在刑事诉讼中可以作为证据使用，但是X市D县公安局干警仍然表示，他们习惯将技术侦查所得材料作为破案的线索，一般不会作为证据使用。实际上，X市公安局技侦部门也只会向他们提供案件的相关信息和线索，并不会将通过技侦手段获取的具体内容告知他们，更不会将其直接作为证据材料运用到起诉、审判中。造成这种状况的原因是多方面的：首先，虽然技术侦查措施在刑事诉讼中的运用已经合法化，但法律规定不够细化、操作性不强，有的时候会因为司法人员的理解不同而产生适用分歧；其次，《关于办理死刑案件审查判断证据若干问题的规定》明确指出"经过当庭出示、辨认、质证等法庭调查程序查证属实的证据，才能作为定罪量刑的依据"，也就是说，只要是直接将技侦手段所获材料作为证据使用，即使采取一定的保密措施，也必须经过最低限度的查证核实程序。这

必然会将技术侦查的过程暴露于其他人，这是技术侦查部门不愿看到的局面。

2. 法官一般采用庭外调查的方式核实技侦材料

在 K 市中院审理的毒品犯罪案件中，技术侦查获得的材料基本会作为定案的证据使用，而且往往会起到关键性的作用。刑三庭的法官表示，在通过技术侦查措施侦破的毒品犯罪案件中，不使用技术侦查材料就很难定案，但是如果按照严格的证据审查程序审查核实技术侦查材料，就可能产生泄密的风险，这是公安机关最担心的一个环节。而一旦公安机关采取技术侦查手段的过程暴露于外，势必将影响以后该类措施在侦查过程中效果的发挥。所以，法官在审查核实的过程中会尽可能注意不泄露技侦材料的来源过程。该法官提到，他们在法庭审理过程中不会像其他证据一样对技侦材料采取当庭出示、辨认、质证等法庭调查程序进行核实，通常会采取庭外调查核实的方式。即便如此，公安机关也会有意见，他们认为如果律师参与到庭外核实过程中，就可能使技术侦查的一些秘密信息泄露出去。不过，法官一般情况下会答应辩护律师的要求通知其参与技侦材料的庭外核实程序，否则辩护律师将没有任何渠道对这些材料发表意见，只能被动地接受技术侦查的结果。

从调研情况看，司法机关为了防止技术侦查信息的泄露，在使用其他证据足以定案的时候就不会依靠技侦材料，仅将其作为破案和获取其他证据的线索。在必须依靠技侦材料定案时，一般会采取最为保密的庭外调查核实模式，尽可能防止技术侦查信息外泄。这样的方式显然不利于辩方辩护权的有效行使，进而不利于技侦材料客观性、关联性和合法性的确认。庭外核实方式本是法庭审核技侦材料最后采用的一种模式，却成为最常使用的模式，如果辩护律师很难介入庭外调查程序，那么对技侦材料的审查就会演变为一种双向的行政审查方式，这是对审判程序诉讼化构造的破坏。所以，在采用庭外调查核实的方式时，为了保障信息不被泄露，可以与到场辩护律师签署保密协议，但实践中基本没有如此做，而是更多采取了"避开"律师的做法。

七、结语

从调研情况来看，总体而言，在刑事诉讼法修正之后，乃至"两个证据"规定施行之后，刑事证据法的实施状况并不如学界所期望的那么乐观。由于方方面面的因素，"穿新鞋，走老路"的现象依然存在。但是在调研中也发现，总的来看，随着我国证据规则的日益健全，公安司法人员的证据意识有了普遍的提高，在证据的收集、运用和认定等过程中越来越关注证据的合法性问题。应当看到，毕竟修正后的刑事诉讼法实施时间不长，公安司法人员对于新法律、新规则都还有一个适应的过程，相信随着法律的深入实施和规则的不断健全，我国刑事证据法在实践中将会得到更好的贯彻和执行。

审判阶段非法证据排除问题的规范与实证

吴继生[*]　胡红军[**]　王　彪[***]

引言

1979 年《刑事诉讼法》第 32 条和 1996 年《刑事诉讼法》第 43 条都规定严禁刑讯逼供和以威胁、引诱、欺骗以及其他非法方法收集证据，但没有规定违反此规定的法律后果。1994 年出台的最高人民法院《关于审理刑事案件程序的具体规定》第 45 条规定：严禁以非法的方法收集证据。凡经查证确实属于采用刑讯逼供或者威胁、引诱、欺骗等非法的方法取得的证人证言、被害人陈述、被告人供述，不能作为证据使用。1998 年出台的最高人民法院《关于执行〈中华人民共和国刑事诉讼法〉若干问题的解释》第 61 条和 1999 年施行的《人民检察院刑事诉讼规则》第 265 条亦均规定以刑讯逼供或者威胁、引诱、欺骗等非法的方法取得的证人证言、被害人陈述、被告人（或犯罪嫌疑人）供述不能作为定案的根据或者指控犯罪的根据。但由于未设定具体的排除程序，使得司法实践中排除非法证据难以操作，以至于有学者"经多方

---

　　[*] 重庆市高级人民法院党组成员，审判委员会委员，副院长。本文系 2013 年重庆市高级人民法院重点调研课题"刑事非法证据排除实务研究"（课题主持人：吴继生）的阶段性成果。

　　[**] 重庆市高级人民法院审判委员会委员，刑一庭庭长。

　　[***] 西南政法大学 2010 级诉讼法学博士研究生，重庆市高级人民法院刑一庭助理审判员，西南政法大学证据法学研究中心研究员。

调查了解，在我国尚未发现一例排除非法证据的案件"①。在这一阶段，我国刑事诉讼法中并没有规定非法证据排除规则，而相关的司法解释中最多也就是有限度地确立了不具有操作性的非法证据排除规则。

2010 年最高人民法院、最高人民检察院、公安部、国家安全部、司法部联合制定的《关于办理刑事案件排除非法证据若干问题的规定》和《关于办理死刑案件审查判断证据若干问题的规定》（以下分别简称《非法证据排除规定》、《死刑案件证据规定》，两者合称"两个证据规定"）以司法解释的形式正式确立了非法证据排除规则并明确规定了排除非法证据的范围和操作程序。2012 年刑事诉讼法在立法上正式确立了非法证据排除规则及其实施程序。2012 年出台的最高人民法院《关于适用〈中华人民共和国刑事诉讼法〉的解释》（以下简称 2012 年《法院解释》）、《人民检察院刑事诉讼规则（试行）》（以下简称 2012 年《检察规则》）、《公安机关办理刑事案件程序规定》（以下简称 2012 年《公安规定》）以及最高人民法院、最高人民检察院、公安部、国家安全部、司法部、全国人大常委会法制工作委员会《关于实施刑事诉讼法若干问题的规定》（以下简称 2012 年《六部委规定》）从各个角度对非法证据排除规则作了细化。至此，中国特色的非法证据排除规则正式确立。②

非法证据排除规则于 1914 年产生于美国，③ 此后该规则通过若干典型判例在美国得以发展。④ 目前，该规则已被世界主要国家和地区采纳。⑤ 1995

---

① 张智辉主编：《刑事非法证据排除规则研究》，北京大学出版社 2006 年版，第 18 页；该作者之前已做过类似判断，认为"没有设立相应的关于非法证据排除规则的操作程序，所以，关于非法证据排除的规定在中国的司法实践中难以操作。根据笔者对北京、海南、河北、山西、吉林、河南等省、市部分法院、检察院和公安部门的调查，到目前为止还没有发现一起非法证据排除规则操作的实例"。杨宇冠：《非法证据排除规则研究》，中国人民公安大学出版社 2002 年版，第 2 页。

② 中国特色主要体现在两个方面：一方面是传统的非法证据排除规则只限于排除侵犯犯罪嫌疑人、被告人的权利所取得的证据，排除范围不包括证人证言、被害人陈述等言词证据，而我国则将非法取得的证人证言、被害人陈述都纳入到排除的范围；另一方面是传统的非法证据排除规则只限于在法庭审理活动中适用，而我国则将非法证据排除延伸到审前阶段。杨宇冠：《论中国特色的非法证据排除规则》，载卞建林、杨宇冠主编：《非法证据排除规则实证研究》，中国政法大学出版社 2012 年版，第 267 页。

③ Weeks v. United States, 387 U. S. 383（1914）.

④ Mapp v. Ohio, 367 U. S. 643（1961）；Miranda v. Arizona, 384 U. S. 436（1966）.

⑤ 关于联合国刑事司法准则以及英国、加拿大、德国、日本、澳大利亚、意大利、俄罗斯、法国、我国港澳台地区的非法证据排除规则，参见杨宇冠：《非法证据排除规则研究》，中国人民公安大学出版社 2002 年版，第 157—216 页；关于英国、加拿大、德国和我国台湾地区非法证据排除规则的发展历程及制度特色，参见林喜芬：《非法证据排除规则：话语解魅与制度构筑》，中国人民公安大学出版社 2008 年版，第 235—265 页；最新的比较研究，见 Stephen C. Thaman, Exclusionary Rules in Comparative Law, Spinger, 2013。

年，我国有学者明确主张应确立该规则。① 在法院和检察院关于 1996 年刑事诉讼法的司法解释颁布后，有学者认为我国已确立非法证据排除规则，② 还有学者认为，该非法证据排除规则存在诸多缺陷，需要进一步完善。③ 此后，每年都有若干篇关于非法证据排除规则的论文，且论文数量呈递增趋势。自 2002 年杨宇冠的博士论文《非法证据排除规则研究》出版以来，学界已有多部关于非法证据排除规则的专著，④ 还有一些关于非法证据排除规则的主编著作，⑤ 2009 年 3 月至 2011 年 8 月，中国政法大学诉讼法学研究院与江苏省盐城市中级人民法院合作选取"非法证据排除规则试点项目"为实证研究对象，研究成果已公开出版。⑥ 综上所述，我国刑事诉讼理论界对非法证据排除规则的研究已有较长时间，并取得了一系列的成果。

然而长期以来，我国刑事诉讼法学界对非法证据排除规则的研究，注重宏观上的理论梳理，注重从比较法的角度论证我国应确立何种非法证据排除规则，却疏于技术层面的操作研究，不仅在实体上对于何谓"非法证据"⑦ 和"刑讯逼供"⑧ 等缺乏细致的研究，对程序上具体该如何排除非法证据亦关注不够。为克服既往研究的不足，总结经验，为司法实践提供指引，本文拟从法解释学意义上对现行有效的法律和司法解释中关于非法证据排除的规定进行解读，在此基础上对非法证据排除规则的实践状况展开实证考察。在法律及法律解释刚刚修订之际，如何在既有法律规范的基础上对法律文本进行解释便成了首要问题，即"通过对刑事诉讼法进行文本解释的方式以求得法律在最恰当

① 参见陈光中、严端主编：《中华人民共和国刑事诉讼法修改建议稿与论证》，中国方正出版社 1995 年版，第 15 页；赵海树：《我国应建立非法证据排除法则》，载《政法学习·新疆公安司法管理干部学院学报》1995 年第 3 期。
② 参见马越常：《论我国刑诉中非法证据排除规则》，载《辽宁大学学报》（哲学社会科学版）1999 年第 1 期。
③ 参见王国忠：《建构我国非法证据排除规则的设想》，载《人民检察》1999 年第 10 期；左卫民、刘涛：《非法证据排除规则的确立与完善》，载《法商研究》1999 年第 5 期。
④ 肖晗：《非法证据排除规则研究》，湖南师范大学出版社 2004 年版；林辉煌：《论证据排除——美国法之理论与实务》，北京大学出版社 2006 年版；林喜芬：《非法证据排除规则：话语解魅与制度构筑》，中国人民公安大学出版社 2008 年版；郑旭：《非法证据排除规则》，中国法制出版社 2009 年版。
⑤ 张智辉主编：《刑事非法证据排除规则研究》，北京大学出版社 2006 年版；郎胜主编：《刑事辩护与非法证据排除》，北京大学出版社 2008 年版。
⑥ 卞建林、杨宇冠主编：《非法证据排除规则实证研究》，中国政法大学出版社 2012 年版。
⑦ 万毅：《解读"非法证据"——兼评"两个〈证据规定〉"》，载《清华法学》2011 年第 2 期。
⑧ 万毅：《论"刑讯逼供"的解释与认定——以"两个〈证据规定〉"的适用为中心》，载《现代法学》2011 年第 3 期。

意义上的适用"①。法律的生命在于经验，因此，从实证的角度研究非法证据排除规则的运行状况亦有必要。

根据《非法证据排除规定》第 3 条的规定，检察院在批准逮捕和审查起诉时和法院一样承担排除非法证据的责任，根据 2012 年《刑事诉讼法》第 54 条第 2 款的规定，非法证据排除规则贯穿于整个刑事诉讼侦查、起诉、审判三个阶段，但由于公安机关、检察机关排除非法证据存在法理局限和制度障碍，其在司法实践中可能会陷入困境。② 另外，公安机关、检察机关能否有效排除非法证据在很大程度上取决于法院能否把好非法证据排除的最后一道关口。本文研究的目的是为法院适用非法证据排除规则提供一定的指引，并对非法证据排除规则在司法实践中的运行状况进行考察。因此，本文的研究对象是审判阶段非法证据排除问题，该项研究具有重要的理论意义和实践价值。

一、非法证据排除的实体范围

根据"两个证据规定"、2012 年刑事诉讼法以及 2012 年《法院解释》的规定，非法证据排除的实体范围主要包括非法取得的犯罪嫌疑人、被告人供述、证人证言、被害人陈述等言词证据和物证、书证等实物证据。基于言词证据与实物证据在诸多方面的不同，世界各国的非法证据排除规则都对其作了不同的规定，中国亦不例外。

（一）"非法证据"的范围界定

长期以来，我国证据法学界对证据的基本属性存在争议，主要观点有"三性说"、"两性说"和"一性说"。③ 其中，认为证据具有客观性、关联性和合法性的"三性说"是通说观点。④ 在此基础上，理论界往往倾向于将证据分为非法证据与合法证据。那么，这里所谓的非法证据与非法证据排除规则中的"非法证据"是否一样？在理论和规范意义上，非法证据排除规则中的"非法证据"的内涵和外延是什么？

1. 理论与规范意义上的"非法证据"

传统上，有学者认为"刑事诉讼中的非法证据，是指不符合法律规定的证据内容、证据形式、收集或提供证据的人员及程序、方法的证据材料"，具

---

① 万毅：《微观刑事诉讼法学——法解释学视野下的〈刑事诉讼法修正案〉》，中国检察出版社 2012 年版，第 6 页。

② 对于检察机关排除非法证据的分析，参见林喜芬：《两个证据规定与证据排除规则》，中国人民公安大学出版社 2011 年版，第 98—115 页。

③ 宋英辉主编：《刑事诉讼法学研究述评（1978—2008）》，北京师范大学出版社 2009 年版，第 534 页。

④ 樊崇义主编：《证据法学》，法律出版社 2008 年版，第 137—140 页；陈光中主编：《证据法学》，法律出版社 2011 年版，第 143 页。

体来说包括四种情形：证据内容不合法、证据表现形式不合法、收集或提供证据的人员不合法和收集提供证据的程序、方法、手段不合法。① 依此观点，证据合法性包括取证主体合法、取证程序合法、证据形式合法和证据的内容合法四项要素，缺少其中任一要素的证据都是非法证据。

然而，传统观点所理解的非法证据过于宽泛，且与国外所理解的非法证据有所差别。鉴于此，同时也为防止排除规则变成一个纯技术性的法律规则，有学者根据收集证据的方法在违法程度、侵害利益严重性方面的区别，将非法证据区分为三种：违反宪法的证据、一般的非法证据和技术性的违法证据。② 在此基础上，该学者认为对不同的非法证据应确立不同的法律后果。还有学者将传统上关于非法证据的理解称为广义上的非法证据，并认为从比较法的角度来看，对"非法证据排除规则"中的"非法证据"应持狭义的理解，即仅限于以"非法定方法取得之证据"，主要考虑的是取证手段的合法性问题。该学者认为，对非法证据的广义论理解存在三个问题，即"不对路"、"无必要"和"后果很严重"。③

事实上，非法证据是根据英文"evidence illegally obtained"翻译过来的，其原意为"非法获取的证据"，即通过非法手段获取的证据。与此相对应，传统意义上的非法证据实质上指的不合法的证据。非法证据和不合法的证据是不同制度语境下的概念，均有其自身的内涵和外延。我国确立的非法证据排除规则，虽说有中国特色，但该制度仍主要是从国外借鉴移植而来。因此，对非法证据的理解应遵循其在发源地国家的概念，否则不仅可能达不到该规则所确立的制度目的，还可能"冲淡了非法证据排除规则的意义，增加了非法证据排除规则实施的难度"④。

综上，我们认为"非法证据"是指侦查部门以侵犯当事人权利的方式所收集的证据。然而，司法实践中，经常有人将非法证据与形式不合法的证据混为一谈，如某检察机关发现有一份鉴定结论是以传真方式从外地发来，而不是原件，办案的检察人员以该鉴定结论是"非法证据"加以排除。⑤ 甚至在"两个证据规定"生效之后，仍有法院以讯问地点不符合规定为由，认定侦查机

---

① 参见李学宽：《论刑事诉讼中的非法证据》，载《政法论坛》1995 年第 2 期。

② 参见陈瑞华：《刑诉中非法证据排除问题研究》，载《法学》2003 年第 6 期。

③ 参见万毅：《解读"非法证据"——兼评"两个〈证据规定〉"》，载《清华法学》2011 年第 2 期。

④ 杨宇冠、孙军：《构建中国特色的非法证据排除规则——〈关于办理刑事案件非法证据排除若干问题的规定〉解读》，载《国家检察官学院学报》2010 年第 4 期。

⑤ 杨宇冠：《执行〈非法证据排除规定〉应澄清两个问题》，载《检察日报》2010 年 8 月 11 日第 3 版。

关程序违法，进而排除通过该违法程序获得的两次供述。①

根据《死刑案件证据规定》和 2012 年《法院解释》对各类证据的审查与认定所作的规定，部分不合法的证据被称为瑕疵证据，② 而具有瑕疵的证据在经过补正或合理解释后即可获得证据能力。瑕疵证据的提出可以涵盖很大一部分不合法的证据，非法证据的特征将会更加突出。然而，瑕疵证据和非法证据只能涵盖传统的不合法证据的大部分，还有一些不合法证据的运用问题需要进一步研究，如取证主体不合法的证据，③ 理论上应归类为非法证据但立法没有表态的威胁、引诱、欺骗等非法方法获取的被告人供述，④ 等等。

以上从理论上对传统的不合法证据进行了分类，即传统的不合法证据在理论上包括非法证据、瑕疵证据和其他暂时不便归类的不合法证据。作为部门法学，刑事证据法学研究永远离不开规范分析。从规范意义上来说，根据《非法证据排除规定》第 1 条、第 14 条和 2012 年《刑事诉讼法》第 54 条的规定，非法证据包括非法言词证据和非法实物证据，其中非法言词证据包括采用刑讯逼供等非法方法收集的犯罪嫌疑人、被告人供述和采用暴力、威胁等非法方法收集的证人证言、被害人陈述，非法实物证据是指物证、书证的收集程序违反法律规定，进而可能严重影响司法公正。根据以上定义，非法证据的"非法"需要达到一定的程度，否则所收集的证据就不是法律意义上的非法证据。

从比较法的角度来看，以美国为例，其非法证据排除规则可在以下几种情况下排除非法证据：第一，警察违反证言自愿原则，以暴力、威胁或施加心理压力而取得的证言或被告人供述。第二，警察违反米兰达规则而取得的被告人供述，其中，违反米兰达规则可分为违反被告人的沉默权和违反被告人的律师权两种情形。第三，违反被告人不受不合理搜查权利而取得的物证。⑤ 由此可见，与美国相比，中国排除非法证据的范围相对狭小。

① 卞建林、杨宇冠主编：《非法证据排除规则实证研究》，中国政法大学出版社 2012 年版，第 83 页。
② 关于瑕疵证据的概念、特征及其转化问题，参见万毅：《论瑕疵证据——以"两个〈证据规定〉"为分析对象》，载《法商研究》2011 年第 5 期；纵博：《刑事诉讼中瑕疵证据补正的若干操作问题研究》，载《现代法学》2012 年第 2 期；陈瑞华：《论瑕疵证据补正规则》，载《法学家》2012 年第 2 期。
③ 龙宗智：《取证主体合法性若干问题》，载《法学研究》2007 年第 3 期；万毅：《私人违法取证的相关法律问题——以记者"暗访"事件为例》，载《法学》2010 年第 11 期。
④ 万毅：《违法诱惑侦查所获证据之证据能力研究》，载《法律科学》2010 年第 4 期。
⑤ 马跃：《排除非法证据规则：西方的经验与中国的问题》，载《中山大学法律评论》（第 9 卷·第 2 辑），法律出版社 2011 年版，第 325 页。

2. "非法证据"与"瑕疵证据"的区分

上文对非法证据的理论概念以及中国法中的非法证据进行了分析。根据《死刑案件证据规定》和2012年《法院解释》的相关规定，非法言词证据和瑕疵证据分别适用强制性的排除规则和可补正的排除规则。然而，《非法证据排除规定》第14条和2012年刑事诉讼法第54条对物证、书证确立的"可补正的排除规则"则在一定程度上模糊了非法证据和瑕疵证据的界限。所谓"可补正的排除规则"是指，① 在确定非法证据或瑕疵证据后，不是径直排除以上证据，而是在考察对以上证据的非法性或瑕疵性能否予以补正或作出合理解释后再决定是否排除，即在不能补正或者合理解释的情况下排除证据。

既然非法实物证据和瑕疵证据都适用"可补正的排除规则"，那么，如何区分瑕疵证据和非法证据呢？根据《死刑案件证据规定》和2012年《法院解释》的相关规定，瑕疵证据主要是侦查人员在制作相关证据笔录时存在技术性缺陷的证据，要么是因侦查人员的失误而造成笔录记载的缺陷，要么是侦查人员在收集证据的时间、地点、步骤、方式上存在技术性违规。一般来说，区分瑕疵证据与非法证据的标准大体有四个：一是取证手段是否侵犯了重大的权益；二是取证手段是否违反了实质性程序；三是采用某一证据是否违背程序正义；四是采用某一证据是否可能影响证据的真实性。② 一般来说，对瑕疵证据的规定是这样的，即某某证据的收集程序、方式存在下列瑕疵，通过补正或合理解释的，可以采用，不能补正且不能作出合理解释的，该证据不能作为定案的根据。上述规定一般出现在证据的审查和认定章节中，在2012年《法院解释》中，瑕疵证据和非法证据的规定明显不同。

根据现行有效的法律规定，以是否具有证据能力为标准，可以把证据分为以下几类：有证据能力的证据、无证据能力的证据和证据能力待定的证据。其中有证据能力的证据是指符合证据三性要求的证据材料，主要是指收集程序合法的证据；无证据能力的证据是指非法言词证据，即对非法言词证据采取的是绝对排除模式；证据能力待定的证据包括瑕疵证据和非法实物证据。然而，稍加分析便可以发现，以上分类遗漏了其他无法归类的不合法证据。对于这部分不合法证据，在司法实践中，该如何审查判断呢？

对于这部分证据的运用，不能一概而论。比如说，对于取证主体不合法的

---

① 关于可补正的排除规则，参见牟绿叶：《论可补正的排除规则》，载《中国刑事法杂志》2011年第9期。

② 陈瑞华：《刑事证据法学》，北京大学出版社2012年版，第306—307页。

证据，可以进行转化后使用，① 如对于纪委取证问题，司法实践中往往让行为人对其罪行进行自书，然后将自书材料作为书证使用。2012 年《刑事诉讼法》第 52 条第 2 款就规定了行政机关在行政执法和查办案件过程中所收集的物证、书证、视听资料、电子数据等证据材料，在刑事诉讼中可以作为证据使用。② 对于这部分证据现在就不需要转化，而是直接使用。再如，对于通过威胁、引诱或欺骗等方法收集的犯罪嫌疑人供述，既不属于规范意义上的非法证据，也不是瑕疵证据，目前在司法实践中，对于部分严重的可以结合案件情况将其解释为通过刑讯逼供等非法方法获得的供述，对于其余的大部分只能对其进行真实性审查，如果不采纳，只能以真实性存疑为由，③ 而不是非法证据排除规则。

（二）非法言词证据的排除范围

根据《非法证据排除规定》第 1 条和 2012 年《刑事诉讼法》第 54 条的规定，非法言词证据包括犯罪嫌疑人、被告人供述、证人证言和被害人陈述。根据排除标准的不同，可以将非法言词证据划分为两类：采用刑讯逼供等非法方法收集的犯罪嫌疑人、被告人供述和采用暴力、威胁等非法方法收集的证人证言、被害人陈述。以下分别论述。

1. 犯罪嫌疑人、被告人供述的排除条件

对于犯罪嫌疑人、被告人供述的排除问题，《非法证据排除规定》第 1 条和 2012 年《刑事诉讼法》第 54 条的规定基本一致，即采用刑讯逼供等非法方法收集的犯罪嫌疑人、被告人供述，应当予以排除。理解以上规定的关键是何谓"刑讯逼供等非法方法"，根据 2012 年《法院解释》第 95 条第 1 款的解释，使用肉刑或者变相肉刑，或者采用其他使被告人在肉体上或者精神上遭受

---

① 对该问题的反思，参见万毅：《证据"转化"规则批判》，载《政治与法律》2011 年第 1 期；龙宗智：《薄熙来案审判中的若干证据法问题探析》，载《法学》2013 年第 10 期。

② 对该条的深入分析，参见黄世斌：《行政执法与刑事司法衔接中的证据转化问题初探——基于修正后的〈刑事诉讼法〉第 52 条第 2 款的思考》，载《中国刑事法杂志》2012 年 5 期；高通：《行政执法与刑事司法衔接中的证据转化——对〈刑事诉讼法〉（2012 年）第 52 条第 2 款的分析》，载《证据科学》2012 年第 6 期；杜磊：《行政证据与刑事证据衔接规范研究——基于刑事诉讼法第 52 条第 2 款的分析》，载《证据科学》2012 年第 6 期；郭泰和：《行政证据与刑事证据的程序衔接问题研究——〈刑事诉讼法〉（2012 年）第 52 条第 2 款的思考》，载《证据科学》2012 年第 6 期；董坤：《行、刑衔接中的证据问题研究——以〈刑事诉讼法〉第 52 条第 2 款为分析文本》，载《北方法学》2013 年第 4 期。

③ 最高人民法院的戴长林庭长亦持此观点，认为"如果法庭通过审查讯问记录等证据材料能够认定侦查人员采用引诱、欺骗方法获取被告人供述，且该供述不能与在案证据相印证，也可以从证明力的角度，因该供述具有虚假性而依法予以排除"。戴长林：《非法证据排除规则司法适用疑难问题研究》，载《人民司法》2013 年第 9 期。

剧烈疼痛或者痛苦的方法，迫使被告人违背意愿供述的，应当认定为《刑事诉讼法》第54条规定的"刑讯逼供等非法方法"。根据参与立法相关人员的解释，"刑讯逼供"是指使用肉刑或者变相肉刑，使当事人在肉体和精神上遭受剧烈疼痛或痛苦而不得不供述的行为，如殴打、电击、饿、冻、烤等。"等非法方法"是指违法程度和对当事人的强迫程度达到与刑讯逼供相当，使被追诉人不得不违背自己意愿供述的方法。① 对于何谓"刑讯逼供等非法方法"，学者的解释也大同小异。②

从对刑讯逼供等非法行为的严格解释可以看出，我国确立的非法口供排除规则与学界所谓的自白任意性规则还有较大距离，③ 有学者将其称为非法证据排除的"痛苦"规则④。从对"刑讯逼供"和"等非法方法"的解释来看，这里的"等"字等于没有，因为"等非法方法"所指的就是刑讯逼供。根据参与立法相关人员的解释，之所以如此规定，是因为"以上述非法方法收集言词证据，严重侵犯当事人的人身权利，破坏司法公正，极易酿成冤假错案，是非法取证情节最严重的情形"⑤。从这里可以看出，非法口供排除规则所排除的是通过最严重的非法取供方法获得的供述，设立该项规则的主要目的是预防冤假错案⑥。

在此还需要考虑另外一个问题，即法定主体之外的机关进行取证时实施刑讯逼供行为的，是否需要排除非法口供？这种情况在中国语境下有考虑的必要，如纪委取证涉及刑讯逼供的，是否适用非法证据排除规则。对此问题，笔者认同该说法，即非法证据排除规则的"射程"并不局限于侦查程序，只要违法取证行为与证据之间有因果关系，即使是在侦查前程序中进行的违法取证，也在非法证据排除规则的"射程"之内。⑦ 理论上可以如此分析，但司法

---

① 参见全国人大常委会法制工作委员会刑法室编：《关于修改中华人民共和国刑事诉讼法的决定——条文说明、立法理由及相关规定》，北京大学出版社2012年版，第56页。

② 参见万毅：《论"刑讯逼供"的解释与认定——以"两个〈证据规定〉"的适用为中心》，载《现代法学》2011年第3期；陈光中主编：《〈中华人民共和国刑事诉讼法〉修改条文释义与点评》，人民法院出版社2012年版，第69页。

③ 对该问题的深入研究，参见张建伟：《自白任意性规则的法律价值》，载《法学研究》2012年第6期。

④ 参见龙宗智：《我国非法口供排除的"痛苦规则"及相关问题》，载《政法论坛》2013年第5期。

⑤ 郎胜主编：《中华人民共和国刑事诉讼法修改与适用》，新华出版社2012年版，第124页。

⑥ 对该问题学界已基本达成共识，参见林喜芬：《"两个证据规定"颁行背景的理论解读》，载《北方法学》2012年第1期；类似的见解，参见熊秋红：《刑事证据制度发展中的阶段性进步——刑事证据两个规定评析》，载《证据科学》2010年第5期。

⑦ 参见万毅：《"全国首例非法证据排除案"法理研判》，载《证据科学》2011年第6期。

实践中存在障碍，即纪委程序不受法院审查。因此，对该问题还需要进一步研究。

随着非法证据排除规则的确立，一个之前尚未引起足够关注的问题进入学界的视野，即审前重复供述的排除问题。众所周知，被告人在庭审中翻供是困扰刑事法官的一个重要难题，某学者对 Y 省省会城市的三个基层法院调研后发现，J 法院、N 法院以及 G 法院近年来被告人的当庭翻供率分别为 27.5%、21% 和 14%。被告人翻供的理由主要有刑讯逼供、骗供、诱供以及错误的讯问记录等，其中最主要的理由是刑讯逼供，在该学者调研的三个基层法院，共有 55 起被告人当庭翻供案件，其中被告人主张曾遭受刑讯逼供的案件共计 19 起，占翻供案件的 34.5%。① 在审前供述率近乎 100% 的中国，② 被告人当庭翻供确实是一个重要的问题。高供述率、较高的翻供率与刑讯逼供抗辩相结合，一个新的问题出现了，即被告人审前供述的排除问题。审前重复供述的排除问题，是指某次供述系刑讯逼供所得，与该供述内容相同或相近的后续供述该如何处理的问题，是作为独立的供述采纳，还是作为受刑讯逼供影响的供述而予以排除。

对于重复供述的排除问题，目前学界的主流观点认为应以刑讯逼供等非法方法与重复供述之间是否存在因果关系为标准进行区别对待，③ 即非法取证行为的持续影响效力理论；少数学者则主张全部排除，④ 主要理由是区别对待说在我国不具有可行性。从比较法的经验和现实的法律依据来看，只能采用区别对待说，即刑讯逼供等非法方法与重复供述之间存在因果关系的，排除重复供述。具体程序是，先认定刑讯逼供等非法行为的存在，再根据非法取证行为的持续影响效力理论来认定刑讯逼供等非法方法与重复供述之间是否存在因果关系，最后则考虑因果关系是否达到排除的程度。根据 2012 年《检察规则》第 379 条的规定，公诉部门在依法排除非法证据的同时，可以要求侦查机关另行

① 参见左卫民等：《中国刑事诉讼运行机制实证研究（五）：以一审程序为侧重点》，法律出版社 2012 年版，第 177—180 页。

② 有学者对三个基层法院的调研结果显示，不同年份、不同地区被告人的供述率从 95.08% 到 100%。参见左卫民等：《中国刑事诉讼运行机制实证研究》，法律出版社 2007 年版，第 41—42 页；熊秋红教授调研的死刑案件有罪供述率为 96%，参见熊秋红：《冤案防范与权力保障》，载《法学论坛》2010 年第 4 期；麦高伟教授统计的供述率为 95%，See Mike McConville, Criminal Justice in China: An Empirical Study, Edward Elgar, 2011, p. 72.

③ 谢小剑：《重复供述的排除规则研究》，载《法学论坛》2012 年第 1 期；闫召华：《重复供述排除问题研究》，载《现代法学》2013 年第 2 期；林国强：《论审前重复供述的可采性》，载《国家检察官学院学报》2013 年第 4 期。

④ 参见万毅：《论"反复自白"的效力》，载《四川大学学报》（哲学社会科学版）2011 年第 5 期；田文昌、邹佳铭：《排除非法言词证据的若干问题》，载《人民司法》2013 年第 7 期。

指派侦查人员重新调查取证，必要时人民检察院也可以自行调查取证。因此，在排除重复供述后，应允许重新取证，但司法实践中应让侦查机关承担一定的告知义务，如在重新讯问之前告知被追诉人，上次讯问属于非法讯问，现在更换人员进行重新讯问，被追诉人应当实事求是回答问题。

2. 证人证言和被害人陈述的排除条件

对于证人证言和被害人陈述的排除问题，《非法证据排除规定》第1条和2012年《刑事诉讼法》第54条的规定一致，即通过暴力、威胁等非法方法收集的证人证言和被害人陈述应当予以排除。因此，排除证人证言和被害人陈述的关键是暴力、威胁等非法方法的准确认定，一旦认定暴力、威胁等非法方法的存在，则必须排除证人证言和被害人陈述。

然而，对于何谓暴力、威胁等非法方法，法律和司法解释均没有规定，在参与立法相关人员或者学者所做的学理解释中也没有涉及。目前，相对权威的解释是最高人民法院针对2012年《法院解释》所作的解读。根据最高人民法院相关人员的解释，"所谓采用暴力方法收集的证人证言、被害人陈述，是指司法人员采用肉刑或者变相肉刑所获取的证人证言、被害人陈述。而采用威胁方法收集的证人证言、被害人陈述，是指司法工作人员虽未采用暴力手段，但对证人、被害人进行心理上的强制所获取的证人证言、被害人陈述。这里威胁的内容，既可以是针对被害人、证人及其亲友的人身暴力的内容，也可以是揭发其隐私，破坏其人格、名誉等威胁内容"[1]。

根据上面的解释，所谓暴力方法，是指肉刑或者变相肉刑；所谓威胁方法，是指以准备实施人身暴力、揭发隐私以及破坏人格、名誉等方法对证人、被害人进行心理上的强制。无论是暴力方法还是威胁方法，证人和被害人的意志均受到限制。进一步分析，暴力方法是通过肉体上的疼痛来迫使证人和被害人作出证言和陈述，威胁方法主要是通过精神上的痛苦来迫使证人和被害人作出证言和陈述。问题是，这种肉体和精神上的疼痛或痛苦需要达到何种程度才应排除证人证言和被害人陈述。从立法将犯罪嫌疑人、被告人供述和证人证言、被害人陈述的排除分开规定可以看出，排除证人证言和被害人陈述所需要的肉体疼痛或精神痛苦要比刑讯逼供等非法方法所造成的剧烈疼痛或痛苦低。但具体低至何种程度，立法和司法解释没有明确，在适当时可由最高人民法院以指导性案例的形式予以明确。

（三）非法实物证据的排除范围

根据《非法证据排除规定》第14条和2012年《刑事诉讼法》第54条的

---

① 江必新主编：《〈最高人民法院关于适用《中华人民共和国刑事诉讼法》的解释〉理解与适用》，中国法制出版社2013年版，第98页。

规定，非法实物证据包括非法收集的物证、书证。对于非法实物证据，法律并未绝对排除，而是允许进行补正或者作出合理解释，即属于可补正的排除规则。根据《非法证据排除规定》第 14 条的规定，排除非法物证、书证需要几个条件，即物证、书证的取得明显违反法律规定，可能影响公正审判，不能予以补正且无法作出合理解释。2012 年《刑事诉讼法》第 54 条的规定与此有一定的差异，即将"物证、书证的取得明显违反法律规定"修改为"收集物证、书证不符合法定程序"，将"可能影响公正审判的"修改为"可能严重影响司法公正的"。通过对比可以发现，2012 年刑事诉讼法关于物证、书证的排除条件，降低了违法要求，但提高了影响司法公正的程度。

何谓"不符合法定程序"，根据参与立法相关人员的解释，"不符合法定程序"包括不符合法律对于取证主体、取证手续、取证方法的规定，如由不具备办案资格的人员提取的物证，勘验笔录没有见证人签字的物证，未出示搜查证搜查取得的书证等。① 然而，这样的解释是存在问题的，依照这种解释，就在一定程度上混淆了非法证据和瑕疵证据。根据《死刑案件证据规定》第 9 条第 2 款第 1 项和 2012 年《法院解释》第 73 条第 2 款第 1 项的规定，勘验笔录没有见证人签字的物证是收集程序、方式有瑕疵的证据，即瑕疵证据。与这种解释相比较，最高人民法院法官所作的学理解释相对更为合理，即"不符合法定程序"是指采用非法搜查、扣押的手段，进一步来说，主要是指未经合法批准或授权而滥用权力非法进行搜查、扣押的。②

何谓"严重影响司法公正"，根据 2012 年《法院解释》第 95 条第 2 款的规定，认定《刑事诉讼法》第 54 条规定的"可能严重影响司法公正"，应当综合考虑收集物证、书证违反法定程序以及所造成后果的严重程度等情况。根据该条规定，认定是否属于"严重影响司法公正"，需要考虑两个方面的内容：一是违法程度，二是后果的严重程度。最高人民法院法官所做的学理解释认为，根据我国宪法的规定，任何公民享有宪法和法律规定的权利，公民的人身自由、人格尊严、住宅不受侵犯，通信自由和通信秘密受法律保护。如果收集实物证据严重违反法定程序，并且侵犯了公民的隐私权、财产权、通信自由权和通信秘密等基本人权的严重后果，就可以被视为"严重影响司法公正"。③

非法实物证据的取得与拘留、逮捕、搜查和扣押等强制性措施密切有关，我国法律虽然规定了运用这些措施的条件，但这些措施主要是由侦查部门和检

① 参见全国人大常委会法制工作委员会刑法室编：《关于修改中华人民共和国刑事诉讼法的决定——条文说明、立法理由及相关规定》，北京大学出版社 2012 年版，第 56 页。
② 参见张军主编：《新刑事诉讼法法官培训教材》，法律出版社 2013 年版，第 214 页。
③ 参见南英、高憬宏主编：《刑事审判方法》，法律出版社 2013 年版，第 252 页。

察部门审查批准的。与西方法治发达国家相比，我国强制侦查行为缺乏司法审查制度，① 实物证据取得方面司法审查的缺失，加上非法物证、书证排除所需的四个条件，司法实践中，排除实物证据可谓难于上青天。因此，非法实物证据排除规定在很大意义上只能起到象征和宣示作用。正因如此，有学者断言：我国并未确立实质意义上的非法实物证据排除规则。②

二、非法证据排除的程序机制

从性质上来说，非法证据排除规则属于以"宣告无效"为后果的程序性制裁措施。③ 根据程序性制裁制度的一般原理，在进行程序性制裁之前，需要先进行程序性裁判，而"程序性裁判"所要解决的核心问题是侦查、公诉和审判行为的合法性问题。④《非法证据排除规定》、2012 年刑事诉讼法以及2012 年《法院解释》的相关规定，为"程序性裁判"的有效运行提供了基础。下面详细论述。

（一）非法证据排除的一审程序

一审是基础和关键，非法证据排除亦不例外。综观上述立法和司法解释，大量的规定是关于一审如何排除非法证据的，非法证据排除的救济途径则非常有限。关于一审阶段排除非法证据的程序问题，已有人结合《非法证据排除规定》和 2012 年刑事诉讼法进行了相关研究，⑤ 现结合 2012 年《法院解释》对其进一步分析。

1. 非法证据调查程序的启动

非法证据调查程序的启动模式有两种：一种是根据《非法证据排除规定》第 5 条和 2012 年《刑事诉讼法》第 56 条第 2 款的规定，通过当事人及其辩护人、诉讼代理人向法院提出申请，从而启动非法证据排除的调查程序，可以将其称为申请启动模式；另一种是根据 2012 年《刑事诉讼法》第 56 条第 1 款的规定，在法庭审理过程中，审判人员认为可能存在 2012 年《刑事诉讼法》第54 条规定的以非法方法收集证据情形的，应依职权启动非法证据排除的调查程序，可以将其称为职权启动模式。

对于申请启动模式，理论与实践中争议不大。存有争议的是职权启动模式

---

① 具体分析，参见高峰：《刑事侦查中的令状制度研究》，中国法制出版社 2008 年版，第 211—232 页。

② 参见闫永黎、张书勤：《论非法实物证据排除规则的构建》，载《中国刑事法杂志》2013 年第7 期。

③ 参见陈瑞华：《程序性制裁制度的法理学分析》，载《中国法学》2005 年第 6 期。

④ 参见陈瑞华：《程序性裁判理论》，中国法制出版社 2010 年版，第 408 页。

⑤ 参见王彪：《一审阶段排除非法证据程序问题研究》，载《人民司法》2012 年第 19 期。

是否存在，《非法证据排除规定》通篇规定的是申请启动模式如何运行的问题，2012 年《法院解释》也用了 5 个条文对申请启动模式进行细化。2012 年《六部委规定》第 11 条的规定似乎限缩了非法证据调查程序的启动模式，即法庭原则上只能对当事人及其辩护人、诉讼代理人的申请进行审查后决定启动。① 然而，根据参与立法相关人员的解释，《六部委规定》第 11 条的主要意思有两层：一是当事人等有权提出排除非法证据的申请，二是法庭调查的顺序由法庭根据具体审理情况确定。② 事实上，从字面上理解，《六部委规定》第 11 条容易引起误解，将来对该问题的理解应以 2012 年《刑事诉讼法》第 56 条第 1 款的规定为准。

具体来说，非法证据调查程序的启动需要考虑三个问题，即启动主体、申请启动的时间和方式及启动条件。

首先是启动主体。根据 2012 年《刑事诉讼法》第 56 条第 1 款的规定，职权启动模式的启动主体是审判人员。关于法官能否作为非法证据调查程序的启动主体，各国法律规定不一致。英国、德国的法官对证据的可采性产生怀疑时，法官会对该证据的合法性进行审核；美国法官则无权主动启动非法证据排除的调查程序。③ 在我国，法官承担真实发现职责，同时由于被告人诉讼能力的低下以及辩护律师参与的有限，法官应该也有必要承担一定的对被告人的诉讼照料义务，④ 体现在非法证据排除规则上则表现为法官在发现可能有非法取证现象时应依职权启动非法证据排除的调查程序。因此，在中国法的语境下，法庭依职权启动非法证据调查程序有其必要性。

申请启动的主体要根据不同的非法证据来确定，根据《非法证据排除规定》第 5 条的规定，对于被告人供述的排除，被告人及其辩护人可以提出申请；根据《非法证据排除规定》第 13 条的规定，对于未到庭证人的书面证言和未到庭被害人的书面陈述的排除，检察人员、被告人及其辩护人均可以提出；但对于物证、书证的排除可以由谁提出的问题，《非法证据排除规定》没有规定。对此，需要结合其他规定进行考察。根据 2012 年《刑事诉讼法》第 56 条第 2 款和 2012 年《法院解释》第 96 条的规定，当事人及其辩护人、诉讼代理人有权提出非法证据排除的申请。

---

① 参见闫召华：《法庭调查程序的启动》，载《人民法院报》2013 年 1 月 16 日第 6 版。
② 参见王尚新主编：《最高人民法院、最高人民检察院、公安部、国家安全部、司法部、全国人大常委会法制工作委员会〈关于实施刑事诉讼法若干问题的规定〉解读》，中国法制出版社 2013 年版，第 58 页。
③ 参见陈瑞华：《比较刑事诉讼法》，中国人民大学出版社 2010 年版，第 46、118、184 页。
④ 参见陈如超：《论中国刑事法官对被告的客观照料义务》，载《现代法学》2012 年第 1 期。

准确理解上述规定，需要考虑两个问题。一是何谓刑事诉讼中的当事人及其辩护人、诉讼代理人？根据 2012 年《刑事诉讼法》第 106 条的规定，当事人是指被害人、自诉人、犯罪嫌疑人、被告人、附带民事诉讼的原告人和被告人；法定代理人是指被代理人的父母、养父母、监护人和负有保护责任的机关、团体的代表；根据该法第 32 条的规定，下列人可以被委托为辩护人，即律师、人民团体或者犯罪嫌疑人、被告人所在单位推荐的人和犯罪嫌疑人、被告人的监护人、亲友。当然，正在被执行刑罚或者依法被剥夺、限制人身自由的人除外。二是检察人员和证人是否有权申请启动非法证据调查程序？综观上述规定，检察人员只能就未到庭证人的书面证言和未到庭被害人的书面陈述的排除问题提出申请，证人则无权启动非法证据调查程序。

其次是申请启动的时间和方式。根据《非法证据排除规定》第 5 条的规定，提出启动非法证据调查程序申请的时间可以是庭审前和庭审中，也可以是法庭辩论结束前。根据 2012 年《刑事诉讼法》第 56 条的规定，职权启动的时间是法庭审理过程中，根据参与立法相关人员的学理解释，"法庭审理过程中"是职权启动调查的时间范围，是指从开庭审判到法庭辩论终结的过程。[1] 对于申请启动的，2012 年刑事诉讼法则没有规定可以申请启动的时间。根据参与立法相关人员的学理解释，从"案件进入审判阶段到法庭辩论终结，都有权提出申请"[2]。根据 2012 年《法院解释》第 98 条和第 100 条的规定，申请启动的时间既可以是开庭审理前，也可以是法庭审理过程中。综上，职权启动的时间是法庭审理过程中，申请启动的时间可以是开庭审理前，也可以是开庭审理中，但至迟不超过法庭辩论终结前。

在开庭审理前和法庭辩护结束前启动非法证据调查程序当无异议，那么，在最后陈述阶段以及庭审后宣判前阶段能否启动？从比较法的经验、我国刑事诉讼的实际情况以及设立非法证据排除程序的目的来看，在一审宣判前都应可以启动非法证据调查程序。[3] 第一，从比较法的经验来看，美国、德国等法治国家的被告人在审理过程中都能够提出证据排除的动议或者申请，只不过在美

---

[1] 参见全国人大常委会法制工作委员会刑法室编：《关于修改中华人民共和国刑事诉讼法的决定——条文说明、立法理由及相关规定》，北京大学出版社 2012 年版，第 62 页。

[2] 参见全国人大常委会法制工作委员会刑法室编：《关于修改中华人民共和国刑事诉讼法的决定——条文说明、立法理由及相关规定》，北京大学出版社 2012 年版，第 63 页。

[3] 最高人民法院的法官也认为"当事人提出申请的时间不应受到限制，原则上可以在审判过程的各个阶段提出"，但为节约司法资源保障诉讼顺利进行，"应积极引导并要求被告人一般应当在审判前提出证据取得的合法性审查的申请"。张军主编：《新刑事诉讼法法官培训教材》，法律出版社 2012 年版，第 219 页。

国为了督促其尽快行使权利，对其启动非法证据调查程序的时间有一定的限制；① 第二，在庭审前以及庭审过程中，被告人及其辩护人可能会由于种种顾虑或者证据的匮乏而没有提出非法证据调查的申请，如果不允许其在最后陈述阶段以及庭后阶段提出申请，则不利于被告人权利的保障；第三，控方举证的主导性与控方的"节录式宣读"和"概况说明式解读"的举证方式，② 使得法官无法通过庭审查明案件的细节情况，法官在庭后阅卷中发现问题并进行调查有利于保障被告人的权利和发现案件的事实真相；第四，我国确立非法证据排除规则的主要目的是遏制刑讯逼供、预防冤假错案，因此，在一审宣判前只要发现有非法取证的可能性就应进行调查，从而筑牢案件证据基石；第五，结合非法证据排除救济程序的规定，对证据合法性的审查应当贯穿刑事诉讼的始终。当然，司法实践中，应尽量"倡导"在开庭以前申请启动非法证据调查程序。

申请人应当以何种形式申请启动非法证据调查程序呢？对此，法律和司法解释并没有规定。因此，就被告人而言，一般来说，其提出申请应当采用书面方式，内容包括需要进行合法性审查的证据、理由等。在被告人书写确有困难的情况下，也可以口头提出申请，由法院工作人员或者辩护人作出笔录，并由被告人签名或捺手印。③

最后是启动条件。根据《非法证据排除规定》第7条第1款和2012年《法院解释》第100条的规定，启动非法证据调查程序的条件是审判人员对证据收集的合法性有疑问，根据2012年《刑事诉讼法》第56条的规定，启动非法证据调查程序的条件则是审判人员认为可能存在本法第54条规定的以非法方法收集证据情形。事实上，以上条文从正反两个方面对启动非法证据调查程序的条件作了规定，即有疑问或有可能。有疑问或有可能是审判人员对于一定事实的认识状态，从证明标准的角度来说，该状态属于认识程度较低的标准，结合对证据合法性的证明标准的规定，可以将其概括为"有合理怀疑"，即审判人员对证据的合法性有合理理由的怀疑。

那么，审判人员如何产生这种合理怀疑呢？根据启动模式的不同，审判人员主要通过两种方式产生合理怀疑。在职权启动的情况下，审判人员是通过阅卷、庭审等方式发现存在非法取证的可能，进而对证据合法性产生疑问；在申

---

① 关于美国的情况，参见杨宇冠：《非法证据排除规则及其在中国确立问题研究》，载《比较法研究》2010年第3期。

② 参见李昌盛：《缺乏对抗的"被告人说话式"审判——对我国"控辩式"刑事审判的实证考察》，载《现代法学》2008年第6期。

③ 参见张军主编：《新刑事诉讼法法官培训教材》，法律出版社2012年版，第219页。

请启动的情况下，审判人员之所以对证据合法性产生疑问是申请人提供相关线索或者材料的结果。

在申请启动的情况下，根据《非法证据排除规定》第6条、2012年《刑事诉讼法》第56条第2款和2012年《法院解释》第96条的规定，申请人需要提供相关线索或材料。如何理解对申请人的这种要求呢？学界通说认为，要求申请人"提供相关线索或材料"，并不是说其对主张侦查人员非法取证之事实负有举证责任，而只是要求其就侦查人员涉嫌非法取证之事实形成争点。[①] 可以将这种要求称为申请人的"争点形成责任"。根据上述规定，这里的线索或者材料主要是指涉嫌非法取证的人员、时间、地点、方式、内容等。

由于非法取证一般在封闭的环境下进行，在一般情况下，被告人或者辩护人很难提供非法取证人员的具体名单，具体时间、地点等；而对于非法取证的方式和内容，除了在特殊情形下，如被告人有可能留下伤疤或残疾等外，被告人和辩护人更难提供相应的证据。[②] 由此导致实践中可能对申请人是否成功履行"争点形成责任"产生争议，在配套性措施没有建立的情况下，需要审判人员对申请人提供的相关线索或者材料的可信度进行审查，可以考虑从四个方面来把握：一是有无刑讯逼供的可能性；二是申请人表述内容是否一致；三是申请人表述内容是否具体和详细；四是申请人表述内容是否有其他种类的证据印证。[③] 通过对申请人提供的线索或材料的审查，审判人员要么对证据合法性产生疑问，要么没有；审判人员对证据合法性没有疑问的情况又可以分为两种，一种是申请人提供的线索或材料不具有可信性，另一种是申请人提供的线索或材料可信，但是其"刑讯程度"达不到《非法证据排除规定》和2012年刑事诉讼法所设定的法定范围标准。

2. 非法证据调查程序的运行

审判人员一旦对证据的合法性产生疑问就应当启动对非法证据的调查程序，非法证据调查程序启动后具体该如何运行呢？下面从调查阶段、举证责任的分配、证明标准以及证明方法等方面详细论述。

首先是非法证据的调查阶段。根据《非法证据排除规定》第5条的规定，具体分为两种情况，申请人在开庭审理前或者庭审中提出某证据系非法取得的，法庭应在公诉人宣读起诉书之后，先行当庭调查；申请人在法庭辩护结束前提出该问题的，法庭也应当进行调查。2012年《法院解释》第56条仅规定

---

① 参见陈光中主编：《〈中华人民共和国刑事诉讼法〉修改条文释义与点评》，人民法院出版社2012年版，第78页。

② 参见汪海燕：《评关于非法证据排除的两个〈规定〉》，载《政法论坛》2011年第1期。

③ 参见龙宗智、夏黎阳主编：《中国刑事证据规则研究》，中国检察出版社2011年版，第90页。

对证据收集的合法性进行法庭调查，至于具体时间段没有规定。根据 2012 年《法院解释》第 99 条、第 100 条的规定，非法证据调查阶段可能有四种情况：一是庭前申请、庭前审查，庭前听取意见，庭前决定是否排除；二是庭前申请、庭前审查，庭上先行调查，并且决定排除与否；三是庭上申请，庭上立即审查，法庭调查结束前调查并作出决定；四是庭上申请，法庭调查结束前进行审查并且决定是否调查。

根据上面所分析的情形，有两个问题需要解决：一是先行调查的问题；二是庭前会议的性质问题。《非法证据排除规定》第 5 条确立了非法言词证据的先行调查原则，即在审理犯罪事实的过程中，只要被告人及其辩护人提出了证据合法性问题，就要先行对该问题进行"审理"。[①] 从司法实践的运行状况看，这样的规定不利于庭审的顺利进行。[②] 因此，2012 年刑事诉讼法没有规定该原则，而是赋予法官自由裁量权决定何时调查。2012 年刑事诉讼法的规定有一定道理，主要理由如下：第一，从比较法的角度看，世界各国关于非法证据排除规则的适用程序各具特色，如美国的审前证据禁止动议、英国的审判之中的审判、日本的庭审动议、俄罗斯的庭前听证。[③] 也就是说，关于非法证据调查的时间各国规定的并不一致，我国刑事诉讼法刚刚确立非法证据排除规则，不宜对其调查时间作过多限制。第二，根据非法证据排除对诉讼的影响不同，可以将其分为美国模式和德国模式，在美国模式中，被排除的证据不得在事实审理者面前提出，而在德国模式中，被排除的证据不能作为定案的根据。[④] 也就是说，调查非法证据的法官与审判法官分离并不是唯一合理的选择。第三，从诉讼效率的角度考虑，如果设置非法证据调查前置程序或者独立的非法证据调查程序，则会打断庭审的连续性，降低诉讼效率。在我国，刑事法官负有真实义务，在上诉审的压力下，其一般会对被告人的排除非法证据申请作出客观判断。另外，由于审前程序的封闭性与非法取证的隐蔽性，通过申请人提供的线索或者材料本身往往很难判断有无非法取证的情况，法官需要综合全案证据来审查判断。

学界普遍认为，2012 年《刑事诉讼法》第 182 条第 2 款确立了庭前会议

[①] 参见张军主编：《刑事证据规则理解与适用》，法律出版社 2010 年版，第 314 页。

[②] 参见江必新主编：《〈最高人民法院关于适用《中华人民共和国刑事诉讼法》的解释〉理解与适用》，中国法制出版社 2013 年版，第 105 页。

[③] 参见杨波：《非法证据排除规则适用程序研究——以庭审程序为核心的分析》，载《中国刑事法杂志》2011 年第 9 期。

[④] 参见郑旭：《非法证据排除规则》，中国法制出版社 2009 年版，第 10—11 页。

制度。① 2012 年《法院解释》第 183 条、第 184 条对庭前会议进行了细化。根据上述规定，审判人员可以召集庭前会议，从而就管辖、非法证据排除等问题"了解情况，听取意见"。因此，一般认为庭前会议的本质是一个平台，在此平台上，可以就一系列"与审判相关的问题"进行控辩审三方的协商，② 其效力有限。③ 当然，对庭前会议的效力有学者有不同理解，认为庭前会议的效力主要体现在启动申请提出的时效性和裁判结论的约束性两个方面。辩方排除非法证据的申请原则上必须在庭前提出，否则将视为辩方放弃了申请召开此类庭前会议的权利，在庭审中将不再允许辩方提出上述申请。庭前会议的裁判结论对庭审中控辩双方均具有约束力。原则上，对于控方，法庭已决定排除的证据控方不得再在庭审中出示；对于辩方，法庭驳回排除非法证据请求的，辩方不得在庭审中再次提出相同的非法证据排除的申请。④ 上述观点，从法理和比较法的角度看有一定道理，但从法解释学的角度看是不成立的。综上，庭前会议的性质仅仅是审判人员"了解情况，听取意见"的平台。在庭前会议中就非法证据排除问题达成的协议，应当允许在审判阶段反悔。虽然法院可引导控辩双方遵守协议，引导控辩双方将问题解决在庭前会议中，但也仅是引导而不具有强制力。

其次是证据合法性的举证责任分配。在《非法证据排除规定》颁布之前，司法实践中关于证据合法性的举证责任分配较为混乱，其中刘涌案件就是一个典型案例。辽宁省铁岭市中级人民法院一审认为，"辩护人没有充分的证据证明被告人被刑讯逼供"，因此非法口供排除的主张被驳回；辽宁省高级人民法院二审认为，本案"不能从根本上排除公安机关在侦查过程中存在刑讯逼供情况"，部分采纳了非法证据辩护的意见；最高人民法院再审则认为，"不能认定公安机关在侦查阶段存在刑讯逼供"，对辩护人的辩护意见不予采纳。⑤ 由于之前的法律和司法解释对此问题没有规定，导致的后果就是"司法实践中，当被告方提出控方证据系以非法手段取得并要求予以排除的时候，法院要么自行调查，要么责令被告人承担证明责任"⑥。事实上，法院自行调查的情

---

① 参见陈卫东、杜磊：《庭前会议制度的规范建构与制度适用——兼评〈刑事诉讼法〉第 182 条第 2 款之规定》，载《浙江社会科学》2012 年第 11 期；闵春雷、贾志强：《刑事庭前会议制度探析》，载《中国刑事法杂志》2013 年第 3 期。

② 参见张鹏飞、李峰：《庭前会议的效力及具体操作》，载《法律适用》2013 年第 6 期。

③ 参见王路真：《庭前会议制度的实践运作情况和改革前瞻》，载《法律适用》2013 年第 6 期。

④ 参见闵春雷、贾志强：《庭前会议制度适用问题研究》，载《法律适用》2013 年第 6 期。

⑤ 参见房保国：《刑事证据规则实证研究》，中国人民大学出版社 2010 年版，第 65 页。

⑥ 樊崇义主编：《刑事诉讼法实施问题与对策研究》，中国人民公安大学出版社 2001 年版，第 280 页。

况也比较少，大部分情况下，当被告方提出审前供述系非法取得时，法院要么对此置之不理，要么让被告人承担较重的举证责任，甚至要证明到"确实、充分"的程度。试想在审前程序呈封闭状态的情况下，被告人怎么能够提出充足的证据证明侦查机关的侦讯行为违法？① 对于此问题，学界已经基本形成共识，即由控方对取证程序的合法性承担证明责任。②

　　根据《非法证据排除规定》第11条和2012年《刑事诉讼法》第57条的规定，检察机关承担证据合法性的举证责任。根据《非法证据排除规定》第13条的规定，对于未到庭证人的证言和未到庭被害人的陈述，由举证方承担证据合法性的证明责任。也就是说，如果证人证言或被害人陈述是辩方举出的，在检察人员启动非法证人证言和被害人陈述的调查程序的申请被法庭批准后，被告方应对证人证言和被害人陈述的合法性进行证明。一般认为，这样规定的理由是提供证据的一方本来就应当对其所提供的证据的真实性与合法性负责，并且，提供证据方往往是该证据的收集者，由其来证明取证方式合法比让对方来证明要更容易。③ 仔细考察相关规定可以发现，法律和司法解释对物证、书证合法性的举证责任分配问题没有明确。对于物证、书证的合法性问题，可以参照证人证言和被害人陈述的规定，即在启动非法证据调查程序后，由举证方对物证、书证的合法性承担证明责任，在认定物证、书证的取得违反法律后，由举证方证明没有严重影响审判公正，并由其补正或作出合理解释。以上关于证人证言、被害人陈述和物证、书证的举证责任分配问题，是从法解释学的角度，根据《非法证据排除规定》第13条的规定进行的。从比较法的角度看，非法证据排除问题针对的是公权力在刑事诉讼过程中侵害公民权利的行为，对辩方不适用。④ 因此，上述问题是具有中国特色的，在将来的立法或司法解释中需要进一步明确。

　　研究证据合法性的举证责任分配问题，需要考虑一个具有中国特色的问题，即如果检察机关拒绝履行或者消极履行证据合法性的举证责任怎么办？

---

　　① 参见陈瑞华：《庭外供述笔录的非自愿性推定原则——解决刑讯逼供问题的一种立法思路》，载《法学论坛》2005年第5期。
　　② 参见徐静村主编：《中国刑事诉讼法（第二修正案）学者拟制稿及立法理由》，法律出版社2005年版，第87页；陈光中主编：《中华人民共和国刑事诉讼法再修改专家建议稿与论证》，中国法制出版社2006年版，第334页；陈卫东主编：《模范刑事诉讼法典》，中国人民大学出版社2011年版，第209页。
　　③ 参见杨迎泽、张红梅主编：《刑事证据适用指南——以两个〈规定〉为中心》，中国检察出版社2010年版，第282页。
　　④ 参见杨宇冠：《非法证据排除规则研究》，中国人民公安大学出版社2002年版，第89页；郑旭：《非法证据排除规则》，中国法制出版社2009年版，第87—88页。

《非法证据排除规定》第 11 条规定，公诉人不提供证据加以证明或者已提供的证据不够确实、充分的，被告人审判前供述不能作为定案的根据。2012 年《刑事诉讼法》第 58 条和 2012 年《法院解释》第 102 条规定，确认或者不能排除非法取证的，对有关证据应予以排除，对于检察机关拒绝履行举证责任该如何处理则没有规定。在我国传统的刑事诉讼中，法院必须忠于案件事实真相，如果法院未能全面调查必要的证据，对判决所依据的事实没有查清就作出判决，将构成对审判职责的违反，上级法院可以将案件发回重审或者依法改判。① 所以，虽然检察机关承担证据合法性的举证责任，但在其不履行举证责任的情况下，法院不能径行宣布证据违法，而应进行一定的调查。当然，这种调查要有程度的限制，特别是不能混淆法院查证责任与检察机关举证责任的界限。② 结合 2012 年《刑事诉讼法》第 49 条对举证责任的分配，我们认为法官在特定情况下可以进行查证活动，但不是必须如此，具体由法官自行斟酌。

再次是证据合法性的证明标准。事实上，证明对象、证明责任和证明标准是三位一体的概念，证明责任与证明标准更是密不可分。在证据合法性的证明程序中，证明对象是证据的取得是否违反法律，绝大多数情况下，是由检察机关承担证据合法性的举证责任的。检察机关需要对证据的合法性证明到何种程度才能卸除举证责任？根据《非法证据排除规定》第 11 条、2012 年《刑事诉讼法》第 58 条和 2012 年《法院解释》第 102 条的规定，检察机关对证据合法性的证明需要达到"证据确实、充分"或者"排除合理怀疑"的程度。

对于这一证明标准，理论界存在争议。大多数学者认同该标准，③ 如有学者认为，"由控告方对被告方对某个或某些特定的证据排除的要求和初步的证明提出反驳，证明被告人所提出的问题不存在，或者证明被告人所提事项并未构成非法取证，证明标准应当达到'排除合理怀疑'的程度"。④ 但也有不同意见，如有学者认为，从司法实践的实际情况看，该标准要求苛刻，多数案件难以达到，应当降低对证据合法性证明所要达到的程度，可采用"较大证据

① 参见孙长永：《探索正当程序——比较刑事诉讼法专论》，中国法制出版社 2005 年版，第 250 页。

② 关于我国法院的查证责任，参见龙宗智：《证明责任制度的改革完善》，载《环球法律评论》2007 年第 3 期；陈如超：《论法官的查证责任与控辩双方证明责任的边界》，载《中国刑事法杂志》2011 年第 3 期。

③ 参见徐静村主编：《中国刑事诉讼法（第二修正案）学者拟制稿及立法理由》，法律出版社 2005 年版，第 87 页；陈卫东主编：《模范刑事诉讼法典》，中国人民大学出版社 2011 年版，第 209 页。

④ 杨宇冠：《非法证据排除规则研究》，中国人民公安大学出版社 2002 年版，第 291 页；类似见解，参见孙长永、黄维智、赖早兴：《刑事证明责任制度研究》，中国法制出版社 2009 年版，第 342 页。

优势"或"明显证据优势"的标准。① 还有学者认为，为控方设定的标准过高，因为对取证行为的证明不属于对案件事实本身的证明，应与案件事实有所区别，进而主张设定"优势证据"标准。② 也有人认为，我国检察官承担非法言词证据排除的证明标准，应以优势可信为主要标准，以确信排疑为辅助标准。③ 还有人则认为，我国非法证据排除规则下检察机关的证明标准应当根据非法证据形式的不同而加以区分，对于法律规定绝对排除的非法言词证据应适用"确实、充分"、"排除合理怀疑"的证明标准，对于法律规定相对排除的非法实物证据可适用"优势证明"标准。④

理论争鸣毕竟属于理论的探讨，在法律和司法解释对证据合法性的证明标准已有明确规定的情况下，司法实践中应严格按照此规定执行。但需要考虑如何判断检察机关的证明是否达到了法律要求的程度，因为"侦控机关的证明责任要达到什么界限，证明标准划定到什么程度都是一种在抽象层面容易提出，但是在具体操作层面难以确定的命题"⑤。在现有的考核机制下，法院排除非法证据就意味着一些机关和个人可能要为此付出一定的代价，在这种背景下要考虑如何保证法院能够排除各种干扰进而排除控方提供的有争议的证据，避免检察机关对证据合法性的证明没有达到法定标准而法院认为已经达到该标准的情况发生。对此问题，一方面可以从加强对申请人的权利救济的角度考虑，另一方面则要从提升法院独立公正司法的能力的角度思考。

以上讨论的是检察机关承担举证责任时所应达到的证明标准，根据《非法证据排除规定》第 13 条的规定，证人证言、被害人陈述以及物证、书证的举证方可能是辩方，在辩方承担举证责任的情况下，对证据合法性的证明需要达到何种程度？根据 2012 年《刑事诉讼法》第 58 条和 2012 年《法院解释》第 102 条的规定，应该也要达到"排除合理怀疑"标准。当然，对于这一具有中国特色的规定进行如此解读是否合理还有进一步讨论的空间。

最后是证据合法性的证明方法。根据《非法证据排除规定》第 7 条、2012 年《刑事诉讼法》第 57 条和 2012 年《法院解释》第 101 条的规定，公诉人大致可以通过以下几种方式对证据的合法性进行证明，即讯问笔录、讯问过程录音录像、讯问时其他在场人员或者其他证人出庭作证、侦查人员出庭说

---

① 参见陈光中：《刑事证据制度改革若干理论与实践问题之探讨——以两院三部〈两个证据规定〉之公布为视角》，载《中国法学》2010 年第 6 期，第 14 页。

② 参见葛玲：《论刑事证据排除》，中国人民公安大学出版社 2011 年版，第 211 页。

③ 参见王雄飞：《论检察官在非法言词证据排除中的证明责任》，载《人民检察》2012 年第 4 期。

④ 参见吴宪国：《非法证据排除规则下检察机关的证明标准》，载《中国刑事法杂志》2012 年第 12 期。

⑤ 刘忠：《被识别的几率：非法取证程序性制裁的构成性前提》，载《中外法学》2011 年第 2 期。

明情况以及情况说明等。

根据证明的一般原理，检察机关对争议证据合法性的证明可以采用两种方式，即否定式证明和肯定式证明，所谓否定式证明即检察机关针对辩方提出的理由进行逐一反驳并说明辩方提供的非法取证的事实不存在，以此消除法庭对证据合法性的疑问；所谓肯定式证明即检察机关从正面的角度概括性地拿出能够证明该证据系合法取得的证据资料，以此说明不可能存在非法取证的情形。以上两种证明方式可以交替使用。当然，在使用上述方式进行证明时运用的材料还是讯问笔录、讯问过程录音录像以及情况说明等。

检察机关提供的讯问笔录系经过卷宗制作术处理后的记录，① 讯问笔录的制作人一般不会将非法取证情况记入笔录中，在全程同步录音录像无法保证的情况下，需考虑如何避免"打时不录、录时不打"的情况发生。讯问时其他在场人员一般与控方有紧密关系，如何保证其会如实提供证言。让侦查人员当庭承认自己实施刑讯更是难上加难，可以说，至今还没有发现哪位侦查人员在法庭上主动承认曾实施过刑讯。就情况说明来说，其在非法证据排除中的运用有一定的空间，② 但也有自证清白的嫌疑，效果甚至还不如侦查人员当庭说明情况，因此，2012 年《法院解释》第 101 条规定，上述说明材料不能单独作为证明取证过程中合法的根据。此外，看守所身体检查报告在实践中运用较多，③ 但在看守所不中立的情况下，身体检查报告的客观性容易引起怀疑。④综上，无怪乎有学者认为，公诉人证明取证手段合法性的证明方法在设计上存在有效性与合理性的瑕疵。⑤ 目前来看，较为有效的手段有全程录音录像和对侦查人员的交叉询问。

1984 年英国创立最初的讯问录音制度，并于 2002 年确立了讯问录像制度，此后，讯问犯罪嫌疑人同步录音录像制度在各国相继发展起来。⑥ 在我

① 关于案卷制作术的研究，参见左卫民、谢鸿飞：《法院的案卷制作——以民事判决书为中心》，载《比较法研究》2003 年第 5 期。

② 关于程序类情况说明的运用空间，参见郭晶：《程序类情况说明的证据能力分析》，载《国家检察官学院学报》2013 年第 4 期。

③ 参见杨宇冠、杨恪：《〈非法证据排除规定〉实施后续问题研究》，载《政治与法律》2011 年第 6 期。

④ 这种情况已被实证调研所证实，如 E 中院审理的刘某某受贿案，入所体检表对于刘某某的伤情没有任何记录，在看守所民警证实刘某某进所时有伤，同监人看到刘某某有伤并看到其吃药以及录音录像显示刘某某眼角有伤的情况下，看守所所长和医生又承认刘某某入所时有伤，但入所体检表没有记录。

⑤ 参见陈卫东：《中国刑事证据法的新发展——评两个证据规定》，载《法学家》2010 年第 5 期。

⑥ 参见翁怡洁：《英国的讯问同步录音录像制度及对我国的启示》，载《现代法学》2010 年第 3 期；王戬：《论同步录音录像扩大适用的证据困惑与障碍破除》，载《政治与法律》2013 年第 1 期。

国，自 2002 年起，就有学者探索讯问犯罪嫌疑人时律师在场、录音、录像制度，并为此进行了实验。① 2005 年 12 月，最高人民检察院发布了《人民检察院讯问职务犯罪嫌疑人实行全程同步录音录像的规定（试行）》，明确提出在全国推行讯问职务犯罪嫌疑人同步录音录像的"三步走"计划。2006 年 12 月，最高人民检察院办公厅印发的《人民检察院讯问职务犯罪嫌疑人实行全程同步录音录像技术工作流程（试行）》和《人民检察院讯问职务犯罪嫌疑人实行全程同步录音录像系统建设规范（试行）》规范了同步录音录像的流程。2007 年 3 月，最高人民法院、最高人民检察院、公安部、司法部联合发布的《关于进一步严格依法办案确保办理死刑案件质量的意见》第 11 条规定，讯问可能判处死刑、犯罪嫌疑人，在文字记录的同时，可以根据需要录音录像。

在上述规定出台之后，司法实践中的做法是对职务犯罪讯问过程进行全程同步录音录像，对非职务犯罪案件，尤其是可能判处无期徒刑、死刑的重罪案件的侦查讯问过程，录音录像也逐渐被运用。② 在总结实践经验的基础上，2012 年《刑事诉讼法》第 121 条规定：侦查人员在讯问犯罪嫌疑人的时候，可以对讯问过程进行录音或者录像；对于可能判处无期徒刑、死刑的案件或者其他重大犯罪案件，应当对讯问过程进行录音或者录像。录音或者录像应当全程进行，保持完整性。至此，（重大案件）全程录音录像制度在我国立法中确立。

然而，立法在确立全程录音录像制度的同时却并没有明确其性质。因此，全程录音录像制度的运行需要考虑两大问题：一是全程录音录像资料的证据属性，二是违反全程录音录像规定所得供述的证据能力。③ 其中，第二个问题具有重要的现实意义。从比较法的角度来看，在世界范围内，对未全程录音录像的笔录的可采性，主要有三种处理模式：第一，如果未全程录音录像，且不符合法律规定的例外情形或正当理由，那么笔录不具有可采性；第二，如果未全程录音录像，且不符合法律规定的例外情形或正当理由，那么应可反驳地推定警讯笔录不具有可采性；第三，未全程录音录像只是影响犯罪嫌疑人供述是否可采的因素之一，对于未全程录音录像获得的犯罪嫌疑人供述的可采性，应综

---

① 相关情况，参见樊崇义、顾永忠主编：《侦查讯问程序改革实证研究——侦查讯问中律师在场、录音、录像制度实验》，中国人民公安大学出版社 2007 年版，第 3—201 页。

② 参见全国人大常委会法制工作委员会刑法室编：《关于修改中华人民共和国刑事诉讼法的决定——条文说明、立法理由及相关规定》，北京大学出版社 2012 年版，第 156 页。

③ 参见沈德咏、何艳芳：《录音录像制度的科学建构》，载《法律科学》2012 年第 2 期。

合案件的所有情况，经权衡后作出决定。① 对这一问题，最高人民法院原副院长张军认为，侦查机关未执行法律规定进行全程同步录音录像，属于违反规定程序取得供述，供述的合法性值得怀疑。此时如果检察机关不能提出证据证明讯问工作的合法性，被告人的供述就应当被排除。② 从法解释学的角度来看，现阶段法律并没有规定对于应当全程录音录像的案件而未全程录音录像的，所获取的供述就一定不能作为证据采纳。因此，对供述的合法性仍应综合全案证据审查，只不过未全程录音录像是一个重要的不利于控方的事实。

随着立法的完善，传统的容易留下伤痕的刑讯手段可能很少存在，而一些所谓的"软刑讯"手段可能会被用来获取证据，在这种情况下，被告人很难提供相关线索或材料，即使勉强提供了线索或材料，效果也不会很好。因此，录音录像制度的确立有其必要性。然而，录音录像制度的关键是全程，否则录音录像制度反而会成为检察机关证明取证手段合法性的法宝。那么，如何理解立法要求的"全程"呢？是本次讯问的全过程，还是整个侦查阶段每次讯问的全过程？如何界定"第一次讯问"？③ 从法解释学的角度来看，应该是侦查阶段每次讯问的全过程，要做到讯问必录，不得"曲意释法"。

根据《非法证据排除规定》第 7 条的规定，侦查人员出庭的性质是作证，而根据 2012 年《刑事诉讼法》第 57 条和 2012 年《法院解释》第 101 条的规定，侦查人员出庭的性质是说明情况。从诉讼法理来说，警察是控方证人，警察在非法证据调查程序中相当于程序性的被告，应当出庭就讯问、勘验、检查、搜查、扣押、辨认、窃听等侦查行为是否合法提供证言。④ 立法关于侦查人员出庭说明情况的规定，可能会混淆警察出庭后的角色。侦查人员出庭说明情况有"自证清白"之嫌，因此，侦查人员出庭的意义更多地体现于通过交叉讯问来发现取证过程是否存在问题。正因如此，有学者认为非法证据排除的听证主要通过诉讼双方与取证人员的对质得以实现，进行取证的侦查人员出庭接受双方的询问是关键。⑤ 在现有制度背景下，被告方特别是辩护律师应熟练运用交叉讯问技术，对于辩护人的问题侦查人员应当回答。2012 年《刑事诉讼法》第 188 条确立了强制证人出庭作证制度，但由于第 57 条仅规定侦查人员出庭说明情况，因此，前述证人强制出庭制度不适用于侦查人员。在现有的

---

① 参见吴纪奎：《论警讯录音录像证据》，载《证据科学》2013 年第 3 期。

② 参见张军：《在全国法院学习贯彻修改后刑事诉讼法培训班上的总结讲话》，载张军主编：《新刑事诉讼法法官培训教材》，法律出版社 2012 年版，第 19 页。

③ 参见杨宇冠、郭旭：《录音录像制度与非法证据排除研究》，载《人民检察》2012 年第 19 期。

④ 参见王超：《警察作证制度研究》，中国人民公安大学出版社 2006 年版，第 219 页。

⑤ 参见杨宇冠：《论中国特色的非法证据排除规则》，载卞建林、杨宇冠主编：《非法证据排除规则实证研究》，中国政法大学出版社 2012 年版，第 284 页。

法律背景下，侦查人员拒绝出庭的，法院可以在评判证据合法性时作不利推论。

3. 法庭的处理方式及裁判文书的制作

在非法证据排除程序中，作为程序性裁判的审理者，法庭有两次作出决定的可能。其中一次是作出是否启动非法证据调查程序的决定，作出决定的依据是法官内心是否对证据的合法性产生"合理怀疑"；另一次是对争议证据的合法性进行调查后，作出是否排除争议证据的决定，依据是承担证据合法性举证责任的一方（绝大多数情况下是检察机关）是否"排除合理怀疑"地证明了争议证据的合法性。

无论是决定是否启动，还是决定是否排除，都涉及法庭以何种方式表达的问题。在启动非法证据调查程序阶段，对于申请人的申请，一般会出现两种结果：一种是认为申请人提供的相关线索和材料不足以引起法官对证据合法性的合理怀疑，即不启动非法证据调查程序；另一种则相反，此时法官应启动非法证据调查程序。根据 2012 年《法院解释》第 100 条的规定，法庭对证据合法性存疑的，应当对证据合法性进行调查，至于调查的具体时间比较灵活；法庭对证据合法性没有疑问的，应当当庭说明情况和理由，继续法庭审理，申请人以相同理由再次申请的，法庭不再进行审查。根据上面的规定，法庭如果决定不启动证据合法性的调查，应"当庭说明情况和理由"。结合该条的规定，法庭原则上应当当庭对排除非法证据的申请作出处理决定，必要时可以休庭后作出决定。由于法律并未对排除非法证据申请的处理结果单独规定救济途径，因此，既不宜采用裁定也不宜采用书面决定的形式作出处理，而是适宜以口头形式在法庭上作出。① 当然，这种口头告知应当记录在案，并在裁判文书中有所表述且要说明理由。

根据 2012 年《法院解释》第 102 条第 2 款的规定，法庭对证据收集的合法性进行调查后，应当将调查结论告知公诉人、当事人和辩护人、诉讼代理人。在非法证据调查程序开启后，一般也会出现两种结果：一种是经过调查后认为证据合法性不存在问题，不存在需要排除的非法证据；另一种是确认或者不能排除非法取证情形的，对有关证据应予排除。司法实践中还可能存在第三种情形，即控辩双方就证据合法性问题达成合意，具体分为公诉方主动撤回争议证据和被告方主动撤回排除非法证据的申请。② 对于第三种情形，法庭无须对证据合法性问题作出裁判。对于法庭作出的排除或不排除争议证据的裁判应

---

① 参见戴长林：《非法证据排除规则司法适用疑难问题研究》，载《人民司法》2013 年第 9 期。
② 参见南英、高憬宏主编：《刑事审判方法》，法律出版社 2013 年版，第 263 页。

该在何时以何种方式告知相关诉讼参与人员，法律和司法解释均没有规定。司法实践中，与决定是否启动非法证据调查程序一样，以口头形式在法庭上作出为宜，因为证据是否应当排除直接决定对该证据是否应该进行举证、质证活动，所以，法庭的态度应该明确。至于具体排除或不排除的具体理由，① 应当在裁判文书中详细说明。

（二）非法证据排除的救济程序

程序性裁判与实体性裁判一样，在程序方面也包含一般程序和救济程序。就非法证据排除程序而言，在是否启动非法证据调查程序、是否排除争议证据等问题上，对法庭的处理方式和结果不服的一方应该有合理的途径提出异议，因为"无救济则无权利"。

1. 救济程序的规范分析

根据《非法证据排除规定》第 12 条的规定，对于辩方提出的被告人审前供述是非法取得的意见，第一审法院没有审查，并以被告人的审前供述作为定案根据的，第二审法院应对该供述取得的合法性进行审查，并根据控方的举证情况决定是否排除。显然，该规定所列举的仅仅是一种情况，对于一审法院没有审查辩方主张或者驳回辩方主张但又没有根据辩方主张排除的证据加以定案的情形却没有设置相应的救济程序，对于驳回辩方申请且以辩方主张排除的证据作为定案根据的情形是否允许上诉也不明确。因此，有学者认为，这样的规定说明设置救济程序的宗旨在于审查作为定案根据的证据是否合法，而不在于审查驳回辩护方排除申请的决定是否恰当。②

2012 年刑事诉讼法没有规定非法证据排除的二审问题，2012 年《法院解释》第 103 条规定了二审法院应对证据收集的合法性进行审查的三种情形：一是第一审法院对当事人及其辩护人、诉讼代理人排除非法证据的申请没有审查，且以该证据作为定案根据的；二是人民检察院或者被告人、自诉人及其法定代理人不服第一审人民法院作出的有关证据收集合法性的调查结论，提出抗诉、上诉的；三是当事人及其辩护人、诉讼代理人在第一审结束后才发现相关线索或者材料，申请法院排除非法证据的。

根据 2012 年《法院解释》的规定，对证据合法性的审查应当贯穿刑事诉讼的始终。实践中主要存在以下几种情况：③ 第一种情况，在一审期间，当

---

① 对该问题在裁判文书中的分析思路，参见戴长林：《非法证据排除规则司法适用疑难问题研究》，载《人民司法》2013 年第 9 期。

② 参见卞建林、李晶：《非法证据排除规则在中国的确立与实施》，载卞建林、杨宇冠主编：《非法证据排除规则实证研究》，中国政法大学出版社 2012 年版，第 246 页。

③ 参见南英、高憬宏主编：《刑事审判方法》，法律出版社 2013 年版，第 262—263 页。

事人及其辩护人、诉讼代理人申请人民法院排除非法证据，一审法院没有审查，并以该证据作为定案根据的，二审法院应当对该证据取得的合法性进行审查。第二种情况，在二审期间提出非法证据排除申请的，要区分情况作出处理。如果在一审结束后才收集到新的线索或者材料，第二审法院直接进行审查。如果故意拖延至二审期间才提出排除非法证据的申请，应当在二审综合审查时一并解决，但要严格把握。第三种情况，不服第一审法院作出的有关证据收集合法性的调查结论，由二审审查后直接作出处理。第四种情况，一审中检察机关没有提供确实、充分的证据证明取证的合法性，后又抗诉，二审中又提供证据的，应区分情况处理。如果在第一审系"举证不能"，应当允许；如果在第一审系"备而不用"、"怠于举证"，对于这一做法则不鼓励。

司法实践中还有这种情况，对于启动申请采取置之不理的态度或者是启动非法证据调查程序后却又不作出明确的裁定，但又没有将争议证据作为定案根据的。这种情况具体又可以分为两种情形，以审前被告人供述为例，第一种情形是对有争议的审前供述均不采用，实际上是排除了审前供述，对此，控方可以抗诉；第二种情形是法庭对被告人的证明材料或相关线索置之不理，既不调查争议口供的合法性，也不确认争议口供合法或非法，而是直接采纳争议口供之外的供述。这种情况在司法实践中较为常见，甚至还被作为有效的实践经验由资深法官向年轻法官传授。一般来说，当庭审中被告人翻供并辩称受到刑讯时，法官往往会问其何时受到刑讯，此后，将被告人辩称受到刑讯的那次口供弃之不用，直接以其他次口供定案，对于刑讯辩解则置之不理。对于这种情形，二审法院可根据2012年《法院解释》第103条第1项的规定处理，即二审审查证据的合法性并作出处理。

关于救济程序的另一个重要的问题是通过何种方式进行救济？一般来说有两种方式可供选择，一种是针对每一个具体的裁决单独上诉，另一种是等待一审判决后再上诉。从法解释学角度来看，只能采取第二种方案；从实际情况出发，也是第二种方案较为可行，之所以如此，主要是从可行性、诉讼效率等角度考虑的，在庭审过程中，绝大多数的被告人处于羁押状态，[①] 提高诉讼效率在一定程度上还有利于被告人权利的保障。

根据二审全面审查原则，二审法院对证据合法性的审查，在必要的时候要发挥职权调查作用，查明是否存在非法取证行为。此外，关于二审的审理方式问题，二审法院经审查后认为被告人供述的取得方式确有疑问或者控辩双方有

---

① 参见孙长永主编：《侦查程序与人权保障——中国侦查程序的改革和完善》，中国法制出版社2009年版，第32页。

明显争议的，原则上应当开庭审理；如果阅卷、讯问或者庭外调查后认为事实清楚的，可以不开庭审理。①

2. 救济程序的法理思考

发生在浙江省宁波市鄞州区的章国锡涉嫌受贿一案，经媒体报道后，引发社会各界的关注，被誉为"两个证据规定"颁布实施以来的"全国首例非法证据排除案"。有学者甚至以此案例为基础，对非法证据排除中的若干重要问题进行论述。② 然而，正当人们为该案成功排除非法证据而欢欣鼓舞时，二审法院以同步审讯录像和侦查人员的证言为据，推翻了一审判决，认为刑讯逼供不存在，进而采纳了被告人的供述。③ 该案二审情况为我们从法理上分析非法证据排除的救济程序提供了机会，事实上已经有学者从举证"失权"等方面对该案二审进行分析。④ 下面从被告方和检察机关两个方面分别论述。

就被告方而言，存在以下几个问题。第一，被告方如果在一审阶段已经掌握非法取证的相关线索和材料，出于种种考虑，故意拖延到二审时才提出非法证据排除申请的，是否存在失权的问题；第二，被告方在一审已经申请排除非法证据，但法庭对此申请置之不理，在二审时，随着时间的推移，一些关于非法取证的线索和材料已经消失，是否考虑对一审法院的这种行为进行制裁；第三，因为控方隐瞒等原因，被告方无法在一审阶段提出申请的，在二审阶段对证据合法性进行调查，如果结果不利于被告方，是否剥夺了被告方的上诉权。

就检察机关而言，存在如下问题。第一，检察机关在一审阶段举证不力的，包括故意或过失造成的，在二审时是否会导致举证失权；第二，检察机关在二审时能否随意变更证据形式，如将一审的证人直接出庭变更为二审的出示证言笔录；第三，检察机关故意隐瞒证据致使被告方无法在一审申请排除非法证据的，是否有相应的制裁措施。

当然，以上的问题只能在理论上探讨。司法实践中具体该如何处理，应依照法律规定以及从法解释学角度所作的解释。按照杨宇冠教授的说法，目前是我国非法证据排除规则运行的第一阶段。因此，对一些问题没有作出明确规定也是较为自然的事情。将来，需要对上述诸多问题进行思考，以求完善我国的非法证据排除规则。

---

① 参见张军主编：《刑事证据规则理解与适用》，法律出版社 2010 年版，第 339 页。
② 参见万毅：《"全国首例非法证据排除案"法理研判》，载《证据科学》2011 年第 6 期。
③ 参见苏家成、俞露烟：《非法证据排除程序的适用》，载《人民司法》2012 年第 18 期。
④ 参见纵博：《"非法证据排除第一案"二审的若干证据法问题评析》，载《法治研究》2013 年第 5 期。

三、非法证据排除的实证考察

法律的生命在于实践，在规则确立之后，我们的关注点有必要从"书本上的法"向"实践中的法"转变。非法证据排除规则在司法实践中的运作状况如何？在"两个证据规定"生效后，有学者对该问题进行了一定的研究，① 在 2012 年刑事诉讼法实施后，有学者在对新刑事诉讼法实施状况进行考察时对非法证据排除规则的运行情况也进行了分析。② 为推进对该问题的研究，我们对某省法院系统五个中级法院及其辖区基层法院 2013 年 1—8 月的非法证据排除情况进行了实证调研，主要方法是对该期间非法证据排除申请、启动以及调查后是否排除等情况进行分析，并辅以座谈和访谈方法的运用。

（一）非法证据排除的实践概况

为掌握调研法院 2013 年 1—8 月非法证据排除规则运行的具体情况，笔者统计了调研法院该段时间审理刑事案件数、申请排除非法证据数、启动非法证据调查程序数以及排除非法证据数等数据。为从微观上掌握非法证据是如何排除的，笔者对调研法院排除非法证据的 14 例案件进行了逐案分析。

1. 非法证据排除规则运行的宏观情况

受时间、成本等诸多限制，笔者只对某省辖区 5 个中级法院及其辖区基层法院进行了调研，为遵守学术研究规范，笔者对调研法院进行了编号。下面用表格的形式将法院审理刑事案件数、提起非法证据排除申请数、法院决定启动非法证据调查程序数和决定排除非法证据数等方面的数据直观地呈现出来。

表 1　A 中院及其辖区非法证据排除规则运行概况

法院	刑事案件数	提起申请数	启动调查程序数	决定排除案件数
A 中院	546	41	7	2
A1 法院	1030	5	4	0
A2 法院	963	4	4	0
A3 法院	361	不清楚③	不清楚	0
A4 法院	466	不清楚	不清楚	不清楚
A5 法院	1097	15	不清楚	2（正在审理中）

---

① 参见陈卫东、程雷、孙皓、陈岩：《"两个证据规定"实施情况调研报告——侧重于三项规定的研究》，载《证据科学》2012 年第 1 期；万毅、李勤、杨春洪、张艳秋：《"两个证据规定"运行情况实证调研——以 S 省 G 市地区法院为考察对象》，载《证据科学》2012 年第 4 期。

② 参见龙宗智：《新刑事诉讼法实施：半年初判》，载《清华法学》2013 年第 5 期。

③ 在调研结束后发现部分数据不清楚，但从整体来看对调研没有实质性影响。

法院	刑事案件数	提起申请数	启动调查程序数	决定排除案件数
A6 法院	377	10	8	0
A7 法院	349	3	3	0
A8 法院	494	不清楚	1	未定（请示中）
A9 法院	242	不清楚	0	0
A10 法院	233	0	0	0

表2　B中院及其辖区非法证据排除规则运行概况

法院	刑事案件数	提起申请数	启动调查程序数	决定排除案件数
B 中院	199	2	2	1
B1 法院	596	2	2	1
B2 法院	252	不清楚	不清楚	2
B3 法院	127	0	0	0
B4 法院	225	2	2	0
B5 法院	279	2	2	1
B6 法院	196	2	2	0
B7 法院	238	1	1	0
B8 法院	198	0	0	0
B9 法院	89	1	1	1

表3　C中院及其辖区非法证据排除规则运行概况

法院	刑事案件数	提起申请数	启动调查程序数	决定排除案件数
C 中院	167	3	0	0
C1 法院	610	1	0	0
C2 法院	287	3	0	0
C3 法院	195	5	1	1
C4 法院	256	0	0	0
C5 法院	219	0	0	0

表 4　D 中院及其辖区非法证据排除规则运行概况

法院	刑事案件数	提起申请数	启动调查程序数	决定排除案件数
D 中院及其辖区法院（D1、D2、D3、D4、D5）	842	7	6	4
其中 D2 法院	201	2	2	1

表 5　E 中院及其辖区非法证据排除规则运行概况

法院	刑事案件数	提起申请数	启动调查程序数	决定排除案件数
E 中院	404	6	6	2
E1 法院	1350	0	0	0
E2 法院	795	7	0	0
E3 法院	1259	0	0	0
E4 法院	218	0	0	0
E5 法院	540	0	0	0
E6 法院	473	0	0	0
E7 法院	422	0	0	0
E8 法院	350	0	0	0
E9 法院	269	0	0	0

　　根据上述数据，调研法院共计审理刑事案件 17213 件，其中提起申请排除非法证据的案件为 124 件，占全部案件的 0.72%，法院决定启动非法证据调查程序的案件为 54 件，占全部案件的 0.31%，最终决定排除非法证据的案件为 14 件，占全部案件的 0.08%；在申请排除非法证据的 124 件案件中，启动非法证据调查程序的案件为 54 件，占 43.55%；启动非法证据调查程序的 54 件案最终排除非法证据的有 14 件，占 25.93%。

　　从上面的数据来看，申请排除非法证据的比例较小，这一数据可能与很多人的感觉不符合。对此，笔者分析后，认为主要是两大原因造成的。一是统计数据有问题，主要原因是对于被告方没有提出相关线索或者材料的申请，法庭并不作记录，因而在进行统计时没有把这些申请数计入；二是在庭前会议中检察机关主动撤回争议证据或者法院在庭审中通过"做工作"的方法使得大量的被告人撤回排除申请。① 在启动非法证据调查程序的案件中，最终决定排除非法证据的比例较高。

2. 非法证据排除规则运行的微观情况

为掌握非法证据排除规则运行的具体情况，下面对调研法院排除非法证据的 14 个案例进行逐案分析。主要从案件类型、申请启动理由及提供的线索或材料、控方举证情况、排除证据情况以及排除证据后对定罪的影响等方面进行考察。

表6　非法证据排除规则的具体运行情况

法院及案由	申请理由及线索或材料	控方举证的相关情况	排除证据情况	对定罪的影响
A 中院何某贩毒案（一审）	在公安局办案中心作了三次供述系刑讯的结果；有证人证实其进看守所时左手臂有伤	体检表，情况说明，同监证人的证言	排除被告人在公安局办案中心所作的三次供述	采信被告人审查起诉阶段的供述，定罪并判处其徒刑15 年

---

① 调研中笔者发现很多法院居然没有一件申请排除非法证据的案例，对此笔者感到不解，为探究原因笔者对 E1 法院刑庭副庭长 Z 进行了访谈，据 Z 副庭长介绍，今年以来 E1 法院曾有 1 起案件被告方在庭前提出排除非法证据的申请，承办法官决定召开庭前会议，在庭前会议中，经过协商，检察机关决定在庭审中不再举示该争议证据，即被告人的审前供述，包括重复供述。另外还有一些案件，被告人在法庭上有刑讯抗辩，但当法官向其解释什么是非法证据排除规则，并明确指出申请启动非法证据调查程序需要提供相关线索或者材料后，这些被告人均明确表示不申请启动非法证据调查程序，表示认罪并请求法院依法对其从轻处罚。此后，笔者就该问题对其他法院的刑事法官进行了访谈，结论大致相同。

续表

法院及案由	申请理由及线索或材料	控方举证的相关情况	排除证据情况	对定罪的影响
A 中院张某某等 3 人运输毒品案（一审）	被警察提出看守所后在刑警支队进行刑讯；7 日供述地点为 A5 区看守所，而提押票显示张 8 日才被送回看守所	提押证显示民警于 10 月 6 日提讯张，还押时间为 10 月 8 日	排除"外提"期间所作的两份供述	认定运输毒品罪，判处死刑，缓期 2 年执行
B 中院成某徇私舞弊少征税款、受贿案（二审，一审是 B5 法院）	侦查机关对成某在讯问中有侮辱、谩骂、逼供、诱供、骗供等行为，所取得的证据系非法证据	同步录音录像显示有讯问时间过长、讯问语言不文明、要求按侦查人员的认识回答问题等行为，部分讯问时段无声音	排除成某在侦查机关所做的供述	撤销受贿罪；维持徇私舞弊少征税款罪的定罪量刑
B5 法院孙某某滥用职权、受贿案（一审）	部分犯罪数额不实，系不得已的情况下编造的，连续 5 日每天下午三四点钟开始提审直到次日凌晨 7 点左右结束	公诉机关提供的该时段录音录像没有声音，且讯问时间过长	排除该时段供述	认定滥用职权罪和受贿罪（但部分受贿数额没有认定）

续表

法院及案由	申请理由及线索或材料	控方举证的相关情况	排除证据情况	对定罪的影响
B9 法院阮某某等 19 人涉嫌开设赌场等 9 罪案（一审）	刑讯逼供；被带出看守所外讯问达数日之久	带至看守所外的理由有两个：异地关押需要，指认现场需要；辖区地域大，指认现场费时	排除部分供述；理由：异地关押在何处、指认何处现场等不清楚	部分被告人的部分罪名没有认定
B2 法院谭某强奸案（一审）	刑讯逼供；案发当晚，民警将谭某拷在烤火炉旁，然后出去吃夜宵，导致其被烧伤	到案后，接受刑讯前误伤，不能视作刑讯逼供	排除谭某在侦查阶段的供述（其在审查起诉阶段无有罪供述）	认定有罪，判处徒刑 3 年，缓刑 5 年
B2 法院高某某非法制造爆炸物案（一审）	在看守所羁押后被民警外提 4 天并被刑讯逼供	没有举证	对外提期间获取的供述的证明力不予确认；理由：违反《刑事诉讼法》第 116 条第 2 款	认定从犯，减轻处罚，判处徒刑 3 年

233

续表

法院及案由	申请理由及线索或材料	控方举证的相关情况	排除证据情况	对定罪的影响
C3 法院肖某某盗窃案（一审）	第一次供述是脚被烫起泡后形成的，第二次供述是民警借指认现场将其带到公安局进行吊着逼供，第三次供述是民警进行威胁后获取的材料；并提出同监有 5 人可以证实其被刑讯	同监的 5 人要么称不清楚是否刑讯，要么称没有见到其受伤；看守所医生、管教民警的证言、入所体检表、出所审批表、关押信息表；情况说明	排除第二次供述，理由：所外审讯，无法排除合理怀疑	认定犯盗窃罪
D2 法院任某某强奸案（一审）	刑讯逼供、诱供；超时限留置盘查，且到案后在公安机关的讯问室讯问长达 53 小时	录音录像；外提时间过长系指认现场所致	排除任某某在公安机关审讯室的供述；录音录像视频与讯问过程不同步	认定强奸罪，有期徒刑 6 年
D1 法院张某某、王某某盗窃案（一审）	刑讯逼供；提供了刑讯逼供的地点、具体时间，采用的方式等相关情况	讯问笔录显示的地点与实际不符；录音录像有 1 小时左右时间中断	排除张某某 2013 年 4 月 11 日、23 日的两份供述和王某某 4 月 23 日的一份供述	认定盗窃罪

续表

法院及案由	申请理由及线索或材料	控方举证的相关情况	排除证据情况	对定罪的影响
D3 法院唐某某强制猥亵妇女、抢劫案（一审）	刑讯逼供，用胶棒打其大腿；入所体检表载明唐某某大腿有皮外伤	情况说明	排除在侦查阶段的供述；情况说明不能单独作为证明取证过程合法的依据	认定抢劫罪，强制猥亵妇女罪不成立
D4 法院马某某盗窃案（一审）	第二笔犯罪事实不存在，系受到刑讯逼供后编造的	检察机关撤回被告人关于第二笔犯罪事实的供述	因检察机关未将该供述在法庭上举示，不再评判	认定盗窃罪（认定第一笔入室盗窃140元，未认定第二笔犯罪事实）
E 中院刘某某受贿案（一审）	对于指控的31.6万元，其中有30万元系刑讯后的虚假供述 刑讯细节，看守所民警证实进所时有伤，同监人看到伤，并看到其吃药 录音录像显示眼角有伤	侦查人员和检察院法警的证言；入所体检表，看守所所长和医生的证言，就医登记表（感冒和高血压）	看守所所长和医生的证言可疑，因为入所体检表上写没有伤，有两人作证说有伤，但没记录	认定受贿罪（共7次供述，前三次在检察机关，后四次在看守所，其中前6次供述一致）模糊处理（对辩解受到刑讯的供述不予认定）

续表

法院及案由	申请理由及线索或材料	控方举证的相关情况	排除证据情况	对定罪的影响
E中院邓某某诈骗、窝藏、彭某诈骗案（E9法院请示案件）	超长时间审讯，并不准喝水、吃饭，强迫在事先打印的笔录上签字捺印，不依法进行同步录音录像，不准律师会见	入所体检表、巡诊记录 多次有罪供述笔录中，均存在较明显的复制痕迹，而且篇幅较大 有唯一一次较全面的有罪供述，但该次提讯在《提解证》中没有记录	排除供述（专案组共提讯邓18次，6次没有讯问笔录；检察院共提讯邓3次，未提交讯问笔录；公安机关对彭提讯9次，6次没有讯问笔录。无笔录的提讯均用时较长）	认定窝藏罪，诈骗罪不认定

从上述案例来看，司法实践中非法证据排除规则基本上能够有序运行。被告方在申请启动非法证据排除程序时提供了线索或材料，检察机关进行了一定的举证，法院在检察机关举证失败后排除了一些有罪供述，由此导致一些案件的部分犯罪事实或部分罪名无法认定，甚至个别案件中的某被告人还被判决无罪。

（二）实证调研情况的具体分析

在对上述数据和案例进行整理分析的基础上，笔者在一些法院进行了座谈并对部分刑事法官进行了访谈。通过上述方法，基本上掌握了调研法院运用非法证据排除规则的概况，即调研法院在非法证据排除规则的运用方面有成功经验，但也存在一定的不足。

1. 调研发现的成功经验

通过实证调研，发现调研法院在非法证据排除规则的运用方面有以下成功经验：

一是将证据合法性争议解决在庭前。一些案件检察机关的举证积极性很高，如被告人提出排除非法证据的申请后，法官还未决定是否启动非法证据调查程序时，检察机关就已提供办案情况说明、入所体检表、录音录像以及被告人同监人员的证言等证据，于是法院在审前就解决了排除非法证据的申请。这种情况较为普遍，如C中院辖区有12起案件的被告人申请启动，但主要是因为上述原因，实际上只启动了 1 件。还有一些案件，检察机关在庭前会议中主动排除非法证据。如 E1 法院庭前会议中检察机关撤回争议证据的案例。有学者认为，在庭前会议中，大家充分进行协商，如果检察院说不用这份证据，这是最好的非法证据处理程序。① 事实上，这种情况调研的若干法院均已经出现。

二是通过做被告人工作的方式解决了部分证据合法性争议。被告人在法庭上提出排除非法证据申请的原因很多，少数案件的被告人确实受到了刑讯逼供，但大部分案件的被告人可能受到了一定程度的不规范审讯，但未达到立法所规定的"刑讯逼供等非法方法"所要求的程度，② 甚至不排除一些被告人申请排除非法证据是出于逃避罪责的侥幸心理。因此，在被告方提出排除非法证据的申请后，法官进行一定的释法工作是有必要的，包括解释申请排除非法证据的条件和坦白从宽的刑事政策，由于一些案件的被告人在提出非法证据排除的申请后，往往提不出相关线索或者材料，于是在法官的或明或暗的"提醒"下当庭撤回申请，明确表示认罪，希望法庭从轻处罚。甚至一些被告人自称受到刑讯逼供，但又明确表示不再追究，如 A7 法院审理的杨某某盗窃案。当然，法官做工作的方法有些符合法律规定，有些则较为模糊。③ 对此问题，将来可以进一步研究并规范。

三是通过灵活运用法律规定排除部分非法证据。在一些案件中，法院善于运用证明责任规范排除非法证据，如 B2 法院高某某非法制造爆炸物案，在启动非法证据调查程序后，检察机关竟然没有举示任何证据，法院直接以检方未履行举证责任为依据排除争议证据。又如，在 E 中院审理的刘某某受贿案中，看守所所长和医生的证言存在前后矛盾，法院以无法排除合理怀疑为由排除争议证据。④ 在一些案件中，检方仅举示公安机关出具的情况说明，如 D3 法院审理的唐某某猥亵妇女、抢劫案。对于这种情况，法院往往直接以 2012 年《法院解释》第 101 条第 2 款关于"说明材料不能单独作为证明取证过程中合法的根据"之规定为由排除争议证据。还有一些法院以侦查机关违反了程序保障性规定为由排除争议证据，如 C3 法院审理的肖某某盗窃案，法院依照

---

① 孙长永：《贯彻落实新刑事诉讼法的几个问题》，载《武陵法苑》2013 年第 2 期。

② 对"刑讯逼供等非法方法"的解释，参见全国人大常委会法制工作委员会刑法室编：《关于修改中华人民共和国刑事诉讼法的决定——条文说明、立法理由及相关规定》，北京大学出版社 2012 年版，第 56 页。

③ 关于法官给被告人"做工作"的情况，参见孙长永、王彪：《刑事诉讼中的"审辩交易"现象研究》，载《现代法学》2013 年第 1 期。

④ 该案的排除理由与"四川'非法证据排除'第一案"的情况类似，参见杨傲多、李嘉：《内江中院宣判四川"非法证据排除"第一案》，载《法制日报》2013 年 2 月 19 日第 8 版。

2012 年《刑事诉讼法》第 116 条第 2 款的规定,① 以"所外审讯,无法排除合理怀疑"为由排除争议证据。

2. 调研发现的若干不足

在存在成功经验的同时,调研法院在处理非法证据排除问题时也存在一定的不足。

一是部分法官对非法证据排除规则的认知存在不足。首先,对"非法证据"的概念和范围、非法证据排除的启动和排除的条件以及非法证据排除的程序等问题不清楚。这一状况在其他学者的调研中存在,如有学者在实质调研后认为,很多司法实务人员,包括法官、检察官、公安和律师都在不同程度上对非法证据的概念存在模糊认识,在认定某一证据是否属于非法证据上比较混乱。② 在调研过程中,发现一些法官误将诱供获取的供述作为非法证据看待,如在 A3 法院提供的两份有关非法证据的判决书中,其中一个案件的被告人提出侦查人员对其诱供。③ 这种对"非法证据"持广义理解的情形,在其他学者的实证调研中也有反映。④ 在调研中,还发现很多法官对何谓"变相肉刑"认识不清,如有多名法官问疲劳审讯算不算刑讯逼供。一些法官对于被告人提供线索和材料的争点形成责任和公诉机关承担证据合法性的举证责任区分不清,部分法官让被告人证明刑讯逼供的存在。

其次,对侦查人员出庭作证的意义认识不清。认为侦查人员出庭是"自证清白",故侦查人员出庭流于形式,无实际意义。事实上,侦查人员出庭的意义绝不是让其承认自己曾经对被告人有过刑讯行为,这不符合基本人性。侦查人员出庭的意义体现在交叉询问的过程中,即通过交叉询问发现其证言是否存在破绽,如果其证言存在破绽,则可能导致法官对其证言存疑进而对是否存在非法取证的情形存疑,如果其证言没有破绽,则一方面满足了被告人的对质

---

① 该条规定仅要求在看守所讯问,但并未这种情况下获取的供述是否排除。因此,上述 B2 法院高某某非法制造爆炸物案中,法院以公安机关的行为违反该条规定为由直接排除争议证据的表述不是很妥当。正确的表述应当是 C3 法院的做法,即所外审讯,从而导致对所外审讯期间所获取的证据的合法性产生了合理怀疑,最终由于控方对所外供述合法性的证明未达到排除合理怀疑而排除该争议证据。

② 参见刘晓彤:《我国非法证据排除规则的确立任重道远——基于基层司法现状的实证分析》,载《研究生法学》2012 年第 1 期。

③ 对非法证据的理解,不仅法官群体存在认知不足,被告方亦是如此,且经常以诱供等理由提起排除"非法证据"的申请,如 A7 法院审理的朱某某盗窃案,朱某某要求法庭排除其"非法"供述,理由是因烟瘾发作需要骗取香烟而做虚假供述。在诉讼参与各方对非法证据的理解均不准确的情况下,一些案件会出现将不是非法证据当作非法证据予以排除的情形,甚至有检察机关主动将不是非法证据当作非法证据进而撤回该"非法证据"的情形。

④ 参见万毅、李勤、杨春洪、张艳秋:《"两个证据规定"运行情况实证调研——以 S 省 G 市地区法院为考察对象》,载《证据科学》2012 年第 4 期。

需求，体现了程序正义的要求，另一方面则可能否定辩方主张。

最后，部分法官对排除非法证据申请有畏难和抵触情绪。申请排除非法证据给法院工作带来了压力，特别是在被告人较多的案件中。少数案件的被告人断断续续地提供相关线索或材料，如在提供的某一线索被否定后，又提供新的线索，导致庭审拖延现象存在。少数办案法官关于非法证据排除的经验匮乏，对非法证据排除往往"闻之色变"，常常是"不愿启动程序"、"不知道怎样排除证据"、"不敢排除证据"。在对非法证据排除规则的理解不足的情况下，一些法官对于被告人的申请往往不知所措，进而内心上畏难并抵触。还有一些法官的观念存在问题，如认为要对被告人滥用权利申请排除非法证据的行为进行制裁。

二是部分判决书的表述有问题，突出表现在决定不排除争议证据的表述方面。从我们的调研来看，大部分法院能够正确处理非法证据排除问题，所做的决定符合法律规定。但不恰当的表述容易引起误解。如 B6 法院审理的江某受贿案，在检察机关提供了同步录音录像和入所体检表以后，法院认定没有刑讯逼供行为，但又认为"被告人及辩护人没有提供江某受到刑讯逼供的充分证据，故该辩护意见本院不予支持"。从这里的表述来看，似乎是辩方应当承担举证责任，且要达到"充分"的程度。在 B6 法院审理的荀某某强奸、猥亵儿童案中也存在类似问题，在检察机关提供了办案人员的情况说明、伤情说明、看守所的医生对被告人身体检查时的询问材料等证明被告人到案后其眼部、嘴角的伤系其自伤行为所致后，法院没有认定刑讯逼供的存在，但又认为"被告人后来翻供，辩称其所作的奸淫被害人的有罪供述系刑讯逼供所形成，但没有充分的证据证实，故本院对其翻供的理由不予支持"。在另外的一些案件中，法院的表述也存在类似问题，但程度稍轻。如在 B7 法院审理的易某某抢劫案中，易某某提出其在公安机关受到刑讯，并明确指出讯问光盘中显示的其座位下的纸就是用来擦血的，侦查人员出庭作证说，该纸是讯问嫌疑人时捺手印后擦手留下的，但法院认为被告人的辩解不能成立的理由是"被告人无其他证据予以证实"。又如，A 中院审理的吴某某非法持有毒品案，法院认为，公安人员抓捕吴某某时，因吴某某反抗，致其头皮擦伤。次日零时 40 分许，吴某某被送往看守所羁押，经体检符合收押条件。故"没有证据证明公安人员对吴某某实施刑讯逼供行为"。一些案件排除非法取证的可能性时运用了众多证据，但个别用语不当，如 E 中院审理的晏某某贩卖毒品案，法院认为"庭审中晏某某虽然举示了带血的衣服，但不能证实衣服上的血迹系被刑讯逼供形成"。但从该句的用语来看，给人的感觉似乎是被告人应"证实"其受到刑讯逼供。

　　三是少数案件的审理存在不规范的情况。如 A 中院审理的王某等 5 人涉嫌故意伤害等 4 种罪名的上诉案，王某在一审（A8 法院）期间提出刑讯逼供辩解，一审法官仅就该问题向侦查人员电话询问，在得到"没有刑讯逼供"的答复后对辩解置之不理。二审期间，王某明确提出刑讯时间、地点、方式及刑讯人员，法官在庭外查证时发现提押票记载时间、讯问时间存在问题，遂向王某看守民警章某某了解情况，章称 2012 年 1 月接管王某舍房，王某说在外面受了伤，被专案组吊了之后更严重了，但是对被吊的具体情况没有说。法官拟向看守所狱医及所领导了解相关情况，但被告知上述人员均因工作安排外出。至此，对刑讯问题的调查无法进一步开展，法官遂联系公诉人员，公诉人员称"对于上诉人提出被刑讯逼供的上诉理由，经查全案卷宗，无证据予以证实"。法官于是继续联系看守所，发现王某 2012 年 2 月 15 日的病历记载，左肘关节外伤性骨折畸形愈合 8 个月，左肘关节伸屈功能受限，X 光片左尺骨鹰嘴骨折。进一步咨询专业人士，但 X 光片看不出是新伤还是旧伤。最终，该案二审没有启动非法证据调查程序。从该案的审理情况来看，一审法官仅仅通过电话询问侦查人员，在得到没有刑讯逼供的答复后就没有启动非法证据调查程序的做法存在问题，试想有哪一个侦查人员会主动承认其实施了刑讯逼供行为；二审法官似乎对非法证据排除规则的理解有问题，因为根据现有证据应该能够形成"合理怀疑"，公诉人的"刑讯逼供的上诉理由无证据予以证实"的说法显然站不住脚。在这种情况下，理应让公诉人证明取证程序合法不存在刑讯，而不是费力地庭外查证并在查证无果后拒绝启动调查程序。

　　四是"曲意释法"现象在一定范围内存在。所谓"曲意释法"，是指公、检、法机关利用其解释和适用刑事诉讼法的"话语权"，故意违背刑事诉讼法的立法原意曲解刑事诉讼法的条文内涵，对刑事诉讼法作出有利于自己却不利于辩方的解释。① 如一些机关对录音录像问题的理解就存在这个问题，根据 2012 年《刑事诉讼法》第 121 条的规定，对于一些案件是可以对讯问过程进行录音或者录像，因此，一些地方将被告人作有罪称述时录音或者录像，并在证据合法性受到质疑时作为证据举示，在这里，一些机关对于"可以"的理解就是有时可以录，有时可以不录；对于无期徒刑、死刑的案件或者其他重大犯罪案件，应当全程录音或者录像，但这里用的是录音或者录像，司法实践中，一些机关将其解释为录音或者录像"二选一"即可，结果一些案件只有录音而没有录像。

---

　　① 参见万毅：《"曲意释法"现象批判——以刑事辩护制度为中心的分析》，载《政法论坛》2013 年第 2 期。

（三） 实证调研发现的深层问题

通过实证调研，并结合其他学者对非法证据排除规则的实证研究，在上述诸多问题的背后还能发现一些更深层次的问题。从大的方面来说，主要涉及两个方面的问题：一个是法院的公正司法能力问题，另一个是非法证据排除规则的问题。

1. 法院公正司法能力有待进一步提高

近年来，从中央到地方，法院的公正司法能力屡屡被提及。然而，从现实情况来看，法院的公正司法能力还有待进一步提高。突出表现在两个方面，一方面是法官的法解释能力有所欠缺，另一方面是法院的中立性不够。

（1） 法官的法解释能力有待提高。虽然曾有学者呼吁"应当注重对刑事诉讼法条文规范意义的探求，通过对刑事诉讼法进行文本解释的方式以求得法律在最恰当意义上的适用"，[①] 但不可否认的是，刑事诉讼解释理论在我国仍欠发达，突出表现之一就是法官的法解释能力有待提高。在座谈过程中，屡屡有法官提问什么是"非法证据"，一些法官甚至提问被告人的供述是真实的，但被告人有可能遭受刑讯逼供，对此供述该如何处理？一些法官在审理案件时无论遇到何种问题时首先想到的向上级法院请示，就连案件的事实认定问题也不例外。在遇到如重复供述该如何处理这样稍微复杂的问题时则更是不知所措，甚至一些法官根本就没有意识到重复供述是否应该排除的问题。在这种情况下，法官对于被告人的非法证据排除申请当然存在畏难和抵触情绪。由于对规则的理解不足，一些法院往往作了大量的工作，但仍未取得良好效果，如上文提及的 A 中院审理的王某等 5 人涉嫌故意伤害等 4 罪名案，法官虽然做了大量的庭外调查工作，但效果却仍不理想。

法官的法解释能力不足往往导致对"非法证据"的扩大化解释。如 C2 法院审理的被告人王某受贿、滥用职权罪一案，被告人提出其在检察机关曾被威胁"如果不认罪将送回专案组"、引诱其"如果认罪可以向法院协调判缓刑"才作出的供述。该院认为此种证据也应认定为非法证据予以排除，但因检察机关提出撤诉而未启动非法证据排除程序。当然，就该案来说，该案检察机关撤诉的原因很可能是被告人的供述不具有可信性，但供述的真实性方面存疑与规范意义上的"非法证据"不是一个问题。事实上，法官的法解释能力不足主要体现在两个方面，一方面是对基本概念理解不清，这种情况主要是与司法实践中特别是基层法院将法官当作办案机器，法官本身缺乏学习条件和自觉性有关；另一方面是对一些稍微复杂的需要进行一定理论分析的问题认知不足，如

---

① 万毅：《刑事诉讼法解释论》，载《中国法学》2007 年第 2 期。

重复供述的排除问题。

由于立法对重复供述的排除问题没有明确规定，导致司法实践中不同的法院对该问题有不同的处理方式，但总的倾向是不排除重复供述。① 司法实践中，一些法院根本就没有意识到重复供述问题。如 A2 法院审理的张某贩卖毒品案，对于被告人到案 24 小时后在看守所之外的地方所作的供述，控辩双方经协商后决定不举示该份供述，而是举示被告人在审查起诉阶段所做的供述，结果法院采纳了被告人在审查起诉阶段的供述。又如 D2 法院审理的钟某、黄某贩卖毒品案，同步录音录像及提讯记录显示一份笔录的合法性存在合理怀疑，公诉人在开庭时撤回"该份"有争议的讯问笔录。当然，大量的被告人本身也没有意识到重复供述的排除问题，有的被告人只申请排除某一次有罪供述，有的则申请排除侦查阶段的有罪供述。如 A 中院审理的何某运输毒品案，法院以被告人在 D4 公安局办案中心作的三次有罪供述不能排除刑讯逼供的合理怀疑为由排除该三份供述，却以被告人及其辩护人对被告人在检察机关所作的供述没有异议为由，采纳了被告人在检察机关所做的供述。

当然，也有一些法院意识到重复供述的排除问题，但仍未排除重复供述。如 A4 法院审理的廖某某行贿案，上级检察机关非法取证后将案件交给下级检察机关办理，下级检察机关又依法取得了被告人的供述，对于下级检察机关获取的供述能否使用，法院在审理时认为，按照毒树之果的理论排除后续供述过于超前，不利于定罪，对于非法取得有罪供述的排除应当有一个渐进的过程，现阶段对于依照合法程序取得的供述应予认定。还有一些法院对重复供述的问题予以回避，如 E 中院审理的刘某某受贿案，法院用了"该供述不予认定"的模糊用语，但又将后来的重复供述作为定案的根据。还有一些法院在决定是否排除重复供述时主要的考虑因素是重复供述是否真实可靠。② 如 A 中院审理的张某某运输毒品案，被告人张某某前两次供述均为无罪供述，在公安机关将

---

① 与司法实践的做法不同的是，理论界的大多数观点是排除重复供述，分歧的是排除的方法和范围。参见龙宗智：《两个证据规定的规范与执行若干问题研究》，载《中国法学》2010 年第 6 期；万毅：《论"反复自白"的效力》，载《四川大学学报》（哲学社会科学版）2011 年第 5 期；谢小剑：《重复供述的排除规则研究》，载《法学论坛》2012 年第 1 期；闫召华：《重复供述排除问题研究》，载《现代法学》2013 年第 2 期；林国强：《论审前重复供述的可采性》，载《国家检察官学院学报》2013 年第 4 期。

② 这种思维具有一定的普遍性，如在所谓的"北京'非法证据排除'第一案"中，审判长在解释五份有罪供述为何只排除一份时认为，"虽然被告人和辩护人当庭还提出第一次受到威胁后就有了心理阴影，但是没有拿出证据来证明阴影真实存在。此外，检方出示的证据中，后面四份有罪供述都有同步的录音录像，证据扎实，所以只排除了第一份有罪供述。"参见佚名：《直击北京"非法证据排除"第一案》，载《人民代表报》2012 年 9 月 20 日第 7 版。

其提出看守所外讯问的两天时间里作了两次有罪供述，回看守所后又作了有罪供述，法院在审查其所提出的刑讯逼供辩解后，决定排除"外提"期间所作的两次供述，但对于回所后的供述则不予排除，理由是"张某某在审查起诉阶段对其犯罪事实进行了全面供述，并承认在侦查阶段后面的笔录及自书材料都是事实，且供述内容与在案其他证据相互印证"。

（2）法院的中立性有待加强。中立原则是刑事审判程序的基本原则，是指"裁判者应在发生争端的各方参与者之间保持一种超然和无偏袒的态度和地位，而不得对任何一方存有偏见和歧视"。① 法院中立是刑事审判程序内在价值的体现，是法治国家和国际人权公约的普遍要求，如《公民权利和政治权利国际公约》第14条第1款第2句规定：在判定对任何人提出的任何刑事指控或确定他在一件诉讼案中的权利和义务时，人人有资格由一个依法设立的合格的、独立的及中立的法庭进行公证和公开的审讯。根据人权事务委员会的一般性评论，中立性的要求有两个：一是法官在主观上不应受歧视和偏见的影响；二是在理性旁观者看来法官没有偏见。② 参照该条规定，我国法官在非法证据排除问题上并没有体现出足够的中立。如有学者研究发现，司法实践中非法证据排除调查程序难以激活的一个重要原因就是法官滥用自由裁量权，而法律要求申请人提供相关线索、材料或者证据的模糊性要求则为法官随意拒绝启动非法证据排除调查程序提供了足够空间。③ 法官随意拒绝启动调查程序显然是对辩方不利而偏袒控方。

法官在非法证据排除问题上不够中立，部分是因为诉讼理念的影响，即潜意识里有一种追诉意识，认为排除非法证据是对犯罪的放纵，在法官认为非法证据本身是真实可靠的情况下更是如此。作为理性的行为人，法官之所以不够中立更多的可能是利益方面的考虑。传统观点认为，刑事诉讼应该且能够发现案件的客观真实，对于每一个刑事案件来说，其判决都有一个标准答案可供参考，④ 在这种观念指引下，法官负有一定的真实发现义务，表现为法律要求法官特定条件的查证责任。与此同时，法院内部还设定了一系列的考核指标，通过这些指标来控制刑事裁判的结果。⑤ 在这种背景下，法官面对排除非法证据的申请，一方面要进行一定的调查，甚至要花费大量的精力进行庭外调查；另

① 陈瑞华：《刑事审判原理论》，北京大学出版社2003年版，第58页。

② 张吉喜：《刑事诉讼中的公正审判权——以〈公民权利和政治权利国际公约〉为基础》，中国人民公安大学出版社2010年版，第46页。

③ 王超：《非法证据排除调查程序难以激活的原因与对策》，载《政治与法律》2013年第6期。

④ 关于诉讼真实观，参见王彪：《刑事诉讼真实观导论》，载陈兴良主编：《刑事法评论》（第28卷），北京大学出版社2011年版，第406—436页。

⑤ 参见王彪：《法院内部控制刑事裁判权的方法与反思》，载《中国刑事法杂志》2013年第2期。

一方面则担心案件审理中的某一不当之处被上级法院发现并对其判决改判或者发回重审，因此，法官希望所有的被告人都认罪，更不要提起非法证据排除的申请。在案多人少的法院，辩方动辄提起非法证据排除申请则无形中加大了法官的工作量。综合上述因素，法院对辩方提起的非法证据排除申请往往不够中立，一些法官甚至会粗暴地驳回申请。另外，我国独特的公、检、法三机关互相配合互相制约的司法体制也在一定程度上导致法官的中立性不强。法院担心排除非法证据后得罪检察机关和公安机关，并由此导致以上两机关在日常工作中的不配合。检察机关的法律监督权、职务犯罪侦查权以及抗诉权对于法院和法官来说也是不小的威慑。在这种情况下，部分法官即使有中立之心却也无中立之"力"。在排除非法证据可能导致全案判决无罪的情况下，法院将面临检察机关的巨大压力。① 由此也可以解释法官对待重复供述排除问题的态度了，即主张排除重复供述，② 但实践中不排除，结果排除非法证据很少有影响定罪的。

2. 非法证据排除规则有待进一步完善

调研发现，司法实践中，非法证据排除规则的运行存在一定问题，而这些问题往往是综合因素所致。其中典型的如刑讯逼供存在查证难和认定难，对此，有学者认为原因有以下几个：第一，刑讯逼供的空间一般都是与外界隔绝的羁押场所，目击者都是侦查人员，而侦查人员在日常工作中养成的"团队精神"很容易转化成面对刑讯逼供调查的"攻守同盟"；第二，刑讯逼供的发生与调查往往在时间上具有较大间隔性，这就使得调查人员很难及时提取相关的证据；第三，能够而且愿意证明存在刑讯逼供的人往往只有声称遭受刑讯逼供的嫌疑人，而这样的"孤证"很难被法官采信；第四，刑讯逼供者的职业素养使他们具有较强的反调查能力；第五，刑讯逼供的调查取证往往受到多方

---

① 调研法院排除非法证据的 14 例案件没有一个最终全案判决无罪。在全国范围内，排除非法证据后全案判决无罪的，目前见诸报道的只有一例，参见赵丽：《"非法证据不入罪"第一案：举证刑讯逼供获无罪判决》，载《西部法制报》2011 年 10 月 18 日第 4 版。

② 笔者曾就重复供述的排除问题访谈了很多法官，其中很大一部分法官认为应当排除重复供述，甚至是所有的重复供述，如笔者就该问题向最高人民法院刑三庭副庭长吕广伦请教时，吕广伦副庭长就认为应该排除所有的重复供述；最高人民法院戴长林庭长认为对该问题不能一概而论，关键要看第一次刑讯逼供对被告人的影响是否已经消除，参见戴长林：《非法证据排除规则司法适用疑难问题研究》，载《人民司法》2013 年 9 期。无论是全部排除说还是部分排除说，区别在于排除的范围。然而，调研中排除非法证据的 14 例案件，全部是非法供述的排除，但没有 1 个案例排除了重复供述，大部分案件是在排除非法供述后依据重复供述定罪，其中少数案件的部分罪名没有认定，是因为被告人在审前仅有的一份或两份有罪供述被排除所致，换句话说，在这些案件中没有重复供述，当然也就谈不上排除。

的阻力和干扰。① 换句话说，这里的问题有两个：一是非法证据排除规则本身存在的问题；二是保障性措施的缺乏。

（1）非法证据排除规则的完善问题。按照杨宇冠教授的说法，目前属于我国非法证据排除规则运行的第一阶段。因此，现行法律所规定的非法证据排除规则注定是不完善的。非法证据排除规则的第一个问题是排除范围有限，以被告人供述为例，仅限于"刑讯逼供等非法方法"获取的供述，因而龙宗智教授将其称为非法证据排除的"痛苦"规则。申请排除证据需要提供相关线索或者材料，在"软刑讯"的情况下很难举证。司法实践中，由于讯问全程同步录音录像制度尚未全面试行，讯问主要在羁押状态下进行，律师会见权受到限制，缺乏庭前证据开示制度以及辩方的阅卷权行使不充分等原因，辩方很难提出非法取证的线索和证据。② 从目前排除的案例来看，一些案件的非法证据之所以能够排除，是因为传统的刑讯逼供容易留下伤痕。随着侦查机关对非法证据排除规则的理解加深，司法实践中，传统的刑讯逼供方式可能逐渐淡出，但所谓的"软刑讯"可能会逐渐增多。

在"软刑讯"的情况下，被告人往往提不出其被刑讯逼供的相关线索或材料从而使法院无法启动非法证据排除程序，如一些案件提供了刑讯逼供的线索，如某派出所民警对其刑讯，但信息有限，不知道民警的姓名，也不知道讯问时间、地点等，在这种情况下，往往很难启动非法证据排除程序。有学者调研发现，在司法实践中，"高强度刑讯逼供有所减少，非典型刑讯逼供和多种非法取证行为的叠加情况显著增多"③。非法证据排除规则的第二个问题是诸多具体规定需要进一步明确。如重复供述的排除问题，很多法官已经意识到该问题，但由于法律没有明确规定，因而感到排除无据。又如没有限制辩方申请排除非法证据的时间和次数，没有规定检察机关二审证据失权问题。具体规定的不足，导致司法实践中在处理相关问题时存在混乱，既不利于司法公正的提升，也不利于诉讼效率的提高。如一些被告人反复提出排除非法证据的申请，在提出的线索遭到否定后，往往又提出新的线索，对此情况，法官往往一概否定，而不区分新线索是之前就存在的，还是刚刚发现的。司法实践中，对于检察机关在二审举出大量证据证明证据合法性的，也未考虑为何在一审没有积极

---

① 参见何家弘：《适用非法证据排除规则需要司法判例》，载《法学家》2013年第2期。
② 参见山东省济宁市任城区人民检察院课题组：《证据合法性的证明问题研究》，载潘金贵主编：《证据法学论丛》（第1卷），中国检察出版社2012年版，第149页。
③ 陈卫东、柴煜峰：《"两个证据规定"实施状况的真实调研》，载《法制日报》2012年3月7日第10版。

举证。如所谓的"非法证据排除第一案"章国锡案，①在二审中检察机关积极举证，一审被排除的证据二审予以认可。这种情况会产生两个弊端，一是不利于司法公信力的提升；二是对法官传递错误信号，即排除非法证据后可能面临抗诉并导致案件被二审改判，在法院绩效考核的制度背景下，法官往往在决定排除非法证据时会更加谨慎。

（2）保障性措施的完善问题。非法证据排除规则的有效运行，需要一系列保障性措施。

一是将部分程序纳入程序法治的轨道。如对于纪检监察机关的取证是否受到非法证据排除规则的制约，法律没有规定。对于纪检监察机关非法取证后，侦查机关依法获取的供述是否应当排除也缺少法律依据。在这种情况下，法院往往认为被告人提出系受到纪检监察机关刑讯逼供所取得的供述不属于该案的证据而未启动非法证据排除程序。如马某某贪污、受贿案中，马某某提出其被纪检监察机关刑讯逼供。法院查后认为，马某某在纪检监察机关的供述不属于本案的证据，因而决定不启动非法证据排除的调查程序。

二是非法取证防范机制的加强。有学者调研发现，被告人很难提供非法取证的人员、时间、地点，只能讲述自己遭受非法取证的具体方式，但部分法官则过分强调人员、时间、地点、方式、内容这几类线索，结果导致非法证据调查程序难以启动。②之所以会出现这种情况，主要原因是全程同步录音录像制度未全面推行、看守所中立性不强、审前程序律师参与度不够以及审前程序的司法审查缺乏等非法取证防范机制的不足。非法取证防范机制的不足直接导致关于非法取证的客观化证据生产机制不足，在这种情况下，除了辩方往往无法提出有效的线索和材料之外，检察机关也经常陷入两难境地，即事前无法预防非法取证，事后无法证明取证合法。

司法实践中，控方最经常使用的证据是情况说明和入所体检表，但这些证据的证明力经常受到质疑。应该说同步录音录像是目前最有效的证明取证合法的材料，但由于很多案件没有做到全程同步，甚至一些案件的录音录像与讯问笔录有较大出入。在这种情况下，少数检察机关会选择撤回受到质疑的供述。在检察机关坚持认为证据系合法取得的情况下，法官往往会面临形式证明与自由心证的矛盾问题。即某些在启动非法证据调查程序后，检察机关提供了若干证据材料，如情况说明、入所体检表、部分录音录像等，这些证据从形式上看

---

① 参见纵博：《"非法证据排除第一案"二审的若干证据法问题评析》，载《法治研究》2013年第5期。

② 陈卫东、程雷、孙皓、陈岩：《"两个证据规定"实施情况调研报告——侧重于三项规定的研究》，载《证据科学》2012年第1期。

能够相互印证，控方似乎完成了举证责任。所谓印证证明，就是要求认定案件事实至少有两个以上的证据，其证明内容相互支持（具有同一指向）排除了自身矛盾以及彼此间矛盾，由此而形成一个稳定可靠的证明结构。① 然而，在不能保证情况说明、入所体检表等证据材料真实性的情况下，这里的印证可能仅仅是形式上的。② 事实上，在一些案件中，法官对于证据的合法性问题内心并没有排除合理怀疑。在自由心证制度下，法官如果存在合理怀疑，当然不能认定取证程序合法。但在强调印证的中国刑事证明模式中，法官到底如何处理印证证明与自由心证的关系有待进一步研究。

三是非法证据的影响消除问题。如果法官在排除非法证据后，内心里认为被排除的证据是真实可靠的，此时，非法证据往往会影响法官对被告人的定罪量刑。即非法证据表面上被排除，但非法证据对法官的影响仍在。如在 B9 法院审理的阮某某等 19 人涉嫌开设赌场等 9 种罪名的案件中，法官在审理报告中将一些被告人的数次供述明确列出，但又标注：非法证据，予以排除，仅供参考。既然证据已经被排除，又如何参考？通过调研发现，在这种情况下，如果全案证据存在薄弱，但仍能定罪的，法官往往倾向于定罪，且法官往往在量刑时对被告人从重处罚。因此，需要考虑如何消除非法证据对法官心证的影响。

四、结语

基础理论、规范分析和实证研究是学术研究的三个方向，对于非法证据排除规则这一课题来说，关于基础理论方面的研究已经很多。为此，我们选择对非法证据排除规则进行规范分析和实证研究。如前所述，由于一系列主客观因素，一些法官的法解释能力有限，需要对非法证据排除规则进行规范分析，从而为法官等实务工作者提供符合立法本意的法律解释。换句话说，在法律刚刚修订之时，学术研究需要从立法论转向解释论，这就意味着"要站在法官的立场上理解和适用法律，从而在相当程度上消弭修法伊始至今由于立场、价值观的差异而人为造成的观点分歧"③。关于非法证据排除规则的实施状况，有学者调研发现，在司法实践中，"高强度刑讯逼供有所减少，非典型刑讯逼供和多种非法取证行为的叠加情况显著增多"，在多种因素影响下，"法院'不

---

① 参见龙宗智：《中国法语境中的"排除合理怀疑"》，载《中外法学》2012 年第 6 期。
② 参见陈瑞华：《论证据相互印证规则》，载《法商研究》2012 年第 1 期。
③ 肖建国：《从立法论走向解释论：〈民事诉讼法〉修改的实务应对》，载《法律适用》2012 年第 11 期。

敢排、不想排、不能排、不会排、排不动'"。① 该学者发现的问题在调研法院也有一定程度的体现，但也要看到调研法院的多个排除非法证据的实例。然而，这些排除非法证据的案例也存在一些问题，如对于重复供述问题没有考虑。另外，从排除证据的后果来看没有一个案件是全案无罪的。程序性制裁的关键环节是法院必须要"勇敢地"对证据不足的案件判决无罪，这本质上是如何保障法院依法独立行使审判权问题。② 从这一角度出发，我们可以说，目前非法证据排除规则运行中最大的问题是法院的独立公正司法能力有待进一步提高。

　　总体来说，非法证据排除规则的运行有成功经验，但也有不足之处，这些不足往往是综合因素造成的，有司法体制的原因，有非法证据排除规则本身的问题，也有保障性制度的因素。因此，非法证据排除规则的有效运行需要多方努力。目前，影响非法证据排除规则有效运行的因素有两个，即立法的模糊和法院中立性不够。从理论上来说，排除规则本身的模糊性不应当成为一种障碍，没有哪一个国家的排除规则不模糊。对此，可以通过司法解释和指导性案例逐步解决。而法官中立审理案件问题，则是问题的关键。但法官依法独立公正审理案件问题，不仅是简单的法官独立问题，还是法院系统"公正"审理案件的问题。排除非法证据本质上是审判权对追诉权的审查和制约，是司法权力对政府权力的程序性制衡，其结果必然是追诉权力、政府权力乃至政治权力至少在某些情况下败在公众的眼前，因此产生以下困难：第一，法官不独立，没有能力排除非法证据；第二，法院不干净，排除非法证据会损害自身的利益，无论是基于考核考虑还是担心对检察院反贪方面的"报复"；第三，司法系统因长期充当政治权力的工具，习惯了追诉优先的思维，骨子里缺乏尊重和保障人权、遵守正当程序的意识，加之一些司法人员职业素质不高，根本不把被追诉人及其辩护人排除非法证据的申请当回事；第四，社会不接受，在排除非法证据导致证据不足而判决无罪时，社会公众尤其是被害人及其亲戚、近邻等可能不接受，甚至闹访，引发政治干预。因此，非法证据排除规则在中国的落实将是一个漫长的过程。

---

　　① 陈卫东、柴煜峰：《"两个证据规定"实施状况的真实调研》，载《法制日报》2012年3月7日第10版。
　　② 李昌盛：《违法侦查行为的程序性制裁效果研究——以非法口供排除规则为中心》，载《现代法学》2012年第3期。

"一对一"言词证据的审查与认定
——吴某某涉嫌强奸案的证据分析*

潘金贵**

　　言词证据由于具有虚假性大、反复性大、可变性大等特点，较之于实物证据，在审查、认定上的难度更大。司法实践中，尤其是两类"一对一"案件的言词证据的审查和认定，更是难上加难：一是现金交易的受贿案件，受贿人坚决否认，无其他证据印证或者其他证据较弱的；二是熟人之间的强奸案，被告人坚决否认，无明显暴力、胁迫等相关证据印证或者相关证据较弱的。此类案件，如何对双方当事人的陈述进行审查与认定，直接关涉整个案件的正确处理。本文以实践中的具体案例为样本，为此类案件中言词证据的审查和认定提供一个参考范例，以求指正。

一、一审法院认定的犯罪事实

　　原审法院认定：2011 年某月某日 17 时许，高某以谈朋友的名义介绍被告人吴某某认识了被害人陈某某。随即，吴某某邀请陈某某、高某、何某、张某在 B 区城南步行街某大饭店 308 包房用餐，由吴某某提供自备红酒供大家饮用。吴某某因需驾车饮酒较少，陈某某、高某、何某、张某某饮酒较多。席间，吴某某和陈某某相邻而坐，吴某某对陈某某有抱腰、拉手等举动，陈某某

---

　　* 本文系根据笔者承办的案件的二审辩护词改写，基本内容未作改动。本文中吴某某和陈某某系化名。

　　** 西南政法大学法学院教授，博士生导师，西南政法大学证据法学研究中心主任，重庆大学法学院刑法学博士后研究人员。

亦说过叫她朋友安某跟吴某某过夜。陈某某有一次将自己喝的酒嘴对嘴喂给吴某某喝。后陈某某因大量饮酒在包房内呕吐两次。视听资料显示：当日21时15分许，用餐结束后，陈某某因饮酒后无法站立，由吴某某背着从饭店三楼经楼梯下楼。下楼过程中陈某某头不能动，整个身体趴在吴某某背上，双手握住一起环绕在吴某某胸前。吴某某为防止陈某某从背上滑落，弯腰反手托举陈某某臀部。其间，吴某某将陈某某背到饭店电梯口将其放下，陈某某上半身靠着吴某某背部站在地上，用手将了一下头发。随后，吴某某背着陈某某离开饭店到其奔驰车上，将陈某某扶到车后排座。陈某某趴在后排座，吴某某先后脱下陈某某的外、内裤到大腿膝关节处，从背后与之发生了性关系。

性行为结束后，吴某某驾车到N区找张某取回自己的手包，于当日23时34分许到J区某酒店开房，吴某某扶陈某某进入了该酒店二楼的房间。乘车期间两人未有语言交流。陈某某到房间坐了一会儿，吃了吴某某提供的烧烤食物。23时48分许，陈某某独自从房间出来乘车离开。2011年12月27日14时许，陈某某向公安机关报案称，因其醉酒被吴某某强奸。

另查明，吴某某得知陈报案后，分别于2011年12月27日和28日两次约请陈某某外出吃饭，询问其向公安机关报案的情况，并拿出1万元给陈某某作为补偿，被陈某某拒绝。吴某某又提出给陈某某5万元补偿费，陈某某仍未同意。双方在商谈过程中，陈某某提出要以一折的价格向吴某某购买一套住房，最后要求吴某某补偿她10万元。但双方最终未能达成一致意见。同月31日，被告人吴某某主动到公安机关投案。①

二、辩护人对该案的证据分析

依据案件事实，结合有关法律，辩护人认为，被告人吴某某的行为不构成强奸罪，请求二审法院依法改判其无罪。主要理由如下：

第一，根据全案证据尤其是被害人陈某某的陈述，可以认定其是自愿与吴某某发生性行为，并不违背其意志，一审判决认定吴某某"违背妇女意志强行与被害人发生性关系"错误，应予改判。

强奸罪以"违背妇女意志"为前提条件，而"妇女意志"具有很强的主观性，因此，是否"违背妇女意志"，不能简单根据被告人否定强奸的供述或被害人肯定强奸的陈述来认定，而应当综合全案证据进行分析后才能作出正确判断。尤其对于"熟人"之间发生的涉嫌强奸行为往往更为复杂，是否违背了妇女意志，应当更为严格、审慎地判定。鉴于强奸案件"一对一"证据的、

---

① 一审法院认定吴某某主动投案完全是错误的。本案中，吴某某到公安机关只是去说明情况，而不是投案。吴某某在整个诉讼过程中都坚称自己不是去投案。——笔者注

特殊性，在被告人否认实施了强奸行为且供述一直稳定的情况下，正确审查判断被害人陈述是正确认定案件事实的关键，唯此才能去伪存真，查明案件事实真相。就涉嫌"酒后强奸"这一特殊形式的案件而言，不能认为与喝了酒甚或喝醉了酒的妇女发生性关系就构成强奸，这在逻辑上得不出唯一结论；相反，即使妇女喝了酒甚或喝醉了酒，如果妇女本身有进行性行为的意愿，性行为本身并不违背其意志，当然不构成强奸。从生活经验来说，一方面"酒能助性"，另一方面在男女双方尤其是女方喝酒未醉，原本就有发生性行为的意愿的情况下，喝了酒更容易促使双方自愿发生性关系。

本案中吴某某与陈某某酒后发生了性行为是不争的事实，问题的关键在于：在案件的整个过程中，陈某某的客观行为表现出其对于与吴某某发生性行为是抗拒还是配合？主观意志是通过客观行为外在地表现出来的，只有准确认定陈某某的客观行为和主观状态，才能准确判断出其与吴某某发生性行为是否违背其意志。一审判决想当然地认为陈某某喝了酒其意志就是不愿意和吴某某发生性行为，恰恰相反，综合全案证据，尤其根据陈某某的陈述，可以认定：从陈某某在发生性行为之前、之时、之后的一系列行为来看，充分证明其是自愿、配合和吴发生性行为的，其与吴某某发生性行为并不违背其意志。一审判决认定吴某某违背陈某某的意志强行与其发生性关系是错误的。具体理由如下：

其一，从发生性行为前陈某某在酒楼吃饭过程的一系列行为来看，其有与吴某某发生性行为的"感情基础"和"意愿"。

首先，二人结识的意图是由中间人高某安排"相亲"。虽然不能说"相亲"就一定会发生性关系，但二人均是离婚之人，"相亲"这种方式至少给双方提供了一个发展亲密关系的可能，接受对方的可能性较大。

其次，在酒楼吃饭过程中陈某某对吴某某表现出极大的好感，表现得"很高兴、很亢奋"。陈某某在"询问笔录"中明确谈道："加上当天是高某介绍我与吴某某第一次认识，我心里感觉吴某某这个人还是可以的"（见2月10日询问笔录）。而在陈某某出庭作证时谈道："其实就是他的行为对我不好以外，其他都对我很好"（见第2次刑事审判庭笔录）。而证人高某的证词证实："在皇廷御膳吃饭喝酒的时候，陈某某显得很开放，她每次喝酒都带着吴某某一起喝，叫吴某某陪她一起喝……"（见高某询问笔录）高某在出庭作证时证实陈某某当晚的情绪："很高兴、很亢奋"（见第2次刑事审判庭笔录）。从生活经验来说，女人如果对男人表现出极大的好感，其接受与该男人发生性行为的可能性较大。

再次，陈某某在吃饭过程中有与吴某某"嘴对嘴喂酒"、"舌吻"等极为亲昵、暧昧的行为。在吃饭过程中，陈某某和吴某某坐在一起，有"牵手"等亲密行为，尤其是有与吴某某"嘴对嘴喂酒"、"舌吻"等极为亲昵、暧昧的行为。陈某某在询问笔录中明确承认了有"以接吻方式喝酒"。"问：你与吴某某在喝酒时是否有以接吻方式喝酒？答：当时我喝得有些晕了，加上当天是高某介绍我与吴某某第一次认识，我心里感觉吴某某这个人还是可以，所以在席间喝酒时我就将高某劝我喝的酒自己先喝到嘴里，我又将嘴对着吴某某的嘴进行接吻方式吐到了吴某某的嘴里，他没反对。"（见 2 月 10 日询问笔录）此后，陈某某在原一审承办人询问笔录中也明确承认了有 "嘴对嘴喂酒" 亲昵行为："最后是有亲密动作"。在出庭时也对 "嘴对嘴喂酒" 的行为再次予以认可。对于陈某某与吴某某之间的亲昵行为，证人证言中均予以了证实，如证人高某证实："有一次陈某某还把自己口中的红酒用舌吻的方式吐给吴某某喝"。（见高某询问笔录）。此后，高某在出庭作证时证实——"审：嘴对嘴喂酒是在什么时候？高：中途，将要接近尾声，我们一共才喝四瓶红酒。审：嘴对嘴喂酒时间长吗？高：抱着亲了的。"（见第 2 次刑事审判庭笔录），证人张某某、何某均证实："开初大家都在互相敬酒，我们几个在喝的过程中，姓陈的女娃儿喝的酒包在嘴头以接吻的方式吐到吴的嘴里。"（见张某某、何某询问笔录）陈某某对吴某某有 "嘴对嘴喂酒"、"舌吻" 如此亲昵、暧昧的动作，具有强烈的暗示、挑逗性质，其接受吴某某与其发生性行为可以说是很自然的了。正如证人高某所言：陈某某、吴某某当晚发生性关系 "不感到意外，因为当晚他们的关系就像在耍朋友"（见第 2 次刑事审判庭笔录）。

最后，陈某某在吃饭过程中有 "让朋友陪吴过夜" 的 "性暗示"。吴某某在供述中多次谈道：在吃饭期间，陈某某让吴某某陪她的朋友 "安某" 过夜。对此在陈某某出庭作证时得到了陈某某的印证："被：而且当时在餐厅时陈某某还叫我给他介绍一下男朋友，如不能介绍，就叫陈的一个朋友来陪我过夜。陈：是，这是开玩笑的。"（见第 2 次刑事审判庭笔录）在当时特定的氛围下，陈某某叫其朋友来陪吴某某过夜，虽然其称是开玩笑，但其实际上是暗示自己可以和吴 "过夜" 发生性关系，实质就是一个 "性暗示"。可见其后来与吴某某发生性行为是自愿的。

其二，陈某某对于发生性行为过程的陈述证明其是自愿、配合吴某某发生性行为。

首先，陈某某对性行为关键环节的陈述证明其是自愿、配合吴某某发生性行为。陈某某在报案当日第一次 "询问笔录" 中陈述："吴某某没有理我，继续脱掉了我的裤子，然后和我把阴茎放进了我的阴道，抽插了一会儿后，就射精了"（见陈某某第一次询问笔录）；其在当日第二次询问笔录中再次陈述："吴某某没有理我，强行脱掉了我的裤子，然后和我把阴茎放进了我的阴道，抽插了一会儿后，就射精了"（见陈某某第二次询问笔录）。此两次询问笔录均是报案笔录，离案发时间最近，陈某某的记忆应当最为准确和清晰。而陈某某对两次笔录中"和我把阴茎放入了我的阴道"的细节均确认无误，此细节描述恰好证明是其"配合"吴某某把阴茎放入了其阴道，也可以说是陈某某把阴茎放进了自己的阴道，而不是吴某某"强行插入"陈某某的阴道，显然陈某某对与吴某某发生性行为是自愿的、配合的。

其次，陈某某对性交前吴某某对其试探性爱抚行为、从汽车副驾移到后座以及在后座吴对其爱抚行为的陈述证明其是自愿、配合吴某某发生性行为。吴某某的供述多次谈到与陈某某发生性行为之前，他曾经对陈某某有一些试探性的行为，如"停下车后我在前排的正驾向坐在副驾的她用右手去摸她的大腿、生殖器，她没反对"。鉴于吴某某与陈某某彼此认识，吴某某对陈某某进行试探性抚摸行为在情理上是可信的。此情节在陈某某所作陈述中得到了印证："他用手来乱摸我的大腿的一些部位，后来在后排的时候他脱了我的外内裤先用手指插生殖器部位"（见陈某某2012年2月10日询问笔录）。陈某某并未陈述自己对吴某某在前排对其的抚摸有拒绝的言行，即陈某某对于吴某某在前排对其的试探性爱抚行为是配合的、接受的。

此后的一个细节是：陈某某原来坐在汽车副驾驶座上，而二人发生性行为是在汽车后排座位上。吴某某对此的供述是其将陈某某"扶"到了后排座位。陈某某在2月10日的询问笔录中称是"吴某某停了车又把我'扶'到后排位上"，这和吴某某的供述是一致的。吴某某"扶"陈某某到后排座位在一审判决中也予以了确认。而吴某某"扶"陈某某到后排的过程，如果没有陈某某的配合也是完不成的。

此外，二人陈述中均谈到了在后排发生性行为之前吴某某对陈某某进行爱抚和言语刺激的情节。对此，陈某某在询问笔录中提到："他用右手不停的爱抚我的右边乳房"（见陈某某第三次询问笔录）——陈某某将吴某某摸其乳房称为"爱抚"，可见其实际上其是接受"爱抚"的。在此后2月10日"询问笔录"中，陈某某对此情节作了如下陈述："问：他在用手指摸生殖器等部位时他又说了些什么？答：我听他说'好大、水好多'等话语。"可见陈某某并未拒绝吴某某在性交前对其进行爱抚和言语刺激的行为。在这些"前戏"的铺垫下，二人发生性行为可以说是水到渠成。

再次，陈某某对性交方式的陈述证明其是自愿、配合吴某某发生性行为。对于二人采用的性交方式，吴某某供述陈某某在后排趴跪起，其从"背后插入"。而陈某某在报案询问笔录中陈述其"侧趴在后排座位上""他将他的阴茎从背后插入了我的阴道"（见陈某某第三次询问笔录）；在2月10日询问笔录中则陈述"头朝正驾后排那方向，面朝下身体是趴起的"。二人对性交体位的陈述是一致的，能够印证当时采取的是女方趴跪、男方从背后插入的性交方式。而从逻辑上说，这种性交方式在狭窄的汽车后排座空间里，且持续了5分钟，如果女方不配合，是无法完成性行为的。因此，二人采用的性交方式可以证明陈某某是自愿配合吴发生性行为的。

最后，陈某某的陈述表明其在发生性行为过程中并无实质性的反抗或者呼救行为，证明其是自愿和吴某某发生性行为。陈某某在出庭作证时作了如下陈述："审：你在车上呼救没有？陈：没有。"（见第二次刑事审判庭笔录）可见，可以排除陈某某在发生性行为时有呼救行为。陈某某在2月10日"询问笔录"中陈述："问：你当时是否反抗呢？答：因为我头朝正驾后排那方向，面朝下身体是趴起的，我用手挥了两下没挥得起，喝了些酒头晕没力气反抗。"陈某某所言"喝了些酒头晕没力气反抗"可以作多种理解，综合全案情况分析，其"没力气反抗"实际上就是"没反抗"的委婉表达。陈某某在报案询问笔录中称其说让吴某某不要碰她，但从前述陈某某对吴某某的一系列配合行为来看，陈某某在发生性行为时说过此话的可能性很小，而吴某某说"她有细微的呻吟声，没有作其他反抗"应当更为可信。

此外，需要指出的是，关于本案发生性行为的地点，二人的陈述是一致的即H酒店的停车场。在酒店停车场这一相对公开的场合的汽车内发生性关系，且有从前排副驾驶座移到后排座位的行为，如果陈某某要呼救是很容易的，这也反证了陈某某发生性行为时并无呼救行为。

其三，从发生性行为后陈某某陈述"当时没有多想"，事后和吴去开房的态度，与吴某某亲属协商称"这会是一个很美好的回忆"，证明其当时根本就没有认为吴某某与其发生性行为是强奸，其与吴某某发生性行为是自愿的。

首先，陈某某陈述在发生性行为后"当时没有多想"，证明其当时根本没认为吴某某和其发生性行为是强奸。陈某某在报案的第一次询问笔录中作了如下陈述："问：你为什么现在才来报案？答：我当时没有多想，这两天头也很晕。今天清醒一点了，就来报案了。"该次笔录的内容只涉及性行为的过程。陈某某对发生性行为之后没有立即报案的回答是："当时没有多想"，这句话无疑非常客观地反映了陈某某在发生性行为时的主观心态：她当时根本就没有认为吴和其发生性行为是强奸，因此没有多想。足以证明其当时与吴发生性行为是自愿的。如果本案确实是强奸，被害人不可能当时压根没当回事。

其次，陈某某对在发生性行为后到J区酒店开房的态度，证明其对与吴某某发生性行为是接受的、同意的。在陈某某出庭作证时就发生性行为后到J区酒店开房的事情作了如下陈述："审：到酒店你表示反对没有？陈：没有什么表示。审：你是否同意去开房没有？陈：无所谓同不同意。"（见第二次刑事审判庭笔录）可见，发生性行为后陈某某并不反对和吴某某继续到酒店开房！

这也反证其对此前发生的性行为是接受的、同意的。

最后，陈某某称"这会是一个很美好的回忆"，证明其认为与吴某某发生性行为是一个美好的过程，是接受的、自愿的。在案发后吴某某的亲属找陈某某协商的录音中，陈某某多次提及："如果事后，吴某某多联系我、安抚我，这会是一个很美好的回忆。"如果真正被强奸，不可能会是一个很美好的回忆。这只能证明陈某某并不认为是被强奸，而是一个自愿的性行为。

其四，陈某某报案的真正原因是发生性行为后吴某某的一些行为对其不够尊重，但不能因此否定此前其与吴某某发生性行为的自愿性。

从陈某某的陈述中，不难看出，其报案的真正原因并不是其被吴某某强奸，而是其认为在发生性行为后吴某某的一些行为对其不够尊重，伤害了其自尊。如发生性行为后不帮陈某某擦拭身体；到 J 区酒店后陈提出要回 B 区，吴某某说很累休息一下再送她，导致陈某某生气自己打的回 B 区；此后直到案发不和陈某某联系等。这从陈某某在报案询问笔录中一再强调"吴某某不尊重我"可见一斑，也可以从案发后吴某某的亲属找陈某某协商时，陈某某在录音中多次提及"吴某某不懂得安慰，他没有安慰我；如果事后，吴某某多联系我、安抚我，这会是一个很美好的回忆"等情节可以得到印证。客观地看，吴某某在和陈某某发生性行为之后的所作所为确实有失妥当，但是不能因此而认为之前发生的性行为就是强奸，不能因此而否定此前陈某某与其发生性行为的自愿性。

其五，一审判决认定吴某某违背妇女意志强行与被害人发生性关系的理由不能成立。

一审判决认定吴某某违背妇女意志强行与被害人发生性关系的理由有二：（1）"在整个性行为过程中，由被告人主动实施了脱被害人外、内裤，脱自己外、内裤，将被告人生殖器插入被害人生殖器的行为，表明被告人趁妇女醉酒之机无能力反抗，违背妇女意志强行与被害人发生性关系"，该理由根本不能成立：日常生活中，绝大多数自愿发生的性行为都是男方主动，女方被动。男方主动脱女方衣裤、脱自己衣裤、插入等行为如何就能够表明是在违背妇女意志强行发生性行为？（2）"在性行为结束之后，长达约两个小时的乘车过程中，被告人与被害人之间无任何语言交流，侧面印证了陈某某确因醉酒或不愿意等原因，而未与吴某某进行交流的事实"，该理由同样不能成立。一是从性行为结束之后到 J 区酒店开房并无两个小时。二是所谓侧面印证属于典型的猜测性证据。被害人从未说自己是因为醉酒或者不愿意而未与上诉人进行交流，一审法院如何得知？如果是不愿意交流为何又愿意再去开房？是否可以这样猜测：被害人是因为发生完性关系后累了需要休息而未与上诉人进行交流？三是一审判决忽略了一个基本事实，在发生性行为之后这段时间，吴某某一直在前排驾驶车辆，陈某某躺在后排休息，即使在正常情况下，也无法进行多少语言交流。以此理由作为判决依据确实过于牵强。

第二，根据全案证据尤其是被害人陈某某的陈述，可以认定其在吴某某与其发生性行为时处于较为清醒状态，一审判决认定吴某某"趁被害人陈某某醉酒之机"强行与陈某某发生性行为错误，应予改判。

本案中被害人到底是否处于"醉酒"状态是正确认定案件事实的关键之一。辩护人并不否认陈某某在酒楼吃饭过程中喝了较多的酒，但是从陈某某本人的陈述并结合相关证据来分析，可以判定其在饭局结束到车上发生性行为的过程中已经处于较为清醒的状态，根本不存在其在报案笔录中所称醉得"人事不省"的问题，不存在吴某某利用其"醉酒"之机强行与之发生性行为的问题。一审判决认定陈某某发生性行为时处于醉酒状态是错误的。

其一，陈某某在庭审作证时的陈述证明其离开吃饭酒店时已经较为清醒。

陈某某在原一审出庭作证时作了如下陈述："审：你离开酒店时什么状态？陈：还是醉。但是开始好多了。"陈某某的回答证实其在离开吃饭酒店时已经好多了，较为清醒了。这一点在证人高某的证言中得到了印证："我记得我们下楼之后，在酒楼外面打了招呼就走了，我还给陈某某打了招呼的，陈某某还站着给我们打招呼，她说拜拜"（见第二次刑事审判庭笔录）。陈某某此时能够站着和别人打招呼道别，说明其是较为清醒的，而不是人事不省。

其二，陈某某在侦查询问笔录中陈述自己当时对发生的事情是"清楚"的，证明其处于较为清醒的状态。

陈某某在2月10日侦查机关对其的询问笔录中作了如此陈述："问：你们在B区城南某饭店酒后离开时吴某某背着你下楼、上车你是否清楚？答：我当时是清楚的，我是站不稳，每次都是他背或扶的我。"前述问答中的"清楚"换个表述即是"清醒"。亦即，在离开酒楼时，陈某某就已经处于较为清醒状态，对相关行为均能清楚认识，因此对于此后在车上发生性行为是清楚的、清醒的。

其三，陈某某在侦查询问笔录中陈述发生性行为时的神智状态是"喝了些酒头晕"而不是人事不省的"醉酒"。

陈在2月10日的侦查询问笔录中对于发生性行为时的神智状态作了如下陈述："我头朝正驾后排那方向，面朝下身体是趴起的，我用手挥了两下没挥得起，喝了些酒头晕没力气反抗。"可见陈某某在发生性行为的神智状态只是"酒后头晕"而不是其所称的人事不省的"醉酒"状态。

其四，陈某某对性行为过程的详细描述证明发生性行为时其处于较为清醒的状态。

从生活经验来看，一般而言，如果一个人处于"人事不省"的"深度醉酒"状态，基本"失忆"，要记住某一事情的某个片段、环节或者场景是有可能的，但要记住某一事情的完整过程、详细过程则是不可能的，连部分细节都不可能有记忆。反之，如果一个人喝酒之后尚能记住某一事情的完整过程、详细过程，则只能证明其酒虽然可能"喝多了"，但并未达到"人事不省"的状态，而是一种较为清醒的状态。一审判决认为"事后，陈某某陈述性行为实施过程中的部分细节，仅能说明其在醉酒状态下"完全与事实不符。本案中，陈某某不是只陈述性行为实施过程中的"部分细节"而是对性行为实施过程中的"全部细节"有非常详细的陈述，这只能证明其在发生性行为时处于较为清醒的状态。从陈某某的陈述来看，其对吴某某背她下楼，将其扶上奔驰车副驾，将其带到海宇酒店附近的停车场，停车后吴某某对其进行试探性抚摸，又把其扶到后排位上发生性行为的整个过程都能作出较为准确的描述。尤其是对发生性行为的过程更是能够作出非常详细的描述，只能证明其在发生性行为时已经处于较为清醒的状态。如陈某某在报案询问笔录中对于性行为过程作了如此详细的描述："我侧趴在后排座位上，吴某某直接脱我的裤子，我就说不要碰我，我要回家。他不理我，将我的裤子拉到了大腿处，然后，他用右手摸我的阴部，直接用手指插入我的阴道，用手指抽插了一会儿，他嘴里还说着'水好多哦'之类下流的话，我对他说不要碰我，我要回家。但他根本不理我。然后他又用右手来摸我的乳房，他嘴里说着'好大'之类下流的话，他用右手不停地爱抚我的右边乳房，我也对他说不要碰我，我要回家。摸了一会儿，他又用右手来摸我的阴部，摸了一会儿后，他将他的阴茎从背后插入了我的阴道，抽插了一会儿，就射精了"（见陈某某报案当天第三次询问笔录，对于陈报案笔录中存在的问题，详见后述）。而对于性行为的持续时间，吴某某供述约4分钟，陈某某陈述："我认为整个过程就几分钟，不超过五分钟"（见一审承办人询问笔录）。二人的陈述是一致的。陈某某能够如此清楚地记得发生性行为的详细过程——吴用了哪只手，说了哪些话，摸了哪个部位，如何插入，持续了多长时间等，怎么可能在发生性行为时处于醉酒状态"不省人事"？只能证明其发生性行为时较为清醒的。

其五，吴某某背陈某某下楼的行为并不能表明陈某某已达醉酒状态，更不能表明陈某某在发生性行为时处于醉酒状态，一审判决认定陈某某处于醉酒状态的理由不能成立。

一审判决认为"用餐期间，被害人陈某某呕吐两次，用餐结束后，陈某某已经不能行走，趴在吴某某背上，头耷拉着由吴某某从三楼背到饭店底楼，表明陈某某已达到醉酒状态。"该理由不能成立。

首先，用餐期间，陈某某到底吐了两次还是一次，证据有冲突，本身是存疑的，而且从陈某某呕吐到饭局结束有较长一段"缓冲"时间，而且生活实践中，有的人酒后呕吐了就清醒了。

其次，吴某某背陈某某下楼并不能证明吴某某已经不能行走。没有任何证人证明用餐结束后陈某某已经不能行走，吴某某背陈某某下楼也并不意味着陈某某此时已经不能行走，吴某某背陈某某有"讨好"陈某某之意。如果吴某某不是采用背的方式而是采用"扶"或者"架"的方式，陈某某照样可以行走。而且录像资料表明：吴某某将陈某某背到饭店电梯口等电梯时将陈某某放下，陈某某是自行站立捋头发，陈某某自行站立、行走都不是问题。此外，录像资料显示：吴某某将陈某某背出酒楼后，曾经在花坛上休息。陈某某直立坐在花坛上，并无人扶，证明其并不是不能行走。判决书认定"陈某某已经不能行走"系猜测性判断，不能作为定案依据。

再次，吴某某背陈某某下楼的行为并不能表明陈某某已达到醉酒状态。录像资料证明：系吴某某独自一个人把陈某某背下楼，旁边没有任何人扶着陈某某，此过程中陈某某的手一直紧紧抱住吴某某的脖子，从未滑落。而从生活经验来说，深度醉酒达到人事不省程度的人如果旁边没有人扶着，根本是无法背的，否则必然从背上滑落。既然是"背"，自然陈某某就是"趴在吴某某背上"，但录像中并无"头耷拉"的镜头。如果真是头耷拉，陈某某也就无法抱紧吴某某而不滑落。

最后，如前所述，陈某某在侦查期间的询问笔录中回答侦查人员"吴某某背着你下楼、上车你是否清楚"的询问时，明确回答："我当时是清楚的。"在被害人尚且声明自己是清醒的情况下，一审判决认定其已达到醉酒状态的依据何在？

此外，需要指出的是，从吴某某背陈某某下楼到双方发生性关系还有一段较长的时间间隔，因此，吴某某背陈某某下楼的行为既不能表明陈某某已达醉酒状态，更不能表明陈某某在发生性行为时处于醉酒状态，一审判决认定吴某某趁陈某某醉酒之机强行与其发生性关系不能成立。

第三，吴某某主观上没有强行与陈某某发生性行为的强奸故意，一审判决认定其有犯罪故意错误，应予改判。

强奸罪的主观方面要求行为人必须有强行与妇女发生性行为的故意，即"奸淫"的故意，奸淫与发生性行为不是等同的概念。"与妇女发生性关系的意图"和"强行与妇女发生性关系的意图"是截然不同的两种主观心态，前者是思想，后者是犯意。本案中，吴某某确有与陈某某发生性关系的意图，但并无强行与陈某某发生性关系的意图，主要体现在以下方面：

其一，陈某某在吃饭过程中的一系列行为使吴某某主观上认为陈某某愿意和他发生性关系，在这种情况下，吴某某没有强行与陈某某发生性关系的意图和必要。如前所述，陈某某在酒楼吃饭过程中的一系列"亲昵"、"暧昧"、"诱惑"、"挑逗"等行为，证明其有与吴某某发生性关系的意愿，吴某某认为陈某某愿意和他发生性关系并不是凭空臆想。吴某某主观上认为陈某某愿意和他发生性关系，因此有和陈某某发生性关系的意图，但并无强行与陈某某发生性关系的意图，也无此必要。正如其供述中一直谈道："我认为她在与我喝酒的时候与我关系暧昧，喝酒的时候和我舌吻，在吃饭间叫我陪她朋友安某过夜，她的这些举动暗示我她愿意和我发生关系，所以后来我就与她在车上发生了性关系。"而如前所述，在发生性行为的过程中陈某某的种种配合行为以及其后的相关行为也证明其是愿意和吴某某发生性关系的。

其二，吴某某在发生性行为过程中及其后的行为证明其没有强奸的故意。本案中，吴某某在发生性行为之前在前排时先对陈某某进行了试探性抚摸，如果他欲行强奸，完全无此必要；在后排发生性行为时也先进行了爱抚和言语刺激，如果他欲行强奸，也无此必要；在发生性行为后又将陈某某带到 J 区酒店开房，如果他认为自己是强奸，恐无此胆量；在此后至案发前一直不和陈某某联系，如果他认为自己是强奸，恐也不敢如此，等等。可见，吴某某在发生性行为过程中及其后的行为均可证明其没有强奸的故意。

因此，本案中吴某某不仅客观上没有强奸行为，其主观上也无强奸犯罪故意，不符合强奸罪的主客观要件，一审判决无疑认定事实是错误的。

第四，对存在严重矛盾和冲突的被害人陈述不应采信。本案远未达到"证据确实充分"的定罪证明标准，应当作出"证据不足，指控的罪名不能成立的无罪判决"。

本案中，陈某某在报案当天的三次询问笔录中，出于报案后希望引起公安机关的重视以便立案追究吴刑事责任的需要，作了很多不利于吴某某的虚假陈述，其中很多情节显然是陈某某编造的。而这些陈述与此后陈某某在公安机关所作的笔录、陈某某在一审承办人调查时所作的笔录和陈某某出庭作证的庭审笔录以及证人证言等其他证据存在诸多严重的矛盾和冲突，具体主要表现在：

其一，陈某某在报案笔录中声称其不喜欢吴某某，"我对他没感觉"，但其在喝酒过程中"嘴对嘴喂酒"等一系列亲昵的行为却表现出对吴某某极大的好感，并在侦查笔录中明确承认"我认为吴某某这个人还是可以的"，且在与被告人亲属协商时称是"美好的回忆"。

其二，陈某某在报案笔录中声称在吃饭过程中与吴某某"没有任何亲昵的行为"，但在其后的侦查笔录以及庭审作证时均承认有"嘴对嘴喂酒"等亲昵行为，并得到吃饭现场所有证人的证实。

其三，陈某某在报案笔录中声称"从来不喝酒"，但在此后侦查笔录、庭审作证时又承认自己喝酒，而吃饭现场证人均证实其当天频频举杯，并能够娴熟地嘴对嘴喂酒，且证人高某证实其酒量好，可见其平时不仅喝酒而且酒量好、技术高。

其四，陈某某在报案笔录中声称自己不省人事，但是却在侦查笔录、出庭作证时承认自己在离开吃饭酒店时已经处于较为清醒状态，却能对整个事件过程尤其是性行为发生的过程作细致准确的描述。

其五，陈某某在报案笔录中声称自己有反抗、呼救的言行，但在侦查笔录中承认自己没有反抗，在出庭作证时承认自己没有呼救，而其一系列行为又充分体现出其对性行为的自愿和配合。

其六，陈某某在报案笔录中声称自己不愿意和吴某某发生性关系，但同时又承认未及时报案是因为发生性行为时"当时没有多想"。

其七，陈某某在报案笔录中声称在发生性行为后又到 J 区酒店开房是"吴某某强行拉进去的"，但录像资料清楚显示：吴某某和陈某某是挽着手走进的卡洛酒店，而陈某某在出庭作证时明确回答审判长，其对发生性行为之后又去酒店开房无所谓愿意不愿意，也就是其并不反对再去开房，等等。

因此，本案中，对于陈某某陈述中不利于吴某某的内容，尤其是报案笔录的内容，由于存在前述诸多严重矛盾和冲突，不能采信作为定案依据。我国修正后的刑事诉讼法再次强调了定罪必须达到"证据确实、充分"的证明标准并对该标准作了详细的解释，尤其强调"综合全案证据，对所认定事实已排除合理怀疑"。综合本案全部证据，一审判决认定被告人吴某某犯强奸罪远未达到"证据确实、充分"的证明标准。因此，即使从证明标准的角度来说，本案也应当根据无罪推定的基本精神和《刑事诉讼法》第 195 条的规定，"证据不足，不能认定被告人有罪的，应当作出证据不足、指控的犯罪不能成立的无罪判决"，本案应当宣告被告人吴某某无罪。

三、本案诉讼过程及结果

本案一审判决被告人吴某某犯强奸罪，判处有期徒刑 3 年。被告人吴某某提出上诉。二审法院撤销原判，发回重审。原一审法院又判处吴某有期徒刑 3 年。被告人吴某提出上诉。二审法院依法改判被告人吴某某无罪。[①]

---

① 本文系此案重新上诉后的二审辩护词。本案被告人能够被公正地判处无罪，要感谢本案诉讼过程中一些非常优秀的秉持了法律、良心和正义的法律人。向他们致以崇高的敬意！

狱侦耳目所获"证据"相关问题研究

——以浙江张某平、张某叔侄奸杀案为实证样本

李冉毅* 孙毓萍**

出于深挖余罪和突破重大刑事案件的需要，狱内耳目侦查措施在司法实践中的运用日益频繁，逐渐成为公安机关侦破案件的一个重要手段。然而，由于缺乏明确的操作规范和基本的监督途径，狱内耳目侦查制度在实施中时常偏离合法的运行轨道，更严重者会导致冤假错案的产生。其中最为典型的案例是，在浙江张某平、张某叔侄强奸杀人案中，狱侦耳目袁某芳实施了暴力逼取嫌疑人供述、作伪证的行为，为案件的迅速"侦破"获取了重要的证据，最终酿成了冤假错案。此案引起了司法部门对狱侦耳目制度的深刻反思。为了避免类似陷人入罪情况的再次发生，完善狱侦耳目制度、加强狱侦耳目的行为规制已迫在眉睫。本文将以张某平、张某案为样本，重点分析狱侦耳目袁某芳在获取证据方面存在的问题，在此基础上就狱侦耳目制度的完善提出几点建议。

一、张某平、张某案的基本案情、证据概况及狱侦耳目的使用情况

（一）案情和证据概况

2003年5月18日晚9点，张某平和侄子张某驾驶货车送货去上海。路上，他们受人之托好心搭乘了一个要去杭州打工的17岁安徽女孩王某。次日凌晨1点50分左右，王某下车打车与家人会合，临走时，王某还问两人要了电话号码。第三日凌晨，杭州市某区的水沟里浮起了一具裸体女尸，警方很快

---

* 西南政法大学刑事诉讼法学硕士研究生。
** 西南政法大学刑事诉讼法学硕士研究生。

确认死者就是王某。在王某和张某平、张某二人分开之前，王某的一个朋友曾接到她用张某平小灵通打出的最后一个电话，根据这个电话，警方将最后接触王某的叔侄二人锁定为犯罪嫌疑人。在案件侦查过程中，叔侄二人曾连续几天几夜遭到侦查人员的刑讯逼供，还遭到了同监室"牢头狱霸"袁某芳的毒打，在袁的逼供和指引下书写了承认强奸杀人的"认罪书"。本案由杭州市公安局侦查终结，杭州市人民检察院提起公诉。杭州市中级人民法院于 2004 年 4 月一审判处张某死刑、张某平无期徒刑。二审法院浙江省高级人民法院在采信了一审全部"犯罪事实"之后，终审改判张某死缓、张某平有期徒刑 15 年。

本案一审判决书共罗列了 26 项证据，其中 5 项是关于死者位置、衣着、死因、遗物等的描述，9 项是关于死者王某行程、通信等情况的证明，9 项是关于张氏叔侄户籍背景、抓捕情况、指认现场、货车及侦查实验等相关阐述，最后的 3 项是本案定案的主要依据：其一，是最重要的一份证据，张氏叔侄的有罪供述，承认他们将被害人强奸并杀害；其二，是一份情况说明，杭州市公安局西湖刑侦大队证实从未对张氏叔侄进行过刑讯逼供；其三，是同监舍被关押的一个叫袁某芳的人的证言，证明听到过张某说他强奸并杀害了 17 岁的女孩王某。相关资料表明，在这三份重要的定案证据中，张氏叔侄的有罪供述很可能是在侦查机关涉嫌采取刑讯逼供的手段获取的。叔侄二人在侦查阶段受到了侦查人员几天几夜的连续残酷讯问，在看守所中也有"牢头狱霸"袁某芳通过殴打、威胁等暴力手段逼迫张某书写认罪材料。在获取口供之后，侦查机关又通过指认现场和侦查实验对口供加以印证。到了审判阶段，法庭对被告人及其辩护人关于侦查人员刑讯逼供的控告漠然置之，仅凭公安机关证明侦查人员没有刑讯逼供的一纸"情况说明"就采纳了叔侄二人的有罪供述。除了张氏叔侄二人的有罪供述外，"牢头狱霸"袁某芳关于"张某承认强奸杀人"的证言对案件事实最具证明力，被当作印证张氏叔侄有罪供述的主要证据。而这位提供证言并且实施相关取证行为的"牢头狱霸"是侦查机关安插在看守所内的狱侦耳目，他对本案的迅速"告破"起到了不小的作用，事后表明他向司法机关提供的证言是虚假的。

本案有一些有利于张氏叔侄的证据，但都遭到了办案机关有意无意的忽略。比如，两人的有罪供述存在多处不一致的地方：前往作案现场的行车路线不一样；强奸行为及先后顺序描述不同；抛尸行为叙述不一致等。在办案机关的操作下，这些情节在叔侄二人的一次又一次地供述中不断接近。除此之外，侦查机关对死者指甲里面的混合 DNA 进行比对发现里面有陌生人的 DNA，与张氏叔侄的 DNA 不吻合，而办案机关认为"DNA 鉴定结论与本案犯罪事实并无关联，不能作为排除两被告人作案的反证"，并且"因手指为相对开放部位，不排除被害人因身前与他人接触而在手指甲留下 DNA 的可能性"。但根据经验法则，握手很难在 8 个指甲同时留下 DNA，更为可能的是被害人在反抗过程中留下加害人的 DNA。[1] 因为 DNA 的鉴定结论对张氏叔侄的定案造成了阻碍，办案机关刻意寻找理由排除了这份理应对本案最有影响力的证据，错失了阻止错案发生的最后机会。显然，办案机关在整个过程中遵循了"有罪推定"的逻辑，无论是耳目侦查的使用、现场的指认和实物证据的采纳和排除，都是为了能够找到与叔侄二人有罪供述相互印证的证据，无罪证据在这种办案思维下被刻意忽略，冤假错案的发生也就在所难免。

（二）该案中狱侦耳目的使用情况

前文提到的与张某关押在同监舍的一个叫袁某芳的证人，是侦查机关派到看守所的狱侦耳目，专门负责本案线索和信息的收集。据张某回忆，他被关押在袁某芳所在的拱墅区看守所，一进号房里，袁某芳就问他是犯何事进来的，张某不答，袁某芳准确报出了张某涉嫌的罪名，并多次问他"有没有做过"，张某一旦否认，就会遭到袁某芳等人的毒打。袁某芳边打边说，"你这个案子我都知道你是怎么做的，你开车到哪儿，在哪儿调的头，怎么抛尸的。"张某向侦查机关"交代"的情节袁某芳一清二楚。不久，张某在袁某芳的殴打和逼迫下在看守所内写了一份交代材料，叙述了自己的"犯罪事实"。随后，张某被换押至杭州市看守所。根据资料显示，2004 年 4 月，袁某芳还在看守所的时候接受过杭州市检察院工作人员的询问，袁某芳表示，自己曾与张某关在同一号房，并曾主动问起张某关于其案子的事情，张某则曾私底下向他承认确实犯下强奸杀人罪。最终，审判机关将袁某芳的证言作为本案中据以定案的重要证据之一。袁某芳作为协助侦查机关办案的耳目，在本案的侦破过程中发挥了侦查机关预期的作用。

我国古代对耳目的运用屡见不鲜，时至今日这样的侦查方式在侦查实践中也广泛存在。选派服刑人员在羁押场所与犯罪分子接触，开展专案侦查活动的制度被称为狱侦耳目制度，又名狱内耳目侦查，是秘密侦查常用的方式之一。袁某芳的身份，就是警方通称的特情，即警方线人，官方表述为"狱侦耳目"或"狱内耳目"。1997 年中华人民共和国司法部印发的《狱内侦查工作规定》明确提出："狱内耳目是监狱从在押罪犯中建立和使用的秘密力量，是在干警的直接管理下收集、掌握罪犯思想动态和重新犯罪活动线索，获取罪证，侦查破案的专门手段之一，是狱内侦查工作的一项重要业务建设。"可见，狱侦耳

---

[1] 参见《十年冤狱谁之罪》，载央视网，http：//news.cntv.cn/2013/04/08/VIDE1365407042108851.shtml。

目侦查早已是政法系统内部认可的做法，办案人员会选派合适的服刑罪犯到特定的看守所或监狱作为耳目，通过他们的观察和与被羁押者或服刑犯的交流，从而获取一些对案件侦破或危险预防有价值的线索和信息。根据狱侦耳目使用目的的不同可以将其分为两类：一类了解人犯动态，主要用于防止各类事故的发生，保证监所安全，名为"控制耳目"；另一类配合预审，主要用于突破重大案件或疑难案件，名为"专案耳目"。本案中的袁某芳属于后者，在被派到拱墅区看守所后，袁某芳为了协助侦查机关获取案件的重要线索，一方面代行侦查人员的权力，用带有强制性的方法问取犯罪嫌疑人张某关于案件的情况，得到了张某自行书写的"认罪书"；另一方面又作为了解案件情况的证人，以自己所听见的案件情况向办案人员作证，证言以书面的方式提交法庭，成为定案的重要依据。仅从内容而言，这两份由狱侦耳目袁某芳参与获取的证据都可以作为认定事实的直接证据，实际上也对定案起到了重要作用。但从相关程序规定、证据规则和证据法理出发，狱侦耳目袁某芳参与获取的这两份证据存在不少问题。

二、作为"取证人员"的狱侦耳目的相关证据问题

（一）袁某芳不具备取证主体资格

在浙江叔侄奸杀冤案中，狱侦耳目袁某芳通过威胁、殴打等方式逼迫犯罪嫌疑人张某抄写违背自己意愿的"认罪书"，由此获得了张某的有罪供述。从外部行为来看，袁某芳获取犯罪嫌疑人张某口供的行为与特定主体开展的侦查活动有所类似，实际上起到了调查取证的作用，加快了案件的侦破进度。但是，由于我国法律明确限定了刑事案件调查取证主体的范围，即便袁某芳实施了协助侦查的行为，我们也不能认为其当然具备取证主体资格。

我国刑事诉讼法明确规定"审判人员、检察人员、侦查人员必须依照法定程序，收集能够证实犯罪嫌疑人、被告人有罪或者无罪、犯罪情节轻重的各种证据"。可见，参与刑事诉讼的各专门机关都拥有调查取证权，共同目标都是准确的认定案件事实，区别则在于各自取证的前后顺序和侧重点不同。除此之外，我国法律赋予了辩护律师调查权证的权利，虽然此项权利受到较大的限制，但不影响其所具备的取证主体资格。不同于一些英美法系国家，我国法律没有明确允许私人取证，公民所得到的一些与案件有关的线索和信息都必须依靠法定的取证主体通过法定的取证方式去处理，从而得到诉讼意义上的证据。所以，由侦查机关派到监狱作为耳目的袁某芳如果能够成为调查取证的主体，就只能是具备侦查权主体的身份。

根据新《刑事诉讼法》第151条的规定，为了查明案情，在必要的时候可以由有关人员隐匿身份实施侦查。《公安机关办理刑事案件程序规定》则

进一步将"有关人员"解释为"侦查人员或者公安机关指定的其他人员",也就是说,作为非侦查人员的普通公民,甚至罪犯也可以在授权的情况下实施侦查。即便如此,我们认为,由于这些作为线人、耳目的非侦查人员并不能独立行使法律赋予侦查人员的权力,他们的工作必须在侦查人员的指挥和控制下开展,实际上只是侦查工作开展的协助者,所以不能认为其具备侦查权主体身份。在世界各国,关于侦查权的主体身份,基本上都赋予警察或检察官。① 而本案中,袁某芳仅仅是一个在押的罪犯,侦查机关选派他作为狱侦耳目,是为了根据案件的需要授意他协助侦查人员调查案件事实。尽管这从表面上看类似于一种委托侦查关系,袁某芳似乎也在行使侦查权,实际上也起到了侦查人员的作用,但是正如实践中的普遍认识一样,"对于袁某芳的调用是中国狱内侦查制度最寻常的一幕,他只是公安的'侦查手段'"。本案中侦查机关把服刑人员袁某芳当作专案耳目安插在犯罪嫌疑人的同监舍,主要目的是通过耳目提供情报,他靠自己的耳朵去听,自己的眼睛去观察,或者通过自己与被羁押者的交流为侦查机关套取有价值的线索和信息。虽然也实际参与侦查活动,但毕竟不是法定的侦查主体,也就不具备法定的取证主体资格。

另外值得注意的一个地方是,新修改的刑事诉讼法已经明确采用技术侦查、隐匿身份侦查措施收集的材料可以在刑事诉讼中使用,无须像以往那样通过转化之后再使用。从表面上看,此项规定间接赋予了隐匿身份的非侦查人员的取证主体资格,因为在这种情况下收集证据材料必定有其参与。但是,正如前述,不具备侦查人员身份的线人只能是在侦查人员的指挥与控制下开展工作,其等于是协助侦查人员获取证据材料,再加上他们不能像侦查人员那样讯问犯罪嫌疑人、开展搜查、扣押等强制性侦查工作,实际上无法进行一些基本的调查取证行为,也就无法独立地、合法地获取一些与案件有关的证据材料。因此,我们认为,无法独立开展调查取证工作的狱侦耳目袁某芳不具备取证主体资格。实践中,此类耳目、线人多是通过作证的方式将自己了解的情况呈现于法庭之上,其往往是以"证人"的身份参与到案件的诉讼过程中。②

(二)张某平、张某的认罪书属于非法证据

在本案中,犯罪嫌疑人张某在被关押在拱墅区看守所期间书写了一份"认罪书",其中交代了他的全部犯罪事实。对于这份"认罪书",如果袁某芳是通过合法的"贴靠"方式,借助与张某接触增多、感情加深的机会,在细心劝导张某认罪悔过的基础上,促使张某真心悔过主动交代案件情况或者书写

---

① 徐美君:《侦查权的运行与控制》,法律出版社 2008 年版,第 4 页。
② 关于袁某芳作证的相关问题,本文第三部分将详细论述。

认罪材料，那么通过此种方式获取的张某的"认罪书"当然可以作为证据使用。然而，袁某芳探取情报的方式却截然相反，他事先通过侦查机关详细了解了张某"作案的全部犯罪事实"，再而通过威胁、殴打等方式逼迫张某承认犯罪事实，最后强迫张某根据自己编造的内容抄写了"认罪书"。很显然，这份"认罪书"属于非法证据，应当排除。

首先，袁某芳不是合法的取证主体。他的任务是借助与被羁押者接触增多、感情加深的机会取得其信任，然后从其口中听到有价值的信息，或者主动劝导、引诱被羁押者讲述案件真实情况。而实际上，袁某芳实施了讯问犯罪嫌疑人张某的行为，并且带有强迫取证的性质。且不论袁某芳的取证行为给张某带来多大的心理或生理强制，张某是否自愿作出有罪供述，仅是袁某芳自身的行为就已经超出一个狱侦耳目职责的范围。作为隐匿身份的"线人"，袁某芳应当以不暴露自己身份为首要任务，将自己的工作限定在获取与案件相关的线索或信息，相关的证据则应由侦查人员提取和保存。但是他在本案中明显将自己置于讯问人员的立场，目标直指犯罪嫌疑人张某的口供，此种方式与侦查人员讯问犯罪嫌疑人的行为并无二致。我国法律为了防止其他人通过不正当的方式获得犯罪嫌疑人的有罪供述，明确规定了讯问犯罪嫌疑人的主体和程序。另外，根据我国证据法原理，证据的合法性需要满足四个要素：取证主体合法、取证程序合法、取证手段合法和证据的形式合法。所以，不管袁某芳是否采取合法的手段去实施相关的取供行为，由于其本身不是合法的取证主体，由他"侦查"获取的犯罪嫌疑人口供也就存在合法性问题。

其次，袁某芳采取了刑讯逼供的方式获取张某的"认罪书"。为了让张某认罪，"牢头狱霸"袁某芳和另外两个人对其进行殴打。张某每次提审回来后，都要对袁某芳复述，说"错"了就被打，次日按"正确"的说。"指认现场"之前，袁某芳连夜给他画了几遍"路线图"，让他记牢然后根据画的图指认现场。① 另据张某平回忆，牢头要求他端正态度抄写写好的认罪材料，他拒绝抄写，牢头就打他到半死。每次提审回来，张某平都得向牢头汇报，否则就得挨打，"认罪书"也是在这样的逼迫下写出来的。② 事后表明，张氏叔侄在看守所违心提交的认罪材料确实是在狱侦耳目的殴打、逼迫下书写的。通过这种方式逼迫犯罪嫌疑人违背自己意志交代罪行，使犯罪嫌疑人遭受到了极大的痛苦，无异于侦查人员采取刑讯逼供的手段获取嫌疑人口供。根据我国刑事诉

---

① 参见《"线人"作祟 无辜叔侄苦坐十年冤狱》，载 http://shehui.xilu.com/20130327/news_908_339099.html。

② 参见《"女神探"与"黑狱头"勾结，导演叔侄强奸致死案》，载 http://blog.sina.com.cn/s/blog_7cb318ef0101aotc.html。

讼法的规定，采用刑讯逼供等方法收集的犯罪嫌疑人、被告人供述应当予以排除。其中，最高人民法院的司法解释将"刑讯逼供等方法"解释为"使用肉刑或变相肉刑，或者采用其他使被告人在肉体上或者精神上遭受剧烈疼痛或痛苦的方法，迫使被告人违背意愿供述的"。在本案中，狱侦耳目通过殴打的方式对张氏叔侄造成身体和精神上的痛苦，使其不得不违背意愿交代罪行，这种行为严重侵犯了犯罪嫌疑人的基本权利，给司法公正造成严重影响，所以应当将获得的非法口供予以排除。但同时会有这样一个疑问：殴打、威胁的行为是狱侦耳目实施的，侦查人员并没有采取非法取证的手段，是否一定要排除由此获得的认罪材料？我们认为，如果袁某芳采取暴力手段获取"认罪书"的行为是侦查人员授意或放纵的，实际上可以看作是侦查人员在违法取证，袁某芳只是充当了刑讯逼供的"工具"，排除由此获得的有罪供述是理所当然。退一步说，即使侦查人员给袁某芳强调过不得以强迫、暴力、威胁等方式从犯罪嫌疑人口中获取信息，他们也不能以自己没有违法取证为由采纳由袁某芳违法取得的认罪材料，毕竟袁某芳是侦查机关派到看守所为侦查机关办事的耳目，他在为侦查机关探取有利案件侦破的信息和线索的同时，其行为后果也应当由侦查机关承担责任。

（三）袁某芳"取证"行为定性

从表面上，袁某芳通过暴力、威胁手段逼迫犯罪嫌疑人张某书写"认罪书"的行为可能涉嫌刑讯逼供罪。但是，刑法规定的刑讯逼供罪的主体为特殊主体即司法工作人员，袁某芳作为侦查机关选设的"狱侦耳目"，虽然是协助侦查机关办案，但是他不具备侦查人员的主体资格，他只是一个罪犯，不可能单独构成刑讯逼供罪。如果侦查机关纵容、授意、指使、强迫袁某芳刑讯逼供获取口供，侦查机关与袁某芳就存在刑讯逼供的共同故意（这里的故意包括直接故意与间接故意），那么两者就构成刑讯逼供罪的共犯，应当依法追究刑事责任。本案并不排除这种可能，据张某回忆"每次提审回来，袁某芳都知道我说了什么"表明，袁某芳和本案侦查人员一直都保持着联络，侦查人员很可能知道袁某芳采取的逼供措施而放纵不管，甚至可能是侦查人员明确指示袁某芳采取这些措施。当然，也有一定的理由表明袁某芳的行为与侦查人员是否授意并无必然联系。我国司法机关对狱侦耳目设置了激励制度，狱侦耳目根据其工作成果可以获得减刑或者假释的奖励，袁某芳可能会出于减刑立功的一己私利，自行采用非法手段获取犯罪嫌疑人的相关信息。这样一来，侦查机关对于袁某芳的暴力获取犯罪嫌疑人口供的情况并不知情，两者没有共同的犯罪故意，袁某芳就也不构成刑讯逼供罪。在这种情况下，如果袁某芳对犯罪嫌疑人张某的殴打、体罚后果没有达到轻伤害以上程度时，应该根据《刑法》

第 315 条规定①的破坏监管秩序罪对其追究刑事责任；如果对犯罪嫌疑人张某的殴打、体罚后果达到了轻伤害以上程度时，应该根据《刑法》第 234 条规定的故意伤害罪对其追究刑事责任。总之，无论对袁某芳的"违法取证"行为如何进行定性，他这种严重侵犯公民人身权利，甚至在一定程度上帮助冤案产生的非法行为都应该受到法律的严厉制裁。

三、作为"证人"的狱侦耳目的相关证据问题

（一）袁某芳具备证人资格身份

相关资料表明，袁某芳在接受杭州市中级法院工作人员的询问时表示，自己与张某关在同一号房，并曾主动问起张某关于其案子的事情，张某则私底下向他承认，确实犯下强奸杀人罪。② 就这样，袁某芳的证人证言成为认定张氏叔侄强奸杀人事实的重要证据。那么，原本作为狱侦耳目的袁某芳在本案中是否具备证人资格身份？

所谓证人资格，就是在案件中能够作为证人，提供证人证言的要求和条件。广言之，证人资格是由证人所具有的事实条件、生理条件和法律条件决定的。事实条件是指证人以自己的感觉器官直接地、实际地感知待证案件事实；生理条件是指证人具备辨别是非、正确表达自己意志的生理能力；法律条件是指证人具备认识并承担作证的法律后果的能力。③ 从国外的立法趋势看，无论是大陆法系国家还是英美法系国家，对于证人资格的限制越来越少，只要求具有感知、记忆、表达以及辨别是非的能力，是否与案件具有利害关系已不在证人资格的考虑范围之内，如此做法力求促进更多的证据出现在审判的视野，以便裁判者能够充分的予以考量。在我国，对证人作证资格的要求也是如此。根据我国《刑事诉讼法》第 60 条规定："凡是知道案件情况的人，都有作证的义务。生理上、精神上有缺陷或者年幼，不能辨别是非、不能正确表达的人，不能作证人。"由此可见，我国规定的证人资格条件比较宽松，任何公民，不论其民族、职业、性别、文化程度如何，只要是了解与案件相关的信息或线索，并且具有正常辨别、记忆和表达的能力，都可以成为诉讼中的证人。在本案中，狱侦耳目袁某芳是在协助侦查机关破案的过程中知道案情的，由于其不是侦查人员，没有调查取证的权力，对于案件中获知的信息就可以作证的方式呈现于法庭。虽然事后证明袁某芳提供的是虚假证言，但这只与证据效力的强

---

① 我国《刑法》第 315 条规定："依法被关押的罪犯，有下列破坏监管行为之一，情节严重的，处三年以下有期徒刑：（一）殴打监管人员的……（四）殴打、体罚或者指使他人殴打、体罚其他被监管人的。"

② 刘永：《狱侦耳目》，载《南方周末》2011 年 12 月 8 日。

③ 姚莉、李力：《刑事审判中的证据引出规则》，载《法学研究》2001 年第 4 期。

弱或有无有关，并不影响他的证人身份。

（二）袁某芳的证言不能作为被告人供述的补强证据

在本案一审判决共罗列的 26 项证据中，仅有张氏叔侄的口供属于直接证据，没有任何目击证人和实物证据，就连强奸罪认定中最为关键的 DNA 证据也被搁置一边，不曾提及。此外，除了袁某芳"听见张某承认强奸杀人"的书面证言，其他证据的证明力非常有限，大多与本案的主要事实关联性较小。针对这种主要依靠口供定罪的案件，我国刑事诉讼法作了明确的要求："只有被告人供述，没有其他证据的，不能认定被告人有罪和处以刑罚；没有被告人供述，证据确实充分的，可以认定被告人有罪和处以刑罚"，也就是说，当被告人口供涵盖所有犯罪构成要件事实的时候，必须有其他证据与之相互印证，并且这些证据足够证明口供的真实性，否则不能定案，这种定案规则在两大法系国家被称为口供补强法则。根据《关于办理死刑案件审查判断证据若干问题的规定》和最高人民法院的司法解释的相关规定，根据被告人供述和指认提取到了隐蔽性很强的物证、书证，"且与其他证明犯罪事实发生的证据相互印证，并排除串供、逼供、诱供等可能性的，可以认定为有罪"。按照较为权威的解释，这一规定标志着口供补强规则在我国刑事证据法中的正式确立。①

在本案中，侦查人员没有通过被告人的口供提取到隐蔽性很强的物证、书证，也没有通过其他方法搜寻到证明力较强的实物证据，唯一能补强被告人口供的证据就是同案另一名被告人的口供和袁某芳的证人证言。其中，同案其他被告人口供，特别是实施了同样犯罪行为的共同被告人口供原则上不得作为被告人有罪供述的补强证据，这点在理论界和实务界基本达成共识。因为侦查机关一般会对同案共同被告人采取同案侦查的方法，这样难免会为了获取同样的口供而采取诱供、逼供、指名问供的手段，用此种方式获取的口供来补强同案另一被告人的口供毫无意义，而且容易滋生刑讯逼供等非法取证的现象，所以对同案被告人口供应当依靠口供以外的证据来补强。所以在本案中，侦查机关将袁某芳的证言作为张氏叔侄口供的补强证据，对定案起到了重要作用。从形式上看，袁某芳的证言是被告人供述之外的证据，并且直指案件主要事实，作为补强证据没有多大问题。但是从实质内容上看，袁某芳的证言仍然反映的是被告人的供述内容，实际上没有起到补强被告人供述的作用。为了防止对口供补强规则的任意运用，一般要求补强证据相对于口供具有独立性，除非根据口供发现隐蔽性很强的证据，否则不得将与口供同一来源的证据作为补强证据。比如，被告人后来的供述不能用来补强之前作出的供述，被告人供述的传来形

---

① 陈瑞华：《论证据相互印证规则》，载《法商研究》2012 年第 1 期。

式也不能作为补强证据使用，那样就会形成以被告人供述自我补强的局面，无法与被告人口供相互印证。袁某芳关于"听见张某承认强奸杀人"的证言就属于被告人供述的传来形式，和被告人供述反映的是同一内容，等于是将被告人的供述重复利用，没有达到补强法则要求补强证据从不同方向指向案件事实的要求。因此我们认为，尽管袁某芳的这份证言可以反映张某供述内容的"一致性"，但由于其是张某供述的传来形式，和张某供述重合指向案件主要事实，所以不能作为张氏叔侄有罪供述的补强证据。

（三）袁某芳的书面证言属于传闻证据

正如前述，袁某芳的证言作为与张氏叔侄有罪供述直接印证的证据，对定案起到了重要作用。但是问题不仅在于袁某芳这份证言作为张氏叔侄补强证据毫无实质意义，而且还因为控方用书面证言代替袁某芳本人出庭作证使得张氏叔侄及其辩护律师无法与袁某芳当面对质，无法通过交叉询问戳穿其谎言。按照英美法系证据法理论，这份用于定案的书面证言属于传闻证据，原则上应当被禁止采纳。

在英美法系国家，之所以原则上排除传闻证据，主要基于三点理由：首先，传闻证据存在复述不准确或伪造的可能；其次，传闻证据是未经宣誓提出的，又不受交叉询问，其真实性无法证实，也妨碍当事人反询问权利的行使；最后，基于直接言词原则，证据调查应当在法庭上进行，以保证裁判官能够察言观色，辨明其真伪，而对于传闻证据，由于法官未能直接听取原陈述人陈述，因而不能获取陈述人的态度、表情、姿态等情况以综合判断陈述内容的真实性，故而予以排除。当然，实行传闻证据规则也与限定陪审团接触证据的范围，避免其被律师的诉讼技巧或证据的纷繁复杂所误导或迷惑相关。[①] 可见，传闻证据规则的主要功能在于保障当事人的对质权和促进案件事实的发现，这一点与大陆法系的直接言词原则有异曲同工之处，都是强调法官的裁决须建立在法庭调查和辩论的基础上，不得以书面材料作为法庭裁判之根据。

在我国，立法上没有运用"传闻证据"的概念，也没有建立起类似于英美法系传闻证据规则和大陆法系直接言词原则的证据采纳规则，而是对书面证言设置了以证明力为导向的排除规则。根据《关于办理死刑案件审查判断证据若干问题的规定》的规定，法院排除书面证言需要同时具备两个条件：一是法院依法通知证人出庭作证，而没有证人出庭作证；二是该证人所作的书面证言，经当庭质证而无法得到确认。显然，证人应当出庭而没有出庭的，其书

---

① 张建伟：《司法竞技主义——英美诉讼传统与中国庭审方式》，北京大学出版社 2005 年版，第265—266 页。

面证言并不必然失去证据资格，法院仍然可以将其在法庭上予以宣读，交由控辩双方进行质证。① 可见，我国法律并不否认传闻证据的证据能力，只有在缺乏证明价值的情况下才会将其排除。所以在本案中，即便袁某芳的证言对案件定罪量刑有重要影响，并且被告人明确提出异议，法庭还是采纳了袁某芳的书面证言。在庭审调查中，该书面证言由于被告人的翻供和否认无法得到其他证据的佐证，即使如此，法官仍然对之予以采信。事后表明，袁某芳这份一路过关的书面证言是虚假的，却轻易得到了法官的认可，成为张氏叔侄冤案定案的重要证据。从以往一些错案的经验来看，书面证言在庭审中的畅通无阻也是普遍现象，导致庭审趋于形式化，庭审无法成为事实认定的中心，也就无法成为纠正错误侦查和起诉的最后一道防线。所以，我们应该正确反思这种以证明力作为标准的传闻证据采纳规则，严格执行传闻证言排除规则和直接言词原则，在证人确有必要出庭作证且没有例外情形的情况下，不得将不出庭作证证人的书面证言纳入法庭调查的范围，以此限制法官对传闻证据的任意采信。

本案还需要考虑的是，由于袁某芳不同于普通的证人，他是公安机关用于破案的特情人员，其必须处于一种隐蔽的状态中开展工作。如果因为出庭作证而暴露了身份，一方面可能招致不法分子的打击报复，危及自身安全；另一方面会泄露类似的侦查手段，影响该类措施在侦查犯罪过程中的发挥。② 对此，刑事诉讼法规定："如果使用该证据可能危及有关人员的人身安全，或者可能产生其他严重后果的，应当采取不暴露有关人员身份、技术方法等保护措施，必要的时候，可以由审判人员在庭外对证据进行核实。"相应地，刑事诉讼法规定了隐名作证、隐蔽作证等证人保护措施。但无论是采取不公开证人真实姓名、工作单位等个人信息的方式，还是采取不暴露外貌、真实声音等出庭作证措施，都必须保证被告一方享有对提供关键证言的证人基本的质证权利。在本案中，最适当的方式是通过的不暴露证人基本信息、容貌和真实声音的隔离作证方式传唤袁某芳出庭作证。再退一步说，就算法庭只采取庭外询问等方式调查核实袁某芳的证言，至少应当通知辩护人到场参与，否则，这一直接影响事实认定的证人证言将无法受到被告方有力的质疑，法庭很可能无异议地采纳控方提供的书面证言。

（四）袁某芳的证言属于具有利害关系的证言

审查判断袁某芳的证言时还需要特别注意的一个地方是，由于袁某芳是被派到看守所协助侦查机关调查案件的耳目，他的行动和付出会获取减刑或假释

---

① 陈瑞华：《刑事证据法学》，北京大学出版社 2012 年版，第 181 页。
② 参见最高人民法院主编：《刑事审判参考》（第 88 集），法律出版社 2013 年版，第 112 页。

的对价，他所参与协助调查的案件的侦查结果也会影响到自己减刑的幅度和假释的概率，所以他在陈述自己所了解与案情有关的所见所闻时很可能从有利于自己的角度出发，故意提供一些与真实情况不符合的信息。事后证明的确如此，袁某芳在被派到拱墅区看守所之前和在看守所中都一直与侦查人员保持联系，一直知晓侦查机关对于案件的侦查进度和大致情况，他心里应当清楚侦查机关想要的结果，也知道案件的处理结果对自己的利弊之处，最终他违背事实提供了虚假的证言，为本案的"顺利告破"起到重要的作用。在至少两次"出色"的完成任务后，袁某芳获得了总计 28 个月的减刑。2008 年 8 月最后一次减刑中，杭州市中院裁定：袁在服刑期间，认罪服法，认真遵守监规……服从分配，不怕苦不怕累，积极完成生产任务，多次调派"外地"协助公安机关"工作"，完成任务成绩显著，故予以减刑 10 个月。① 可以看到，袁某芳在耳目侦查中的工作成果如愿以偿地给他带来了减刑的奖励。

袁某芳既是本案的证人，又因为案件的侦破、处理结果得到一定的好处，所以他在刑事诉讼中属于与案件当事人、案件处理结果存在利害关系的证人。从情理上讲，每个人在作出某一行为的时候多少会考虑到自己的利益得失，如果证人与案件当事人或处理结果存在利害冲突，就很可能为了自身利益的最大化而人为地作出偏袒被告人的证言或故意提供不利于被告人的证言。所以针对这种情况，最高人民法院的司法解释明确规定应当着重审查证人是否与案件当事人、案件处理结果存在利害关系，对于与被告人有亲属关系或者其他亲密关系的证人所作的有利于被告人的证言，或者与被告人有利害冲突的证人所作的不利被告人的证言，应当慎重使用，有其他证据印证的，可以采信，否则不得被采纳为定案的依据。在本案中，法官应当注意到袁某芳可能会为了给自己争取立功减刑的机会而提供虚假证言推动案件向有利于自己的方向发展，因此在审查他提供的证言时就应当更加谨慎。要确定这份证人证言的真实性，重点应当通过其他证据证明袁某芳"确实听到"或者张某"确实向袁某芳承认"相关案情，至于张某具体向袁某芳说了什么并不是衡量该证言是否真实的标准，所以不应当以袁某芳证言中相关内容和被告人供述中的相关内容吻合而采信袁某芳的证言。

（五）袁某芳作证行为定性

袁某芳作出虚假证言的行为严重扰乱了司法秩序，同时也给张某平、张某造成了无法弥补的伤害，他的行为理应受到处罚。根据相关情况，我们认为袁

---

① 参见《"牢头"袁某芳：作伪证为什么》，载 http：//www.guancha.cn/ZheJiangQiangJianYuan An/2013_ 05_ 16_ 145048. shtml。

某芳的行为构成伪证罪。根据《刑法》第 305 条的规定：在刑事诉讼中，证人、鉴定人、记录人、翻译人对与案件有重要关系的情节，故意作虚假证明、鉴定、记录、翻译，意图陷害他人或者隐匿罪证的，处 3 年以下有期徒刑或者拘役；情节严重的，处 3 年以上 7 年以下有期徒刑。在本案中，袁某芳属于了解案情的证人，这一点前文已经论及。在作证时，袁某芳主观上具有作虚假证明陷害张某的意图，主要体现在：袁某芳在张某不承认强奸杀人事实时对他进行殴打、逼迫，足以证明其明知张某有可能并非犯罪行为人而迫使其承认，在这种不确定的情况下仍然作出"听到张某承认强奸杀人事实"的虚假陈述，这一举动很显然表明不管张某是否真正实施犯罪，袁某芳本人希望的结果就是张某构成犯罪。在行为后果上，袁某芳提供的虚假证言成为本案定案的一项重要证据，最终酿成了冤假错案。

另外，本案并不排除侦查机关具有授意或者概括授意袁某芳作伪证的行为，如果作为狱侦耳目的袁某芳是根据侦查机关的指示或作出了虚假的证人证言，那么对于侦查机关的人员的这种指使他人作伪证的行为，应当根据《刑法》第 307 条规定的司法工作人员妨害作证罪加以处罚。

四、余论：狱侦耳目制度的完善方向

对于狱侦耳目行为的规制，各国都有类似的做法。美国的《秘密线人使用准则》规定，在任何情况下，线人都必须向执法机关提供真实的信息，并且执法机关不能授权线人实施妨害司法类犯罪（如伪证、恐吓证人、伪造证据、诱陷行为）活动。德国的线人（V－Personen）使用远比卧底警探的使用更加频繁①，侦查机关可以进行隐秘探话，即将线人与被羁押人关押于同一牢房，随着他们的接触增多、感情的加深，线人主动引诱、勾引被羁押人讲述案件情况，但是不得采用强迫的方式逼迫被羁押人讲述案件情况。② 我国新《刑事诉讼法》第 151 条明确规定："为了查明案情，在必要的时候，经公安机关负责人决定，可以由有关人员隐匿其身份实施侦查。但是不得诱使他人犯罪，不得采用可能危害公共安全或者发生重大人身危险的方法。"所以，隐匿身份侦查的狱侦耳目不得采用暴力、威胁等可能发生重大人身危险的方法去获取被羁押者的信息，应当采用贴靠的方式，在与同监在押者交流的过程中靠自己的耳朵去听，自己的眼睛去观察，为办案机关提供一些有价值的线索。可见，无论是通过观察还是主动探寻的方式，所有在狱内隐匿身份侦查的线人都不得采

---

① ［德］托马斯·魏根特：《德国刑事诉讼程序的改革：趋势与冲突领域》，樊文译，载陈光中主编：《21 世纪域外刑事诉讼法最新发展》，中国政法大学出版社 2004 年版，第 125 页。
② 参见程雷：《秘密侦查比较研究》，中国人民公安大学出版社 2008 年版，第 350 页。

用陷人入罪和严重损害被羁押人权利的方式获取情报或线索，这是大多采取狱内线人侦查措施的国家的共同要求。

但在浙江叔侄奸杀案中，"狱侦耳目"的袁某芳并没有采用合法的贴靠方式收集情报，他采用殴打、威胁等暴力方式逼迫被追诉人张某抄写虚假的"认罪书"，又利用自己接触案件当事人的便利地位向司法机关出具虚假的证人证言，对张氏叔侄冤案的产生有着不可逃脱的责任。在此之前，袁某芳在河南马廷新案中扮演过同样的角色，制造了同样不堪的场景。可以想象，狱侦耳目采用违法手段收集情报、信息的现象在我国并不少见。为了防止更多陷人入罪的情况发生，保护被羁押者的合法权益，我们有必要完善狱侦耳目制度，对狱侦耳目的行为进行严格的规制。

狱侦耳目制度在司法实践中滥用的原因是多方面的。例如，缺乏法律对狱侦耳目制度的明确规范、侦查机关的权力缺乏严格规制、对耳目侦查所获情报运用的不规范性等，各个方面都亟须予以改善：

其一，应当将耳目侦查措施制度化。耳目侦查手段属于秘密侦查的范畴，秘密侦查手段应当法制化，这里的制度化不仅仅指目前新刑事诉讼法中已对其作出的抽象性的规定，因为这种抽象性的规定仍然给权力的滥用留下了广阔的空间。我们应当像大多法治发达国家那样对秘密侦查手段制定专门的实施细则，对具体的手段内容作出明确的规定，为实践中的规范操作提供制度基础。特殊侦查手段法制化既是对侦查机关的授权，同时又是对它的限权，通过程序技术来对侵犯公民权益的特殊侦查手段进行规制。

其二，完善狱侦耳目管理制度。提高耳目收集情报的能力，加强耳目为侦查机关工作的思想教育工作，提高狱侦耳目的安全保密意识，加强对狱侦耳目的监督与管理，防止狱侦耳目成为牢头狱霸而滥用"权力"。

其三，完善狱侦耳目的激励机制。激励机制包括奖励与处罚两个方面。实践中狱侦耳目根据其工作的成果可以获得减刑或者假释的奖励，袁某芳就是因为协助公安机关办案立功，两次获减刑奖励。对此侦查机关和决定减刑、假释的主体应该设置更加严格的评价标准，防止类似袁某芳的耳目为了追求立功减刑而采取非法手段获取犯罪嫌疑人的相关信息。同时，侦查机关在狱侦耳目获取情报的过程中进行严格的监控与审查，如果发现有违法违规行为就必须给予严厉的惩罚，必要的时候可以取消"耳目"资格，更有严重者可以追究其刑事责任。

其四，完善耳目情报质量审查。由于特殊侦查手段的秘密性，使得情报的获取过程很难受到外界的监督，所以侦查机关在获得情报之后要认真地调查核实，不能轻信情报，要对情报的合法性和真实性作出准确的分析，否则可能会因为一个错误的情报得到错误的侦查结果，进而导致冤假错案的产生。

其五，加强对侦查机关狱侦耳目侦查手段的外部制约和监督。在上文提及的耳目侦查制度法制化能够落实的情况下，可以进一步赋予法院对侦查机关实施狱内耳目侦查的审批权，建立法官对侦查机关实施该侦查行为的时间、地点、原因、对象的审批程序。同时加强检察机关对狱侦耳目侦查手段的监督力度，通过对实施程序和侦查手段进行制约和监督，可以促进狱内耳目侦查制度从审批到运行的规范化转变。

双师同堂协同教学模式
在证据法领域的应用

包冰锋[*]

一、双师同堂协同教学模式概述

（一）传统教学模式的缺陷与新型教学模式的兴起

一个法律纠纷的解决，需要实体法和程序法等多种法律知识的综合运用，而传统的案例教学模式在培养学生综合运用所学知识解决纠纷的能力方面仍然不尽如人意。特别是我国高校法学教育专业划分越来越细，民事实体法与民事程序法一直处于相互分离的状态，在教学和学术研究方面"鸡犬之声相闻，老死不相往来"，实体法学者只研究实体法而忽视程序法，程序法学者只关注程序法而忽视实体法，双方只在自身的理论框架内分析和解决问题。实体法与程序法教学内容的脱节，导致存在于每一个真实案件中的完整内容被割裂，违背了案例分析的基本规律，不利于培养学生全面分析问题和解决问题的能力，也阻滞了不同学科之间知识的交融和理论研究的深入。有鉴于此，西南政法大学于 2005 年 3 月成立了"实体法与程序法教学方法改革"小组，开始研究、策划案例教学模式创新，创造了"双师同堂解析民事案例"教学模式，经过几年的摸索、实践，取得了良好的效果。这种教学模式旨在克服传统案例教学存在的实体法和程序法不能有机结合的缺陷，有利于提高学生综合运用实体法和程序法知识解决实际问题的能力。①

---

[*] 西南政法大学法学院副教授，硕士生导师，法学博士，西南政法大学证据法学研究中心副主任。

① 张玉敏、刘有东：《双师同堂解析民事案例———案例教学模式的新尝试》，载《海南大学学报》（人文社会科学版）2010 年第 5 期。

（二）"双师同堂解析民事案例"教学模式的内容体系

"双师同堂民事案例教学模式"的教学内容体系，在设计理念上，本着整合民事实体法与程序法实践教学内容的原则，强化案例教学的整体性和全面性；在具体结构设计上，本着理论与实践相结合的原则，按照司法审判的一般流程列出设计讨论、训练的专题，每一专题由若干典型案例组成。以案例分析为载体，以实体法和程序法有机结合为教学内容，形成较完整的课程体系。具体内容体系如下：

第一专题：民事案件的法院主管。本专题安排的案例包括知识产权确权纠纷、侵权纠纷。通过对不同类型纠纷的分析，使学生学会对纠纷性质的分析判断，并根据纠纷性质确定解决纠纷的途径和方法，即哪些纠纷应当由法院管辖，哪些纠纷应当由其他部门管辖。同时使学生加深了对民事法律关系的性质、特征以及民事法律关系与其他法律关系的区别的理解。

第二专题：当事人能力及当事人的确定。诉讼当事人的确定既是诉讼法上的问题，也是民法的问题，甚至可以说民法是确定诉讼当事人的基础。本专题安排的案例包括有被许可人的侵权纠纷、无被许可人的侵权纠纷、雇主和雇员对成果归属存在争议的侵权纠纷等。通过本专题的训练，使学生准确理解民事主体与诉讼主体的相互关系，掌握在具体案件中确定适格当事人的分析思路和方法。

第三专题：民事案件的管辖。对纠纷性质的准确把握和案由的确定是解决管辖问题的前提，而这需要民法和诉讼法知识的综合运用。本专题安排的案例包括侵权纠纷和合同纠纷。通过本专题的训练，可以使学生在准确分析案件性质的基础上，确定具体案件的管辖问题。这一专题是对第一专题知识的深化与具体化。

第四专题：诉讼中的证明。常言说，打官司就是打证据。法谚有云：举证之所在，败诉之所在。因此，证明问题在民事诉讼中占有举足轻重的地位。诉讼中的证明问题首先是证明责任分配问题，而证明责任分配的一般原则和各种具体民事法律关系中证明责任的分配是由民事实体法规定的。在此基础上，法官根据诉讼法的规定和诉讼中的具体情况可以决定证明责任的转换。而当事人需要证明的要件事实，即民法中所说的民事法律事实，也需要综合运用民事实体法和民事诉讼法的知识才能确定。本专题安排的案例包括适用"谁主张，谁举证"的一般证明责任分配原则的案例，和证明责任倒置的案例。通过本专题的训练，学生不仅学到了司法证明的一般原理、诉讼中的证据运用以及事实认定的知识，而且加深了对民事法律事实理论的理解。

第五专题：审判程序和司法文书制作。审判程序是法院审理民事案件的操作规程，其体现了民事诉讼法所追求的平等、公开、公平的价值理念。通过生动的案例教学，学生可以直观地把握民事审判的一般流程，而且印象深刻。司法文书的制作更是对学生的实体法、程序法知识和文字表达能力的一种全面的训练。①

（三）"双师同堂解析民事案例"教学模式的益处

"双师同堂民事案例教学模式"以学生为教学主体，以分析真实案例为教学内容，采取师生间互动的教学方法，并使之贯穿于整个教学过程。"双师同堂民事案例教学模式"相对于传统教学模式而言，有许多创新之处：第一，可以整合师资优势，提高教学水平。传统的案例教学模式是单学科的，割裂了实体法与程序法的有机联系。"双师同堂民事案例教学模式"开创了民事案例分析的新方法，由讲授实体法的教师和讲授程序法的教师同时上讲台，分别运用自己所精通的专业知识对同一个案例从不同方面进行分析讲解，以便提高学生对实体法和程序法知识的融合和综合运用能力。第二，"立体"互动、辩论式教学方法，可以启迪学生思维。双师同堂主持教学，以学生为教学主体，通过师生互动、师师互动、生生互动"的论辩式教学方式，突出学生在课堂教学中的主动性、参与性；通过课堂上老师之间的互动，启发学生积极地思考，锻炼学生分析问题解决问题的能力，同时拓展学生的思维，深化对所学知识的理解。第三，可以整合实体法与程序法教学内容，保证案例分析的完整性。首先是按照司法审判的一般流程设计教学专题，以案例分析为载体，以民事实体法与程序法有机结合为教学内容，形成较完整的课程体系。可以克服传统案例教学将实体问题和程序问题割裂开来的缺陷，有利于培养学生综合运用实体法和程序法知识分析问题和解决问题的能力。其次是开创了以课堂教学为主、以观摩审判和模拟审判为辅的案例教学新模式。所有环节的案例均为真实的且有较大争议的案件，可以锻炼学生解决实际问题的能力，提高学生的学习兴趣和研究能力。②

二、证据法：实体与程序之交汇

（一）一元观到二元观的变迁

现在法律系统的思维认为实体法与诉讼法是相互分离的，两者在法律性质、调整对象及目标上都存在根本性的差别。请求权（Anspruch）和诉（Klage）的概念分离是通过温特沙伊特（Windscheid）确认的，其观点为实体

① 张玉敏、刘有东：《双师同堂解析民事案例———案例教学模式的新尝试》，载《海南大学学报》（人文社会科学版）2010 年第 5 期。
② 唐力、刘有东：《反思与改革：法学本科实践教学创新模式研究——以法律职业教育为视角的一种思考》，载《西南政法大学学报》2010 年第 1 期。

权利在先或者说是创造者，而诉讼在后或者说是被创造者，这最终改写了现代法律上流行的观点。自此之后，人们将实体法的法律状况摆在第一位，而诉讼法应当以实现该实体法律为目标，从而牢固地确立了实体主观权利与其诉讼上的实现相互分立的观念。为了将诉讼法发展成不仅是外在独立的而且也是内在独立的领域，这一分立也许是必不可少的精神基础，至少对诉讼法的这一发展产生了重要的促进作用。① 面对这样的分离主义，有学者指出实体法与程序法完全分离在实际上根本不可能实现，或者说，实体法与程序法在义务上应该是联系在一起的，必须组成一个有意义的整体。②

民事诉讼为诉讼法与实体法综合发生作用的场面，也为当事人之间诉讼行为与法律行为交错发展的过程关系。以往学者对于诉讼法上所引起的法律问题进行解决时，其解决方法大都是先分辨该法律问题是诉讼法规范所规律的问题，抑或属于实体法规范所规律的问题。从而依诉讼法的基本原则或依实体法的基本原则，在学理上进行解释说明而解决。学者在面临学理上的解决途径方法时，对于横跨诉讼法领域及实体法领域的中间地域的法律问题，在理论选择的态度上，势必产生究竟如何看待诉讼法与实体法两者之间的比重关系，这是学者所谓诉讼观的问题。早期的学者，大都将诉讼上的法律问题，专以实体法性质视之，以实体法原理进行解释说明，此种态度方法，称为实体法一元观。强调诉讼法独立性，将诉讼法与实体法视为对立关系，对于诉讼上的问题处理，专以诉讼法原理原则进行解释说明的方法，称为诉讼法一元观。既不采实体法一元观，也不采诉讼法一元观，将诉讼上的问题同时以实体法及诉讼法的观点进行解释说明的研究方法，称为实体法诉讼法二元观。

（二）证据法兼顾实体与程序

程序法与实体法如车之两轮，鸟之双翼，不可偏废。程序法与实体法应当相互兼顾，因为诉讼过程，其实是程序法与实体法共同作用的一个"场"。"证据法是一条连接实体法与程序法的有效纽带，它一方面保证程序法的运行不偏离对案件事实的认定，另一方面又确保依据实体法作出的裁决不背离正当性。"③ 就证据法而言，尤其是就证明责任而言，兼顾实体与程序的问题更加突出。因为关于证明责任概念究竟是属于实体法还是属于程序法，德国学者一直有争议，但有一点是可以肯定的，证明责任是一个兼跨程序法与实体法的问

---

① 沃尔夫冈·策尔纳、蒂宾根：《实体法与程序法》，载米夏埃尔·施蒂尔纳：《德国民事诉讼法学文萃》，赵秀举译，中国政法大学出版社 2005 年版，第 102—103 页。

② 姜世明：《诉讼法与实体法之关系》，载《台湾本土法学杂志》2006 年第 12 期。

③ 卢啸宇、刘宇：《证据法之重申———在实体法与程序法之间》，载《吉林省教育学院学报》2013 年第 3 期。

题。因此，在证明责任这个问题上调整好程序法与实体法十分重要。

例如，现行民事诉讼法的司法解释对证明责任倒置采取了列举式规定，对此，有人提出，能否采用法律要件式规定，比如侵权案件中，将四个构成要素规定在诉讼法中，这比列举性倒置要好得多。在特殊侵权案件，如环境污染案件、高度危险作业案件中，本来构成要件都应由受害方证明，但是考虑到因果关系、过错等因素，受害方很难证明，因此做了分工，受害方只要能够证明他受到损害的事实就够了，至于损害是否为对方所为，对方是否有过错，则难于证明，因为危险领域是对方掌握的。在这种情况下，就可以把构成要件分开。如果把过错构成要件抽象地规定在证据法中，就给我们提供了一个一般性的准则，凡遇到这种情况，我们就可以考虑在当事人之间分配构成要件的证明责任。对于某个案件，受害方只需提供表面证据，加害人就必须提供具体证据证明他无过错或无因果关系，否则就要承担民事责任，这样就把民事程序法与实体法沟通了。现行的合同法、海商法等法律中都有关于证明责任的规定，这是合理的，因为每部法律所调整的社会关系都有自己的特殊性，对此，民事证据规则不可能详细规定，但是民事证据规则可以从中抽象出一般规则加以规定。德国著名教授罗森贝克提出了法规分类说的证明责任分配标准，把实体法规定的各种证明责任归纳为一些原则，凡是主张权利的，就得对权利成立事实负证明责任，凡主张权利消灭、权利受到阻碍或者权利未发生的，就得对消灭事实、阻碍事实或者未发生事实负举证责任。这种学说很值得我们考虑。实体法规定的证明责任程序法无法取代，但是程序法可以把这些具体规定抽象为一般原则，这样会有助于法官、律师和当事人明确在具体情况下承担什么样的证明责任。另外，证明责任这个概念本身就值得从两个方面考虑。一般认为，证明责任可分为形式上的举证责任和实质意义上的证明责任。前者就是提供证据的责任，后者就是当事人本应证明某个事实但却未能证明时，应承担的不利后果。现在有些学者特别强调后一种证明责任，认为举证责任是证明责任的投影或派生物。这种看法失之偏颇。程序法为实质意义上的证明责任所能做到的只是从中抽象出一些原则，而提供证据责任问题，恰恰是程序法所要解决的，实体法则无法规定。程序法应当规定当事人提起诉讼应提供证据。这里就有许多规则，比如是审前准备中就提出全部证据还是延伸到正式开庭审理中，也就是举证时效问题。再如，在提供证据方法上，对方当事人控制着某个证据，本方当事人未获取，当事人请求法院强制对方当事人披露，这就不是本方当事人能完全控制的，涉及个人隐私时，对方当事人就可能拒绝披露。这些都是需要程序法加以解决的。可见，在证明责任概念上，也充分体现了程序法与实体法的关系。①

三、具体案例之应用

正如前文所述，证据法属于程序法和实体法相互交织的领域。在解释某一证据问题时，单独由一位程序法老师或者一位实体法老师阐述，都显得有些力不从心。如果能由一位程序法老师协同一位实体法老师联袂讲述，那么学生更容易接受、理解案例分析中的证据问题，课堂教学效果一定更佳。笔者与西南政法大学民商法学院洪海林副教授联合讲授《民事疑难案例分析（双师同堂）》，下面就课堂教学时使用的案例进行分析。

（一）案情介绍②

1981 年，赵灵之母沈翠英与赵玉成登记结婚。1987 年 9 月 24 日，沈翠英生育赵灵。2003 年 6 月 22 日，赵灵之母沈翠英与刘汉金在电话里争吵，通话内容为赵灵不是赵玉成的亲生女儿，其内容被赵玉成听见。2004 年 1 月 4 日，赵玉成为验证赵灵是否是其亲生女儿，委托重庆市计划生育科学研究所进行了鉴定，结论为：赵灵与赵玉成不具有亲生父女关系。同年，赵玉成以沈翠英、刘汉金为被告，赵灵为第三人向重庆市南岸区人民法院提起民事诉讼（以下简称前案），其诉讼请求为：（1）请求确认沈翠英和刘汉金与赵灵系父母子女关系；（2）判令沈翠英、刘汉金赔偿其精神损害赔偿金 8 万元，两人互负连带责任；（3）判令刘汉金赔偿抚养费、教育费、保姆费、鉴定费等共计 74688 元。赵灵在答辩中称，希望通过亲子鉴定弄清自己的父亲是谁。

2004 年 9 月 8 日，重庆市南岸区人民法院作出（2004）南民初字第 1324 号民事判决，案由为生身父母子女确认纠纷，判决：（1）确认赵灵与被告沈翠英、刘汉金之间存在生身父母子女关系；（2）被告沈翠英、刘汉金共同赔偿赵玉成精神抚慰金 10000 元，沈翠英与刘汉金对该款的给付相互负连带清偿责任；（3）刘汉金向赵玉成支付抚养费 60503 元以及鉴定费用 3200 元，合计 63703 元；（4）驳回赵玉成的其他诉讼请求。宣判后，刘汉金不服，向重庆市第一中级人民法院提起上诉。2004 年 12 月 14 日，重庆市第一中级人民法院作出（2004）渝一中民终字第 3683 号民事判决：（1）维持一审判决第 4 项，即驳回原告赵玉成的其他诉讼请求；（2）撤销一审判决第 1 项、第 2 项和第 3 项，改判沈翠英赔偿赵玉成精神抚慰金 10000 元。二审案由确定为侵权赔偿纠纷。

---

① 《民事证据法：程序与实体的交汇——访中国人民大学法学院江伟教授》，载《人大法律评论》（2000 年第 2 辑），第 17—19 页。

② 《拒绝亲子鉴定能否推定其为生父》，载《法制日报》2009 年 7 月 23 日第 11 版。

2006 年 1 月，赵灵诉至重庆市南岸区人民法院（以下简称后案），请求确认自己与刘汉金系父女关系。2006 年 1 月 6 日，重庆市南岸区人民法院将本案移送至重庆市涪陵区人民法院。在后案一审中，刘汉金答辩称：（1）1986 年初，刘汉金就到湖北省工作，没有也不可能与赵灵母亲发生性关系；（2）本案已经重庆市南岸区人民法院和重庆市第一中级人民法院审理终结，现赵灵以同样的请求起诉，违背了一事不再理的规定，应驳回赵灵的起诉；（3）赵灵起诉系因其母曾向刘汉金借款两万元不还，被刘汉金起诉判决后，恶意诉讼。刘汉金提交了（2004）南民初字第 1115 号民事判决书为证。

诉讼中，赵灵提出申请，请求法院通知刘汉金提供基因样本，以鉴定其与赵灵是否存在亲子关系。法院征询刘汉金意见，刘汉金拒绝提供基因样本，且未说明合理的理由。

赵灵提交了如下证据：

第一，摄于 2003 年 6 月的照片两张，照片显示了赵灵之母沈翠英与刘汉金裸体在床，拟证明刘汉金与赵灵之母沈翠英发生过性关系。

第二，鉴定书一份，拟证明赵灵与赵玉成不具有亲子关系。

第三，（2004）南民初字第 1324 号民事判决书、（2004）渝一中民终字第 3683 号民事判决书，拟证明赵灵之母沈翠英与刘汉金存在性关系；本次诉讼是确认之诉，而前次诉讼是侵权之诉，本次诉讼与前次诉讼不同，不违背一事不再理的原则；在侵权诉讼中，刘汉金不同意作亲子鉴定，南岸区人民法院据此推定赵灵与刘汉金亲子关系成立，在本案中刘汉金不同意作亲子鉴定，可推定亲子关系成立。

第四，证人沈翠英出庭作证，拟证明在 1985 年 7 月至 1986 年农历冬月 28 日刘汉金与沈翠英多次发生性关系，并致其怀孕，生育赵灵。

第五，证人赵玉成出庭作证，拟证明听沈翠英说过与刘汉金曾多次发生性关系，并生育赵灵；赵灵不是其亲生女儿。

重庆市涪陵区法院审理认为：亲子关系属人身关系中的身份关系，依照科学规律和法律规定，身份关系的成立，只能基于血缘即生育和法律的拟制即收养而成立。本案中，赵灵证明了其母与刘汉金具有性关系，那么就证明了其母与刘汉金有生育赵灵的可能性；因为血缘关系存在与否，尚需科学的验证，当今最为科学的手段就是进行亲子鉴定，但亲子鉴定非赵灵一人即能完成，而是需要刘汉金的协助与配合，为此，赵灵在诉讼中申请了法院调取刘汉金的基因样本，赵灵的证明责任即已完成。诉讼中，法院依法将赵灵申请鉴定的情况告知了刘汉金，而刘汉金在并无合理理由的情况下，拒绝就其与赵灵之间是否具有亲子关系接受鉴定。最高人民法院《关于民事诉讼证据的若干规定》（以下简称《民事证据规定》）第75条规定："有证据证明一方当事人持有证据无正当理由拒不提供，如果对方当事人主张该证据的内容不利于持有人，可以推定该主张成立。"依此规定，针对刘汉金拒绝接受鉴定的行为，可以作出对刘汉金不利的推定，即赵灵与刘汉金的亲子关系成立。对赵灵的诉讼请求，予以支持。据此，一审判决确认被告刘汉金是赵灵的生身父亲。

刘汉金不服重庆市涪陵区人民法院民事判决，向重庆市第三中级人民法院提起上诉，请求撤销原判，依法改判。理由：（1）一审法院受理和审理本案违背了一事不再理的原则。刘汉金与赵灵之间是否存在生身父女关系已经重庆市第一中级人民法院于2004年12月14日所作出的（2004）渝一中民终字第3683号民事判决进行了确认，现赵灵提起诉讼违背了一事不再理的原则。（2）原判认定事实证据不足。原判认定刘汉金与赵灵的母亲在1986年前后有性关系证据不足。（3）一审适用推定确认亲生父女关系错误。人的身份关系不能在没有科学依据的情况下随便推定，确认亲生父母子女关系，要有推断的基础事实及其与推定事实之间存在逻辑关系的证据，才可适用推定原则，否则不能适用推定原则。

被上诉人赵灵答辩称：（1）本案未违背一事不再理的原则。重庆市第一中级人民法院所审理的是侵权之诉，而现赵灵提起的则是确认之诉，其诉讼主体及地位不同。（2）本案可以适用推定。因为刘汉金与赵灵的亲子鉴定结果是本案判决的关键依据，赵灵已申请进行亲子鉴定，但刘汉金拒绝提供基因样本，同时刘汉金与赵灵的母亲有着不正当的性关系，依照《民事证据规定》第75条规定，可适用推定。重庆市第三中级人民法院经审理认定赵灵证据不足，不同意对刘汉金强制作亲子鉴定，也不同意对此适用类推原则，驳回了赵灵的诉讼请求。本纠纷的前后两案至此尘埃落定，以赵灵的最终败诉告终。

（二）案例分析

本案最具有争议性的焦点是：亲子鉴定要求被拒后法院能否直接适用对拒绝者不利的推定。关于确认亲子关系能否适用推定的问题向来存有争议。理论界和实务界基本形成以下两种观点：一种观点认为，亲子鉴定涉及人身，不能强制；但是如果一方当事人申请进行亲子鉴定，另一方当事人无正当理由拒绝亲子鉴定的，依据《民事证据规定》第75条，可以推定对其不利的事实成立。另一种观点认为，最高人民法院《关于人民法院在审判工作中能否采用人类白细胞抗原作亲子鉴定问题的批复》中指出亲子鉴定应双方自愿。① 因此，亲子鉴定不能强制，而且不能根据《民事证据规定》第 75 条进行推定。因为适用推定，事实上就是强迫另一方必须接受亲子鉴定，违反了自愿的原则，有可能侵犯人身权。②

笔者认为，从程序法和实体法两方面的规定都可以得出结论，对于赵灵所主张的生身父母确认纠纷可以适用推定。理由如下：

第一，司法解释的依据。程序法司法解释的依据是《民事证据规定》第 75 条的规定；实体法司法解释的依据是《最高人民法院关于适用〈中华人民共和国婚姻法〉若干问题的解释（三）》（以下简称《婚姻法解释（三）》）第 2 条的规定，即 "夫妻一方向人民法院起诉请求确认亲子关系不存在，并已提供必要证据予以证明，另一方没有相反证据又拒绝做亲子鉴定的，人民法院可以推定请求确认亲子关系不存在一方的主张成立。当事人一方起诉请求确认亲子关系，并提供必要证据予以证明，另一方没有相反证据又拒绝做亲子鉴定的，人民法院可以推定请求确认亲子关系一方的主张成立"。

第二，对于刘汉金在沈翠英受孕赵灵期间是否与沈翠英发生性关系的问题。对于赵灵而言是很难举证的，因为男女之间的不正当性关系，本身较隐秘，这种隐私不便于让他人知道，也不可能保全和留存有证据。现有沈翠英的陈述和所提供的两张照片就基本可推定在受孕赵灵期间刘汉金与沈翠英有发生性关系的可能性。

第三，亲子关系属人身关系中的身份关系，这种血缘关系存在与否，当今最为科学的手段就是进行亲子鉴定，而亲子鉴定非赵灵一人即能完成，而是需要刘汉金提供基因样本，赵灵在本案一、二审中都提出了进行亲子鉴定的申请，但刘汉金拒绝提供基因样本进行鉴定，依照《民事证据规定》第 75 条和《婚姻法解释（三）》第 2 条都可以作出不利于刘汉金的推定，即赵灵与刘汉

---

① 最高人民法院《关于人民法院在审判工作中能否采用人类白细胞抗原作亲子鉴定问题的批复》（法研复〔1987〕20 号）规定："关于人民法院在审判工作中能否采用人类白细胞抗原（HLA）作亲子关系鉴定的问题，根据近几年来审判实践中试用此项技术的经验，参考卫生部及上海市中心血站所提供的意见，同意你院采用此项技术进行亲子关系的鉴定。鉴于亲子鉴定关系到夫妻双方、子女和他人的人身关系和财产关系，是一项严肃的工作。因此，对要求作亲子关系鉴定的案件，应从保护妇女、儿童的合法权益，有利于增进团结和防止矛盾激化出发，区别情况，慎重对待。对于双方当事人同意作亲子鉴定的，一般应予准许；一方当事人要求作亲子鉴定的，或者子女已超过三周岁的，应视具体情况，从严掌握，对其中必须作亲子鉴定的，也要做好当事人及有关人员的思想工作。人民法院对于亲子关系的确认，要进行调查研究，尽力收集其他证据。对亲子鉴定结论，仅作为鉴别亲子关系的证据之一，一定要与本案其他证据相印证，综合分析，作出正确的判断。"

② 《拒绝亲子鉴定能否推定其为生父》，载《法制日报》2009 年 7 月 23 日第 11 版。

金之间存在亲子关系。

第四，最高人民法院在《关于人民法院在审判工作中能否采用人类白细胞抗原作亲子鉴定问题的批复》中指出"对要求作亲子关系鉴定的案件，应从保护妇女、儿童的合法权益，有利于防止矛盾激化出发，区别情况，慎重对待"。本案在刘汉金一再拒绝亲子鉴定的情况下推定赵灵与刘汉金之间存在亲子关系的处理，也是从保护妇女、儿童的合法权益出发来处理。因此，可以适用推定。

第五，本案赵灵的起诉并非空穴来风、无端栽赃，从本案提供的几份间接证据来看，认定刘汉金为赵灵疑似生父有着相当的合理性，已经构成了《婚姻法解释（三）》第2条中规定的"提供必要证据予以证明"。比如，赵灵和赵玉成不存在亲子关系的鉴定结论；沈翠英有关刘汉金为赵灵生父的陈述；沈翠英与刘汉金存在性关系的照片；赵灵与刘汉金外貌长相十分相似等。就赵灵而言，其在本案中已经穷尽了一切可能的举证手段，最终事实的认定只有依赖亲子鉴定，但是刘汉金却无正当理由拒绝作亲子鉴定。因而，法院可以根据《民事证据规定》第75条或《婚姻法解释（三）》第2条作出不利于刘汉金的推定，即赵灵与刘汉金之间存在亲子关系。质言之，就命令进行亲子鉴定而言，法院应当就当事人的主张有"大致上信其为真"的心证时，才可以命令当事人进行亲子鉴定，此为保障当事人身体自由权及隐私权所必要的折冲。在无论如何均不能就事实存否获得心证时，鉴于我国现行仍无直接强制亲子鉴定的规定，法院可以依据《民事证据规定》第75条或《婚姻法解释（三）》第2条的规定拟制当事人所主张的事实为真实。

论英国刑事诉讼程序中测谎证据的可采性[①]

[英] 迈克·斯托克代尔[*]　丹·格鲁本[**] 著
王梦佳[***] 译

　　有人认为，测谎证据在英国刑事诉讼程序可能具有可采性。但英国法官、出庭律师或事务律师对上述观点往往持否定态度。不过，测谎证据不具可采性已经是一种过时的规则。事实上几乎没有直接的英国判例佐证该观点。例如，Archbold：Criminal Pleading Evidence and Practice[②]（本书是一本对刑事执业律师具有指导性作用的法学教科书）就援引 Fennell V Jerome Property Maintenance Ltd.[③]一案称："由测谎机构对证人通过用机械，物理或催眠感应测试的方法而得到的证明证人可靠性的证据，在英国法中是不具可采性的。"然而，上述案例是民事判决中涉及"吐真药"的第一个案例。Phipson on Evidence 一书中则指出，"对于借助多参量心理测试仪（测谎仪）所作的评估证人可信性的测试

---

　　* 英国诺森比亚大学教授，刑事及民事证据与程序研究中心主任。
　　** 英国纽卡斯尔大学司法精神病学教授。
　　*** 西南政法大学刑事诉讼法学硕士研究生。
　　① 本文原载于 The Journal of Criminal Law（2012），总第 76 卷，第 232—253 页。
　　② James Richardson QC（ed.），Archbold：Criminal Pleading Evidence and Practice（Sweet and Maxwell：London，2012）para. 8 – 291 and see also para. 10 – 70.
　　③ 《泰晤士报》（1986 年 11 月 26 日）QBD。

是具可采性的问题，尚无纳入汇编的英国判例予以说明"。① 尽管英国有判例规定测谎证据在普通法中不具有可采性，但在英国法中，该观点所依据的普通法规则或已经被成文法修改或替换，或在任何情形下都不再完全否定测谎证据。

本文旨在讨论测谎证据在英国刑事诉讼程序中是否有可采性。为此，我们首先必须先审视英国和英联邦国家在采信测谎证据以及其他两种在法律思维上经常被联系起来的程序——为获得真相进行的吐真药测试和催眠有关的案例法。然后对可能阻止采信测谎证据的普通法规则予以审视，从而研究相关规则的实施，以明确现行英国证据法的规定在何种程度上可能导致测谎证据的不可采。

一、测谎证据的本质和效力

通俗来说，我们把多参量心理测试仪称为测谎仪，但事实上它并不用来测试某人是否说谎，而是用来记载与自主神经系统活动相关的心理变化。自主神经系统是中枢神经系统的一部分，通常不受意志支配，负责调节机体内部环境。面对压力时，自主神经系统的兴奋度会提高。例如，当心血管活动和呼吸活动发生变化时，供血和肌肉供氧活动的速度会提高，而消化活动和不太重要的内脏活动的速度会放慢。在此情况下，汗腺也会被激活，释放由于加快新陈代谢而产生的热量。

欺骗行为会使得自主神经系统产生反应以对抗压力，这一过程可被记载下来并由测谎者予以分析，这就是测谎仪工作所依据的原理。但这种状态究竟是因为撒谎造成的恐惧引起的，还是情绪凸显和威胁的定向引起的，还是由于欺骗时认知结构会增加，还是其他原因引起的，这一问题尚不明确。正因为测谎仪缺乏确定的理论依据，且生理上特定的"撒谎反应"也并不明确，测谎程序因此而受到一定的批判。② 同时，也有一些学者对上述观点持否定意见，他们认为，尽管测谎仪测出的不一定是撒谎反应，同时该反应也不一定完全是因为撒谎行为产生的，但测谎者的目的是在被测者的心理上建立一种"心理定式"，以增加观察到因撒谎引起相关生理反应的可能性。

测谎仪检验包括测前面谈程序，即将一些仪器连接在被测者身上，被测者需用"是"或"否"来回答少量的问题。同时测试检验还包括一个测后"询问"程序，即对测谎图表进行分析后对被测者进行询问。除了判定被测者在

① H. M. Malek, J. Auburn and R. Bagshaw, Phipson on Evidence, 17ᵗʰ edn (Sweet and Maxwell: London, 2010) paras. 33 – 13.

② 国家研究委员会：审查测谎仪科学证据委员会，行为和社会科学与教育部门。The Polygraph and Lie Detection. (National Academies Press: Washington, DC, 1986).

回答问题时是否撒谎以外，这两个程序中所披露的其他任何事实也都会被记录下来。

测谎仪的准确性长期以来备受争议。根据美国国家科学院所做的一个准确的调查，测谎的准确度为81%到91%，用他们的说法就是"测谎仪测试在辨别真伪上的成功率要高于偶然，但尚不够完美"。① 然而，测谎形式多种多样，且被运用在多种场合，因此测谎检查结论的准确性会因方法不同而有所区别。但众所周知的是，就单一问题的测试（典型的如司法测谎）就比其他类型的测试（如就业前选拔考试或定罪后测试）准确性高。

但由于目前测谎程序中缺乏测谎标准、测谎方法和技术规范、测谎者缺乏规制、被测试人存在虚假供述的可能性和易受反措施的影响等而受到批判。② 尽管如此，它仍然在美国和其他很多国家被广泛应用。支持者们认为，这些问题可以通过适度训练，监督和管制予以解决。在美国，除需遵循最高院的判例规则，即不能适用于军事司法审判外，几乎所有的联邦（包括军队）执法机构和多数地方执法机构都将测谎仪运用在刑事调查中，测谎证据也在近20个州法院和2/3的联邦巡回法院得到认可。③ 测谎仪同样适用于一些准司法程序，如大陪审团听审程序和性犯罪分子治疗程序等而使用，后者需经过最高院的批准。④

二、英国刑事审判中吐真药证据的采纳

20世纪五六十年代中期，英国刑事诉讼程序（其中一例在北爱尔兰）中出现了一些采信在"吐真药"作用下所获证据的实例。在v. Barker⑤一案中，被告被指控犯有谋杀罪，但其对实施致命刺伤表示毫无记忆。一名由辩方提供的精神病专家给被告提供了一种由氧和（30%）二氧化碳组成的混合物。该专家告知陪审团，被告不能恢复其关于刺杀的记忆，并推断被告在犯罪时患上了一种（酒精的作用引起的）抑郁型精神错乱。被告随后被认定有罪且精神错乱。尽管在Barker案中，基于吐真药的使用而获得的专家证言被采信，但该案并没有直接涉及被告在吐真药作用下所作陈述的可采信性问题。

在诺丁汉巡回法院审理的一个案件中⑥，被告被指控犯有过失杀人罪。一

---

① Above n. 4 at 4.

② "Report of the Working Group on the Use of the Polygraph in Criminal Investigation and Personnel Screening" (1986) 39 Bulletin of the British Psychological Society 8 1.

③ United States V. Scheffer 523 US 303 (1998).

④ McKune V. Lile (00 – 1187) 536 US 24，(2002) 224 F3d 1175. 在本案中，法院认为，依法对被羁押的性犯罪分子进行测谎仪测试治疗不等同于自证其罪。

⑤ 参见 B. Walton and C. Doherty，"The 'Truth Drug'" [1954] Crim LR 423。

⑥ 参见 "A 'Truth Drug' Case" (1954) 98 SJ 794。

名医生对被告使用了硫喷妥钠和 methydrene，然后被告作出了无罪陈述。医生告知陪审团自己"从没听说过有人在这些药物的作用下仍可撒谎"。被告被宣告无罪。在此，在吐真药作用下获得的供述仍可作为体现被告一致性的证据使用。

在 R v. Gordon① 一案中，被告被指控犯有谋杀罪。Baker 案的同一位精神病专家为恢复被告的记忆，给被告提供了硫喷妥钠。为支持辩方以精神错乱为由提出的抗辩，这位精神病专家被准许就被告在吐真药测试中的供认以及被告因为精神疾病导致辨别能力存在缺陷作证。被告被认定有罪但精神错乱。该案提供了一个证据采信的范例，即旨在证明被告在案发现场的供述在刑事诉讼程序中可被准许采用，即使该供述是在被告在吐真药的影响下而作出的。但是该证据必须由辩方而不是控方提出。

在 Worthing 大法官审理的一个案件中②，一名警察对其盗窃行为表示认罪，并要求将其之前的罪行纳入考虑之中。为支持该警察的减刑请求，一位精神病专家提供证据，证明该警察犯罪时处于意识变异状态。精神病专家通过向该警察注射一种温和的麻醉药以获得此信息。这名警察最终被判处 3 个月监禁。因此，基于求真药的专家意见证词得到了采信。

在 R v. Spencer③ 一案中，被告被指控盗取死者钱财。一名医生在给被告服用硫喷妥钠和甲基安非他命之后，得出被告由于看到死尸而导致精神分裂，并在此状态下实施了盗窃行为的结论。法官就该证据的可信性提出了疑问，但又告知陪审团不能仅仅因为该证据具有新颖性而不采信此证据。尽管如此，被告仍被定罪。因此，从 1960 年开始，在吐真药作用下所获证据的可信性开始受到广泛质疑。

近些年来，英国（和北爱尔兰）案例法倾向于不采纳吐真药所取得的证据，但几乎没有理由对此加以解释。事实上，目前仅有一个判例明确地指出这种证据不可采。④ 该案例就是 Fennell v. Jerome Property Maintenance Ltd. 案⑤。在该案中，原告设法援引其在吐真药测试下作出的证词。Tucker 法官，在对刑事和民事程序都进行考量后指出，（先前判例均认为该方法不准确）这种证据

---

① "The 'Truth Drug'" [1954] Crim LR 482 (letter to the editor by J. Ll. J. Edwards, Barrister; Queen's University of Belfast) and see also R v. Gordon [2000] NICA 28.

② 参见 Psychiatrist's Evidence: Use of Anaesthetic Drug (1958) BMJ 651。

③ 参见 "Truth Drugs" (1960) BMJ 656。

④ 必须明确一点，现代精神病学并不认同所谓的"吐真药"。这些物质通过放松机体，降低抑制来发挥作用，但并没有证据表明在这些物质的作用下所做披露是真实的。事实上，这种药物会诱发幻想和谎言。

⑤ 《泰晤士报》(1986 年 11 月 26 日) QBD。

在英国法院中从未被采纳过①。Tucker 法官主张，为证明证词是否具有真实性，通过对证人进行"机械的、化学的或催眠感应测试"所获得的证据是不可采信的，因此将吐真药与催眠、测谎仪联系了起来。他之所以拒绝采纳此证据，是因为该证据的采纳将会侵害初审法官的职权，且会引入先前一致供述，从而可能破坏正常的庭审程序。此外 Tucker 法官还明确地指出，他并不担心陪审团会受此影响，且他的裁判也不会延伸到证据的可靠性和不可靠性。自1986 年该案被判决以来，似乎并不能真正起到排除吐真药证据的作用。尽管这只是第一例民事案件且仅仅是一个涉及吐真药的案例，Archbold 一书仍将此案作为先例来体现"对证人进行机械的、化学的或催眠感应测试以证明证人可信或不可信的证据在英国法中是不可采信的"。②

最终，R v. Gordon 案，即上文提到的发生在 20 世纪 50 年代的北爱尔兰案例，③ 在初审后被刑事案件复查委员会提交到（北爱尔兰）上诉法院。④ 该案中的专家证言认为，在硫喷妥钠的影响下，证人有可能会产生错误记忆或者被暗示对象会变得较为脆弱，因此对该证据是否可信表达了疑虑。尽管法官听取了此疑虑，但上诉法院仍裁定一旦辩方将精神病专家对 Gordon 所做的检测证据提交初审法院，以支持其精神错乱的抗辩，控方将有权将被告所采信的精神病专家证据作为被告在谋杀现场出现的证据。⑤

在 21 世纪，我们没有理由相信法官会愿意采纳利己证据或在吐真药的影响下获得的证据。下文将对测谎证据可采性进行考查，并阐释法官拒绝采信由吐真药取得的证据之原因。事实上，下文也将阐明：测谎证据不可采这一论断所遵循的早期的英联邦判例多是从与吐真药证据相关的判例法中衍生出来的。

三、催眠

在 R v. Browning⑥ 一案中，一名警察在一场谋杀案的审判中为控方提供了证据，为帮助他回忆在犯罪现场见到的车牌号，该警察接受了催眠师的询问。然而这一情况并未告知被告。在撤销被告罪名期间，上诉法院对内政部的指导性意见表示十分赞同，即使用催眠获得证据是例外情形，只有在穷尽其他侦查手段时才可使用，且在涉及有可能被要求提供实质性证据的证人时一般不考虑

---

① 很明显，Tucker 法官忽视了之前提到的 20 世纪 50 年代和 1960 年的刑事判例，在这些判例中，此类证据被法庭采信。

② Above n. 1.

③ Above n. 11.

④ ［2000］NICA 28.

⑤ 然而，Gordon 向警方所做的与案件核心事实有关的供述非出于自愿，不应当被作为证据采信，因此，上诉法院推翻了对被告的定罪。

⑥ ［1995］Crim LR 227.

使用。内政部的指导性意见表明，人们在催眠中仍有可能撒谎且极易受到暗示的影响，由此会因不准确或错误记忆产生风险。上诉法院认定，如该警察在催眠期间作出客观的陈述，被告的车牌号就已经被排除，如果在对警察进行交叉询问期间，由催眠所取得的与询问证人有关的问题系已向辩方开示的证据，此时就可能产生一些问题。上诉法院同样认定，如果与催眠相关的证据被披露，陪审团有可能认为采信警察的证据会存在风险。因此，如果控方对催眠期间获得的不一致供述证据予以开示，则该证据对被告来说是可采信的。

R v. Mayes① 一案涉及对被告故意实施重伤害的指控。原告在受到严重的头部伤害后导致失忆，但在接受催眠治疗后，他的记忆得以恢复。Selwood 法官虽承认通常要由陪审团来评估证据的证明力，但又指出有时证据的证明力是非常小的，甚至毫无价值。因此他认定，如果原告的证据得以采信，被告将会受到不公正的审判，且可能会产生司法不公的风险。

因此，通过催眠获得的证据在刑事诉讼程序中是不可能被采信的。

四、英国法庭中的测谎证据

正如上文所陈述，尽管 Fennell v. Jerome Property Maintenance Ltd. ② 已被作为先例来论证通过实施"机械的、化学的或催眠感应测试"所获得的证明真实性的证据在英国刑事诉讼程序中是不可采信的，该案本身仅涉及吐真药的使用。这之后的与测谎证据（即运用机械感应测试）有关的英国刑事案例并未探讨测谎证据的可采性问题。

R v. Hunter③ 案中，当事人承认他在初审作了伪证，向法庭申请上诉。他试图在上诉过程中提供新的证据，指望通过测谎仪测试来证明新证据的真实性。上诉法院拒绝了其为支持上诉而提出新证据的请求，原因是当事人选择了作伪证，这是他在初审中未提交此证据的唯一原因。法官并没有将测谎证据的可采性或其他任何方面纳入考虑。尽管在 Hunter 案中，上诉法院将引入测谎证据的申请视为一个"新颖的申请"，但该案并没有对刑事诉讼程序中测谎证据的可采性问题或其他方面提供任何指导性作用。

在 Nevin v. Customs and Excise Commissioners④ 一案中（由英国增值税和关税法庭判决），海关官员代表海关委员会收缴了上诉方的车和货物，并作出了不予归还的决定。Murray 法官在复审后维持了该决定。上诉方表示愿意接受测谎仪测试以证明收缴的烟草是否系上诉方自用。Murray 法官指出，这种测

---

① ［1995］CLY 930.

② 《泰晤士报》（1986 年 11 月 26 日）QBD.

③ 未纳入判例汇编，1999 年 11 月 12 日，上诉法院。

④ 由增值税和关税法庭审理，伦敦审判中心，2002 年 5 月 15 日。

试并非海关部门的惯常做法，且他并不认为测谎仪测试的提议可以证明上诉方是诚实的。不过法庭最终同意了上诉请求，但并不建议 Murray 法官接受上诉方接受测谎的提议，而是将此提议当作 Murray 法官在决定上诉方是否诚实时应当考虑的因素。尽管该决定与测谎证据在刑事法庭中是否有可采性无关，法庭认定做测谎仪检测的提议与决定上诉方是否诚实具有相关性，这一点是值得注意的。

R v. Chapman①案涉及纽卡斯尔刑事法院的一场对谋杀案的审判。Chapman 案中一名共同被告提供了其在狱中进行的测谎仪测试证据，并就该证据接受了交叉询问。初审法官用强烈的措辞指示陪审团忽视此证据，但又拒绝解散陪审团。上诉法院裁定法官有权不解散陪审团，且他向陪审团所作的忽视测谎仪测试的指示对 Chapman 来说也是公平的。遗憾的是，上诉法院的判决除了含蓄地表明初审法官引导陪审团忽视测谎证据的行为是正确的，并未对测谎证据的采信提供任何指导性意见。

因此，鉴于英国判例的指导作用有限，从英联邦判例中寻找可能会排除测谎证据的证据规则就具有相当的必要性。

五、英联邦判例

除了 Fennell v. Jerome Property Maintenance Ltd. 一案②，英国判例几乎没有提供任何参考来决定测谎证据在法律上是否可被采信，同样，在分析哪些证据排除规则使得测谎证据不可采信时，英国判例也几乎没发挥任何作用。相比之下，在探讨吐真药或测谎证据的采信会违背哪种普通法证据规则时，英联邦判例发挥了巨大的作用。

在 R v. McKay③ 一案中，在被指控谋杀的背景下，被告试图援引精神病专家所做的测试，即被告在美替立叮、硫喷妥钠和阿米妥钠作用下得到的证据，以及精神病专家在权衡可能性后得出的被告否认杀人的陈述是真实的意见结论。在陪审团不到庭的情况下，其中一位精神病专家告知法官，尽管在相关药物作用下被测者仍有可能撒谎，他仍从接近 70% 的实例中得到了真实的答案。在接受交叉询问时，心理学家承认，治疗病人和对可能会承担刑事责任的被告进行测试是不同的。后一种情况下，杀人者可能会对认罪产生强烈地抵触，被告的供述也就不一定会是正确的。但是他又主张这些供述是真实的可能性还是要大一些。初审法官最后认定该证据不可采信。

---

① ［2006］EWCA Crim 2545.

② 《泰晤士报》（1986 年 11 月 26 日），QBD。

③ ［1967］NZLR 139. 参见 D. Mathieson，"The Truth Drug: Trial by Psychiatrist"，［1967］Crim LR 645。

新西兰上诉法庭维持了初审法官的判决，其原因在于：第一，在审判中，如果"吐真药"证据被用来证实被告在庭审中所提交的证据，就会违背先前一致供述规则，也不符合该规则的例外情形；第二，如果该证据被用来证实被告主张的案件事实，就会违背传闻证据规则，也不符合传闻证据规则的例外情形；第三，没有先例表明精神病专家有权在权衡可能性后发表意见，即证实被告对指控的否认。关于第三点，North P 认为，在涉及"只可通过特殊训练或技能获得信息"① 的相关问题时，专家意见证据是可以被采信的。但他同样指出，在确定被告是否有罪的"基本争点"时，采信精神病专家证词将会削弱陪审团的功能。② 像 North P 一样，Turner 法官③同样判定该证据是不可采信的。他指出如果该证据仅仅是强化或确信被告在法庭上所做的陈述，那么该证据将违反先前一致供述排除规则。如果该证据用于证明被告所做之陈述具有真实性，那么该证据将违反传闻证据排除规则。如果精神病专家被允许就被告是否有罪发表意见，则"陪审团审判会变成精神病专家审判"。④ 尽管 McKay 一案与吐真药证据有关，该案还是确定了一系列可能在刑事诉讼程序中排除测谎证据的普通法证据规则，这些规则即将在下文中予以阐释。

在 Phillion v. R⑤ 一案中，被告被指控谋杀罪，且对指控供认不讳。被告并没有提交任何证据。在一次测谎仪测试中，他宣称他向警察撒了谎。精神病专家对被告使用"吐真药"（阿米妥钠）进行测试，并对该测试结果进行审查以后，专家得出了有利于被告的结论，即被告出于引起他人注意的目的而向警察撒了谎。法官驳回被告传唤可证实其向警察撒谎的测谎者的请求。加拿大最高院维持了初审法官的判决，认定测谎证据是不可采信的、是利己的传闻证据，因此不可采信。

R v. Beland and Philips⑥一案涉及对抢劫案共犯的审判。结案后，被告进行了测谎且将测试结果作为证据提交法庭，向法庭请求重新审理此案。初审法官以测谎证据不可采信为由驳回了此项要求。加拿大最高法院遵循了 Phillion

---

① ［1967］NZLR 139 at 144.
② North P 对诺丁汉巡回法庭判例和 Barker 案都做了识别，在这些判例中（"吐真药"证据被采信），争议点在于被告犯罪时的精神状态，而在 McKay 案中，争议点则为辩方想要引用精神病专家证实自己无罪的证言。
③ ［1967］NZLR 139 at 145－51.
④ 初审法官 Gresson 认为，采信此类证据等同于"将陪审团审判转为测谎仪审判，或精神病专家审判"。North O 同样援引了 Gresson 法官这一判决理由。
⑤ ［1978］1 SCR 18.
⑥ （1987）43 DLR（4th）641.

v. R① 案的判决，维持了初审法官的判决。最高院裁定，测谎证据违背了多项证据规则：助誓证据排除规则；先前一致供述排除规则；被告只可出示公众声誉证据作为品格良好证据，且不允许包含具体事例；如果法庭具备相关经验和知识，则专家证据不可采信规则。最高院的判决不是基于对测谎证据准确度的担心，法官 McIntyre② 表明，"即使测谎结果出现重大错误，其本身也不足以作为法官排除该证据的理由"。因此在测谎仪的特殊背景下，加拿大判例确定了一系列可将测谎证据排除的证据规则。

在 Bernal v. R③ 的案子中，一位牙买加地方治安官拒绝在审理这件与《危险药品法》相关的案子时，采信被告提交的测谎证据。被告为支持其提出的抗辩，即他并不知晓本案中装凤梨汁的易拉罐会真的含有大麻，试图将测谎仪结果作为证明其可信性的证据。在审视 McKay④ 案和 Beland and Phillips⑤ 后，上诉法院维持了地方治安官认定测谎证据不可采信的决定。枢密院援引 Beland and Phillips 一案的判决要旨，认为不采信与测谎仪测试相关的专家证言具有充分理由，但枢密院认为，没有必要就这类专家证词在例外情形下是否可采信的问题给出一个最终结论。法官维持了地方治安官的决定，认为该证据并不能说明测谎证据是绝对可靠的，且在这种情况下，地方治安官有权认定采信此证据会侵害其裁判权。Bernal 案的重要性在于，尽管枢密院认可了反对采信测谎证据的理由，但没有完全排除此类证据在一些合理情况下被采用的可能性。

在 R v. Oickle⑥ 一案中，警察在调查一系列纵火事件后，要求犯罪嫌疑人们接受测谎仪测试，以从中进行排查。被告同意接受测谎仪测试，同时也被告知其有保持沉默的权利和随时离开的权利。警察还告知被告，尽管实施测谎仪测试的警察意见不具有可采性，但被告在测谎中的所有陈述都有可能被作为证据使用。被告没能通过测谎仪测试，在接下来的警察审讯中，承认了除一次以外的其他纵火行为。初审法官采纳了被告的供述，但上诉法庭以该供述非自愿为由将其予以排除。加拿大最高法院准许了被告的刑事上诉请求，认为，如果警察未告知嫌疑人测谎检测结果不具可采性，这种情况并不会自动要求排除嫌疑人供述（就此案的事实而言，最高院认定警察已将此情况明确告知犯罪嫌疑人）。最高法院同样认定，即使被告面对的是相反的测谎证据，且该证据的

---

① ［1978］1 SCR 18.
② (1987) 43 DLR (4th) 641 at 654.
③ 未纳入判例汇编，1997 年 4 月 28 日，枢密院。
④ ［1967］NZLR 139.
⑤ (1987) 43 DLR (4th) 641.
⑥ ［2001］1 LRC 472.

准确性被夸大，也不会使得被告的供述不可采信。此外，最高法院还指出，测谎仪测试与之后警察对犯罪嫌疑人的讯问并无明确的界限，但这并不等同于可以排除被告的供述。因此在加拿大，尽管被告接受测谎仪测试的事实并不会向陪审团披露，但在测谎仪测试过程中被告所作的供述是有可能向陪审团披露的。

对英联邦判例的审视确定了一系列可能排除测谎证据的证据规则，同样也对测谎仪测试证据和测谎过程中所做的供述进行了区分。我们将在下文探讨在英国刑事诉讼程序中，这些规则的实施是否会导致测谎证据的排除，以及在英国法中，对测谎仪测试证据和测谎过程中所做供述在何种程度上的区分才是有意义的。

六、欧洲人权委员会和欧洲人权法院

欧洲人权委员会和欧洲人权法院在某些情形下也会考虑测谎证据。

在 A v. Germany① 一案中，德国法院拒绝批准对被指控谋杀的被告进行测谎。该被告宣称，法院的拒绝行为侵犯了其在《欧洲人权公约》第 6 条的规定下接受公正审判的权利。欧洲人权委员会认为，通过测谎是不可能得到完全可靠的结论，因此法院的拒绝行为并不会导致刑事诉讼程序的不公正。不赋予犯罪嫌疑人或已被定罪之人使用测谎仪的权利是公平的。该委员会还指出，允许一些人使用测谎仪会对拒绝进行该测试的人产生影响，因为这部分人的拒绝行为有可能被推定为有罪。

在 Bragadireanu v. Romaniay② 一案中，罗马尼亚法院在审理该谋杀案时，将被告提交的，且在被告同意下进行的测谎证据纳入考虑之中。被告宣称在其测谎过程中并没有代理人来援助他。如果被告在上述程序中没有代理人对其予以帮助，欧洲人权法院认为这种缺位确实令人遗憾，但对被告的定罪并不仅仅依据其在测谎过程中作出的回答，法院最终认定该判决并没有违背《欧洲人权法案》第 6 条的规定。如果罗马尼亚法院没有将被告在测谎过程中给出的回答纳入考虑，欧洲法院也不会去推测审理结果会有什么不同。

由此可见，《欧洲人权法案》第 6 条并没有提出一条排除测谎证据的一般规则，也没有规定采信测谎证据会在何种程度上侵犯被告的公平审判权。

七、测谎证据排除规则的改良、发展和废止

与吐真药、催眠和测谎证据采信有关的英国和英联邦判例揭示了一系列可能被用来排除测谎证据的普通法证据规则。近几年来在英国法中，部分规则已

---

① （1984）6 EHRR CD360.

② Application No. 22088/04，Judgment of 6 December 2007，Final 06/03/2008.

经被成文法进行了修改，其余的或者本质上已不再排除测谎证据，或者已逐渐被废除。因此，我们有必要考查相关的证据规则，以及其在英国刑事法中的现存形式，在何种程度上会要求或赋予法官排除测谎证据的权利。

从测谎证据的角度来考虑证据排除规则的适用时，我们必须牢记，测谎程序是会产生两种截然不同的证据。第一，仅以被测谎主体在测谎过程中所作的陈述为形式的证据；第二，包括专家证人就测谎结果给出的专家意见在内的证据（即关于被测者在被连接测谎仪后给出的回答是否属实的专家意见证据）。即使某项证据规则的适用有可能导致基于测谎仪测试得出的专家意见证据的排除，也不一定意味着被测者在测谎过程中所做的陈述是不可采信的。

（一）传闻证据排除规则

传闻证据排除规则在 McKay① 案（关于吐真药证据）和 Phillion② 案中均有体现，且在 Beland and Phillips③ 案（针对测谎证据）中被作为排除此类证据——被测者作为证实自己供述的证据而使用的证据规则。然而在英国法中，出现大量传闻证据规则的例外情形。在这些情形下，测谎仪测试下所做的供述是有可能被采用的。

例如，根据《1984 年警察和刑事证据法》第 76 条第 1 款④的规定，当被告在测谎仪测试下所做的供述等同于被告的认罪⑤，且与刑事诉讼中的系争点相关，则该证据具有可采性。事实上，在 Gordon⑥ 案中，北爱尔兰上诉法院表明控方有权以被测者在吐真药作用下的供述为裁判。⑦ 在 Oickle⑧ 案中，加拿大上诉法院认定测谎过程中所做的供述具有可采性。因此，如果被告同意警察对其进行测谎测试以洗清自己嫌疑，但被告又在测谎过程中作出了相关供述，根据《1984 年警察和刑事证据法》第 76 条第 1 款的规定，该供述是有可能被采信的。同样地，如果（与加拿大司法实践类似）被告在由自己组织的测谎仪测试中作出供述，则根据第 76 条第 1 款的规定，该供述可能具有可采性

---

① ［1967］NZLR 139.
② ［1978］1 SCR 18.
③ （1987）43 DLR（4th）641.
④ 尽管证据的可采信性是由《1984 年警察和刑事证据法》第76条第2款（强迫或不可靠性）以及第78条（不公正）予以规定，但共同被告证言的可采信性是由76条A款予以规定。
⑤ 此供述的全部或部分不利于作出此供述者（依据《1984 年警察和刑事证据法》第82条）。
⑥ ［2000］NICA 28.
⑦ 尽管 Gordon 案中的证据是由辩方提交的，有主张称，如果在现代刑事诉讼程序中，吐真药作用下所做供述是由控方提交，则正如催眠获得的证据那样，应以不可靠为由将此类证据予以排除（依据《1984 年警察和刑事证据法》第76条第2款或第78条）。
⑧ ［2001］1 LRC 472.

（尽管在此情形下，被告可能主张法律职业特权，且主张该供述永远都不应被提交到法庭之上）。①

如果在刑事诉讼程序中，被告在测谎仪测试中所做的供述被作为证实其所讲内容的证据，且不具备供认的形式，则根据《2003 年刑事司法法》114 条第 1 款（d）项的规定，该证据有可能被采用。该规定准许刑事法庭或出于公正的考量，或在符合《2003 年刑事司法法》规定的传闻证据例外情形下采信。同样地，如果是被告以外的人在测谎过程中作出了陈述，则该陈述也可在刑事诉讼程序中被作为证实其所讲内容的证据。

如果供述者（无论其是否被告）被要求在刑事诉讼中提供证据，则该供述的相关性很有可能是作为先前一致供述或不一致供述而体现（就其可采性来看，详见下文）。如果被告作出供述，但在诉讼中不提供言词证据，则该供述被提交法庭时，法官不太可能会以出于正义的考虑为理由，允许被告引用在测谎过程中所作的利己传闻陈述作为开罪证据。②

如果该供述是由被告以外的人作出的，且没有被要求在诉讼中提供口头证词，则当该供述被提交至法院时，法院不太可能会认定该人在测谎仪测试过程中作出的传闻供述是可采信的，除非当时的情况符合《2003 年刑事司法法》第 116 条列举的情形（即 116 条第 2 款列举的证人基于某种或多种原因无法作证的情形③）。该情况有可能是，犯罪嫌疑人为帮助警察调查而同意进行测谎仪测试，且在此过程中作出了有可能导致自己入罪或开罪的供述，但在庭审中却无法作证。如果根据 114 条第 1 款（d）项规定，法庭应当采信此类证据，但又不符合 116 条规定的情形，如被测者可以作证但却不情愿作证时，法庭极有可能拒绝采信此证据，因为若根据 114 条第 1 款（d）项采信此证据极有可能会造成对 116 条的规避。④

如果被测谎者被要求在刑事诉讼中出庭作证，就其在测谎仪测试中所作供述的可采性来看，有这样一种可能，即根据《2003 年刑事司法法》119 款的

---

① 在 Gordon 案中，被告选择依赖测谎仪测试证据，因此可视为被告放弃了法律职业特权（表现为诉讼特权）。

② 但值得注意的一点是，在 R. v. L. ［2008］EWCA Crim 973，［2008］2 Cr App R 18，上诉法院裁定，根据《2003 年刑事司法法》114 条（1）款（d）项的规定，当被告的配偶选择不作出对被告不利的证词时，即使不能被强制作为证人，该配偶对警方所做的供述也可能在诉讼中被引用。

③ 即证人去世，或由于身体或精神状态不能作证，或在英国境外，或无法找到证人，或该证人由于恐惧无法作证。

④ 上诉法院近期表明，根据第 114 条（1）款（d）项的规定，刑事法院在行使证据采信裁量权时，一般情况下不应采信虽可提供但并不情愿提供证词的证人证据，因为在此情况下，第 116 条提出的要求会被降低（参见 e. g, R v. Freeman ［2010］EWCA Crim 1997）。

规定，该供述（如与被告庭审中所作出的直接的口头证词不一致时）可作为先前不一致供述而被采信。该供述很有可能根据《1865 年刑事诉讼法》第 3 条的规定而被证实（如果证人反对），或可根据第 4 条或第 5 条的规定，对证人就此先前不一致供述进行交叉询问来证实此供述。

（二）先前一致供述排除规则

先前一致供述排除原则在 McKay① 案中和 Fennell v. Jerome Property Maintenance② 案中（与吐真药证据有关）以及 Beland and Phillips③ 案中（与测谎证据有关）都有所体现。该原则旨在排除体现该主体一致性和可信性的证据。然而，在英国刑事诉讼法中，《2003 年刑事司法法》第 120 条现在已被修订，将原先普通法中一系列先前一致供述排除规则的例外情形扩充和转化到传闻证据的例外情形中。④

第 120 条中规定的传闻证据的例外情形中，第 2 款最有可能使被告在测谎仪测试中所做的先前一致供述得以采信。根据此规定，证人为驳斥其伪造口头证词的主张而出示的先前一致供述是可以被采信的。该条款同样适用于除被告以外的在测谎仪测试过程中作出先前一致供述的证人。

撇开第 120 条不说，被告对警察所做的先前的开罪供述一般情况下都可被作为证明被告当时态度的证据而被采信。⑤ 如果被告同意接受警察的测谎仪测试，且在此过程中作出了开罪供述，但之后又因相关罪名被指控，则该开罪证据有可能被采信。

除了有第 120 条的规定和上述情形外，根据前文所提到的《2003 年刑事司法法》第 114 条第 1 款（d）项的规定，出于正义的考虑而引用被告在测谎仪测试中所做的先前供述也是有可能的。在一些情形下，与测谎仪测试结果相关的专家证据是可以被采信的，除此之外，通常还是很难界定刑事法庭采信被测者在测谎过程中所做的先前一致供述所依据的正义的标准。

（三）助誓排除规则

加拿大最高法院在 Beland and Phillips⑥ 一案认定，采信测谎证据将会违反普通法证据规则之一的助誓排除规则。不同于传闻证据排除规则以及先前一致供述排除规则，此规则并不太为人所知，且它尚未被成文法修改。根据该规则

① ［1967］NZLR 139.
② The Times（26 November 1986）.
③ （1987）43 DLR（4th）641.
④ 参见 R v. Athwal ［2009］EWCA Crim 789，［2009］1 WLR 2430。
⑤ R v. Pearce（1979）69 Cr App R 365；R v. Storey（1968）52 Cr App R 334.
⑥ （1987）43 DLR（4th）641.

的含义，仅为证明证人的可信性而进行测谎仪测试得到的证据，在刑事诉讼程序中不能作为定案依据。

显然，助誓排除规则不会禁止将被告人测谎过程中所作的供述作为证明被告有罪的证据，也不会阻止将该供述作为先前不一致供述或先前一致供述排除规则的例外情况加以适用。但该原则的实施有可能会禁止专家证人就测谎仪测试结果提供证词，以提议陪审团采信被测者提交的测谎证据（即表示被测者是可信的）。① 如果该证据是为驳斥（或防止）证人由于精神不正常导致证词不可信的主张，助誓排除规则则不会排除此类证据。②

显然，助誓排除规则并不禁止专家证人就测谎结果提供证据，以提议陪审团对被测者提供的证词不予采信（即表示被测者不可信的）。但在刑事诉讼法中，出于此目的得到的专家证据很有可能被排除，其原因在于（下文即将阐述）如果法庭具备相关知识和经验，则专家证据不可采信的原则。

（四）仅公众声誉证据可被作为良好品格证据予以采信

通常来说，尽管助誓证据不具可采性，但在刑事诉讼程序中的被告是被允许引用公众声誉证据以证明自己具有良好品格。③ 该类证据的相关性不仅体现在降低被告犯下被指控之罪的可能性，还体现在它使得被告的证据更具真实性。④ 但严格说来，根据此规则，有关被告良好品格的具体事例是不可采信的，尽管法庭很多时候并没有严格执行此项规则。⑤

在 Beland and Phillips ⑥一案中，加拿大最高法院认为，如果采信测谎仪测试结果，将会违背此规则，即被告只能引用公众声誉证据以证明自己具有良好品格，且该证据不包含具体的事例。如果将测谎证据视为被告的良好品格证据，就会违背该证据规则。显然，即使测谎证据可被用来证明被告不诚实，也

---

① R v. Robinson [1994] 3 All ER 346.

② Ibid.

③ R v. Rowton (1865) Le & Ca 520.

④ R v. Vye [1993] 1WLR 471.

⑤ R v. Redgrave (1981) 74 Cr App R 10.

⑥ (1987) 43 DLR (4th) 641.

不能将其视为良好品格证据（但有可能被视为品格恶劣的证据①）。

更合理的观点是，测谎结果本来就不等同于良好品格证据。② 更确切地说，除非被告作为测谎仪测试主体时所做供述就是表现其良好品格的特定事例，以表明自己并未实施被指控之犯罪或是被告应被相信时，才需适用此规则，即具体事例不可被用于证明自己的良好品格。除此之外，该规则不会被适用。因此，如果只为证明被告在测谎过程中所做供述是真实的，而不是证明被告是一个诚实的人或不是会犯下所指控之罪的人，以上规则就不予适用。

（五）如果法庭具备相关经验和知识，则专家证据不可采信

如果法庭具备相关经验和知识，则专家证据不可采信③（以下简称常识规则④）。新西兰上诉法院在 McKay⑤ 案中、加拿大最高法庭在 Beland and Philips⑥ 案中都运用了此规则，以排除吐真药和测谎证据。相似的，Fennell v. Jerome Property Maintenance Ltd.⑦案中 Tucker 法官就吐真药证据的采信，及在 Bernal⑧ 案中初审法官就测谎证据的采信，都很有可能是根据此规则⑨指出该类证据的采信会侵害法官的裁判职能。

该项普通法规则在英国刑事诉讼法中尚未被成文法修改。⑩ 因此，在英国

---

① 如果此类证据足够证明被告的品行恶劣，另一个难题即可被解决，即如果可表明此类证据在《2003 年刑事司法法》第 101 条规定的范畴里，此类证据即可被采信。然而，要使得此类证据足够证明被告的品行恶劣，该证据必须足够证实被告有不当行为。该证据或要具备被告供述的形式，或能证实被告行为应受严责（《2003 年刑事司法法》第 98 条和第 112 条）。如果此类证据仅仅与被告被指控的犯罪事实有关或者仅足以证明被告实施了与被调查或指控的罪行有关的不当行为，则不足以证明被告品行恶劣（《2003 年刑事司法法》第 98 条）。除非未通过测谎仪测试本身就应当被谴责，否则测谎证据是不足以证明被告的恶劣品行，但也有例外，即被告在测谎过程中所做供述揭露了自己的部分不当行为。即便如此，如果该证据仅仅与被指控犯罪事实有关或只足以证明被告实施了与被调查或指控的罪行有关的不当行为，则此类证据也不足以证明被告品行恶劣。

② 在 R v. Beland and Phillips s (1987) 43 DLR (4th) 641 一案中，Wilson 法官和 Lamer 法官在第 656 页和第 659 页（均为异议）中并未将测谎证据作为良好品行证据使用。其原因是测谎证据的目的并不是体现被告没有实施其被指控罪行的倾向，而是仅为证实被告所讲为事实。

③ See R v. Turner [1975] QB 834.

④ 该术语的使用参见 R v. Parenzee [2007] SACS 143 at [54]，此案中，Sultan 法官提到了该术语在 I. Freckleton and H. Selby, Expert Evidence: Law, Practice, Procedure and Advocacy, 2nd edn (LawBook Co.: Pyrmont, NSW, 2002) 中的使用。

⑤ [1967] NZLR 139.

⑥ (1987) 43 DLR (4th) 641.

⑦ The Times (26 November 1986).

⑧ 未纳入判例汇编，1997 年 4 月 28 日，枢密院。

⑨ 常识规则存在的原因之一即为防止专家证人侵害事实法庭的职能（参见 R v. McKay [1967] NZLR 139 at 144，per North P）。

⑩ 在民事诉讼中已被《1972 年民事证据法》第 2 条修改。

诉讼程序中，若法庭在某一领域具备相关经验和知识，则根据测谎仪测试结果所做的专家证词将在此范围内被排除，所依据的即为普通法中的常识规则。

因此，由于此规则的实施，为证实智商正常且没有精神疾病的普通人在测谎仪测试中所给出的回答极有可能是真实的专家证词被采信的可能性较小。但是，如果此类专家证词可以帮助法庭解决法庭经验和知识以外的问题（例如，被告以精神错乱为由提出抗辩，其犯罪时的精神状态问题①或其是否有健忘症），该普通法证据规则有可能不会阻止此类证据的采信。不仅如此，常识规则显然也不会排除测谎主体所做的此类供述，即除了就被测者的真实性为专家意见提供依据之外的所有供述（例如，等同于被告认罪或供认的供述）。

（六）基本争点规则

新西兰上诉法庭在 McKay② 案中就吐真药证据的采信问题提及了基本争点规则（即专家证人不能就案件的基本争点发表专家意见）。然而，即使在 McKay 案中，法庭也认定该规则不是绝对的。③

尽管英国刑事诉讼法中该普通法规则尚未被成文法废止，但目前确有较令人信服的依据将其废除，其中尤为重要的是，法庭须意识到，专家证人的观点并不必然被接受。④

因此，在英国的刑事诉讼程序中，基本争点规则不会阻止法官采信测谎仪测试结果。

（七）不可靠规则

在符合常识规则，且所依靠的专家证人具备在相关领域提供专家证词的资质的情况下，尽管"在专家证言所依据的科学知识过于超前而导致其可采信性不足以被提交至陪审团前时，该专家证据不可采信"，⑤ 普通法仍未规定一个强制的可靠性的测试标准。⑥ 实践中，在评估专家证据的证明力时，该证据的可靠性经常被事实法庭所考量。⑦ 上诉法院在 R v. Luttrell ⑧案中指出：

就现已确立的科学领域来看，法庭可能会认为专家证据会超越公认的科学领域之外，或者其使用的方法太不寻常以至于不能被视为科学问题。但是专家

---

① See R v. McKay［1967］NZLR 139.

② ［1967］NZLR 139.

③ Ibid. at 144，per North P.

④ R v. Stockwell (1993) 97 Cr App R 260.

⑤ R v. Reed［2009］EWCA Crim 2698，［2010］1 Cr App R 23 at［111］.

⑥ Ibid. the Court of Appeal referred to Cross and Tapper on Evidence, 11th edn (Oxford University Press：Oxford，2007) 580 – 1.

⑦ v. Luttrell［2004］EWCA Crim 1344，［2004］2 Cr App R 31.

⑧ Ibid.

的技能或专长仍可受到认可和尊重，专家证言仍有被采信的可能性，然而，这一规则并不受到这种科学原理的影响。①

上文所提及的案件没有一例是基于测谎证据的不可靠性而排除此类证据的。事实上，在 Fennell v. Jerome Property Maintenance Ltd. ② 一案中，Tucker 法官在排除吐真药证据时明确表示，他的判决并不会涉及证据的可靠性与不可靠性。不仅如此，在 R v. Beland and Phillips③ 一案中，加拿大最高法院也明确表示，即使该证据本身存在很大的错误，也不会排除该测谎证据。

即使基于测谎仪测试结果作出的专家证据确有错误，其本身也不会阻止法官采信此证据。此外，尽管在 Gordon④ 案中，北爱尔兰上诉法庭确实提到在吐真药的作用下，证人有可能会产生错误记忆或者被暗示对象会变得较为脆弱，因此该证据不可采信，但就测谎仪测试来说，并不会产生此种特殊的问题（尽管测谎过程中的暗示始终是一个理论上有争议的问题）。

不可靠性本身并不会导致专家证据的不可采信，但是，就算测谎证据在大多数案件中都被认为是可靠的，在其他证据排除规则下，初审法官也不会被要求或授权去采信此类证据。新西兰上诉法庭在 McKay⑤ 案中表示，即使吐真药证据是完全可靠的，还是需要对证据规则进行法律改革以使得吐真药证据可被采信。

如果法律委员会⑥近期提出的对专家证据进行可靠性测试的建议被引入英国法中，则新的采信障碍将会出现，即测谎证据即将被要求进行交叉询问。根据《法律委员会起草草案》第 1 条第 2 款的规定，法院即将面对的问题是"证据是否足够可靠达到可被采信的地步"；根据第 4 条第 1 款的规定，该问题将会是提交测谎证据的一方是否可以证明"该专家意见有充足的依据"以及该"专家意见的效力已被认可"。⑦ 不仅如此，尽管法律委员会的建议会使常识测试入法，但仅凭测谎证据能通过可靠性测试这一事实并不能决定这类证据的可采信，除非根据《法律委员会起草草案》第 1 条 a 款的规定，该类证据可提供法官或陪审团经验及知识以外的信息，且该信息足够帮助他们作出

---

① Ibid. at［34］.

② 《泰晤士报》（1986 年 11 月 26 日）。

③ （1987）43 DLR（4th）641.

④ ［2000］NICA 28.

⑤ ［1967］NZLR 139 at 144，per North P.

⑥ 法律委员会，The Admissibility of Expert Evidence in CriminalProceedings in England and Wales, Law Com. No. 325（March 2011）。

⑦ 第 6 条规定，被提交到法庭上时，专家证词不足够可靠到可被采信的地步且法庭认为专家证词应当足够可靠时，应由提交此专家证词的一方证明该证词足够可靠。

判决。

（八）《2007 年犯罪人管理法》

《2007 年犯罪人管理法》第 28—30 条涉及对临时性假释的性犯罪者进行强制测谎仪测试问题。第 30 条（写作时该条尚未生效①）规定：在刑事诉讼程序中，被释之人在测谎过程中所做供述以及由测谎仪所记录的生理反应证据都不可用于对抗被释之人。高等法院分庭认为，第 30 条为上述个体提供了一定程度上的保护。②

尽管在英国刑事诉讼法中，测谎主体所做供述是有可能被采信的，如当该供述即为供罪时。但根据第 30 条的规定，当测谎仪测试符合《2007 年犯罪人管理法》规定的情形时，该类供述将不可采信。③ 同样，在英国刑事诉讼法中，尽管根据测谎仪测试结果得到的专家证据有被采信的可能，但根据第 30 条的规定，当测谎仪测试符合第 30 条规定的情形时，该类专家证据将不可采信。这不仅可以避免控方（或共同被告）在刑事诉讼中引用此类证据对抗被释之人，同样也可避免被释之人在抗辩中引用此类证据。

然而值得注意的是，尽管根据第 30 条的规定，测谎证据不具可采性，但在测谎仪测试过程中所获，且很可能由被释之人公开之信息，仍可被警察在犯罪调查过程中予以采用。此外，如果在此之后被释之人在测谎仪测试以外的情形下做了同样的公开，如向缓刑监督官公开，则他之后的公开行为将被作为证据使用，即使该信息最初是在测谎仪测试过程中产生的。

八、结语

一般来说，测谎仪测试会带来两种形式的证据：一是测谎仪测试过程中被测者作出的供述；二是根据测试结果得出的专家证据。如果《2007 年犯罪人管理法》第 30 条开始实施，只要该测谎证据与被释放的性犯罪分子有关，则以上两种证据在刑事诉讼程序中都不得被采信。但是除此之外，几乎没有英国判例对以上两种证据的采信问题予以说明。尽管与测谎证据或吐真药证据的采信有关的英国判例和英联邦判例都较为倾向于认定基于测谎仪测试结果得到的专家证据不可采信，该问题仍要由英国上诉法院予以分析。

先前排除测谎证据所依据的一系列普通法规则已被制定法修改或替换。目前，常识规则和助誓规则成为排除基于测谎仪测试得到的专家证据的主要普通法证据规则。在一些情形下，如果事实法庭不具备相关知识和经验，而测谎仪

---

① 第 28 条和第 29 条的效力从 2009 年 1 月 19 日持续到 2012 年 3 月 31 日，其目的是对性犯罪者进行测谎仪试点测试。

② Corbettv Secretary of State for Justice［2010］HRLR 3.

③ "测谎仪测试"的含义参见《2007 年犯罪人管理法》第 29 条第 2 款。

测试可以帮助专家（如精神病专家）得到相关证据，且出于此目的得到的测谎证据也到不了助誓证据的程度，则以上规则是否均无法排除测谎证据尚未有定论。该情形有可能是，例如，证人被宣称由于精神状况异常而不可信，为驳斥此主张，基于测谎仪测试结果作出了专家证据。

我们认为，关于传闻证据排除规则以及先前一致供述排除规则的制定法改革意味着在刑事诉讼程序中，测谎主体所作供述是有可能被采信的，如作为供认或认罪，作为先前不一致供述，或作为先前一致供述的例外情况予以采信。此外，我们认为，在一些情形下，基于测谎得到的有关证言可靠性的专家证言在英国刑事诉讼程序中有被采纳的可能性，尽管根据常识规则和助誓排除规则的适用会导致采信此类证据的范围及其有限。

贝叶斯定理在证据法中的运用

——以英国案例为线索

苏祖川 *

西方证据法学界为了解决证据法中事实认定的不确定性问题,日益注重使用数学、统计学、心理学等多学科方法对证据和证据法进行分析研究,贝叶斯定理作为其中一项重要的工具,在引起证据法学界争议的同时,已经被现实的司法判例所引用。因此,有必要对贝叶斯定理这一重要工具在证据法中引发的理论争议及其在实际诉讼中的运用方式进行全面的考察。

一、贝叶斯定理的原理及实例

贝叶斯定理(Bayes'theorem)是概率论中的著名结论,由英国数学家 R. 托马斯·贝叶斯所创立,是一种应用所观察到的现象对相关概率的主观判断(即先验概率或验前概率)进行修正的标准方法。贝叶斯定理可以根据新的信息来修正旧有信息,用证据学术语来表述,也就是说贝叶斯定理能够帮助我们如何利用新证据修改旧证据所构建的事实。

通俗地讲,可以从两个角度来理解贝叶斯定理。一方面,"直白地说,就是即使我们难以知悉某一事物的本质,但我们可以通过与该事物本质相联系的事物出现的多少来判断该事物的本质属性存在的可能性有多大。"路遥知马力,日久见人心"这一俗语可以说是这一原理最通俗的表达。① 我们也可以从另一个角度来认识贝叶斯定理,即贝叶斯定理又是一种从结果推导原因的定理。在某个结果发生的情况下,有多种可能的原因中什么原因造成了这个结果。而贝叶斯定理提供了一种根据结果来看待原因的可能性的方法。通过贝叶

---

* 重庆市渝中区人民检察院检察员。

① 万应君:《贝叶斯法则:证据审查认定的一个理性工具》,载《中国检察官》2010 年第 9 期。

斯定理，我们可以从结果来推断各种原因导致结果发生的概率大小。

贝叶斯定理严格的数学定义表达如下：

设试验的样本空间为 S，A 为 E 的事件，B_1、B_2、……B_n 为 S 的一个划分，且 P（A）＞0，P（B_i）＞0（i＝1，2，…，n），则

P（B_i｜A）＝P（A｜B_i）·P（B_i）/∑P（A｜B_j）·P（B_j），i＝1，2，3，…，n，j＝1，2，3，…，n　　　　　　　　　　**（公式一）**

这个公式也被称为贝叶斯公式。为了更好地定性分析贝叶斯定理，贝叶斯公式也可以简化地表述为

P（B｜A）＝P（B）·P（A｜B）/P（A）　　　　　　　　　　**（公式二）**

当事件 B 只有两种可能性时，贝叶斯定理也可以表述为

P（B｜A）＝P（B）·P（A｜B）/P（B）·P（A｜B）+P（B-）P（A｜B）　　　　　　　　　　**（公式三）**[①]

从定性的角度分析贝叶斯公式的简化表述方式，公式二中的 P（B）被称为"先验概率"（Prior probability），即在 A 事件发生之前，我们对 B 事件发生概率的一种判断或推断。这种判断可以是一个完全主观的判断，也可以是建立在统计数据基础上所作出的推断。P（B｜A）被称为"后验概率"（Posterior probability），即 A 事件发生之后，通过运算后我们对 B 事件发生概率的重新评估。P（A｜B）/P（A）被称为"可能性函数"（Likelyhood），这是一个调整因子，使得预估概率更接近真实概率。故贝叶斯定理也可以写作后验概率＝先验概率×调整因子。在实际应用中，我们先预估一个"先验概率"，然后加入实验结果，看这个实验到底是增强还是削弱了"先验概率"，由此得到更接近事实的"后验概率"。

在证据法中，我们可以将贝叶斯定理运用于证据分析判断，已有的中文文献只有两篇文章讨论了贝叶斯定理在证据法中的应用。分别讨论了贝叶斯定理"判定新证据对案件事实认定的影响，判定特定内容的证据出现与否对案件认定的影响，判定嫌疑人不供和翻供对案件认定的影响"[②] 及"在排查案件中的应用和在司法公正中的应用"[③]。文献中举出了一些应用的例子，但未能进行详细的数学说明和严格的数学推导，我们借用并改编上述文献 1 的一个例子，并对其进行数学推导来说明贝叶斯定理的应用。

假设在某地发生一起共同盗窃案，但仅捉获一名犯罪嫌疑人且未能起获赃

[①]　盛骤、谢式千、潘承毅：《概率论与数理统计》，高等教育出版社 2001 年版，第 23 页。

[②]　万应君：《贝叶斯法则：证据审查认定的一个理性工具》，载《中国检察官》2010 年第 9 期。

[③]　储一民：《Bayes 公式在估推案例和司法中的应用》，载《江苏广播电视大学学报》2003 年第 3 期。

物，虽有被害人陈述该犯罪嫌疑人盗窃，但该犯罪嫌疑人拒不供认犯罪事实。此时，司法人员主观判定（或根据一定统计数据判定）该犯罪嫌疑人有 55% 的概率参与了此次扒窃。如这时有证人作证称其亲眼看到该犯罪嫌疑人实施盗窃。若司法人员通过调查了解和根据统计资料推断，证人在目击犯罪嫌疑人盗窃后向司法机关如实作证的可能性为 80%，而证人在没有目击嫌疑人扒窃，其向司法机关作证称犯罪嫌疑人盗窃的可能性为 10%。则司法人员在获得以上数据基础上，需要进一步判断在取得这份证言的条件下犯罪嫌疑人实施盗窃的概率。

这里设嫌疑人实施盗窃为事件 B，证人指认出犯罪嫌疑人为事件 A，此时求解问题为：在当证人指认犯罪嫌疑人实施盗窃的情况下，犯罪嫌疑人实施盗窃的概率根据贝叶斯定理，该证言是否增加了犯罪嫌疑人实施盗窃的概率。

可见，嫌疑人实施盗窃的概率为 P（B）＝0.55，犯罪嫌疑人实施盗窃后证人指认该犯罪嫌疑人盗窃的概率为 P（A｜B）＝0.8。同时犯罪嫌疑人未实施盗窃的概率为 P（B－）＝1－0.55＝0.45，且犯罪嫌疑人未实施盗窃但证人仍指认该犯罪嫌疑人盗窃的概率为 P（A｜B－）0.1。故根据公式三，当犯罪嫌疑人被证人指认盗窃时其实施盗窃的概率为：P（B｜A）＝P（B）·P（A｜B）／P（B）·P（A｜B）＋P（B－）·P（A｜B－）＝0.55·0.8／0.55·0.8＋0.45·0.1＝0.907。可见，证言的出现增加了犯罪嫌疑人实施盗窃的概率。

需要强调的是，使用贝叶斯定理进行判断时，是根据主观推断或者是根据已有的统计数据来确定先验概率的，而这些数据或推断的准确性会影响到最终的正确性。但这些数据或推断本身的准确性就是需要讨论的问题，这也是贝叶斯定理在证据法中应用的争议焦点之一。

二、英国法中的判例（R v. Adams 案）

目前在司法实践中采用贝叶斯定理的案件仅有英国英格兰及威尔士上诉法院在 1996 年 4 月 26 日判决的 R v. Adams 案，案件全称为 Regina v. Dennis John Adams（女王诉丹尼斯·约翰·亚当斯），案件编号为：［1996］2 Cr App R 467，［1996］Crim LR 898，CA and R v. Adams）。该案件基本事实为：丹尼斯·约翰·亚当斯（Dennis John Adams）被警方确认为一起强奸案的犯罪嫌疑人，该案的被害人向警方报案称一名 20 余岁的男子对其实施了强奸，警方在逮捕亚当斯后，安排被害人对其进行了辨认，但被害人未能准确辨认出亚当斯，且被害人表示亚当斯的外貌特征与她所见到的犯罪嫌疑人完全不同。被害人陈述中提到的犯罪嫌疑人年龄为 20 多岁，同时被害人陈述她所见到的亚当斯年龄约为 40 岁，而实际上亚当斯的年龄为 37 岁。亚当斯的女友为其提供了不在场证明，称当晚亚当斯和她一直在一起。现场提取到的 DNA 是唯一有罪的证据，其余证据均指向无罪。①

犯罪嫌疑人亚当斯的 DNA 样本经检测与现场留下的证据一致，辩护人认为公诉方提出的亚当斯的 DNA 与犯罪人 DNA 相符合的概率不正确，公诉方认为大约为 1/200000000 而辩护人认为是 1/20000000，甚至是 1/2000000。而辩护方提出的最大问题是，亚当斯存在一名同父异母的兄弟，该人正好是 20 多岁，且其 DNA 未能进行检测。显然，陪审团需要解决证据间的矛盾，同时确定通过现场检测出的 DNA 能否确定亚当斯就是犯罪人。因此，辩护方提出要求使用贝叶斯定理。

陪审团在牛津大学教授彼得·唐纳利（Peter Donnelly）的引导下，使用了贝叶斯定理，在使用贝叶斯定理前，法官对陪审团进行了引导，告知陪审团他们可以根据自己的意愿决定是否采用贝叶斯定理。在初审阶段，辩护方要求唐纳利教授向陪审团解释如何将现场检测出的 DNA 与其他指向被告人无罪的证据联系起来，并提出解决该问题唯一正确的方法就是使用贝叶斯定理，这一要求被法官采纳。唐纳利教授在向陪审团解释贝叶斯定理时，进一步对如何使用贝叶斯定理联系每个单个证据（而非仅仅是无罪证据）进行了说明。根据贝叶斯定理，亚当斯被判决有罪，亚当斯不服判决提出上诉。但在上诉审阶段，上诉法院表示他们未能亲自聆听初审中关于贝叶斯定理的争议，认为他们对贝叶斯可采性存在疑问，因此无法对贝叶斯定理的应用作出准确的结论性评价。上诉法院认为初审法院未能正确引导陪审团，即未能明确告知陪审团如果他们不愿意使用贝叶斯法则时，陪审团应当如何做，故决定重审。

在重审过程中，辩护方继续要求法院引导重审中新组成的陪审团使用贝叶斯定理来判断证据，法官要求双方提供的统计专家向法庭共同提出可以有效使用贝叶斯定理的方法，双方共同制作了相关的问题问卷，问卷包括了一系列与犯罪现场有关的概率性问题，诸如：问题一，如果他是袭击者，有多大可能被被害人指认为犯罪人。问题二，如果他不是袭击者，有多大可能被误认为是犯罪人。

这些问题的设计主要是为了构建使用贝叶斯定理的基本变量，从而可以使用贝叶斯定理来判断证据。陪审员根据这一系列问题作出回答。他们的回答被用于根据贝叶斯定理构筑的模型方程中，从而来确定亚当斯是否构成犯罪的概率。亚当斯在方程的多次判断中始终被认定为有罪，亚当斯再次提出上诉。其上诉被驳回，但贝叶斯定理在法庭中的运用也受到了上诉法院的批评。上诉法

① Wikipedia R v. Adams［EB/OL］。资料来源于 http：//en. wikipedia. org/wiki/R_ v_ Adams。

院排除了贝叶斯法则在 DNA 判断中的使用。上诉法院承认贝叶斯定理的科学性，认为其是一种正确且有用的数学工具，表示专家可以使用其来构建概率论的工具，但质疑证据的可采性，认为贝叶斯定理超越了陪审团能够准确的得到推论的范围，这种使用贝叶斯定理来评价单个证据间联系的方法不具有可采性。① 上诉法院同时认定认为法官应当以更为适当的方式对陪审团进行引导，法官应当明确告知陪审团："如果适合比率是 1/20000000，考虑到英国的 60 百万人口，除了被告可能有 2—3 人符合这一比率，确定地说，不超过 6—7 人，他们的 DNA 可以与现场发现的证物符合。应当充分考虑到可能误判的可能性。你们现在的工作，作为一个陪审员，是在其他证据的基础上确定被告人是否有罪，而不是考虑其他人是否具有与现场相匹配的 DNA。我们不知道其他人的任何情况，他们也许分布在全国，也许根本不在现场在犯罪时。当然，其他人可能因为错误性别和错误年龄被排除。"

R v. Adams 案是贝叶斯定理第一次也是唯一一次被用于司法审理和司法判决，但引起了巨大的争议。初审法院采用了贝叶斯定理，但上诉法院对贝叶斯定理的使用持否定意见，排除了该定理的使用。反对上诉法院判决者认为，上诉法院将贝叶斯定理排除在庭审使用之外，事实上是否定了现代科学和理性在判断不确定事实问题上的使用，体现出保守主义的倾向，并认为陪审员作为个体也是具有差异性的，不能一概按上诉法院的理由认为贝叶斯定理超出了他们的理解及推论范围。

考察贝叶斯定理在本案中的作用，我们发现，其运用实际上和上述我们所假设的实例一样，先验判断了亚当斯实施犯罪的可能性，再进一步判断是判断现场出现了新的证据（即亚当斯本人的 DNA）时，其实施犯罪的可能性。这是在设定亚当斯判罪的可能后，再进一步判定在 DNA 出现后，对犯罪人是否就是亚当斯进行概率论上的计算。同时，由于本案中 DNA 的判断并不精密，存在多人可能具有该 DNA 的可能，需要进一步判断 DNA 是否就是亚当斯本人所遗留的问题。换言之，贝叶斯定理在证据法中的使用是双向的，可以进一步限定证据的准确性，也就是检验证据指向是否过于宽泛，如对 DNA 准确性的进一步严格说明。也可以是放松性的，及证据相对缺乏的情况下，如仅有 DNA，是否可以通过贝叶斯定理来进行逐步的推断，从而解决证据不足的问题。

三、西方法学界对贝叶斯定理的争论及启示

针对贝叶斯定理在证据法中的运用，西方证据学学者们展开了巨大的争

① Bernard Robertson and Tony Vignaux. Bayes'Theorem in the Court of Appeal ［EB/OL］. http：// www.lawyerintl.com/law-articles/2451-Bayes%20Theorem%20in%20the%20Court%20of%20Appeal.

论。由于贝叶斯定理可以根据新的信息来修正、更正旧有的信息，西方证据学学者研究贝叶斯定理主要集中于两个方面：贝叶斯定理在证据规则上价值及贝叶斯定理对法庭事实认定的实际意义。①

部分西方证据学者（在西方证据学语境中，他们被称为贝叶斯定理怀疑论者）反对在实际诉讼中使用贝叶斯定理。他们认为贝叶斯定理理论的复杂性会造成陪审团的混乱，同时认为建立在概率论基础上的理论不能够使被告获得诉讼权利上的充分保障。以哈佛大学的特赖布（Tribe）为代表的学者认为，应当控制证据法学者对数学的过度热情。首先，这关乎当事人与法官、陪审员之间的顺利交流，如果法官或陪审员不精通数学，当事人就应使用法官或陪审团能懂的语言来陈述案情。其次，数学领域中那些貌似"稳定的"可量化的变量可能将会变得"不稳定"、"不可量化"，从而极可能不当诱导法官或陪审员，使他们对事实产生偏见。② 但也有部分西方证据学学者（他们被称为贝叶斯定理支持论者）则充分肯定贝叶斯定理在证据法中的运用。他们的论点表现在两个方面：第一，无论贝叶斯定理在实际诉讼中是否具有价值，其在证据规则的理论研究中均具有理论价值。因贝叶斯定理可以用来解决关联性问题。他们认为判断证据是否具有关联性，在很大程度上取决于该证据被发现的可能性。根据贝叶斯定理，证据的关联性主要取决于该证据能在多大程度上改变司法人员对证据预先所作的先验判断，而这又取决于假定该证据所主张的事实确实存在，以及人们能够在多大程度上获得该项证据。所以，贝叶斯定理无论对单个证据还是对多个证据组合的采信规则均具有意义。第二，在诉讼中有限制的使用贝叶斯定理是可行的。如在结合其他证据审查诸如 DNA 这类建立在概率论基础上的科学证据时，使用贝叶斯定理可以进一步提高陪审团对证据判断的精确性。如贝叶斯定理的重要倡导者、密歇根大学法学院的弗莱德曼教授（Friedman）认为，不确定性是诉讼的固有主观特征，无论贝叶斯定理与我们在其他自然科学探索中所使用的方法有何不同，它都为我们分析司法证明过程提供了帮助。他还认为，任何一种其他的方法都不会得出与贝叶斯定理相反的结论，③ 结合对贝叶斯定理本身的理解，西方针对贝叶斯定理的司法判断及理论争议为我们提供了如下有益启示。

1. 应当认识到贝叶斯定理在证据法中产生影响是西方证据法发展的必然趋势。西方证据法的发展与现代科学具有密切关系，是中世纪以后科学与理性

① Wikipedia. Evidence under Bayes theorem ［EB/OL］. http：//en. wikipedia. org/wiki/Evidence_ under_ Bayes_ theorem.

② 栗峥：《当代英美证据法学思潮》，载《环球法律评论》2010 年第 3 期。

③ 卞建林、王佳：《西方司法证明科学的新发展》，载《证据科学》2008 年第 2 期。

在法律中的直接体现。"17 世纪的人们不仅仅满足于怀疑论，他们不仅仅被否定和怀疑的情绪所占据。他们寻求新的区分真伪的方法。当一种新的科学方法出现，而这种科学方法被大多数人理解，这种方法就会成为一种新的证据形式。证据是一种允许人们判断某种事物为真的事物，或者说，判断某种事物更为真实的事物。"① 可见，证据本身在西方证据法上的产生就与科学及可能性（也就是概率）密不可分。1761 年吉尔伯特出版的《证据法》被作为证据法的奠基之作，该书中就明确提出了司法证明与可能性的密切联系。所以，当证据法发展到 21 世纪，其必然沿着自身使用科学、理性来判断不确定性、可能性的逻辑展开，而贝叶斯发展正是自身的科学性由于满足了证据法发展的要求，所以其成为证据法上的热点和焦点具有历史的必然性。

2. 应当充分认识到贝叶斯定理的科学性，并充分预测到贝叶斯定理对证据法及证据法理论可能带来的冲击。贝叶斯定理是经过严格数学推导和证明所得到的结论，定理一经数学证明，便具有在科学上确定无疑的地位。贝叶斯定理本身具备的科学性，使贝叶斯定理在大数据挖掘、机器学习等问题上均有着广泛应用，解决了越来越多的社会问题。在理论研究中，作为社会科学的证据学，越来越从古典化走向现代化，在这个过程中，需要更为精确的定量化的分析手段。而现代司法也要求更多的精确性。贝叶斯定理就是一种强大的分析手段，这种分析手段可以在一定程度上有效地回应理论和实际中的问题。在古典的证据论中，仍然是以经验判断为基础的定性分析。但在现代证据法理论中，要求更为精确的判断，以区别于单纯的建立在经验基础上的判断。"贝叶斯定理对于证据法的价值在于它的启发性。在无法消除不确定性的条件下（即基于主观可能性作出决定所要求的条件），贝叶斯定理可谓最具影响力的理性决策模式。"② 其意义，"主要就是提醒人们，概率的评估乃是处理不确定因素的一种有用且理性的方式，当新的信息注入时，人们应随之刷新有关概率的评估，而新信息对于人们最终决策的影响则有赖于证前可能性的判断，即人们在开始权衡证据之前对概率的估计"。③而现实的理论研究中，我们往往陷入了证据本身概念及规则的一些思辨性和规范性的研究，对类似贝叶斯定理这样的外部性的自然科学工具认识不够，在知识准备上，法学储备较多，而自然科学

---

① P. R. Palmer. A History of the Modern World：To 1815 ［M］. McGraw – Hill Companies，Inc . 2008，243.

② 理查德·A. 波斯纳：《证据法的经济分析》，徐昕、徐昀译，中国法制出版社 2004 年版，第 35 页。

③ 理查德·A. 波斯纳：《证据法的经济分析》，徐昕、徐昀译，中国法制出版社 2004 年版，第 35 页。

储备较少。应当说，贝叶斯定理还仅仅是一个例子，它向我们提出了新的课题，那就是，我们如何来应对新的科学，如何充分认识现代自然科学技术导致现代证据日益精密化，进一步分析其对程序的影响，如何认识现代诉讼的新的变化。那么就需要思考什么样的程序才能更好地应对科学技术的挑战。如果我们缺乏对自然科学的深入了解，那么就会在一定程度上丧失与西方证据法对话交流的共同语言和平台，对证据的研究就难以深入。

比如，我们可以研究考虑贝叶斯定理可能使用的条件。第一，作为弹劾性证据使用。换言之，贝叶斯定理可以作为否定性的证据来使用。即在证据已经出现的情况下，通过贝叶斯定理来进一步判断该证据对待证事实的影响。如贝叶斯证据显示出否定性，则可以作为证据使用，但不能作为控诉性的证据使用。第二，在排查案件中使用。作为排查案件，获得线索，具有重要意义。贝叶斯定理所获取的结论不是证据，而是一种获得线索，指引我们取得证据的科学手段，或者可以作为一种强化心证的手段来使用。

3. 充分认识到证据获取的现实条件对贝叶斯定理的制约。贝叶斯定理的基础是大量充分的计算，因此长期无法得到广泛应用。但随着计算机技术的充分发展，尤其是超级计算机及云计算的兴起、互联网时代提供的大型数据库，使计算能力不再成为问题，为通过计算验证统计量及统计推断提供了强有力的技术手段，为应用贝叶斯定理创造了条件。但在实际的诉讼过程中，贝叶斯定理仍然受到诸多现实条件的制约，而这些现实条件均限制着贝叶斯定理在司法实践中发挥作用。第一，如上所述，贝叶斯定理在证据法中运用的基础是较为科学的统计学基础。而这一基础是大量的统计量，但是现实的案件中，并没有可以使用选择的统计数据库，这一基础数据库的建立在短期内并不是一件简单的事。第二，现有司法人员的素养尚不能完全掌握贝叶斯定理。现有司法人员的法学文科背景决定了大多数司法人员无力进行建立在现代概率论基础上的贝叶斯定理的分析。尤其是在复杂的法律事件中，第三，社会公众对建立在贝叶斯定理的复杂数学推理不能理解，也就更加难以接受。正是由于这些现实条件，即使在对贝叶斯定理研究较为充分的西方证据法学界，司法实践对贝叶斯法则的认同也是异常警惕的，也正因如此，英国上诉法院在案件中否定了贝叶斯定理在司法中的使用。

美国对质权的演进及评价

——以克劳福德判例为观察起点

王跃[*]

"如果在被告不在场的情况下证人纯粹的口头声明都可作为指控证据的话，我就不明白还有什么必要赋予被告与其不利证人对质的宪法性权利。"

——首席大法官约翰·马歇尔

美国联邦宪法第六修正案规定："在所有的刑事诉讼中，被告人应当享有……与不利于他的证人对质的权利"[①]，此即美国刑事诉讼中被告所享有的宪法性权利——对质权。

2004 年在克劳福德诉华盛顿一案中，联邦最高法院将对质条款的适用范畴限定于"证言性陈述"（Testimonial Statements），摒弃了 Ohio v. Roberts（1980 年）判例所确立的"可信赖性"标准，从此，对质条款开始摆脱与传闻规则的复杂关系，从"可信赖性"标准向当事人的程序保障方向转变。

克劳福德判例至今已运行 9 年有余，其实践状况及效果如何？本文即以克劳福德以来的典型判例为研究对象，考察"证言性陈述"的定义及内涵变化，揭示对质学说混乱不清的现状及难卜命运。

一、克劳福德判例之前的对质学说——俄亥俄诉罗伯茨案

1980 年美国联邦最高法院在俄亥俄诉罗伯茨[②]一案中裁决，"传闻陈述者

---

[*] 西南政法大学副教授，硕士研究生导师，西南政法大学刑诉法专业在读博士。研究方向：司法鉴定、刑事诉讼。课题来源：西南政法大学博士研究生科研创新计划重点项目《刑事鉴定意见质证规则研究》。

① U. S. Const. amend. VI.

② See Ohio v. Herschel Roberts，100 S. Ct. 2531.

313

如果不出庭接受交叉询问，则对质条款通常要求证明其不能到庭并且该陈述具有可靠性保障，否则该传闻陈述不具可采性。可靠性保证可基于根深蒂固的传闻例外情形而予以推定，而在其他情况下，如果一项传闻陈述不具有特定的'可信性标记'，则该传闻陈述必须被排除"①。

罗伯茨规则第一次就对质条款与传闻陈述的关系搭建了基本的框架，在此规则下，"根深蒂固的传闻例外情形"是对质条款适用例外的唯一情形，否则提出传闻的一方有责任证明传闻陈述者为何不能到庭及该传闻陈述是否具备可靠性。

这一关系框架表面上看似乎很明确且易操作，然而实际情况是，传闻证据规则例外与对质条款之间的关系常常对下级法院造成困扰。批评者认为，罗伯茨标准（即"可靠性"标准）"不清晰、不稳定、主观性强，对被告权利（对质权）保障不充分，背离了对质条款的文本含义及历史"② "在罗伯茨规则时代，对质权深深地为传闻法则笼罩以至于该权利几乎要完全消失在传闻例外中"③，因此，以可信性为核心的罗伯茨规则会实质上导致整个对质权的名存实亡，所以理查德·弗里德曼、阿希尔·阿玛尔、迈克尔·格拉汉姆、玛格利特·伯格等都强烈表达了废除罗伯茨判例的主张④。

二、克劳福德判例及其对质学说的演化

（一）克劳福德判例与"证言性陈述"标准

2004年，以克劳福德诉华盛顿（Crawford v. Washington）案为开端，联邦最高法院尝试解决这一问题并界定对质条款的适用范围。在该案中，联邦最高法院试图以文本分析及历史考察的分析方法重新界定宪法第六修正案中模糊不清的对质条款。在该判例中，依据宪法第六修正案的对质条款文本，"A 'Witness Against' A Defendant"（不利于被告的证人）被定义为"一个作出证言的人"（One Who Bears Testimony），与此相应，"证言"（Testimony）被界定为"以证明所主张的事实真相为目的而作出的庄严声明或宣告"⑤。因此，第六修正案主要关注的是"证言性传闻"，对质条款只约束那些以证明所主张事实为目的而予以采信的证言性陈述。

在 Crawford 案件中，联邦最高法院裁定，被告的妻子 Sylvia Crawford 在警

① See Ohio v. Herschel Roberts, 100 S. Ct. 2531, at 2534.
② Dylan O. Keenan, confronting Crawford v. Washington in the lower courts, 122 YLJ 782 (2012), at 792.
③ 廖耘平：《对质权制度研究》，中国人民公安大学出版社2009年版，第176页。
④ ［美］理察德·伦伯特：《证据故事》，魏晓娜译，中国人民大学出版社2012年版，第251页。
⑤ See Crawford v. Washington, 124 S. Ct. 1354 (2004), at 1364.

察局询问中所作的陈述是证言性的，在被告因其妻子主张配偶特免权而没有机会进行交叉询问的情况下，下级法院采纳其妻子的陈述违反了宪法第六修正案的对质条款。联邦最高法院进一步指出，"对质条款禁止采纳未出庭证人的证言性陈述，除非陈述人不能到庭，并且被告人在先前已经被给予了交叉询问的机会"①。

通过建立这一新的标准，联邦最高法院推翻了 Roberts 判例对陈述人不能到庭、但其陈述符合可信性保证情况下证言性传闻陈述可以采信而不必对质的标准。克劳福德判例对交叉询问的对质程序予以重点强调，认为传闻陈述的可靠性保障并不足以代替严酷的交叉询问对质程序②。

对于这一新的规则，评论者欢呼雀跃③，认为不仅是刑事被告人的胜利，也是宪法的胜利，同时也是斯卡利亚大法官对检察官强大权力的一拳重击，正式宣布了罗伯茨规则的寿终正寝。

但是克劳福德判例并未说明何为"证言性陈述"，联邦最高法院的意见是将全面定义"证言性陈述"的任务"留待将来"④。尽管缺乏一个有关"证言性陈述"的全面准确的定义，但克劳福德判决仍列举了属于"核心性证言性陈述"的三个可能的定义⑤：

---

① See Crawford v. Washington, 124 S. Ct. 1354（2004），at 1359 - 1363.

② See Crawford v. Washington, 124 S. Ct. 1354（2004），at 1370.

③ See Stephanos Bibas, Originalism and Formalism in Criminal Procedure: The Triumph of Justice Scalia, the Unlikely Friend of Criminal Defendants?, 94 Geo. L. J. 183, 192（2005）（describing Crawford as "a successful blend of originalism and formalism" that announced a rule that "turns on simple, clear requirements of testimony, cross - examination, and unavailability, rather than ad hoc estimates of reliability"）; Jeffrey L. Fisher, Categorical Requirements in Constitutional Criminal Procedure, 94 Geo. L. J. 1493, 1496（2006）（describing Crawford as a "significant victor [y]" for the "criminal defense bar" that "restored clarity to confrontation law"）; Richard D. Friedman, Grappling with the Meaning of "Testimonial," 71 Brook. L. Rev. 241, 273（2005）（arguing that Crawford "represent [s] a great and beneficial development"）; Tom Lininger, Prosecuting Batterers After Crawford, 91 Va. L. Rev. 747, 750, 767（2005）（stating that Crawford's "reasoning is difficult to refute, and its fealty to early constitutional history is admirable"; it is "a salutary development in confrontation law"）; Robert P. Mosteller, Crawford v. Washington: Encouraging and Ensuring the Confrontation of Witnesses, 39 U. Rich. L. Rev. 511, 512, 522（2005）（explaining that Crawford has "given real teeth to the Confrontation Clause in several frequently encountered and important situations" and forecasting "a future in which substantially more confrontation may be provided"）; Roger C. Park, Purpose as a Guide to the Interpretation of the Confrontation Clause, 71 Brook. L. Rev. 297, 297（2005）（"I applaud the change from Ohio v. Roberts to Crawford v. Washington"）; Robert M. Pitler, Symposium Introduction, 71 Brook. L. Rev. 1, 12 - 13（2005）（recounting post - Crawford exuberance among attorneys and scholars involved in the case, as well as in newspaper reports）.

④ See Crawford v. Washington, 124 S. Ct. 1354（2004），at 1374.

⑤ See Crawford v. Washington, 124 S. Ct. 1354（2004），at 1364.

定义一：相当于庭审证言或其功能等同物，也即诸如宣誓书、未经被告交叉询问的先前证词或者陈述人合理预期将用以指控的审前陈述。

定义二：具有证言形式的庭外陈述材料，比如宣誓书、口供、先前证词或自白。

定义三：证言是指此种情况下所作出的陈述：即该陈述将导致一个客观的证人合理相信他所作出的陈述将在后续审判中使用。

定义三的"客观证人"标准是法院系统广为接受的证言定义，的确，大量的陈述虽然并不具备宣誓书、口供、讯问记录的正式形式，但一个客观的观察者可以合理的期待将此类陈述用于审判证据。然而也存在另外的情形，即按照定义二有关证言的正式性形式要求，一项陈述应当属于证言，但按照"客观证人"标准却不属证言。表 1 反映了法院在适用"客观证人"标准与"正式形式"标准时可能导致的不同裁判结果：

表 1

	"客观证人"标准下的证言性陈述	"客观证人"标准下的非证言性陈述
"正式形式"标准下的证言性陈述	警察讯问①对大陪审团所作陈述②	儿童证人的视频陈述
"正式形式"标准下的非证言性陈述	自杀遗嘱③验尸报告④	实施犯罪前对朋友的陈述⑤

---

① See Crawford, 541 U. S. at 52 – 53, 68.

② See Crawford, 541 U. S. at 68.

③ See Miller v. Stovall, 608 F. 3d 913, 923 – 26 (6th Cir. 2010) (holding that a suicide note by a former police officer is testimonial under the third Crawford formulation, but declining to endorse a lower – court holding that the note was testimonial under the second Crawford formulation).

④ See, e. g. , United States v. Feliz, 467 F. 3d 227, 233 – 36 (2d Cir. 2006) (holding that although "Crawford at least suggests that the determinative factor in determining whether a declarant bears testimony is the declarant's awareness or expectation that his or her statements may later be used at a trial," autopsy reports do not qualify as testimonial because "this statement … should [not] be read to have adopted such an expansive definition of testimonial" (quoting United States v. Saget, 377 F. 3d 223, 228 [2d Cir. 2004]).

⑤ See Crawford, 541 U. S. at 51; State v. Mizenko, 127 P. 3d 458, 467 – 68 (Mont. 2006) (citing numerous state court cases to support the proposition that statements made to a "friend, family member or acquaintance" are nontestimonial "unless the declarant had clear reason to believe that they will be used prosecutorially").

（二）戴维斯案（2006 年）及哈门案（2005 年）对"证言性陈述"的首次界定

诚如前文所言，克劳福德判例拒绝全面界定"证言性陈述"的定义必将引起对质条款适用的不确定性，该案首席大法官伦奎斯特在其协同意见中表达了这一隐忧：

众多的联邦检察官及州检察官急切地希望知道：除了联邦最高法院所列举的几种特定的证言，这一新的对质规则所指的"证言性陈述"到底包括哪些？他们希望联邦最高法院现在就告知这一问题的答案，而不是数月或数年以后。刑事证据规则每天都在全国各级法院运用，诉讼当事人不应以这种方式被置身于黑暗之中①。

对"证言性陈述"概念进行的首次正式界定，来自于联邦最高法院在戴维斯诉华盛顿案和哈门诉印第安纳案的联合案件②审理。在该两案中，斯卡利亚大法官代表联邦最高法院的其他 8 位大法官给该两个案件提供了以下判决，从而对"证言性陈述"进行了首次定义（定义四）："如果陈述是在警察讯问的过程中作出，而当时的情形客观地表明讯问的主要目的是警察帮助应对正在发生的紧急情况，那么陈述就不是证言性的。如果当时的情况客观地表明没有正在发生的这种紧急情况，而且讯问的主要目的是确立或者证明过去的事件可能与以后的刑事诉讼有关，那么它们就是证言性的。"③

这就是"证言性陈述"定义的"基本目的标准"。在该两个案件中，通过界定"证言性陈述"的定义，对质条款仅适用于证言性传闻，联邦最高法院解决了在克劳弗德案中悬而未决的问题，从而给俄亥俄诉罗伯茨案的坟墓撒上了最后一铲土。按照联邦最高法院的说法，证言性的"限制非常清晰地反映于宪法条款的文本之中，平心而论，它标出的不仅是'内核'，而且是'边界'"。随后联邦最高法院甚至更直接地说："根据克劳弗德案⋯⋯对质条款不适用于非证言性的庭外陈述。"④ 那么，对传闻规则唯一可能遗留的宪法支持会是第五和第十四修正案的正当程序条款。

但是，证言性陈述的"内核"与"边界"在何处、有无一个清晰的界线，戴维斯标准与克劳福德标准均未解决这一问题，二者之间已经出现了偏差：

---

① See Crawford v. Washington, 124 S. Ct. 1354（2004）, at 1378.
② See Davis v. Washington, 126 S. Ct. 2266（2006）, Hammon v. Indiana, 126 S. Ct. 552（2005）.
③ See Davis v. Washington, 126 S. Ct. 2266（2006）, at 2273 - 2274.
④ Whorton v. Bockting, 127 S. Ct . 1173, 1184（2007）.

首先，戴维斯标准仅适用于警察讯问，而克劳福德的证言范畴却更为广泛①，二者之间的不一致导致下级法院在适用对质条款时奉行一种混合标准，即针对警察讯问适用戴维斯标准，而针对非警察讯问情况则适用克劳福德标准②。

其次，戴维斯标准与克劳福德标准之间最引人注目的一个重大差异在于克劳福德的"客观证人"标准（定义三）与戴维斯的"基本目的"标准（定义四）之间所显示的焦点转向："客观证人"标准将其关注目光聚焦于一个客观证人作出陈述时的看法，与前者相反，"基本目的"标准关注的却是获取证言时讯问者的看法。对于这一转向，Tom Lininger 教授一针见血地指出二者之间存在的矛盾问题："这一转变理论上前后矛盾，而且实践中也是存在问题的。举例说，在面对正在发生的紧急情况时，假如警察讯问的是一个头脑清醒的陈述者，那么依据克劳福德的'客观证人'标准，陈述者会合理相信其陈述将用作指控证据，因而构成证言；然而，若依戴维斯标准则该陈述不构成证言；另一种情况，如果陈述人主观的相信他正处于严重的危险之中，但是客观事实并不支持他这一结论，那么在戴维斯标准下法庭可能将他的陈述视为证言，尽管此时缺乏克劳福德的客观证人标准对陈述人心理状态的要求（即相信陈述将用作指控目的这一心理状态）"③。

最后，二者之间也显示出其他细微差异，如戴维斯的"基本目的"标准似乎否定了克劳福德对证言正式形式的要求（即定义一和定义二），尽管证言的正式形式对于决定一项陈述是否属于证言具有重要意义，但是戴维斯判例认为证言的"正式形式"要求并不是对质条款的决定性结果④。

---

① Myrna S. Raeder, Confrontation Clause Analysis After Davis, 22 Crim. Just., Spring 2007, at 10, 12 ("I do not believe that Davis has totally displaced Crawford because Davis limited itself to police interrogation while Crawford's dicta reached statements made in judicial contexts, and both cases left unresolved whether statements to private individuals can be testimonial, and if so by what criteria.").

② See, e. g., State v. Gilfillan, No. 08AP-317, 2009 WL 638264, at 16 (Ohio Ct. App. Mar. 12, 2009) ("The 'primary purpose' test applies to determining whether statements in police interrogations are testimonial. The 'objective witnes', test applies to determining whether statements in non-police interrogations are testimonial.").

③ See Tom Lininger, Reconceptualizing Confrontation After Davis, 85 Tex. L. Rev. 271, 280 (2006); see also Tom Lininger, Davis and Hammon: A Step Forward, or a Step Back? 105 Mich. L. Rev. First Impressions 28, 30 (2006); see also Josephine Ross, Crawford's Short-Lived Revolution: How Davis v. Washington Reins in Crawford's Reach, 83 N. D. L. Rev. 387, 460 (2007) at 404-05 ("Davis v. Washington must be understood as a retreat from the principles laid out in Crawford ... It makes little sense that a person's opportunity to cross-examine a witness rests not on whether the out-of-court statement serves to accuse the defendant at trial, but on the police officer's reason for gathering the statement in the first place.").

④ See Davis, 547 U. S. at 826.

基于上述分析，戴维斯标准使得对质条款适用范畴的核心与外围变得混淆不清①，表2即反映了对于同一陈述在适用克克劳福德的"客观证人"标准（定义三）与戴维斯的"基本目的"标准（定义四）时可能导致的裁判结果差异而引发的紧张关系：

表2

	"基本目的标准"下的证言性陈述（基于讯问者或证言获取者立场）	"基本目的标准"下的非证言性陈述（基于讯问者或证言获取者立场）
"客观证人标准"下的证言性陈述（基于陈述者立场）	警察讯问②对大陪审团所作陈述③	（民事诉讼中）配偶对初步保护令的宣誓书④；私人手机通讯记录的真实性证明报告⑤；兽医检验报告⑥

---

① see Josephine Ross, Crawford's Short – Lived Revolution: How Davis v. Washington Reins in Crawford's Reach, 83 N. D. L. Rev. 387, 460 (2007) at 411 ("By using the word 'core' to identify a perimeter, the Davis Court collapsed the broad possibilities of the term core in Crawford .... [T] he core became the circumference or perimeter of the scope of the clause."). Melendez – Diaz v. Massachusetts, 557 U. S. 305 (2009), collapses this distinction more explicitly. Whereas Crawford described its three definitions as formulations of the "core" class of testimonial statements covered by the Confrontation Clause, Melendez – Diaz refered to those same three definitions as simply "the class of testimonial statements covered by the Confrontation Clause." Id. at 309. Since the Confrontation Clause applies only to testimonial hearsay, the class of testimonial statements covered by the Confrontation Clause equals the entire class of statements covered by the Confrontation Clause.

② See Crawford, 541 U. S. at 52 – 53, 68.

③ See Crawford, 541 U. S. at 68.

④ See Crawford v. Commonwealth, 686 S. E. 2d 557, 567 – 69 (Va. Ct. App. 2009) (holding that "[a] lthough the Supreme Court of the United States recently stated that affidavits fall within the 'core class of testimonial statements'subject to the Confrontation Clause," an affidavit used "to obtain a civil, preliminary protective order" was not testimonial because it was made in anticipation of a civil action, and not a criminal trial [citations omitted]). This case seems anomalous and may well have been decided differently in the wake of Bullcoming v. New Mexico, 131 S. Ct. 2705 (2011).

⑤ See, e. g., United States v. Yeley – Davis, 632 F. 3d 673, 680 – 81 (10th Cir.), cert. denied, 131 S. Ct. 2172 (2011) (holding that certificates of authenticity and accompanying affidavits for cell phone records are nontestimonial).

⑥ See, e. g., Holz v. State, No. 06 – 09 – 00172 – CR, 2010 WL 1041068, at 1 – 2 (Tex. App. Mar. 23, 2010) (holding that veterinary reports were nontestimonial under the Davis primary purpose test even though the authors of the reports "could have reasonably believed that [their veterinary reports] would be available at a later trial").

续表

"客观证人标准"下的非证言性陈述（基于陈述者立场）	对卧底警察所作陈述①	实施犯罪前对朋友的陈述②

（三）Bryant 案对戴维斯标准的再界定（2011 年）

2011 年联邦最高法院在审理 Michigan v. Bryant③ 一案时，针对对质条款适用于警察讯问这一问题，对戴维斯判例的"基本目的与持续紧急状况"标准作了进一步的扩展。

在该案中初审法院就警察讯问的对质权异议，裁定死者 Covington 生前向警察所作陈述不构成证言，因而未侵犯被告的对质权。被告提出上诉，密歇根州上诉法院维持原判，随后密歇根州最高法院依据戴维斯判例发回重审，州上诉法院再次维持原判，于是州最高法院予以改判，裁定死者 Covington 生前向警察所作陈述构成证言，因为警察讯问 Covington 的目的是调查犯罪而不是对持续危险的回应。

联邦最高法院对该案进行复审，裁定死者生前向警察所作陈述不属于证言，因为警察的讯问目的在于回应持续的紧急情况。联邦最高法院在评估何为

---

① Cf. Richard D. Friedman, Crawford, Davis, and Way Beyond, 15 J. L. & Pol'y 553, 562（2007）（"When we speak of the anticipation of a reasonable person in the declarant's position, we are referring to a hypothetical person who has all the information about the particular situation that the declarant does, and no more. Thus, if the declarant is speaking to an undercover police officer, the hypothetical person would not know that her audience is collecting information for use in prosecution."）.

② See Crawford, 541 U. S. at 51; State v. Mizenko, 127 P. 3d 458, 467 – 68（Mont. 2006）（citing numerous state court cases to support the proposition that statements made to a "friend, family member or acquaintance" are nontestimonial "unless the declarant had clear reason to believe that they will be used prosecutorially"）.

③ 2011 年 4 月 29 日凌晨 3：25，警察在一个加油站发现了被害人 Anthony Covington 腹部中了枪伤，在紧急医疗队到达之前，警察讯问 Anthony Covington 是谁、在什么地方向他开枪射击，Anthony Covington 回答说是"Rick"在凌晨 3 点左右向他开了枪，并且说，他和 Richard Bryant 有过交谈，他能听出他的声音，并解释说在他转身准备离开 Bryant 住处时，Bryant 从门后向其开枪射击，Covington 驱车逃离 Bryant 住处，并在加油站被警察发现。讯问持续了 5—10 分钟，随后紧急医疗队赶到，Covington 被送到医院并于数小时后死亡。随后警察对 Bryant 住处进行了勘查，Bryant 已逃离，警方发现了门廊处的弹头、弹壳以及门后边明显的弹孔痕迹以及现场血迹，还发现了房外 Covington 掉下的钱包及证件。随后 Richard Bryant 被控二级谋杀，法庭审理中，控方传唤了警察证人出庭，就其讯问 Covington 的情况提供证言。本案的争议要点即在于 Covington 向警察所作的陈述是否属于证言，是否受对质条款约束，最终联邦最高法院裁定，Covington 生前向警察所作陈述不是证言，不受对质条款约束，因为警察的讯问目的在于回应持续的紧急情况。

"持续的紧急情况"时，不再仅仅依靠对被害人所造成的危险，而将其评估重点转向于对执法官员及公众造成的持续危险，因此 Bryant 案扩展了戴维斯案首次就"持续紧急危险"的认定范畴。

Bryant 判例并未就"证言性陈述"给出新的定义，而是适用戴维斯标准并对其进行了扩展性解释，这一扩展性解释给评论者留下新奇的印象，以至于在克劳福德系列案件中，斯卡利亚大法官在 Bryant 案中首次明确地表达了反对意见。他认为戴维斯案聚焦于讯问人的意图，而 Bryant 案将聚焦点转向于讯问人与陈述者的意图并重，这一转向无疑敲响了克劳福德的丧钟，使得法官可以根据陈述时的总体状况自由地达到他认为的"公平的"结果，因此，对质条款为被告设计提供的保障功能事实上不能为被告提供任何保障①，金斯伯格大法官也表达了相同看法。

评论者对 Bryant 判例的批评还表现于其对"持续紧急情况"的过于宽泛的解释，在 Bryant 判例下，持续紧急情况超越了对受害人的援助这一目的，而延伸至对公众安全威胁的回应；而对公众安全的威胁表现于被害人的受伤状况及所使用的武器②。批评者担心控方不经对质而使用几乎所有陈述，只要警方辩称其获取证言是为了应对针对公众安全的潜在威胁这一目的③。

（四）对质条款如何适用于科学证据：Melendez - Diaz 案（2009 年）、Bullcoming 案（2011 年）、Williams 案（2012 年）

Crowford—Davis、Hammon—Bryant 案总体上表现了对质权适用于传统证言（对现场目击情况的陈述）的发展历程，而 Melendez - Diaz—Bullcoming—Wiiliams 案则表现了将对质权的适用范畴从传统证言扩张至法庭科学实验室报告（专家证言）这类科学证据时，联邦最高法院的立场态度。为比较清晰地反映克劳福德以后对质权是否及多大程度上适用于科学证据，有必要对克劳福德"家族"中涉及科学证据的对质判例予以简单的介绍。

---

① See Bryant, 131 S. Ct. at 1170 (Scalia, J. , dissenting) .

② Bryant, 131 S. Ct. at 1158 ("[The Michigan Supreme Court] employed an unduly narrow understanding of 'ongoing emergency' ... An assessment of whether an emergency that threatens the police and public is ongoing cannot narrowly focus on whether the threat solely to the first victim has been neutralized because the threat to the first responders and public may continue.") .

③ See Richard D. Friedman, Preliminary Thoughts on the Bryant Decision, Confrontation Blog (Mar. 2, 2011, 12:42 AM), http: // confrontationright. blogspot. com/2011/03/preliminary - thoughts - on - bryant - decision. html ("So one of my concerns is that police officers will quickly learn that they can get statements characterized as non - testimonial if they testify, in effect, 'I came up to the scene and didn't know what was happening. My principal concern was securing the public safety.'") .

1. 法庭科学报告属于证言性陈述的核心内容，应当接受法庭对质：Melendez – Diaz v. Massachusetts

在克劳福德判例中，联邦最高法院始终拒绝回答法庭科学实验室检验报告是否属于证言性陈述从而应当受对质条款约束；尽管其后的戴维斯及哈门案首次对证言性陈述进行了界定，但其仍局限于警察讯问的狭窄范畴；因此，作为实践中的普遍现象，几十年来科学证据一直被视为根深蒂固的传闻例外而免受对质条款约束。作为对克劳福德"证言性陈述"标准的激进扩展，在联邦最高法院层面，将克劳福德标准适用于实验室检验报告的首个案例来自于 Melendez – Diaz v. Massachusetts① （2009 年） 一案，其后 Bullcoming v. New Mexico② （2011 年） 一案进一步强化了 Melendez – Diaz 案所确立的判例原则，从此，对质禁令的适用对象从刑事案件中的传统证人证言扩展至了科学证据范畴。

在 Melendez – Diaz 一案中，被告因非法持有和经销可卡因而被逮捕并起诉。在审判中，控方向法庭提交了在被告个人财物中搜查到的多包白色粉末状物质，一审法庭也允许州犯罪实验室出具的三份书面分析报告书作为证据提交，该分析报告指出：经检验这些包装内白色粉末物质含有可卡因③。控方本应传唤这些法庭科学专家出庭作证，但却选择了向法庭提交这些书面检验报告。

联邦最高法院认为，上述分析报告显然符合对质条款关于"证言性陈述的核心分类"，因为它们具备清楚的证据目的：该法庭科学报告必然导致一个客观的证人，并且可以合理相信这些报告将有效用于以后的审判④。相应地，联邦最高法院裁定，被告有权对出具报告的犯罪实验室专家进行交叉询问，被告的对质权也并不因为法庭科学报告或法庭科学专家的下述特质而免除对其进行严酷交叉询问的对质程序，即法庭科学专家既不同于指控证人（Accusatory Witnesses），也不同于传统的目击证人；法庭科学报告具有中立性及科学性保障；法庭科学报告类同于官方及业务记录。

2. 对质条款拒绝"代理人"性质的专家证言：Bullcoming v. New Mexico

而在 Bullcoming 一案中，被告被指控酒驾。庭审中，法庭准许一份由法庭科学专家 Caylor 签名的、证明被告人血液样品酒精度达到 210 毫克/100 毫升的法庭科学报告作为证据提交。与本应传唤 Caylor 出庭的做法不同，控方却让同一实验室内另一个并未实施或观察实际检验过程，但却对通常的酒精检验程

---

① See Melendez – Diaz v. Massachusetts, 557 U. S. 305, 129 S. Ct. 2527.
② See bullcoming v. New Mexico, 131 S. Ct. 2705.
③ See Melendez – Diaz v. Massachusetts, 557 U. S. 305, 129 S. Ct. 2527, at 308.
④ See Melendez – Diaz v. Massachusetts, 557 U. S. 305, 129 S. Ct. 2527, at 310 – 311.

序非常熟悉的法庭科学专家 Razatos 代为出庭提供证言。

在该案的多数意见中，大法官金斯伯格反驳了控方关于血液酒精浓度报告仅是仪器（气相色谱仪）产生的数据报告这一主张，并解释说，专家的陈述（即血液酒精浓度报告）包含了有关操作程序、标准方面的过去事件或检验人员行为，这些并不能通过仪器产生的原始记录予以揭示，因此需要对其进行交叉询问①。

同时，法庭拒绝接受这一"代理人证言"，尽管出庭作证的法庭科学专家 Razatos 是一个知识渊博的实验室人员代表并且能够解释分析检验过程及细节，但毕竟他未亲自实施或观察检验过程。联邦最高法院遵循 Melendez - Diaz 先例，认为：首先，用"代理专家"来替代检验分析人员出庭并不能满足对质条款，因为该"代理专家"既不能传达有关特定实验方法及其操作程序的相关信息，也不能就数据给出"独立的意见"②；其次，"代理专家"并不能揭示检验分析过程中的失误和谎言③；最后，本案所涉血液酒精浓度（BAC）报告的形式④使其充分符合证言性陈述的特点⑤。因此联邦最高法院简略陈述到，"被告的诉讼权利就是与出具检测报告的分析检验人员本人当面对质"。

3. 作为专家意见形成的合理根据——未出庭专家的检验报告——如何适用对质条款：William v. Illinois

在 Melendez 案判决中，大法官索尼娅·索托马约尔针对多数意见发表了部分协同的意见，但仍指出了判决意见中未予表达、Melendez 案也不具备的四种情形，其中第三种情形即涉及"一个专家被要求就其所合理依据的、并未采纳为证据的证言性法庭科学报告表达其独立的观点"⑥，在此种情况下，作为专家意见基础的未出庭专家的法庭科学检验报告是否应当适用对质条款？这一问题在 William v. Illinois 案中成为争辩的主要焦点，并全面展示了联邦最高法院在对质条款多大程度上适用于科学证据问题上激烈对立的立场，同时也显示了对质条款与证据规则的冲突。

在该案中涉及对质争议的是一份涉及并案侦查中的 DNA 同一认定比对，

---

① See bullcoming v. New Mexico, 131 S. Ct. 2705, at 2714.

② See bullcoming v. New Mexico, 131 S. Ct. 2705, at 2715 - 2716.

③ See bullcoming v. New Mexico, 131 S. Ct. 2705, at 2715.

④ 在 Bullcoming 案件中的法庭科学专家在其出具的血液酒精浓度报告中作出了以下申明："我保证：我遵守了该报告背面所列出的程序，报告的内容真实，该送检样本中的酒精含量是基于每百毫升血液中的酒精克数。"这种庄严的宣誓形式，显然符合克劳福德判例的证言标准，理应受对质条款约束。See App. in Bullcoming, O. T. 2010, No. 09 - 10876, p. 62.

⑤ See bullcoming v. New Mexico, 131 S. Ct. 2705, at 2717.

⑥ See bullcoming v. New Mexico, 131 S. Ct. 2705, at 2719 (Sotomayor, J., concurring).

伊利诺斯州警察局实验室将 L. J 案（L. J 为强奸案件受害人化名）提取的可能含有嫌疑人精液的阴道拭子送至位于马里兰州的 Cellmark Diagnostics Laboratory 实验室（以下简称 Cellmark）进行 DNA 检测，Cellmark 出具了犯罪嫌疑人的精液 DNA 图谱，在这期间，威廉姆斯尚未进入 L. J 案嫌疑人视野。

而在这一期间即 2000 年 8 月 3 日，同样在伊利诺斯州警察局辖区，威廉姆斯在一起与 L. J 强奸案毫不相干的其他案件中被捕，警方提取了威廉姆斯的血液样本，并将该物证样本送至伊利诺斯州警察局实验室，该实验室专家对威廉姆斯血液样本进行了检测并出具了其 DNA 图谱，并将该 DNA 图谱录入 DNA 数据库。

在此之后，伊利诺斯州警察局实验室收到了 L. J 案中 Cellmark 实验室出具的嫌犯精液 DNA 图谱。伊利诺斯州警察局实验室的法生物学专家 Sandra Lambatos 将 Cellmark 的 DNA 图谱录入州法庭科学数据库，并对其进行搜索比对以确定数据库中是否有与之相符的 DNA 图谱，搜索比对结果显示，Cellmark 出具的 L. J 案中嫌犯的精液 DNA 图谱与威廉姆斯的血液样本 DNA 图谱匹配一致。

2001 年 4 月 17 日，警察组织了列队辨认，L. J 指认威廉姆斯为性侵她的人，随后威廉姆斯以强奸、绑架、抢劫罪名受到指控，控方传唤 Sandra Lambatos 出庭就 DNA 同一认定比对作证。

本案被告威廉姆斯认为，Lambatos 证言（即同一认定比对检验结果）的真实性建立于 Cellmark 报告的真实性基础之上，而依据 Melendez、Bullcoming 判例，Cellmark 报告构成证言的核心内容，除非 Cellmark 实验室的分析检验人员亲自出庭作证，否则用 Lambatos 出庭作证代替传唤 Cellmark 实验室专家出庭作证构成了 Bullcoming 案的"代理人证言"，从而侵犯了被告的对质权。据此，辩方基于对质条款要求排除莱蒙巴特斯有关 Cellmark 实验室检验环节的证词。

但是控方却认为，威廉姆斯的对质权得到了满足，因为已给予被告机会就"Cellmark 基因图谱（即精液 DNA 图谱）与威廉姆斯的血液 DNA 图谱是否比对相符"这一问题对莱蒙巴特斯进行交叉询问。控方进一步援引联邦证据规则及伊利诺斯州证据规则第 703 条，"允许专家披露形成其专家意见的事实基础，即使该专家对其所依据的事实并无资格出庭作证"，因此莱蒙巴特斯援引 Cellmark 报告并非是为了证明所主张事实的真实性，而是为了解释（莱蒙巴特斯的）专家意见所依据的事实基础这一有限目的，因此 Cellmark 报告并不构成证言性传闻，故未侵犯被告对质权。

初审法院、上诉法院、州最高法院都支持了控方的主张，威廉姆斯申请了调卷令，联邦最高法院对该案进行了复审。联邦最高法院对控辩双方的主张进行了审查，最后以微弱的多数（5∶4）裁定 Cellmark 报告不属于证言，因此 Lambatos 援引 Cellmark 报告并未侵犯被告的对质权，裁定维持原判。

大法官阿利托代表多数意见阵营宣布了上述判决并且撰写了判决理由，对此，首席大法官罗伯茨、大法官肯尼迪、大法官布雷耶对判决结果表示附和；布雷耶还撰写了协同意见，但他对多数意见及反对意见的理由都表示质疑；托马斯对判决结果表示附和，但反对多数意见者的判决理由，他也撰写了协同意见。大法官卡根对上述判决明确表达了反对意见，对此，大法官金斯伯格、斯卡利亚、索托马约尔表示附和。

在阿利托代表多数意见所做的判决中，阿利托发展了证言性陈述的新定义，此即"特定目标嫌疑人"标准（定义五）：Cellmark 报告并不具备对实施犯罪的特定目标个人进行指控的主要目的，因而不属于证言。因为 Cellmark 报告的主要目的是抓捕危险的强奸犯，而不是获取审判中针对 Williams 的不利证据，因为那时候 Williams 既未被拘禁也未进入嫌疑视野。

但是反对者认为，多数意见者的"特定目标嫌疑人"这一新的基本目的标准同样存在缺陷：该标准是武断的，只会进一步混淆对质条款学说。该定义只不过是将 8 位法官先前坚持的主要目的标准分离成两种分析版本。"基本目的标准"的每一版本仅各自有 4 位法官支持：多数意见者①要求证言性陈述必须具有"指控实施犯罪行为的特定目标嫌疑人"这一主要目的，而反对意见者②认为证言性陈述只需具有提供指控证据这一主要目的即可。由于不可能准确地决定究竟适用哪种主要目的标准，导致下级法院无尽的猜测。很显然，多数意见者通过引入这一新的证言定义，可能已经缩小了对质条款的适用范围，限制了先前判例将对质条款过度扩张适用于科学证据这一不利影响，多数意见者反而应当认为 Melendez – Diaz 和 Bullcoming 案被错判了，因此 Williams 判例事实上推翻了 Melendez – Diaz 及 Bullcoming 先例。

三、克劳福德以来对质学说的简要评析

通过前述涉及对质权异议的历史判例，克劳福德以来对质学说的混乱可见一斑，下文将对其进行简要的评析：

（一）对质权适用范围的混乱

前文通过 Crowford、Davis、Bryant、Melendez – Diaz、Bullcoming 及 Williams 案，基本上将对质权适用于传统证言与科学证据的典型判例涵盖其中，

---

① 指阿利托、罗伯茨、肯尼迪、布雷耶四位大法官。
② 指卡根、斯卡利亚、金斯伯格、索托马约尔四位大法官。

并且通过对各判例所列举或明确界定的"证言性陈述"或"非证言性陈述"定义及内涵进行归纳与评价,一个清晰的现象引人关注,那就是对"证言性陈述"界定的困难以及不同判例关于"证言性陈述"的交叉与矛盾,由此导致对质条款适用范围的模糊与不确定性,对下级法院造成困扰也就成为必然。

从这些判例的发展轨迹可以看出,Crowford 判例推翻了罗伯茨判例,以一种理想主义的方式将对质条款强力适用于证言性陈述,并且强调了交叉询问的重要程序保障意义;然而,在随后适用克劳福德的案例中,实践中的难题表明,给出一个全面可行的"证言性陈述"判断标准十分困难,Davis、Bryant、Williams 判例都在暗中削减克劳福德的对质范围。有学者即认为,Melendez - Diaz 判例可视为对质权适用的高潮(即对质条款的适用范围从传统证言不加区分的扩展至所有科学证据),而 Bryant、Williams 判例却悄悄地扭转对质权强力适用的趋势①,甚至可以说,自 Bryant 判例以后对质条款再次死亡②。

(二)克劳福德判例下对质权与传闻规则的含混关系——罗伯茨规则的复活

2004 年斯卡利亚代表联邦最高法院全体法官,一致宣布对质条款适用于证言性陈述,评论者认为该判例宣布了罗伯茨规则的死亡,从此对质条款将摆脱与传闻证据规则纠缠不清的复杂关系,而简单明了的适用于"证言性陈述"。

然而实践表明,这一论断过于乐观与草率,事实上至克劳福德以来,传闻规则一直伴随着对质判例,使得克劳福德标准、罗伯茨标准在实践中并行适用,克劳福德究竟有何存在价值,令人深思。

在克劳福德判例中,联邦最高法院只是列举了证言性陈述的大致类别,而未说明非证言性陈述究竟应否适用对质条款,然而联邦最高法院的态度似乎表明,非证言性陈述不适用对质条款。在实践中非证言性陈述大量表现为"根深蒂固的传闻例外",这无疑为罗伯茨规则的适用留下了空间,也为克劳福德下的对质学说从一开始就埋下了冲突的端倪。

而在克劳福德家族的后续判例中,时时可见传闻证据规则及罗伯茨规则适

---

① See Michael D. Cicchini, Dead Again: The Latest Demise of the Confrontation Clause, 80 Fordham L. Rev. 1301, 1312 – 17 (2011) (arguing that the Court's decision in Michigan v. Bryant, 131 S. Ct. 1143 (2011), undermined Crawford by reintroducing issues of reliability into Confrontation Clause analysis through the use of the rules of evidence to determine whether statements are testimonial).

② See Michael D. Cicchini, Dead Again: The Latest Demise of the Confrontation Clause, 80 Fordham L. Rev. 1301, 1302 – 04 (2011) ("[T] he Confrontation Clause, for all practical purposes, died in 1980 with the Court's decision in Ohio v. Roberts," and following Davis and Bryant, "[t] he Confrontation Clause is dead again.").

用的身影，在联邦最高法院的不同意见中，更有对罗伯茨规则不加遮掩的支持。Davis 判例中紧急情况下的讯问记录，Bryant 判例中死者临死前的"激情陈述"，Melendez – Diaz、Bullcoming、Williams 判例中反对对质的大法官们对于"科学证据可靠性"的强调，联邦证据规则第 703 条所规定的作为专家意见合理根据的其他专家出具的法庭科学报告，以及业务记录与公共记录，这些形态的"陈述"无不是基于对其"可信赖性"的考虑，即根源于"根深蒂固的传闻例外情形"或者"准传闻规则例外"①。然而在克劳福德规则下，首先却要判断其是证言还是非证言，如果不是证言，则不受对质条款约束而受传闻规则约束，于是克劳福德下的对质学说始终摆脱不了与传闻证据规则的复杂关系，而且由于在对质条款与传闻规则之间硬生生地嵌入了"证言性陈述"这一楔子，使得对质条款的应用变得十分尴尬。

自克劳福德以后的判例，对质条款始终未摆脱其与传闻证据复杂的关系，每一个判例或者判决中的不同意见都体现着向罗伯茨规则或隐或现的靠近，在这一演进过程中，克劳福德将会走向何方，其预示着何种命运，目前还难下定论。

---

① 汤维建等译：《麦考密克论证据》，中国政法大学出版社 2004 年版，第 617—618 页。

美国情态证据实证研究[*]

邓发强[**]　　蔡艺生[***]　　任海新[****]

一、问题的提出

在人类的交流中，不仅有语言交流，还有非语言交流，即情态，又称微反应、微表情、态度或肢体语言等。情态证据指的是在庭审时，被告人或证人的面部、声音或身体等各部分及其整体上的表现出来的能够证明案件真实情况的材料。广义的情态证据则包括其他诉讼程序和相关人的情态。情态是一种"沉默的语言"。英美学者普遍认为，虽然没有具体规则规范情态证据，但是，它（指情态证据）一直被视为证据。[①]从某种意义上说，不包含情态运用的制度也是不存在的，因为，这是人类识知的正常和必然方式。同时，不包含情态的证据也是不存在的，因为，证据必须由人去言说和展示。

但是，我国现行法基本否定了情态证据的证据资格。司法实践中，由于证人不出庭、"审、判分离"和书面审的大量存在，使得情态证据也基本被忽视。我国学界普遍认为，情态证据是不稳定、不可靠的。现代社会中，人们普遍具有一种观念："法庭是一个控制下的实验室，在该实验室中，法律得以运行。在这种实验室模式下，律师展示证据，法官进行'质量监督'，然后陪审

---

　　*　本文系最高人民检察院课题"庭审阶段再生证据运用实证研究"研究成果。课题编号：GJ2012D15。

　　**　重庆市人民检察院第二分院副检察长，中国政法大学兼职研究员。

　　***　西南政法大学刑侦学院讲师，情态证据研究室主任，法学博士。

　　****　重庆市人民检察院第二分院研究室主任，重庆市检察业务专家，全国检察理论研究人才，中国政法大学兼职研究员。

　　①　3A JOHN HENRY WIGMORE, EVIDENCE § 946 (James H. Chadbourn rev. ed. 1970).

团得出'试验结果'。在此场域中，那些难以预料的感情和行为是没有存在空间的。因此，审判变成了单纯的各方适格证据的组合，包括证人证言、展示性证据和双方协议。证人席外的被告人和律师等的情态，包括法庭内外其他主体的情态都不会影响审判结果。"但是，"任何有经验的出庭律师都知道，审判中这种纯净的空间是不存在的，它只能是一种幻想"①。情态证据在古今中外的司法实践中广泛存在。如我国传统司法审判的基本方式是"五听断狱讼"。而且，情态证据至今仍被（西方）法律认可为判断证人可靠性的重要基础，②在现代司法中起着至关重要的作用。确保审判者能够观察证人作证时情态的机会，为公开审判（开庭审判）提供了历史的和现代的正当性。陪审团制度、当庭作证、对质权、传闻规则和交叉询问等都是以情态证据为基础而确立的。③现代司法体系中，辩诉交易、不起诉、量刑建议、污点证人、弹劾解除陪审员、陪审团裁决、证人能力及可靠性、量刑、保释听证会、证据资格、藐视法庭、人身保护令案件中、一审法院在事实认定上的地位和诉讼策略等法律或判例中都认可情态证据的存在和运用。情态证据存在于或附着于司法的诸多方面，甚至起着"尾巴摇狗"④的效果。

相对于我国司法理论及实务界对情态证据的忽视和否定，我们一直追仿的西方司法却体现出了对情态证据"义无反顾"和一以贯之的信任与依赖。对此，我们不得不重归西方司法实践，展示情态证据在美国司法中的广泛存在，以期为我国司法提供新的视角和思考。

二、起诉程序中的情态证据运用

在世界各国的司法体系中，检察官都拥有相当大的权力。在各种权力的行使过程当中，部分权力不需要经过审判的严格检验，使得其行使具有相应的自由度。

在英美法系和大陆法系，法律赋予了检察官相当大的自由裁量权，包括

---

① Professor Laurie L. Levenson: Courtroom Demeanor: the Theater of the Courtroom, Legal Studies Paper No. 2007 - 30. p. 2.

② Cal. Evid. Code § 780 （a）（West 1999）.

③ Olin G. Wellborn Ⅲ, Demeanor, 76 CORNELL L. REV. 1076 （1991）.

④ "尾巴摇狗"是美国的一句法律界的谚语，表示"细微的要素"可以改变"整个审判结果"。如警察在庭审时作证如果使用了"这是我的直觉或第六感"等类似用语，就会导致整个案件的败诉。参见 People v. Croft, 805 N. E. 2d 1233, 1240 （Ⅲ. App. 2004）。当然，笔者以情态证据为"尾巴"是基于当下整体语境下的比喻，而非认为情态证据就只能是尾巴。而且，这种使用包括法定意义上的情态证据使用和策略意义上的情态证据使用。前者指的是一种在法律视野中，并为法律所认可的情态证据使用。而后者则往往是一种游走于法律空白或灰色地带的情态的灵活有效地使用。

"免予起诉、辩诉交易和量刑建议"等。① 实质上是法律允许并认可了检察官的一种能力，即分辨犯罪嫌疑人是真心悔过或纯粹为了利益而假装忏悔。如在美国，合作证人成了刑事诉讼程序的一个关键特征。如果检察官相信犯罪嫌疑人提供了真实的信息，并且相信该被告人能在接下来的审判中协助指控犯罪的话，检察官就可以给其提供一个部分或全部罪行的辩诉交易的机会，并签订书面的合作协议。在合作证人接受审判时，检察官会依照《美国量刑指导手册》向法官提交量刑建议书。量刑建议书列明合作证人对案件的实质帮助，包括参与了何种秘密侦查、庭上作证和其他协助等。甚至，检察官可以为合作的犯罪嫌疑人提供全部的豁免权。而检察官的这些自由裁量权的基础就在于对犯罪嫌疑人可靠性的判断。而此时的可靠性判断没有了证据规则的严格束缚，检察官可以相对自由的依据自己多年的诉讼经验或专业能力进行判断，其中就包括对情态证据的使用。而且，美国绝大多数检察官都充分相信认罪程序。② 辩诉交易也已经取代正式审判成为美国处理刑事案件的主要程序，国内学者一般认为美国辩诉交易的适用比例在90%以上；据估计目前德国20%—30%的刑事案件都进行过协商，社会普遍认为未来这种协商性司法的适用数量还会继续增加。③ 我国虽然没有辩诉交易和协商性司法，但是，仍然存在法定不起诉、酌定不起诉和证据不足不起诉，仍然存在检察官的某些自由裁量权的空间。可见，情态证据在国内外起诉程序中的显著作用。

三、审前程序中的情态证据运用

国外审前程序的存在与发展，与其陪审团制度息息相关。审前程序一般包括两类：一是"罪状认否程序"；二是"挑选陪审员程序"。这两个程序都需要运用情态证据。

（一）罪状认否程序中的情态证据运用

罪状认否程序中，被告人可以作出三种答辩：有罪答辩、无罪答辩和不予争辩的答辩。如果是无罪答辩，则法庭进入审判程序。但是，如果被告人答辩有罪或进行不予争辩的答辩，法庭将直接确认被告人的罪行，从而省略了定罪程序，直接进入量刑程序。法庭必须在公开的法庭上向被告人本人告知案件性质、量刑、权利和后果等事项，并且审查被告人的答辩是自愿的而非暴力、威

① Stephanos Bibas&Richard A. Bierschbach, Integrating Remorse And Apology Into Criminal Procedure, 114 YALE L. J. 85, 94 (2005).

② Ellen Yaroshefsky, Cooperation with Federal Prosecutors: Experiences of Truth Telling and Embellishment, 68 FORDHAM L. REV. 917, 932 (1999).

③ ［德］约阿希姆·赫尔曼：《国外刑事法制协商性司法——德国刑事程序中的辩诉交易》，程雷译，载《中国刑事法杂志》2004年第2期。

胁或偏离辩诉交易的许诺的结果。法庭也应当调查被告人的有罪答辩或不予争辩的答辩是否是控方律师与被告人或其辩护人协商的结果（即辩诉交易的结果）。法庭还必须对满足该答辩的事实基础进行调查。①

但是，这一系列的审查并不包含对证据的严格质证与认证，其可供印证的最主要依据就是被告人或相关人的情态证据。正如西方学者所说：3000 年来的司法体系都坚信一个前提预设"观察证人情态的机会具有重大价值"。② 亦如龙宗智教授所说："在一种真假难辨的情况下进行对质，事实判断者（侦查人员、法官或陪审团）根据对质陈述中的矛盾与不合情理、根据对质一方陈述人的言语神态，如不敢正视被告，目光闪烁不定，言词含糊矛盾等情况，根据对质过程中双方语言和神情的比较等，可以判断有关陈述的真伪。"③ 因此，法官在罪状认否程序中通过控辩双方当庭的情态，对其证言等进行识别，并作出判断。这不仅是一种"证据"匮乏下的无奈，更是法官长久以来经验积累和智慧结晶所当然形成的一种专业能力的必然表现。可见，情态证据在罪状认否程序中的关键作用。

（二）陪审团选择程序中的情态证据运用

陪审团候选人在组成正式的陪审团成员及其候补陪审员之前，都必须经过法官和控辩双方的严格筛选，以剔除那些由环境和经历而造成的有心理倾向的陪审团候选人，避免可能造成不公正判断。陪审团候选人必须获得控辩双方的一致认可，才可以入选陪审团。具体程序是：先由法官向候选陪审员询问常规性、普遍性的问题。然后由检察官和律师提问，具体可能问到关于种族、职业、家庭情况、个人经历、是否曾经是某类案件的被害人等案外问题。通过提问和回答，控辩双方对陪审员候选人实际上作了一个心理测试，对于他对本案的态度有一个了解，再根据自己的估计，向法官提出某某陪审员可能不能公正裁判的理由，法官同意后将其排除。但是，控辩双方都有 8 个"无因排除"权利，即不需要向法官说明理由，只是凭感觉排除其中的一些人。而这种排除不管是"有因"抑或"无因"显然都是根据检察官和辩方律师多年的经验，从语言和非语言迹象（即情态）进行推断，排除那些可能对己方不利的候选人。特别是进行无因排除时，检察官可以仅仅根据"感觉"。④ 根据近 10 年来

① 李昌盛：《有罪答辩的文化基础》，载《人民法院报》2005 年 6 月 17 日。
② Olin G. Wellborn Ⅲ, Demeanor, 76 CORNELL L. REV. 1075 (1991).
③ 龙宗智：《论刑事对质制度及其改革完善》，载《法学》2008 年第 5 期。
④ 当然，这种排除不能事实上基于某种偏见，如通过"无因排除"剔除有色人种或少数族裔或女性等。这是美国宪法给陪审团候选人提供的平等保护。因此，辩护律师可以以控方侵犯了平等保护规则而主张"Batson 反对"，只要辩方的反对符合了表面证据标准，证明责任就转移到控方，最终由法官作出最后裁定（反之亦可）。

的判例，此时检察官可以诸如"发型"、① "肢体语言"、② "不合时宜的首饰"、③ "年轻"④ 和"心智问题"⑤ 等原因来证明自己的无因排除并非基于种族歧视或性别歧视。这些理由获得了法官的认可。而法官的认可必须基于自己对情态证据和陪审团候选人对问题的回答以得出的公正而可靠的结论。⑥

O. Connor 法官在 J. E. B. 诉 Alabama ex rel. T. B 案中为"无因排除"辩护到：陪审团选择过程没有主张的理由、质询和法庭的控制。实质上，某些排除理由是无法阐明的，因为，辩护律师（检察官）对陪审员候选人心理的判断往往是基于经验感觉和专业猜测，这些感觉和猜测都来自陪审员候选人在宣誓过程中的反应或者该候选人的形象或姿态。并非所有的合理怀疑都可以用文字阐述。非语言线索可能比语言回应更能揭示陪审员候选人的倾向。⑦ 由此可见，情态证据在陪审团选择程序中的关键作用。

四、庭审程序中的情态证据运用

事实上，审判并不严格遵循立法者的所有规范，也绝不会严格按照学者的想象进行。相反，审判自有其运行规律，并受到诸多显性或隐性要素的影响。社会生活中，人们通过别人的表现来判断一个人，在法庭中也是如此。⑧ 控辩双方都会在庭审中尽可能利用一切方法来"说服"陪审团或法官。这就包括对情态证据隐形的使用或者直接评价被告人的情态等。在某些深入分析的刑事审判中，陪审团根据被告人的法庭情态来断定他的诚意和罪过。被告人给陪审团的印象能够对审判结果产生巨大的影响。⑨ 这种情态证据的使用，一方面可能是为了对陪审团或法官起潜移默化的作用；另一方面也可能是为了更好地证

---

① 因为陪审员候选人染了紫红色的头发而主张无因排除。参见 State v. Jones，729 So. 2d 57，61 (La. Ct. App. 1999)。

② 因为陪审员候选人的肢体语言表现出了他对辩方律师所吸引，而主张无因排除。参见 State v. Brown, No. 19236, 2003 WL 21210456, at 5 (Ohio Ct. App. May 23, 2003)。

③ 因为陪审员候选人佩戴黄金首饰却身穿 T 恤，而主张该着装显示其某方面缺陷因此需要无因排除。参见 State v. Banks，694 So. 2d 401，408 (La. Ct. App. 1997)。

④ 因为陪审员候选人太年轻且同时佩戴黄金镶钻耳环，而主张无因排除。参见 State v. Perrilloux，864 So. 2d 843，849 - 50 (La. Ct. App. 2003)。

⑤ 因为陪审员候选人在问卷中填写的兴趣是吃、染发和观看欧普拉的电视节目，检察官认为其心智不成熟而主张无因排除。参见 State v. Herring，762 N. E. 2d 940，953 (Ohio 2002)。

⑥ Rosales Lopez V. United States，451 U. S. 182，188 (1981).

⑦ J. E. B. v. Alabama ex rel. T. B.，511 U. S. 127 (1994).

⑧ David L. Wiley，Beauty and the Beast：Physical Appearance Discrimination in American Criminal Trials，27 ST. MARY'S L. J. 193，211 - 212 (1995).

⑨ William T. Pizzi，Irene V. Blair ＆Charles M. Judd，Discrimination in Sentencing on the Basis of Afrocentric Features，10 MICH. J. RACE＆LAW 327 (2005).

明被告人的主观动机，或佐证证人证言等。庭审程序中情态证据的运用方式包括直接评论和间接暗示两种。前者是法定意义上的使用，后者则更多的是一种策略式的使用。

（一）对情态证据的直接评论

对情态证据的直接评论指的是控辩双方就某个情态证据进行明示，并当庭举证和质证。对情态证据的直接评论存在两种情况：一是情态证据是被告人或证人在证人席上展露的。二是被告人的个性本身或心智本身就是争议焦点的时候。不过，随着证据规则的日益严苛，这种直接评论的运用方式将随之受到更多的限制。

首先，根据笔者考证，控辩双方对情态证据的直接评论当中，如果是针对被告人或证人在作证时的情态，则一般是可以的。如果是针对非作证时的情态，则世界各地尚无稳定而统一的准则。如在美国 Commonwealth 诉 Smith 案中，马萨诸塞州法院认定，检察官可以评论被告人在庭审中的局促不安、傻笑或大笑等情态。因为，陪审团被授权观察被告人在庭审中的情态。[①] 在美国 Bizzell 案中，Bizzell 被指控伤害、意图谋杀和其他犯罪。检察官在开庭陈述中提醒陪审团注意观察 Bizzell 的行为，这些行为将会表明他是有罪的。事实正如检察官所预料，Bizzell 在庭审中频繁的以大笑和愤怒等方式打断庭审。以至于被告人的辩护律师都提醒他"注意"。于是，检察官评论道："被告人的行为表明他已经失控了，正如被告人在谋杀被害人时的失控状态。你们也都看到这里这一点。"最终，法院判决被告人罪名成立，上诉法院支持了该判决。[②] 不过，美国也有一些法院认为，对证人席外情态的评论构成了违宪，因为任何证据都只能来自于证人席。

其次，如果被告人个性或心智本身就是争点时，对其情态的评论也是合法的。如在 Campbell 诉 State 案中，法院认定：当被告人作证或被告人个性本身就是争议焦点时，对被告人的情态表现的评价就是合理的。[③] 在 Brothers 诉 State 案中，法院认定：如果被告人的心智就是主要争点，同时被告人意图通过情态给陪审团造成自己心智不正常的印象时，控方对被告人的情态的评论就是合理的。[④] 在 Wherry 诉 State 案中，法院认定：被告人主张精神病抗辩时，检察官在结案陈词时突出评论被告人的情态以弹劾其抗辩，这是恰当的。[⑤] 在

---

① Commonwealth v. Smith, 444 N. E. 2d 374, 380（Mass. 1983）.
② 2005WL 2842055, at 5（Cal. Ct. App. 2005）.
③ Campbell v. State, 501 A. 2d 111, 114（Md. Ct. Spec. App.）（1985）.
④ Brothers v. State, 183 So. 433, 436（Ala. 1938）.
⑤ Wherry v. State, 402 So. 2d 1130, 1133（Ala. Crim. App. 1981）.

某些情况下，甚至这种对情态的评论可以凌驾于专家证人的证言之上。在1998 年美国 Cook 案中，被告人被指控临时起意杀害了自己 14 个月大的女儿。被告人的辩护律师主张 Cook 精神失常，并聘请专家证人出庭作证。在结案陈词中，控方以陪审团应该通过自己观察被告人及其情态来得出其是否精神失常的判断，而不应该盲从专家证人。"相比专家证人，你们对被告有着更多的观察。你们看到了被告在法庭中的反应。你们看到了当证人讲到被害人的死亡时，被告的哈欠和轻松。他已经被带到了法庭。使用你们的知识，使用世界和人类普遍的知识，你们知道那代表了什么？你们有能力观察被告。你们在判断被告主观动机上比专家证人更优秀。这是你们的工作，也是你们到这里的原因。"①

（二）对情态证据的间接运用

情态证据的间接运用指的是并不对情态证据进行直接评论，而是利用情态证据对法官或陪审团形成内心暗示，以达到潜移默化的目的。

1. 对被告人或证人情态证据的间接运用

在作证前，检察官或律师会对己方证人进行全方位的训练和排练，包括着装、发型、用词、声音、语调、讲话方式、回答的速度、身体姿态和总体状态等。② 这些训练和排练目的是让被告人或证人给审判者留下合适的印象。因为，"相比那些面善的人，面恶的人更容易被认为是罪犯"③。如在 Patricia Hearst 被控银行抢劫案中，律师要求她着装要让自己显得拘谨且消极，这将会支持自己的主张——她的恶意和行为都是控方强加的。④ 在维吉尼亚州 Lorena Bobbitt 被控故意伤害丈夫案中，辩护律师的辩护主张是"Lorena Bobbitt 不可能伤害得了她那粗鲁的、身为退役海军陆战队员的丈夫"。为了支持该主张，律师要求被告人在法庭上尽可能表现得弱小而无助：她的暗淡的穿着、无辜的外表、当看到她丈夫时的颤抖等。而控方也通过让被害人在出庭时不要戴领带等训练准备，以让他看起来更像一个不可能殴打老婆的好男人。⑤ 在 Menendez

① 48 M. J. 64，65（C. A. A. F. 1998）. 最终，辩方以使用性格证据为由提出上诉。上诉法院虽然认为该控方评论有问题，但是，需要辩方举证说明为什么控方的评论是不可以的。同时，并没有推翻该判决。

② Criminal Defense Techniques 1 A－6 to 1A－10（Juliet Turner et al. eds. , 1997）.

③ David L. Wiley，Beauty and the Beast：Physical Appearance Discrimination in American Criminal Trials，27 ST. MARY'S L. J. 193，211－12（1995）.

④ Davidl. Herbert And Roger K. Barrett，Attorney's Master Guile to Courtroom Psychology：How to Apply Behavioral Science Technigues for New Trial Success 308－09（1981）.

⑤ Julie Hinds，Dressing for a Hoped－For Success，USA TODAY，at 3A，available at 1994 WLNR 2334687.

兄弟案中，Erik 和 Lyle 兄弟两人被指控枪杀了自己的父母。律师的辩护主张是"兄弟两人曾经受过父母的性侵害，而且两个孩子太无辜和无助了，以至于不可能犯下被指控的罪行"。律师让兄弟俩身着圆领毛衣、按钮式衬衫和宽松的裤子，以看起来更像年幼的在校男孩。同时，让两个被告人在庭上"适时"地哭泣和"悲情互动"。

律师对证人作证的总体训练指导是：保持一个好的姿势；作证时看着陪审团，但不能盯着；听到提问时，不能看着律师寻求答案；使用一些柔和而自然的举止和姿态。① 谈吐自信大方；身子稍微向前倾斜；不能频繁更换姿势；避免句子末尾的声调上扬等。而不断地清嗓子是紧张；重复词汇或停顿是不自信；关键证言前的停顿是伪证的表现等。

对于对方证人，检察官或律师可以通过情态刺激来攻击对方证人的可靠性。即以自己的肢体或问题，来促使对方证人紧张或拘谨，或产生特定的情态，以攻击其可信度。如律师在对对方证人进行询问时，可以慢慢地逐渐逼近证人席。则证人会开始变得紧张，而法官或陪审团就可能会觉得证人在撒谎。② 在强奸案中，被告的辩护律师往往会讯问被害人以前的性经验，这类问题往往会让被害人愤怒或紧张，这一系列的情态反应都会在法官或陪审团心中埋下质疑的种子。③ 或者，在对方证人作证时，被告人以一种痛心疾首姿态，失神地对着证人微微地摇头，并默默流泪。这往往会让法官或陪审团觉得是被告人面对背叛和污蔑时的无奈表现，也会让证人受到干扰和影响，进而展现令人不可信的情态，如不解、停顿和惊慌等。检察官和律师还可以通过情态干扰降低对方证据的证明力。例如，律师可以安排人员到庭旁听审判，并适时地作出各种情态表现，以干扰、攻击对方证人或证据等，这可以干扰法官或陪审团对关键证据信息的注意、理解和记忆；通过频繁的反对，这不仅可以打断对方的节奏和思路（在开庭陈述和结案陈述以及交叉询问时都使用此策略），还可以造成一种对方漏洞百出的假象；仅仅为了干扰而打断证人陈述；将书或随身物品假意掉到地上或桌上，以吸引陪审团的注意力；短暂休庭时，在门厅走廊处作出模糊的评论或姿态等。④

---

① Boccaccini, M. T. (2002). What do we really know about witness preparation? Behavioral Sciences and the law, 20, 166.

② Captain Jeffrey D. Smith, The Advocate's Use of Social Science Research into Nonverbal and Verbal Communication: Zealous Advocacy or Unethical Conduct? 134 MIL. L. REV. 173 (1991).

③ Victor Gold, Covert Advocacy: Reflections on the Use of Psychological Persuasion Techniques in the Courtroom, 65 N. C. L. REV. 488 (1987).

④ Franklin Strier, Making Jury Trials More Truthful, 30 U. C. DAVIS L. REV. 95, 97 – 122 (1996).

2. 对检察官或律师情态证据的间接运用

在法庭中，为了对法官或陪审团形成良性暗示，检察官或律师都必须有合理的表现，这就包括具有特殊效力的情态表现。检察官或律师不能背诵式地宣读开庭陈词或结案陈词，否则会给人一种事先排练的做作的感觉，进而影响可靠性。而彬彬有礼的律师总是能获得法官更多的认同。① 戴着色彩鲜艳的格子领带的律师往往会给人以喜好炫耀的感觉。庭审中不断甩动笔的律师会给人以紧张不自信的感觉。开庭陈词和结案陈词时注意随陈词内容而面向不同人，尤其注意面向陪审团时温和的与之做眼神交流，并保持适当距离。同时，检察官和律师必须对法官和法庭表现出尊重。同时，还应该尊重法庭上的其他人，包括书记员、法警、法官助手和陪审员，甚至还应该尊重对方律师和证人。这些情态表现能让陪审团觉得自己是一个可信任的人。当然，严禁与对方律师太过亲近，否则会让陪审团质疑其专业性和忠诚度。甚至在休庭时，控辩双方都不应该太过于放松，如阅读报纸、闲聊其他事情或者打无关电话。否则会让陪审团质疑其专心和努力程度。

3. 对法官或旁听群众情态证据的间接运用

诚如笔者所言，法庭是个人与人相互影响的地方，法官和旁听群众的情态也可以影响控辩双方的情绪等，而旁听群众的情态则可以影响法官或陪审团的感官和判断。如某强奸案中，被害人家属身着印有"妇女反对强奸"的 T 恤，悲壮地坐在被告人后面。② 或者身着制服的警察荷枪实弹，以随时准备制止被告人危险行为的情态坐在被告人后面。或者是旁听者在听到某段证言或看到某个证据时的起哄或议论等。这些显然都能对法官或陪审团产生一定的影响。

总而言之，关于检察官或律师在诉讼中各种情态的法律或策略运用，美国学界和实务界进行了长达百年的专门研究。内容涵盖了心理学、空间关系学、人体动作学、肢体语言学、语言学、时间符号学、辅助语言学等③。各国司法实践及立法都对此作出了不同的回应，如对传闻证据规则、证据可采性、藐视法庭、伪证罪、量刑规则、法官对陪审团的指示、证人可靠性、被告人着装、庭审旁听、证据关联性和性格证据等的相应修正。

五、量刑程序中的情态证据运用

在陪审团量刑中，陪审团依据自己对所听到的证据和被告人的情态和性格的评估进行量刑，这是一种合法的实践。在法官的量刑中，也需要综合考虑被

---

① Perry, S. (2008). The judge, your client, and the victim. Communications Lawyer, 2 (1), 20 - 11.

② Norris v. Risley, 918 F. 2d 828, 830 - 31 (9th Cir. 1990).

③ 这些研究既推动也反映着英美法系对情态证据广泛而深入的运用。

告人的悔过程度和犯罪事实等。而情态理所当然地成为主要判断依据之一。法官被认为具有探查被告人灵魂并判断其是否真心悔过的能力。① 而对被告人内心主观思想的判断，很大程度上需要根据其情态来进行。例如，被告人在庭审中，对作证的证人作出"你死定了"的口型或威胁的动作或表情等。则可以表明被告人的恶意，并作为量刑的根据，甚至成为陪审团判决的"证据"，因为该情态清楚地表明了犯意。②

同时，从1978年开始，美国联邦法院通过Grayson判例认定：如果被告人作伪证，则法官可以对其加刑。因为，"被告人在作证时是否诚实或虚伪……是他世界观和价值观的证明。……而且也表现出被告人改造的前景"。"观察被告人的机会（尤其是在被告人放弃沉默权而选择作证时）能为合理处置提供有用的内在认识"，同时，"被告人在宣誓作证中撒谎的故意，是（对其量刑的）准确而具体的有效依据"。③ 根据美国量刑指导规则，基于被告人表现为伪证行为的反社会性的评估，法官可以在法定范围内增加其刑罚。法官基于个人对被告人情态的观察而断定伪证罪，就可以被视为理由充分。④ 甚至法官可以从证人的情态和证言中推断出被告人强迫或者允许证人作伪证，并增加其刑罚。⑤ 在美国现代量刑指导中，如果被告人通过提供假证言故意妨碍司法公正，则可以提升两级犯罪等级进行量刑。⑥ 即根据法律规定，法官可以根据被告人在庭上作证时的情态而对其增加几年乃至10年以上的刑期。

在量刑听证中，法庭观察到的被告人的情态和缺乏悔改之意的事实，可以纳入考虑。⑦ 甚至，法官在考虑是否适用死刑时，可以将被告人在法庭中连续摇动的手势纳入考量，这并不违反被告人的正当程序权利和不得被强迫自证其罪的权利。⑧

六、上诉程序中的情态证据运用

在西方司法视野下，上诉的理由只能是法律问题而不能是事实问题。但

① Stanton Wheeler ET AL., Sitting in Judgment: The Sentenciong of Whitecollar Criminals 115 – 18 (1988).
② United States v. Gatto, 995 F. 2d 449, 454 (3d Cir. 1993); United States v. Mickens, 926 F. 2d 1323, 1328 – 29 (2ⁿᵈ Cir. 1991); United States v. Maddox, 944 F. 2d 1223, 1229 – 30 (6ᵗʰ Cir. 1991).
③ United States v. Grayson, 438 U. S. 41, 50 – 51 (1978).
④ United States v. Beaulieu, 900 F. 2d 1537 (10ᵗʰ Cir. 1990).
⑤ United States v. Pavlico, 961, F. 2d 440, 443 (4ᵗʰ Cir. 1992); United States v. Campbell, 684 F. 2d 141, 154 – 55 (D. C. Cir. 1982); Fabiano v. Wheeler, 583 F. 2d 265, 269 – 70 (6ᵗʰ Cir. 1978).
⑥ United States Sentencing Guidelines § 3CI. I (1987).
⑦ State v. Rizzo, 833 A. 2d 363, 431 – 32 (Conn. 2003).
⑧ Schiro v. State, 479 N. E. 2d 556, 559 – 60 (Ind. 1985).

是，某个问题是法律问题抑或事实问题，其分水岭在于该可靠性判断需不需要基于情态。①

法官通过观察证人的证言和情态来评估其可靠性，基于此理由，上诉法院在证人可靠性问题上要遵从审判法院的裁定。因为，"只有审判法官（包括陪审团）能够注意到情态和声调的变化，这种判断深深的根植于听众（指法官或陪审员）对证人证言的理解和信念"②。"情态证据是只存在于审判法庭（区别于上诉法庭）的要素。"③ 这也为上级法院在案件事实问题上尊重审判法院的体制提供了权威而古老的正当性。如取消陪审团候选人资格、④ 陪审团选择程序时的"波士顿质疑（Batson Challenges）"、人身保护令案件中的州法院决定、联邦民事程序规则第 52 条中的"确定错误标准"、⑤ 量刑程序。诸如此类程序中，上级法院必须尊重下级法院决定。其原因就在于情态和可靠性的联系，这业已得到司法体系的认同。

七、其他程序中的情态证据运用

在证据排除和听证等各种程序中，仍然离不开对情态证据的运用。

（一）法官在证据排除中的情态运用

美国联邦证据法第 403 条赋予法官排除证据的自由裁量权，以排除那些可能导致误导、迷惑和不公正的证据。⑥ 具体分为两种情形：一是，证据本身存在不公正偏见，如某些情况下的品格证据；二是，虽然证据本身是具有可采性的，但是，由于使用了不正当的情态策略等诉讼策略，而导致证据排除。即当证据的使用可能导致陪审团不正确的评估其证据价值，则法官可以排除该证据。如控方评论证人的情态，使得陪审团可能严重高估证人的可靠性。

同时，法庭对是否允许专家证人作证具有较大的自由裁量权。⑦ 一方面，此权力可以让法官根据专家证人的整体情况（包括情态）来决定是否允许其作证；另一方面，法官也具有是否允许专家证人协助对某些情态进行专业解释的权力。这可以为情态成为一种法定证据提供法律依据。

---

① Thompson v. Keohane, 516 U. S. 99, 111, 114（1995）；Miller v Fenton, 474 U. S. 104, 133 - 14（1985）.

② Anderson v. City of Bessemer City, 470 U. S. 564, 575（1985）.

③ Lilly v. Virginia, 527 U. S. 116, 137（2001）.

④ Rosales Lopez v. United States, 451 U. S. 182, 188（1981）. Patton v. Yount, 467 U. S. 1025, 1038（1984）.

⑤ FED. R. CIV. P. 52（a）；Anderson v. City of Bessemer, 470 U. S. 564, 575（1985）.

⑥ Victor J. Gold, Federal Rule of Evidence 403：Obsevations on the Nature of Unfairly Prejudicial Evidence, 58 WASH. L. REV. 497, 497 - 98（1983）.

⑦ Daubrt v. Merrell Dow Pharmaceutical, Inc. , 509 U. S. 579（1993）.

（二）法官在藐视法庭裁断中的情态运用

法官拥有固有的权力以藐视法庭罪惩罚那些干扰司法程序的不当行为。而且，既然该权力是固有的，它就能够不经立法授权和控制。① 藐视法庭罪，其惩罚范围极其宽泛：凡不服从或不尊重法庭或法官、可能影响司法运作之言行，皆可入罪。如1981年英国《蔑视法庭法案》规定，藐视法庭，是一种严重的罪行，可以被判罚款或监禁。藐视法庭包括不遵守法庭命令、违反对法庭作出的承诺，妨碍司法公正等行为。该罪名是控制控辩双方法庭行为的有力工具，包括防止控辩双方不当的情态策略。而对于情态策略的判断就必须基于情态证据的把握。

（三）法官在听证中的情态运用

在美国，诸如人身保护令案件、保释等，虽然不需要审判，但都需要举行听证。在这些听证中，法律不可能也没有划定详细而清晰的界限，于是，情态证据相对自由地发挥着作用乃至关键的作用。如人身保护令案件中，之所以需要证据听证的原因之一便是对情态证据的需要。当未解决的事实争议存在时，情态证据是评价可靠性的一个关键因素。② 在保释听证会上，法官要求根据与被告人面对面，通过对其情态的研究来作出决定，并拒绝以视频的方式进行听证。③ 行政法法官有时甚至会在听证记录中记下证人的情态细节。④

综上，不仅仅在以上程序中会用到情态证据，还包括对证人、检察官和律师的可靠性评判，在庭审中对举证和质证的监督和控制。如在陪审团选择程序中的"波士顿质疑"，美国联邦高等法院强调了法官依据自己的观察评估检察官动机的能力。并解释道："该问题的关键是检察官关于没有种族歧视的解释是否值得相信。关于此问题，证据必然很少，而最好的证据往往是主张该质疑的律师的情态。"⑤

我国从法律上（证据资格、证明力和证明标准等）否定了情态证据，更由于庭审沦为"走过场"的现实，使得情态证据的运用举步维艰。但是，在司法实践中，情态证据仍在发挥一定的间接作用。尤其是在民事诉讼中，我国

---

① Louis S. Raveson, Advocacy and Contempt: Constitutional Limitations on the Judicial Contempt Power, 65 WASH. L. REV. 477 (1990).

② Marshall V. Lonberger, 459 U. S. 422, 434 (1983).

③ Ronnie Thaxton, Injusice Telecast: The Illegal Use Of Closed - Circuit Television Arraignments And Bail Bond Hearings In Federal Court, 79 IOWA L. REV 175, 201 n. 220 (2004).

④ Sham, Demeanor Evidence: Elusive and Intangible Imponderables, 47 A. B. A. J. 582 (1961).

⑤ Hernandez v. New York, 500 U. S. 352, 365 (1991). 因此，有评论认为，其实，司法并不否定情态证据，而是否定法官之外的人对情态证据的使用，即出于一种对控辩双方（尤其是警察）的不信任。

民事诉讼法对此虽然没有明文规定，但目前在理论界和司法实务界中常常被引用和采用。① 这在实务界被称为"直觉观察法"——"法官应当训练自己具备一种从当事人言词之外另行获取案件重要信息的感知能力"；"在庭审中，我一般都两眼直视着当事人，尤其当事人陈述关键案情的时候，一定要认真注视对方。在与法官的对视中，有的当事人可能会转移视线，语音打战，有的当事人则目光坚定，言词恳切，这为准确地判断案情提供了宝贵的'第六感'……"②

八、余论

在理性主义思潮的影响下，人类社会到处充斥着量化和精密的倾向。司法也当然地以理性自居或以理性为导向。人类架构了控辩审的诉讼构造，创制了越来越多的规制来规范证据的可采性和可靠性，使之更加客观、具体和可描述。19 世纪的法庭科学只有显微镜检验和毒物检验。20 世纪以来，无数"科学技术"占据了法庭。质疑情态证据的人似乎认为，情态证据已经不合时宜或者完成了历史使命。但是，我们不应该忽视一个相对应的问题：司法程序仍然在发展过程当中。司法并不是自始存在，也不是一直如此。相对于精密科学，情态证据相关的心理学研究等则尚未成熟，但是却已经体现了某种优越性。③ 情态证据在现代司法体系中的不足是可以理解的。④ 但是，正如美国 Frank 法官所说：现代司法人员应该更精通情态这种"沉默的语言"⑤。因为，情态与言词共同消除着意义上的不确定性，表达着"事实"，并为信息交流（尤其是情感交流）所不可或缺，如果忽视情态证据，必然代表着对合理认知规律、司法规律乃至司法正当性和合理性的忽视和否定。

其实，司法不应该也无法拒绝非语言世界。首先，古代的司法曾经极大地承认并运用非语言信息。其次，非语言世界也在现代司法中实质存在。最后，抛弃了情态证据的现代司法经常遭遇困境。⑥ 或许我们必须反思，在目前被我们所奉为圭臬的某些司法准则，说不定只是传统司法中一种无奈的选择，是某

---

① 史友兴、徐立强、刘岚：《镇江运用"直接言词原则"还原真相》，载《人民法院报》2004 年 6 月 11 日。江苏省镇江市京口区法院在 2004 年 5 月 19 日判决一起债务纠纷案时，从原告躲闪的眼神无力的表述中发现疑问否定了原告的虚假陈述，还原了案件真实，让原告债权人输了官司，还了被告债务人一个公道。

② 《直觉观察法：发现表象背后的真实》，载《人民法院报》2002 年 9 月 11 日。

③ Willett, A Marix of Meaning, 41 J. Mo. B. 253 – 254 (1985).

④ Edward J. Imvinkelreid, Demeanor Impeachment: Law and Tactics, 9 AM. J. TRIAL ADVOC. 233 (1985).

⑤ Broadcast Music, Inc. v. Havana Madrid Restaurant Corp., 175 F. 2d 77, 80 (2nd Cir. 1949).

⑥ 蔡艺生：《解除司法的语言禁锢》，载《法制日报》2011 年 6 月 15 日。

一时代某些人的权宜之计。越来越多的英美学者在思考：当案件被程序撕裂，当司法沦为法律和科技的游戏的时候，社会公共利益在哪里？人性在哪里？

或许，最根本的原因正如美国 Levenson 教授所说：我们多大程度上允许陪审团考虑情态证据，取决于我们在案件审判中准备给予陪审团什么样的角色。如果是有限的角色，则限制陪审团使用情态证据；如果是积极的角色，则可以合理的允许使用。① 而陪审团代表的是社会对政府权力的制约，代表的是社会常识对法律的更新。或许，我们多大程度上认可情态证据，取决于我们准备给一审庭审的审判者什么角色、给司法什么角色。

---

① Professor Laurie L. Levenson：Courtroom Demeanor：the Theater of the Courtroom，Legal Studies Paper No. 2007 – 30. p. 2.

日本刑事证据开示制度及其借鉴意义

史月迎[*]

引言

刑事诉讼法与公民的基本权利和自由密切相关，素有"小宪法"之称，在一定程度上反映一国的人权保障水平。为与 2004 年人权保障写入宪法相呼应，2012 年我国新刑事诉讼法在第 2 条特别新增规定，要求"尊重和保障人权"。同时，卷宗移送方式回到了 1979 年刑事诉讼法的"全卷移送"。然而，这种起诉方式是否真正契合我国刑诉法强化人权保障的发展趋势，仍值得商榷。

日本的刑事诉讼模式经历了从职权主义到当事人主义的转变，庭审构造从"职权主义审问制"逐渐过渡到"当事人主义对抗制"，证据揭示问题也先后采行了"被告人阅卷权"与"证据开示"两种不同的方式。日本刑事诉讼在对两大主义进行综合互补的进程中，不仅形成了独具特色的刑诉程序，也赢得了日本人民对于司法的高度信赖，日本的刑事诉讼发展，呈现出良好态势。此外，2004 年 5 月 28 日，日本国会通过了《裁判员制度相关的法律》及《刑事诉讼法部分条文修正案》，这两部法案对证据开示制度作出了全新规定。

我国两次刑事诉讼法的修改，不仅显现出强化人权保障的发展趋势，也从正面肯定了庭审模式从"审问制"向"对抗制"的转变。在这样的背景下，考察日本证据开示制度，有助于厘清我国刑事诉讼中证据开示方面的问题。然而，学术界对于日本证据开示制度的专门研究大部分停留在 2004 年修改以前。对于 2004 年修改后的新制度，多在介绍日本刑事诉讼新发展中稍作提及，缺

---

[*] 西南政法大学刑事诉讼法学硕士研究生，日本立命馆大学法学进修生。

少专门研究。本文通过对日本 2004 年修法前后证据开示制度进行分别论述，明晰日本现行刑诉法的立法思想，全面考察日本证据开示制度的发展动向，以期为合理构建我国刑事证据开示制度提供有益参考。

一、刑事证据开示制度的理论基础

（一）刑事证据开示的内涵

证据开示（discovery 或者 disclosure of evidence）起源于普通法。在我国，证据开示也被译为证据公开、证据展示等。根据《布莱克法律词典》，Discovery 本来的含义是"了解原先所不知道的，揭露和展示原先隐藏起来的东西"，而在审判制度中，"它是一种审判前的程序和机制，用于诉讼一方从另一方获得与案件有关的事实情况和其他信息，从而为审判作准备"。① 刑事与民事诉讼领域都涉及证据开示问题，1946 年美国出台的《联邦刑事证据规则》第 16 条正式确立了刑事诉讼领域的证据开示制度。

关于刑事证据开示的内涵，理论界众说纷纭，莫衷一是。美国学者特雷斯·M. 迈克尔（Therese M. Myers）认为："证据开示是指要求在不同程度上向对方披露有关案件情况的审前程序规则。"② 而美国学者大卫·M. 纽鲍尔则主张刑事诉讼中的证据开示，作为一种收集证据的方法，是审判前在控诉方与辩护方之间进行的信息交换。③ 我国学者认为"证据开示的基本含义是庭审调查程序前在双方当事人之间相互获取有关案件的信息"。④ 也有学者主张"证据开示是指控辩双方在庭前或庭外相互披露证据信息的程序制度"。⑤ 虽然学者们对证据开示内涵的表述各不相同，但从他们的观点中可以总结出证据开示的基本特征，即刑事证据开示实质上是控辩双方在法院开庭审理前，依照一定程序所进行信息交换的制度。

（二）证据开示与当事人主义诉讼模式

由于历史背景与国情民风存在差异，世界各国采行的刑事诉讼制度不尽相同。通观各国刑事诉讼发展，根据法庭活动由何人主导，可将刑事诉讼模式分为"当事人主义"（控辩双方主导）与"职权主义"（审判机关主导）。证据开示，源于"当事人主义"诉讼模式，是英美法系国家刑事诉讼程序中一项

① 《布莱克法律词典》1979 年英文版，第 418—419 页。转引自龙宗智：《刑事诉讼中的证据开示制度研究》（上），载《政法论坛》1998 年第 1 期。

② Therese M. Myers: Reciprocal Discovery Violations: Visiting the Sins of the Defense Lawyer on the Innocent Client. 33 American Criminal Law Review, 1277 (1966).

③ 参见龙宗智：《相对合理主义》，中国政法大学出版社 1999 年版，第 259 页。

④ 参见龙宗智：《相对合理主义》，中国政法大学出版社 1999 年版，第 258 页。

⑤ 马贵祥、舒瑶芝：《从诉讼结构看证据的运用》，知识产权出版社 2004 年版，第 272 页。

十分重要的证据制度，甚至有学者指出"从存在条件上看，证据开示是以当事人主义刑事诉讼构造为前提的"。①

证据开示，作为"起诉状一本主义"的配套制度，其建立和发展反映了"当事人主义"从单纯追求程序公正走向寻求程序公正与实体真实相统一的历史进程。当事人主义的诉讼模式以"程序正义"（procedural justice）为基本理念，以控辩双方作为法庭刑事审判活动的主导者为逻辑前提。"程序正义"最早见于英国普通法，表述为"自然正义"（natural justice）。它作为英国法治的核心观念，包含两个基本原则：（1）任何人均不得担任自己的诉讼案件的法官（nemo judex in parte sua）；（2）法官在制作裁判时应听取双方当事人的陈述（audi alterm parterm）。这两个原则是判断法律程序自身正当性与合理性的标准。法官对它们的遵守，是法官所作裁判具有法律效力的基本前提，而对它们的违背会直接导致裁判丧失法律效力。②"程序正义"肯定了程序具有的，独立于实体结果的价值，即程序自身的公正、公平与合理。根据"程序正义"原则，法官应当被动中立，不得积极地查明案件真实。假使法官承担发现案件真实的义务，那么审理程序必然异化为法官为追查犯罪而进行的证据调查活动，其"裁判员"与"运动员"的双重身份明显违反"程序正义"的第1项原则。因此，在"程序正义"的理念下，控辩双方作为法庭刑事审判活动的主导者，具有平等的诉讼地位，各自按照特定程序调查搜集证据，提供并询问证人。同时，法官被动中立，只需依据控辩双方当庭提供并经过充分辩论的证据作出裁决。为了避免法官形成偏向任意一方的预断，确保其仅依据庭审中控辩双方提出的证据形成裁判，必须保证法官在开庭审理前不接触任何证据材料。因此，当事人主义的诉讼模式，必然采行"起诉状一本主义"的诉讼制度。"起诉状一本主义"，由日本刑事诉讼法学界创设，英美法中没有相对应的术语。它指在起诉时控方仅向法院提出起诉书，不随之移送其他与案件相关的证据材料的起诉方式。在这种起诉方式下，控辩双方于案件审理前各自掌握己方收集的证据材料。

"起诉状一本主义"虽然保证了法官的被动中立，却带来了控辩双方的实质不平等。"起诉状一本主义"加重了控辩双方在庭审中的责任负担，双方当事人都必须在开庭前就案件的诉讼程序和实体内容等相关问题做好充分准备，对计划提交法庭的证据材料进行认真分析，才能在庭审中充分论证己方的诉讼主张并对对方的诉讼主张进行有力反驳，从而说服法院作出有利于己方的裁

---

① 孙长永：《当事人主义刑事诉讼与证据开示》，载《法律科学》2000 年第 4 期。
② 参见陈瑞华：《程序正义论纲》，载《诉讼法论丛》1998 年第 1 期。

判。然而控方作为国家机关，不仅具有强大的侦查权，还有国家强制力为后盾，在收集证据方面的能力远远超过辩方，形式上平等的控辩双方实质上并不平等。此外，在"起诉状一本主义"的制度下，面对如此强大的控方，辩方出于自身利益的考量，往往采行"证据突袭"策略谋求诉讼利益最大化，不仅造成诉讼程序拖延，有悖迅速审判原则，而且使得在公正程序下寻求真实的刑事诉讼程序异化为单纯的司法竞技。

司法经验的积累使人们逐渐认识到程序正义追求的不应只是程序的公正性，符合"程序正义"的刑事诉讼程序还必须有助于引导出实质公正的结果。19 世纪中期，随着当事人主义诉讼基础理论的完善，证据开示制度逐步确立并发展起来。刑事证据开示，不仅弥补了控辩双方在证据收集方面的实力落差，保障当事人地位的实质平等，并在预防"证据偷袭"、保障庭审有序高效地查明案件事实方面也起着举足轻重的作用。证据开示，作为"起诉状一本主义"的配套制度，是当事人主义诉讼模式追求程序公正与实体真实相统一的必然产物。

（三）证据开示与被告人阅卷权

职权主义，是"弹劾主义"① 三方诉讼模式下与"当事人主义"相对的概念，指由审判机关主导庭审活动的诉讼模式，盛行于德法等大陆法系国家。"被告人阅卷权"是职权主义诉讼模式下保障被告人诉讼基本权利的制度之一。根据职权主义的理念，法官不仅有义务积极指挥审判程序顺利进行，而且负担着调查证据与查明案件真实的重要责任。为了便于主导审判程序，顺利完成调查证据、询问证人等诉讼活动，法官必须在开庭审理前详细审阅案件相关证据材料并熟悉案情。因而在职权主义的诉讼模式下必然采行"全卷移送"的起诉方式。"全卷移送"，与"起诉状一本主义"截然相反，指起诉时除了提出起诉书外，控方还必须随案移送一切证据材料以便法官审阅的起诉方式。然而职权主义的诉讼模式同样面临着辩方收集证据能力薄弱的问题。为尊重被告人诉讼主体地位，采"职权主义"诉讼模式的国家一般允许辩方在开庭审

---

① 综观刑事诉讼的发展史，存在两种不同的诉讼模式，即"弹劾主义"与"纠问主义"。"弹劾主义"与"纠问主义"是相对的概念，用来描述启动诉讼程序的两种方式。在"纠问主义"的诉讼模式下，由法院掌握追诉与审判权利，对于犯罪的诉讼发动者是法院。虽未经他人追诉，法院可以依职权而审判，被告为纠问的对象。随着近代人权思想的萌芽与发展，现代文明国家扬弃了"纠问主义"，普遍采行"弹劾主义"的诉讼模式。"弹劾主义"，是指刑事诉讼程序必须由审判机关以外的第三人发动，即作出了控诉与审判的区分，未经控诉机关的控诉，审判机关不得开始审判。因此，在"弹劾主义"模式下，存在控诉，辩护与审判三方诉讼主体。根据法庭活动由何人主导，又可将刑事诉讼程序区分为"当事人主义"（控辩两方主导）与"职权主义"（审判机关主导）两种诉讼构造。参见张建伟：《刑事诉讼法通义》，清华大学出版社 2007 年版，第 550 页。

理前向法院申请查阅控方移送法院的相关证据材料，此即为"被告人阅卷权"。

不论是"当事人主义"还是"职权主义"的诉讼构造，控辩双方在收集证据能力上都存在明显落差。控方作为国家机关，往往最先到达犯罪现场进行取证工作，他不仅拥有专门从事侦查的警察队伍，还能动用各种强制侦查措施，如搜查、扣押、电子监控、技术侦查等，并且也比较容易取得证人的配合。① 为保障被告人诉讼基本权利，无论"当事人主义"还是"职权主义"的诉讼模式都有审判前向辩方揭示证据的必要。只是"证据开示"由控辩双方进行，而"被告人阅卷权"则由审判机关来保障，但二者的价值追求是相通的。

然而，"证据开示"与"被告人阅卷权"虽然都旨在保障被告人辩护权的有效行使，但由于诉讼指导理念、诉讼程序模式与起诉制度设计的迥然不同，两者在刑事诉讼程序实际运行中各有利弊。可以说，两者的区别并不仅限于对被告人辩护权的保障力度上，而更多地体现在提起公诉方式，即"起诉状一本主义"与"全卷移送"的不同所带来的一系列影响上。

"证据开示"与"被告人阅卷权"究竟孰优孰劣？笔者认为探究这个问题是没有实际意义的，我们必须承认，两者都是各国人民在长期的司法实践中探寻出的优秀法律文化成果，并且"当事人主义"与"职权主义"也正在相互学习，取长补短，不断变化。例如，美国意识到对抗制度下"竞技性"的司法形态渐渐引来只问输赢，不论真实与正义的批判，因而提升了控方的客观义务程度，科以控方提出对被告人有力证据的义务；而德国则引进了交叉询问制度，提升被告人的法律地位。可以说在刑事诉讼发展逐渐趋于成熟的今天，无论采行何种诉讼模式，都在追求惩罚犯罪与保障人权的动态平衡，致力于实现实体真实与程序正义的协调统一。

日本的刑事诉讼模式经历了从职权主义到当事人主义的转变。从总体上讲，日本刑事诉讼法的显著特色，可以概括为两个方面：其一，坚持实体真实与正当程序相统一的诉讼目的；其二，实行职权主义与当事人主义相结合的诉讼构造。②可以说日本融合了前述两大主义的诉讼模式，庭审构造从"职权主义审问制"逐渐过渡到"当事人主义对抗制"，证据揭示问题也先后采行了"被告人阅卷权"与"证据开示"两种不同的方式。日本刑事诉讼在对两大主义进行综合互补的进程中，不仅形成了独具特色的刑事诉讼制度，也赢得了日

---

① 参见孙长永：《当事人主义刑事诉讼与证据开示》，载《法律科学》2000 年第 4 期。
② 宋英辉译：《日本刑事诉讼法》，中国政法大学出版社 2000 年版，第 3 页。

本人民对于司法的高度信赖，日本刑事诉讼的发展演变呈现出良好态势。

随着人权保障写进宪法，我国以职权主义为基调的刑事诉讼程序，近年来积极吸收当事人主义诉讼模式的有益因素，显现出强化人权保障的发展趋势。两次刑事诉讼法的修改，都正面肯定了庭审模式从"审问制"向"对抗制"的转变，在这样的背景下，考察日本证据开示制度，有助于厘清我国刑事诉讼中证据揭示方面的问题，为合理构建我国的刑事诉讼程序提供有益参考。

二、日本刑事证据开示制度沿革

明治维新时期，日本刑事诉讼法（以下简称大正刑事诉讼法）的制定受到大陆法系职权主义诉讼模式的深刻影响，起诉方式采行"全卷移送"，检察官提起公诉时，应提交起诉书及全部案卷资料，关于证据揭示问题，集中表现为"被告人阅卷权"。根据大正刑事诉讼法第 44 条规定："辩护人在被告案件交付审判后，科以阅览和摘抄有关诉讼的文书和书证以及其他文书。"① 因此，在大正刑事诉讼法制度下，辩护人于起诉以后，可以在法院获知检察官提交的证据材料，不涉及控辩双方证据开示的问题。

"二战"后，日本大刀阔斧地对刑诉法典作出修改（以下简称昭和刑事诉讼法），刑事诉讼程序开始向"当事人主义"诉讼模式转变，在采行"起诉状一本主义"起诉方式的同时，首次就证据开示问题作出了规定。这次改革使日本刑诉程序的面貌焕然一新，但仍然存在许多不足。其中证据开示问题一直受到日本理论界与实务界的广泛关注。经过长期的理论研讨与司法实践经验积累，1999 年起日本开始推动刑事司法制度改革，并于 2004 年通过了《裁判员制度相关的法律》及《刑事诉讼法部分条文修正案》两部法案，对证据开示制度作出修改。

庞德曾说，"法律必须稳定，却不能静止不变"。以发展的眼光看，法律修改过程不仅内涵了对传统制度的改革与延续，也涉及了对国外先进法律的移植和内化，体现了对司法实际需求的正视及对接。只有了解日本刑诉法的演变脉络，才能把握好现行刑事诉讼法的基本精神。因此为明晰现行刑诉法的立法思想，全面了解日本证据开示制度的发展动向，现对 2004 年修法前后的证据开示制度分别进行论述。

（一）昭和刑事诉讼法下的证据开示制度

1. 法律规定

"二战"后日本颁布了昭和刑事诉讼法，不再适用大正刑事诉讼法的"全

---

① ［日］田口守一：《刑事诉讼法》，张凌、于秀峰译，中国政法大学出版社 2010 年版，第 208 页。

卷移送"方式，改采"起诉状一本主义"。根据昭和刑事诉讼法第 256 条的规定，检察官提起公诉需提出起诉书。起诉书仅记载被告人的姓名或其他足以特定为被告人的事项、公诉事实及罪名，不得添附可能使法官对案件产生预断的文书及其他物品，或者引用该文书等的内容。① 因而在昭和刑事诉讼法下，案卷证据材料在庭审证据调查完毕之前②都由检察官掌握。那么被告人及辩护人有哪些途径可以获知检察官收集的证据材料呢？昭和刑事诉讼法涉及此问题的规定有下列两条。③

（1）昭和刑事诉讼法第 40 条规定：辩护人，在提起公诉以后，可以在法院阅览和抄录与诉讼有关的文书及物证。但抄录证物，应当经审判长许可。

（2）昭和刑事诉讼法第 299 条规定：检察官，被告人或者辩护人请求询问证人，鉴定人，口译人或者笔译人（翻译人）时，应当预先向对方提供知悉以上的人的姓名及住居的机会。在请求调查证据文书或者证物时，应当预先为对方提供阅览的机会。但对方没有异议时，不在此限。

法院在作出依职权调查证据的裁定时，应当听取检察官和被告或者辩护人的意见。

刑事诉讼法第 299 条之二规定：检察官或者辩护人，在依据前条第 1 款的规定向对方提供知悉证人，鉴定人，口译人或者笔译人的姓名及住居的机会的

---

① 昭和刑事诉讼法第 256 条规定，起诉书、诉因、罚条：提起公诉，应当提出起诉书。起诉书，应当记载下列事项：（1）被告人的姓名或其他足以特定为被告人的事项；（2）公诉事实；（3）罪名。公诉事实，应当明示诉因并予以记载。为明示诉因，应当尽可能地以日时、场所及方法，特别指明足以构成犯罪的事实。罪名，应当示知应予适用的处罚条文并予以记载，但处罚条文记载错误，只要不存在对被告人的防御产生实质性不利的危险，就不影响提起公诉的效力。数个诉因和处罚条文，可以预备地或择一地予以记载。起诉书，不得添附可能使法官对案件产生预断的文书及其他物品，或者引用该文书等的内容。宋英辉译：《日本刑事诉讼法》，中国政法大学出版社 2000 年版，第 60 页。

② 昭和刑事诉讼法第 310 条：提交已经调查完毕的证据经证据调查完毕后的证据文书或者证物，应当不迟延地提交法院。但经法院许可时，可以提交副本以代替原本。宋英辉译：《日本刑事诉讼法》，中国政法大学出版社 2000 年版，第 71 页。

③ 除了上述专门的证据开示程序以外，日本刑事诉讼中还有供辩方利用的"证据保全"程序，根据昭和刑事诉讼法第 179 条的规定，"被告人、被疑人或者辩护人，在不预先保全证据将会使该证据的使用发生困难时，以第一次公审期日前为限，可以请求法官作出扣押、搜查、勘验、询问证人或者鉴定的处分。收到前项请求的法官，对于该项处分，有与法院或者审判长同等的权限"。同法第 180 条进一步规定："检察官及辩护人可以在法院阅览和抄录关于前条第 1 款处分的文书及证据物。但辩护人抄录证据物时，应当得到法官的许可。被告人或者被疑人经法官许可，可以在法院阅览前款的文书及证据物。但被告人或者被疑人有辩护人时，不在此限。"因而辩护方可以于第一次开庭审理前利用"证据保全"程序，借助法院的强制力获得有利于自己的证据，弥补辩方收集证据能力方面的不足。"证据保全"程序可以说是一种附带的"证据开示"，但鉴于本程序并非全部刑事案件的必经程序，仅在"不预先保全证据将会使该证据的使用发生困难"的特殊情况下才启动，本文不在正文中对其进行论述。

场合，或者在提供阅览证据文书或证物记载其姓名的人及以上的人的亲属的身体或者财产的行为时，或者有可能发生使以上的人感到恐怖或难以应付的行为时，除对于证明犯罪或侦查犯罪有必要或者对于被告人的防御有必要的以外，可以告知对方该项意旨，并要求对方注意不得使关系人（包括被告人）知悉能够特定以上的人的住居，工作场所及其他通常所在场所的事项，以及不得使以上的人的安全受到威胁。①

从法条表述来看，昭和刑事诉讼法第 40 条的规定与大正刑事诉讼法第 44 条基本相同。但在昭和刑事诉讼法改采"起诉状一本主义"的起诉方式，起诉时不随起诉书移送案卷证据材料的背景下，事实上控方在开庭审理前是无法阅览到由检察官掌握的案卷证据材料的。可以说随着"起诉状一本主义"的确立，第 40 条的规定已经丧失了保障被告人辩护权有效行使的基本功能。

因此，昭和刑事诉讼法对证据开示问题的规定主要体现为第 299 条。依第 299 条第 1 款，可将控辩双方需要开示的证据分为两类：一为请求询问的证人，鉴定人，口译人或者笔译人（以下简称出庭证人）；二为请求调查的证据文书或者证物。对于前者，开示方法为预先向对方当事人提供知悉该人的姓名及住居的机会，而对于后者，开示方法为预先为对方当事人提供阅览的机会。第 299 条第 2 款规定的主旨在于预防证据开示所带来的弊端，保护证人、鉴定人以及他们的近亲属人身、财产安全。

昭和刑事诉讼法关于证据开示的规定，存在以下几个问题：②

（1）双方当事人互负无差别开示义务，有违实质平等。在英美刑事诉讼中，虽然多实行双向开示，但控方负有主要开示义务，在开示范围上是不对等的。控方应开示其准备或不准备用于庭审的不利或有利于控方的证据，而辩方

---

① 宋英辉译：《日本刑事诉讼法》，中国政法大学出版社 2000 年版，第 68—69 页。

② 刑事诉讼规则（昭和二十四年实施）中对证据开示问题也有所涉及，除赋予了法院可以命令出示证据文书或者证物，并且对申请调查证据的请求作出裁定的权利外，并没有对昭和刑诉法的规定作出实质性更改，只是强调了控辩双方应尽快开示证据。涉及条文如下，刑事诉讼规则第 178 条之六："检察官在第一次公审期日前，应当进行下列准备：一、依照刑事诉讼法第 299 条第 1 款正文的规定，有应当向被告人或者辩护人提供阅览机会的证据文书或者证物时，在提起公诉后尽快提供该阅览的机会。二、对依照第 2 款第 3 项的规定由辩护人提供阅览机会的证据文书或证物，尽快将是否作法第 326 条的同意或者对该调查的请求是否有异议通知辩护人。辩护人在第一次公审期日前，应当进行下列准备：……（二）对依照前款第一项的规定由检察官提供阅览机会的证据文书或者证物，尽快将是否作出法第 326 条的同意或者对该调查的请求是否有异议通知检察官；（三）依照法第 299 条第 1 款正文的规定，有应当向检察官提供阅览机会的证据文书或者证物时，尽快予以呈示，提供阅览的机会。"刑事诉讼规则第 178 条之七："在第一次公审期日以前，诉讼关系人依照刑事诉讼法第 299 条第 1 款正文的规定，为对方提供知悉证人等的姓名及住居的机会时，应当尽早提供该机会。"宋英辉译：《日本刑事诉讼法》，中国政法大学出版社 2000 年版，第 169 页。

只开示其拟用于庭审的证据①。而在昭和刑事诉讼法下，控辩双方互负无差别开示义务，即控辩双方均须平等地向对方开示己方计划在法庭审理中请求调查的证据，在开示方法与开示范围方面没有丝毫差异。考虑到控辩双方在收集证据能力方面实力的不平衡，可以说这种无差别的开示规定保障的仅是一种形式上的平等。

（2）开示证据以对方请求调查为前提，开示范围过窄。开示证据的范围限定在一方计划于庭审中请求调查的证据。也就是说当事人尚未确定是否在审理中使用以及确定不会使用的证据均不在开示之列。因此不论控方掌握的证据材料是否对被告人有利，只要不计划于庭审中请求调查，那么控方就无须开示该证据。② 在控辩双方收集证据能力十分悬殊，案件的证据材料大部分都由辩方掌握的背景下，过窄的证据开示范围使得辩方无从得知对于被告人有利的证据，无法有效行使辩护权。同时这对于依赖当事人积极举证和辩论来发现真实的"对抗制"庭审，显然也是极为不利的。

（3）开示方法过于简单，不利于辩护准备。对于计划在庭审中请求调查的文书及证物，仅需给予对方阅览的机会，无须给予抄录的机会。对于出庭证人，仅需提供知悉该人姓名的机会，无开示侦查起诉阶段所作陈述笔录的必要。这就使得被告人及辩护人在开庭审理前无法得知该证人庭审时的可能证言内容，不能制定有效辩护策略，更不要说对该证人进行有针对性的交叉询问。

（4）控方可通过直接申请调查证人，规避开示陈述笔录。根据法律规定，对于计划于庭审中申请调查的证人，控辩双方只要预先告知对方当事人该证人的姓名与住居即可，不需要给予阅览该证人侦查阶段的陈述笔录的机会。这种对法条的严格形式解释，无疑为控方通过直接申请调查证人规避开示陈述笔录提供了依据，有违刑事诉讼法基本精神。

但昭和刑事诉讼法第 300 条规定了"检察官请求调查证据的义务"的情形。③ 那么该条规定是否能够解决"检察机关通过直接申请调查证人来规避开

---

① 潘金贵：《刑事证据开示制度研究》，载孙谦、张智辉主编：《检察论丛》（第 5 卷），法律出版社 2002 年版，第 270 页以下。

② 参见石井一正：证拠开示の在り方、特集・公判前整理手続きと公判手続き、刑事法ジャーナル2号，2006 年，页 14。

③ 昭和刑事诉讼法第 300 条规定：请求调查证据的义务对于依照第 321 条第 1 款第 2 项后段的规定可以作为证据的文书，检察官应当请求调查。宋英辉译：《日本刑事诉讼法》，中国政法大学出版社 2000 年版，第 69 页。

示陈述笔录"的问题？按照第 321 条规定①，"证人在公审准备或公审期日作出与以前的供述不同的供述时"，控方应依法请求调查侦查阶段获得的陈述笔录，当出庭证人的证言与先前的陈述笔录不一致，先前制作的陈述笔录必须开示。然而由于采行起诉状一本主义，辩方与法官根本不了解控方掌握何种证据，更不要说证据的内容。在出庭证人于先前笔录中作出有利被告人的陈述，而于庭审中作出不利被告人证言时，若控方出于维持公诉的需要不依照第 300 条的规定请求调查先前的陈述笔录，辩方与法官对此情况将根本无从知晓。并且，刑事诉讼法也没有规定控方违反第 300 条的不利后果。因此，第 300 条的规定并不具有现实意义。在昭和刑事诉讼法下，控方可以通过直接申请调查证人的方式来规避开示该证人侦查阶段的陈述笔录，使辩方无法获知有利于被告人证据材料的问题确实存在。

昭和刑事诉讼法关于证据的规定有许多不足，控方开示证据范围过小，通过直接申请调查证人规避开示陈述笔录的问题尤为突出，控方只需要开示其计划于庭审时请求调查的证据材料，对于不计划请求调查的部分，辩方没有法律明文依据要求控方必须开示。控方对于申请调查的证据完全自主决定，出于维持公诉的压力，极有可能规避对被告人有利的证据材料。同时，由于证据开示方法不完善，对于出庭证人，辩方仅能知悉其姓名与住居，无法阅览其在侦查阶段的陈述笔录，使得辩方不仅无法获知控方掌握的对被告人有利证据，而且在庭审程序中也不能有针对性地询问证人。综上，昭和刑事诉讼法关于证据开示问题的相关规定并不健全，在改采"起诉状一本主义"限制法官阅卷的同时，附带性地限制了辩方阅卷的范围，与保障被告人辩护权有效行使的价值追求相背离。

2. 司法实务

根据法律规定，对于控方不计划于庭审中请求调查的证据，辩方无权要求开示。但昭和刑事诉讼规则规定了法院可以命令当事人出示证据文书或者物证，并且对请求调查证据的申请作出裁定②，这就为实务判例对证据开示问题暂时提供解决方案预留了空间。那么法院是否可以命令控方向辩方开示其不计

---

① 昭和刑事诉讼法第 321 条第 1 款第 2 项规定：关于记录在检察官面前所作供述的书面材料，由于供述人死亡、精神或身体的障碍、所在不明或现在国外而不能在躬身准备或公审期日供述时，或者供述人在公审准备或公审期日作出与以前的供述不同的供述时。宋英辉译：《日本刑事诉讼法》，中国政法大学出版社 2000 年版，第 73 页。

② 刑事诉讼规则（昭和二十四年实施）第 194 条之三：（法院）在准备程序中，可以进行下列工作：……六、命令出示证据文书或者物……九、作出调查证据的裁定或者驳回调查证据请求的裁定；十、对有关调查证据请求的异议声明作出裁定。宋英辉译：《日本刑事诉讼法》，中国政法大学出版社2000 年版，第 177 页。

划于庭审中请求调查的证据？日本最高法院在相关问题上历经了从"全面否定"到"个别开示"的态度转变。

（1）争议的发生。昭和刑事诉讼法第321—326条①规定，传闻证据一般不具有证据能力，但是如果对方当事人表示同意，则可以作为证据使用。因而控方对于侦查阶段收集的各种笔录（主要为传闻证据），一般均请求法庭调查，并按同法第326条的规定（传闻证据规则例外）事先征求辩方的意见。如果辩方同意使用，控方即按照第299条的规定开示这些证据；如果辩方不同意使用，控方即撤回对这些证据的调查请求，转而请求将该参考人（笔录之陈述人）作为证人，传唤到庭作证。因此，虽然昭和刑诉法规定的证据开示范围过于狭窄，但在司法实务中大多数案件的辩方对于侦查阶段形成的各种笔录基本上都有事先阅览的机会。并且，控方对于被告人及其辩护人提出的其他事前阅览卷宗及证据材料的申请均会同意。因此很少出现控辩双方对证据开示问题发生争议的情形②。

然而随着涉及公共安全③、劳工运动④、行贿受贿及违反选举法等被告不认罪且争议较大案件的出现，控方直接请求传唤证人出庭作证以避免向辩方开示侦查期间所收集证据的情况时有发生。被告人和辩护人因在开庭前无法得知有利于己方的证据材料，并且由于只知道证人的姓名与住居，而不知道证人在检察官或司法警察面前所作的陈述内容，辩方难以做好充分辩护准备，在证人出庭作证时无法进行有针对性的交叉询问。控方拒绝开示侦查期间收集的有利于被告人证据材料的行为逐渐引起了辩方的不满，各地律师协会与检察机关就

---

① 昭和刑事诉讼法第326条规定：当事人的同意与书面材料或供述的证据能力关于检察官和被告人已经同意作为证据的书面材料或者供述，在经过考虑该书面材料写成时的情况或者作出供述时的情况后，以认为适当时为限，可以不受第321条至前条规定的限制，而将其作为证据。宋英辉译：《日本刑事诉讼法》，中国政法大学出版社2000年版，第75页。

② 参见石井一正：証拠開示の在り方、特集・公判前整理手続きと公判手続き、刑事法ジャーナル2号，2006年，页14。

③ 1952年，在大阪枚方发生的在日朝鲜青年，因反对韩战而骚扰日本军需工厂案件，检察官在起诉后，拒绝辩护人阅览案件相关人在侦查阶段所做的笔录。参见高永珍：《刑事证据开示之研究——以日本法为例》，中国台湾政治大学2010年硕士学位论文，第76页。

④ 1949年8月17日上午3时许，日本东北铁路线从金谷川至松川一段，发生了一起列车颠覆事件，检察官对被告20人（工会干部）提起公诉。在案件审理中，控方故意隐匿足以证明被告不在场的重要证据文书（该份证据文书是劳资双方交涉时记载出席者发言的会议记录）。导致20名被告人被一审宣判有罪（其中5人被判处死刑），经控诉审、上告审和发回重审三次上诉审，历时14年，最后才改判全体被告人无罪，国家为此支付了7600万日元的赔偿费。参见高永珍：《刑事证据开示之研究——以日本法为例》，中国台湾政治大学2010年硕士学位论文；彭勃：《日本刑事诉讼法通论》，中国政法大学出版社2002年版，第223页。

此问题展开了激烈抗争。①

（2）全面否定。最初，针对控方请求调查证据以外的证据，日本最高法院态度消极，全面否定了控方的开示义务。

1958 年，在对被告等人违法侵入圈地劳动组织大阪地方本部案件开庭审理中，在控方宣读起诉书前，辩护律师以无法阅览检察官全部证据为由拒绝进行后续的诉讼抗辩，检察官则以对于将预定调查的证据材料已全部开示为由抗辩，并拒绝了辩护方全面开示证据的请求。同年 10 月 3 日，大阪地方法院西尾审判长作出裁定，要求检察官立即给被告人阅览其全部持有的证据之机会，这是日本历史上第一个证据开示命令，即"西尾裁定"。② 然而，检察官对证据开示命令提出了特别抗告。1959 年 12 月 26 日，日本最高法院对该特别抗告作出裁定，撤销了大阪地方法院要求检察官在开庭宣读起诉书以前向辩护人全面开示证据的命令。主要理由为刑事诉讼法仅规定对于计划在庭审时申请调查的证据，检察官才具有开示的义务，超过此范围的证据开示于法无据。

最高法院虽然认同西尾审判长的部分观点，同意"为了使法院在诉讼中发现真实，检察官作为公益的代表，对于有利于被告人的证据也应积极向法庭出示，这是其国法上的职责"；③ 然而却强调"法院也好，检察官也好，在诉讼中发现真实的方法不用说应当沿着诉讼法规确定的轨道进行"，"因此，不论是否在法庭审理中请求调查，检察官对于所持证据文书或者证据物均有义务让被告人或辩护人阅览，法院可以命令检察官将此类证据交辩护人阅览，对于法规上有无这样的规定必须予以检讨"。④

综上，早期日本最高法院完全依据昭和刑事诉讼法第 299 条规定，对于申请调查证据以外的证据，全面否定了检察官的开示义务。因此，虽然在大多数案件中检察官均会将持有的全部证据开示于被告及其辩护人，但这并非其义务，一旦发生争议，检察官拒绝开示所掌握的证据，被告及其辩护人便束手无

---

① 日本律师联合会也于 1953 年 2 月向日本最高法院、法务省和最高检察厅提出修改《日本刑事诉讼规则》的建议案，要求"检察官在提起公诉以后，遇辩护人提出请求时，应当根据《刑事诉讼法》第 321 条至第 328 条的规定，随时允许对可能请求法庭调查的证据文书和证据物进行查阅、抄录"。但这一提案由于与法律的明文规定相抵触及其他多种原因而没有能够得到采纳。参见［日］铃木茂嗣：《续·刑事诉讼的基本构造》，成文堂 1997 年版，第 436—437 页。转引自孙长永：《探索正当程序：比较刑事诉讼法专论》，中国法制出版社 2005 年版，第 387 页。

② 参见高永珍：《刑事证据开示之研究——以日本法为例》，中国台湾政治大学 2010 年硕士学位论文。

③ 史立梅：《程序正义与刑事证据法》，中国人民公安大学出版社 2003 年版，第 267 页。

④ ［日］三井诚、井上正仁编：《判例教材刑事诉讼法》，东京大学出版社 1996 年第 2 版，第 333—334 页。转引自孙长永：《探索正当程序：比较刑事诉讼法专论》，中国法制出版社 2005 年版，第 388 页。

策。日本最高法院对昭和刑诉法的形式主义解释不仅引起了日本律师界的强烈不满，也受到学界的严厉批评。①

（3）个别开示。在学界持续批评的压力下，日本最高法院于 1969 年 4 月 25 日承认了法院基于诉讼指挥权命令开示特定证据的权力。对于控方请求调查证据以外的证据开示，发生了由"全面否定"到"个别开示"的态度转变。

本案是大阪地方法院审理的妨碍执行公务案件。辩护人从第一次开庭审理开始就不断要求开示包括侦查中目击证人陈述笔录在内的证据，但均遭到检察官拒绝，最终在法院促使辩方提出反证时，辩方再度强烈要求检察官应开示目击证人侦查中的陈述笔录，主张若不开示，检察官也不得请求询问目击证人等人。随后大阪地方法院作出裁定，要求检察官立即给予辩护人阅览目击证人的陈述笔录的机会。检察官不服提起特别抗告，随后该抗告遭最高法院驳回。②

最高法院从诉讼指挥权的角度论述了法院命令检察官开示其所持特定证据的合理性，"认为鉴于法院在诉讼上的地位，在法无明文规定且未违背诉讼基本制度的情况下，可以适当裁量以实施公正的诉讼指挥权。本案进入证据调查阶段后，辩护人已对证据的具体必要性加以明示，并提出检察官使辩护人得阅览一定证据之要求下，考虑案件性质、审理状况，请求阅览之种类及内容、阅览时期、程度及方法等情况，认为对于被告防御权特别重要，并无导致湮灭证据及胁迫证人之虞，且有相当的必要时，可以命检察官就其所持有的证据，给予辩护人阅览的机会"。③

分析以上论述可知，最高法院通过该判例设定了对法院作出证据开示命令的四个要素：第一，进入调查证据阶段以后，才可提出证据开示申请。在此之前，辩护人无权要求开示证据，法院也不得命令检察官开示证据。第二，辩方提出证据开示的申请，并且说明应当开示的必要性。第三，法庭根据各方面的情况认为开示证据对于保障被告人辩护权特别重要。第四，证据的开示，不会导致隐灭罪证、威胁证人等弊害发生，开示证据具有适当性。④

这一判例没有以法律无明文规定为由否定证据开示，而是以法院的诉讼指

---

① 批评者除了站在实质的当事人主义的立场呼吁通过立法手段要求全面开示证据以外，还积极倡导法院在司法实践中灵活运用"诉讼指挥权"命令就具体的证据予以开示，认为在当事人进行原则下，应该充实当事人之间的攻防能力，而且法院既然是审理的主宰，自然也应当赋予其诉讼指挥权，法院可以通过诉讼指挥权的行使，肯定个别证据开示。参见黄朝义：《刑事诉讼法——制度篇》，元照出版有限公司 2002 年版，第 128 页。

② 参见高永珍：《刑事证据开示之研究——以日本法为例》，中国台湾政治大学 2010 年硕士学位论文。

③ 马鹏飞：《刑事证据开示制度研究》，中国政法大学 2009 年博士学位论文。

④ 黄朝义：《起诉卷证不并送制度下之证据开示原则》，载《月旦法学杂志》1999 年第 54 期。

挥权为切入点肯定了对于控方请求调查证据以外的证据的个别开示，并确立了法院作出证据开示命令的四个要素。对比先前"全面否定"的观点，本判例在对被告人辩护权保障方面具有明显的进步意义，然而仍存在不足之处。首先，通过判例形式确定的"个别开示"仅是一种例外规定，以辩护人提出请求并具体说明开示必要性为前提，无法从根本上解决成文法对证据开示范围规定过窄的问题。其次，判例明确说明了"个别开示"的理论基础为法院的诉讼指挥权，法院在决定是否开示证据时虽然将被告人辩护权因素纳入考虑范围，但没有改变"个别开示"仅是法院作出的程序性裁定的本质属性，被告人及辩护人只可以"敦促"法院行使诉讼指挥权开示特定证据。对法院拒绝命令检察官开示证据或不作出任何回应时，辩方没有可以依循的救济性程序。① 从这个方面看，"个别开示"仅是法院为指挥诉讼顺利进行的附带性产物，是赐予被告人的恩惠而非其享有的权利。

（二）日本新刑事证据开示制度

日本司法改革于 1999 年拉开了序幕，根据日本司法制度改革审议委员会的最终报告"司法制度改革审议会议意见书——支撑 21 世纪日本的司法制度"（2001 年 6 月 12 日），本次司法改革的宗旨之一便是建构能满足公民需求的司法制度，切实落实日本宪法第 37 条第 1 项"于所有刑事案件中，被告有权利受到公平法院迅速且公开的审判"的规定，朝"刑事审判的充实、迅速化"迈进。为充实审判，避免庭审形式化，必须通过控辩双方积极的攻击防御活动来活化审判程序，因此扩充证据开示制度势在必行。根据日本司法制度改革审议委员会对刑事司法制度提出的改革建议，日本政府设置"司法制度改革推进本部"，着手进行具体改革。2004 年 5 月 28 日，日本国会通过了司法制度改革推进本部提出的两部法律案——《裁判员制度相关的法律》及《刑事诉讼法部分条文修正案》，对昭和刑事诉讼法进行修改（以下简称现行刑事诉讼法②）。修正案设立了新的"审理前整理程序"，对证据开示制度作出了全新规定。

1. 新证据开示制度的适用对象

新证据开示制度并非适用于全部案件，作为"审理前整理程序"的有机

---

① 根据日本律师联合会 1986 年对其会员进行问卷调查，法院劝告检察官开示证据的 30 件，未用劝告的方法但事实上促成证据开示的 31 件，命令开示证据的 9 件，驳回申请的 11 件，未予判断的 17 件。参见［日］井上正仁等：《刑事诉讼法的现实及其存在的问题》，载《实用法律杂志》第 1148 期。转引自孙长永：《探索正当程序：比较刑事诉讼法专论》，中国法制出版社 2005 年版，第 391 页。

② 本文所引用的日本现行刑事诉讼法及刑事诉讼规则条文，是在以日本原文法条为标准，参考我国台湾地区译文的基础上，按内地表达习惯翻译后的版本。因作者能力有限，有许多不准确之处，还请读者谅解。

组成部分，适用范围也与后者保持一致。根据日本现行刑事诉讼法，适用新证据开示制度的案件有以下两种：（1）必要的审理前整理程序案件，即裁判员参与审判的案件，此类案件必须适用审理前整理程序。根据《裁判员制度相关的法律》第 2 条第 1 款第 1 项和第 2 项的规定，裁判员参与的刑事裁判案件主要是因故意犯罪行为导致被害人死亡的案件（以下简称合议案件），可分为两类：其一，可能判处死刑或者无期徒刑的案件；（2）法院法第 26 条第 2 款第 2 项规定的因故意犯罪行为导致被害人死亡的案件①。其二，任意的审理前整理程序案件。根据现行刑事诉讼法第 316 条之二的规定，法院认为必须持续地、有计划地、迅速地进行审理时，听取检察官和被告人或辩护人的意见，在第一次庭审前，为了整理案件的争点和证据而准备庭审，决定对案件适用审理前整理程序。该类案件通常是案情复杂，争点较多的案件；证据关系复杂，证据数量大的案件；证据开示存在问题的案件等。②

对于上述之外的案件，根据日本刑事诉讼法第 316 条之十三第 3 项规定，仍然适用日本刑事诉讼法第 299 条第 1 项规定进行证据开示，即适用昭和刑事诉讼法下的证据开示制度。

2. 证据开示新架构——三阶段证据开示

日本新证据开示制度并非采取一刀切的全面开示证据方法，而是与审判前整理程序结合，在综合考量保障被告人辩护权与预防证据开示产生弊害的基础上所进行的阶段性证据开示制度，旨在推进"审判前整理程序"有效整理案件争点及证据这一目标的实现。下面将逐一说明三阶段证据开示方法。

（1）第一阶段——预证事实关联证据开示。

第一，提出"证明预定事实陈述书"。根据日本刑事诉讼法第 316 条之十三的规定，检察官在案件进入审理前整理程序后，应当向法院提出记载待证事实的书面材料"证明预定事实陈述书"，并送交被告及辩护人。刑事诉讼规则

---

① 有下列情形须注意：（1）对于合议案件以外的应当与合议案件合并辩论的案件，法院也可以决定适用裁判员制度。（2）对合议案件，如果撤销或者变更处罚条款之后，已经不属于合议案件的，法院也可以决定适用裁判员制度；但法院考虑审理的状况和其他情况认为适当时，可以根据法院法第 26 条规定，决定由法官 1 名或者由法官组成的合议庭审理该案件。（3）对于可以由裁判员参与审理的案件，如果根据被告人的言行被告人所属团体的主张或者其他成员的言行或者将要加害候选裁判员或裁判员和其他情况，认为有可能对候选裁判员、裁判员或者曾经担任裁判员的人及其亲属的生命、身体或者财产进行侵害，或者明显可能危害他们的安定生活，因而使候选裁判、裁判员产生恐惧，无法确保候选裁判员出庭或者裁判员不能履行职务而无法由他人替代时，合议庭根据检察官、被告人或辩护人的请求或者依照职权，决定该案件由法官组成合议庭进行审理。参见李昌林：《民众参与刑事审判比较研究》，人民出版社 2007 年版，第 61 页。

② ［日］田口守一：《刑事诉讼法》，张凌、于秀峰译，中国政法大学出版社 2010 年版，第 213 页。

第 217 条之十九规定，检察官应以具体简明的方式分项说明开庭审理的待证事实，并对证明待证事实所要使用的证据（以下简称检察官请求调查证据）进行编号记载。检察官和被告人及辩护人，在明确证明预定事实时，要通过具体明确表述事实和用于证明事实的主要证据之间关系等方法，圆满地整理案件的争点和证据。同时，为落实排除预断原则，可能导致法院对案件产生偏见或者预断的事项，均不得记载于该文书之中。①

第二，开示"检察官请求调查证据"。根据刑事诉讼法第 316 条之十四的规定，对于检察官在"证明预定事实陈述书"中记载的证明待证事实所要使用的证据，应当及时向被告人及辩护人开示。开示方法依证据种类不同分为两种：其一，对于书证、物证，给予被告人阅览的机会，给予辩护人阅览和抄录的机会。其二，对于证人、鉴定人、翻译人，除告知该人的姓名及住居外，还应将其陈述笔录（有陈述人的签名或印押）或录音录像资料中，能够"估计该人在开庭审理时陈述的内容"的部分作为证据进行开示。如果"没有陈述笔录等文书的，或者不便让他人阅览的，开示记载该人于庭审时可能陈述内容的要点的书面材料"。对于上述证据，给予被告人阅览的机会，给予辩护人阅览和抄录的机会。本部分的证据开示应由检察官主动进行，无须被告人及辩护人申请。

对比昭和刑事诉讼法下的证据开示制度，检察官义务开示证据的范围有了扩张。在此前，对于证人、鉴定人、翻译人，仅需告知被告人及辩护人该人的姓名及住居，若被告人及辩护人不同意在庭审中将该人的陈述笔录（多为传闻证据）作为证据使用，或检察官直接申请证人出庭作证时，被告人及辩护人就不能得知证人于庭审时可能陈述的内容，从而无法有针对性地进行交叉询问。新证据开示制度弥补了这个缺陷。

然而，检察官的义务证据开示范围仍然较为保守。对于证人陈述笔录的开示，法律在内容方面做了范围限定。开示的部分仅需表明该证人当庭可能陈述内容即可，且在必要时，检察官可以仅开示内容要点而无须开示完整笔录内容。因此，检察官在本阶段证据开示中仍然具有极大的主动权，被告人及辩护人很难通过上述开示证据获知"请求调查证据"之外的，由检察官掌握的有利或不利于被告人的全部证据材料。

（2）第二阶段——类型证据开示。

第一，法律规定。刑事诉讼法第 316 条之十五规定，检察官开示了上述请

---

① 证明预定事实陈述书上记载证据，只可以记载证据的编号，因此在记载书上并不会看到证据的种类及内容。

求证据以外的证据，对于符合以下证据类型之一，且被认为对判定检察官请求调查证据的证明力十分重要的，在被告人及辩护人提出开示请求时，考虑该开示的重要性程度、为被告人的辩护而开示的必要性程度和该开示所产生弊害的内容及程度，认为适当时，应尽快依本条第 1 款所规定的方法开示该证据。在此情形下，检察官认为必要时，可以限制开示的时间或方法，可以附加条件。

其一，物证。

其二，第 321 条第 2 款规定的法院或法官的勘验笔录。

其三，第 321 条第 3 款规定的书面材料或与之类似的书面材料（即检察官的勘验笔录或者警察机关的勘查报告）。

其四，第 321 条第 4 款规定的书面材料或与之类似的书面材料（即鉴定书）。

其五，以下所列之人的陈述笔录。一是检察官预定将该陈述人作为证人而请求询问者。二是在检察官请求调查的陈述人笔录无法获得本法第 326 条（传闻证据例外规定）的同意而使用时，检察官预定将该陈述人作为证人而请求询问者。

其六，除前款所列情形外，被告人以外之人的陈述笔录。且该陈述笔录的内容与检察官计划以请求调查证据证明的待证事实的有无具有关联性。

其七，被告人的供述笔录。

其八，基于有关调查状况的记录准则，检察官、检察事务官或司法警察负有义务而于职务上做成的书面材料。该书面材料记录了与身体受拘束者的调查所相关的信息，如年月日、时间、地点及其他调查状况（以与被告人有关者为限）。

被告人或辩护人在请求依据前款进行证据开示时，应当表明以下事项：一是足以识别前款各项所规定的证据类型及请求开示证据的事项。二是依照案件内容，对应于检察官申请调查证据预定证明的事实、请求开示的证据与检察官申请调查的特定证据间的关系及其他情况，该请求开示证据对于判断检察官申请调查证据的证明力具有重要性，以及其他因被告人的辩护而有开示必要的理由。

第二，法条分析。综上，类型证据开示，应符合下列条件：其一，类型该当性。请求开示的证据必须是第 316 条之十五规定的 8 种类型证据。其二，重要性。该请求开示证据对于判断检察官申请调查证据的证明力具有重要性。其三，适当性。综合考量为被告人的辩护而开示证据的必要性程度和该开示所产生弊害的内容及程度，认为开示证据具有适当性。其四，有开示请求由被告人或辩护人作出开示申请，并表明第316条第2项所规定的事项。①

日本学者指出之所以限定证据类型，是因为上述类型证据一般在判断检察官请求调查证据的证明力上具有重要意义，并且开示后产生的弊害较小。② 由于检察官具有强大的侦查权，第1—4项证据一般由其掌握。并且该类型的证据通常具有较强的客观性，开示该证据产生的弊害较小。同时其对认定事实具有重要意义，故应向被告人及其辩护人开示。第5项是关于证人陈述笔录的开示，与同法第316条之十四第2款（检察官请求调查证据开示）的规定相比，虽然同是开示证人陈述笔录，但却没有作内容上的范围限定。因此，辩护人得以借助类型性证据开示阅览该证人的陈述笔录，通过调查笔录内容有无矛盾之处判断其证言的证明力并寻找对被告人有利的证据材料。第6项是被告人以外之人的陈述笔录，该开示前提是陈述笔录与检察官提出的待证事实相关。这可以看作对第5项的进一步补充。第5项的规定虽然突破了被告人及辩护人阅览笔录的内容限制，但该笔录的陈述人仍必须是检察官计划作为证人而请求询问者。在某些特定案件中，检察官为了维持公诉的需要，可能隐匿对被告人有利的证据材料。检察官不计划作为证人而请求询问之陈述人所作的笔录中也可能包含对被告人有利的信息，若该笔录内容与待证事实相关，确有开示必要。③第7项及第8项证据在被告人认罪案件中，对判断被告自白的自愿性与证明力十分重要，且开示此类证据产生的弊害较小。

此外，类型证据的开示须有被告人或者辩护人的请求，且辩方在请求开示证据时负有说明义务，即开示请求应当表明第316条之十五第2项的两个要件。对于辩方来讲，正是因为无法获知证据材料才提出开示请求，科以辩方说明义务不免有强人所难之嫌。但从另一个角度考量，这对于预防被告人及辩护人滥用证据开示申请权利，无根据地任意要求证据开示，从而妨碍审前整理程序顺利进行有积极意义，也表明了日本刑事诉讼法在强调程序正当的同时，力求最大限度地维持程序发现真实的功能。

（3）第三阶段——争点关联证据开示。

第一，辩方表明己方预定证明事实或其他事实上和法律上的主张。在第一阶段、第二阶段的证据开示完成后，检察官方面的证据开示已告一段落，转由被告人及辩护人就检察官的预定证明事实及相关证据发表意见，并就己方的证

---

① ［日］周慎一：证拠開示規定の解釈・運用、自由と正義，57卷9号，2006年，页72。
② ［日］周慎一：证拠開示規定の解釈・運用、自由と正義，57卷9号，2006年，页71。
③ 需要注意的是，开示上述陈述笔录无疑对被告人辩护权有效行使具有重要意义。但同时根据法律规定，在开示证据时必须综合考量为被告人的辩护而开示证据的必要性程度和该开示所产生弊害的内容及程度。

据予以开示，推进争点及证据整理。根据刑事诉讼法第 316 条之十七第 1 款的规定，被告人或者辩护人收到检察官提出的证明预定事实陈述书，接受了同法第 316 条之十四、第 316 条之十五第 1 款规定的证据开示后，被告人或辩护人若有预定证明事实，或其他在审判时计划提出的事实上和法律上的主张的，应对法院及检察官表明。被告人或辩护人表明预定证明事实或其他主张的，不得记载可能使法院产生偏见或预断的事项。根据同条第 2 款，被告人或辩护人，有前项预定证明事实时，也应开示请求调查证明预定事实所使用的证据。被告人及辩护人开示证据的方法，根据第 316 条之十八的规定，有以下两种：一是对于书证、物证，给予阅览和抄录的机会；二是对于证人、鉴定人、翻译人，除告知该人的姓名及住居外，还应将其陈述笔录中能够"估计该人在开庭审理时陈述的内容"的部分进行开示，给予阅览和抄录的机会。如果没有陈述笔录等文书的，或者不便让他人阅览的，开示记载该人于庭审时可能陈述的内容要点的书面材料。

第二，开示争点关联证据。根据现行刑事诉讼法第 316 条之二十的规定：检察官对于按照 316 条之十四（预证事实关联证据开示）及 316 条之十五第 1 款（类型证据开示）规定开示的证据以外的证据，承认与第 316 条之十七第 1 项（辩方提出法律上或事实上的主张）的主张有关联，并且在被告人或辩护人请求开示时，在考量其关联性程度、为被告人辩护而开示证据的必要性程度及该开示所产生弊害的内容及程度，认为开示证据具有适当性的，应尽快按照第 316 条之十四第 1 款（预证事实关联证据开示）的方法进行开示。此种情形，检察官认为必要时，可以指定开示的时期或方法，可以附加条件。

被告人或辩护人依前项请求开示证据的，应表明下列事项：足以识别请求开示证据的事项；第 316 条之十七第 1 项的主张与请求开示证据的关联性，其他因被告人的辩护而有开示必要的理由。

第三，法条分析。争点关联证据开示，应符合下列条件：其一，关联性。请求开示的证据必须是与第 316 条之十七第 1 项之主张有关联。该主张即被告人或辩护人提出的预定证明事实，或其他计划在审判时提出的事实上和法律上的主张。其二，适当性。综合考量关联性程度、为被告人的辩护而开示证据的必要性程度和该开示所产生弊害的内容及程度，认为开示证据适当的。其三，有开示请求：由被告人或辩护人作出开示申请，并表明第 316 条之二十所规定的事项。

争点关联证据的开示并没有限制开示证据的类型，是对第一阶段、第二阶段的有益补充，有助于进一步明确案件争点，避免遗漏检察官掌握的对被告人有利的证据。正如日本学者罔慎一指出的，由于前述第二阶段已经开示了对判断检察官申请调查证据的证明力具有重要性的证据，如果只是单纯否认检察官的主张事实来请求检察官开示证据，通常情形下于前述第二阶段就已经完成，无须借此第三阶段再行开示。所以被告如果想要借由第三阶段"争点关联证据开示"的相关规定扩大开示范围，不宜再对检察官主张进行单纯否认，而是应该提出自己的事实主张，或是提出犯罪阻却事由积极地否认指控。① 例如，辩方主张被告人在实施犯罪行为时由于精神疾病而丧失了辨认或控制自己行为的能力，而要求开示被告的精神疾病司法鉴定书。在经过第一、第二阶段的证据开示后，辩方已经掌握了辩护所需的大部分证据，第三阶段由被告先行表明争点，再开示与该争点关联的证据的作法，在弥补控辩双方收集证据能力上的差距的同时，防止被告人进行钓鱼式证据寻找，预防其编造与已开示证据不矛盾的虚伪辩解。

3. 有关证据开示的裁定

按照刑事诉讼法的相关规定，控辩双方对于证据开示问题有争议时，由法院作出裁定，裁定包括以下四种：

（1）证据开示命令。根据现行刑事诉讼法第 316 条之二十六第 1 款的规定：检察官依第 316 条之十四（请求调查证据开示）、第 316 条之十五第 1 款（类型证据开示）、第 316 之二十第 1 款（争点关联证据开示），应当开示证据而未开示的；或被告人或辩护人依第 316 条之十八的规定，应开示证据而未开示的，法院可以依对方当事人的请求，裁定命令证据开示。

可见，证据开示命令不再是昭和刑事诉讼法下基于"诉讼指挥权"作出的单纯程序性裁定，若当事人对法院作出的证据开示裁定有异议，按照同法同条第 3 款的规定，可以提出抗告，现行刑诉法完善了证据开示制度的救济程序。

（2）指定证据开示方法。根据现行刑事诉讼法第 316 条之二十五第 1 款的规定，法院在考虑证据开示必要性程度以及开示证据所产生弊害的内容及程度等，认为具备必要性时，对于按照第 316 条之十四（预证事实关联证据开示）的规定（含第 316 条之二十一第 4 款之准用的情形）所开示的证据依检察官的申请，对于按照第 316 条之十八（辩方开示与其主张关联证据）的规定所开示的证据依被告人的申请，在作出开示证据的决定时，法院可以指定各项证据开示的时期或方法，可以附加条件。

需注意此处的指定证据开示方法的裁定，并非法院依职权作出而是依开示义务人的请求所作出的。同时，依刑事诉讼法第 316 条之二十六第 1 款的规定，法院在作出证据开示命令时，也可依职权指定证据开示的时期或方法，可

---

① ［日］冈慎一：証拠開示規定の解釈·運用、自由と正義，57 巻 9 号，2006 年，页 81。

以附加条件。

（3）命令当事人提出作出前述裁定所需要的证据。根据刑事诉讼法第316条之二十七第1款的规定，法院在作出第316条之二十五第1款或前条第1款请求的裁定（即证据开示命令的裁定及指定证据开示方法的裁定）时，认为有必要的，可以命令检察官、被告人或辩护人开示与该请求相关之证据。在此情形下，法院不得使任何人阅览或抄录该证据。

法院在作出前述（1）、（2）条裁定时，需要对相关证据有所了解。然而由于排除预断原则的需要，通常情况下，在审理前程序中法官无法得知证据的内容。所以本条规定是前述两裁定能够顺利作出的基本保证。

（4）命令提交证据目录。根据刑事诉讼法第316条之二十七第2款的规定，法院在对被告或辩护人依第316条之二十五第1款所提出的请求作出裁定（被告人或辩护人请求法院作出证据开示命令）时，认为有必要的，可以命令检察官就其所保管的证据，在法院指定的范围内，提交证据目录。在此情况下，法院不得使任何人阅览或抄录该证据。

本条是在辩方申请作出证据开示命令时，法院为了判断是否应命令开示证据，而在必要时作出的命令检察官提交证据目录的裁定。与（3）的裁定相同，本条裁定也旨在为法院之判断提供有益参考。

4. 防范对开示证据的不当使用

证据开示有利于保障被告人辩护权的有效行使，但不可否认也可能带来威胁证人、湮灭证据的不利后果。因此，刑事诉讼法要求开示证据时必须综合考量为被告人的辩护而开示证据的必要性程度和该开示所产生弊害的内容及程度，认为适当时才可开示。同时，也可通过指定证据开示的时期、方法或附加条件等来预防开示证据的弊害发生。

除在开示证据前应充分衡量开示适当性外，为了保证证据开示后也不致发生弊害，刑事诉讼法针对开示证据的不当使用问题也作出了相应规定。根据第218条之三，第218条之四，明令禁止辩护人将其抄录之开示证据的誊本或复印件无故委托他人保管；明令禁止被告人或辩护人在开示证据的目的之外使用已开示证据。①

5. 未开示证据的程序性后果

日本刑事诉讼法第 36 条之十二规定，对于适用审理前整理程序的案件，除了因"不得已的事由"在审理前整理程序中不能请求调查的以外，检察官、被告人及辩护人在审理前整理程序结束以后，不得请求调取证据。本条旨在通过规定未开示证据的程序性后果，来保证整理程序的顺利运行。如果允许在审理中运用那些未被开示的证据，那么审理前整理程序对当事人双方便无任何约束力，不仅无法预防证据突袭，整理争点与证据的基本功能也会被架空。

然而，导致证据未开示的原因很复杂，不问原因对未开示的证据一概排除，则可能导致实质不公，影响司法公正。因此对于因"不得已事由"而未能请求调查的证据，在审理前整理程序结束以后，可以请求调查。根据刑事诉讼规则第 217 条之三十一规定，在该"不得已事由"消灭后，必须及时请求调查证据。关于"不得已事由"的具体情况有：其一，证据是存在的，但却不知证据的存在，而在不得已的情况下知道该证据的存在。其二，因证人去向不明而没有请求证据的，如知道证据的存在，但在物理上不可能请求调查该证据。但是，判明证人下落的，就是在物理上可以请求调查证据。其三，考虑到审理前整理程序中对方的主张，考虑到从证据关系看有充分理由判断没有必要调查该证据，而不在审理前整理程序请求调查证据，却在审理中通过询问证人的方法获得了意想之外的证言。②

6. 日本新证据开示制度评析

下面以第 316 条之十五第 5 款第 1 条的"检察官请求询问证人"的"陈述笔录"为核心，以流程图形式表现日本新证据开示制度的动态运行过程。③

---

① 第 281 条之三：就检察官因准备被告案件审理而给予抄录证据的誊本或复印件（即复制其他证据之全部或记录其部分的文书），辩护人应当妥善管理，不得无故委托他人保管。第 281 条之四：被告或者辩护人（含 440 条规定的辩护人）或曾为被告或辩护人者，不得因以下程序或基于准备程序使用以外的目的，将检察官因准备被告案件审理而给予阅览或抄录证据的誊本或影本交付、提示或透过电信网络提供他人。1. 因该被告案中其他被告案件的审理。2. 与该被告案件有关的下列程序：（1）依据第一编第 16 章规定的费用补偿程序；（2）依据第 349 条第 1 款提出请求时的程序；（3）依据第 350 条提出请求时的程序；（4）请求回复上诉权的程序；（5）请求再审的程序；（6）非常上诉程序；（7）第 500 条第 1 款的申请程序；（8）第 502 条的申请程序；（9）依据形式补偿法规定请求补偿的程序。关于违反前项规定时的处置，应基于被告的防御权、誊本或复印件的内容、行为的目的或样态、关系人名誉、私生活或业务的平稳性是否受到侵害、与誊本复印件有关的证据在审判日期是否能被调查、其调查方法及其他情事等，综合考虑。

② 参见［日］田口守一：《刑事诉讼法》，张凌、于秀峰译，中国政法大学出版社 2010 年版，第 221 页。

③ 关于动态过程的文字表述也可参见［日］田口守一：《刑事诉讼法》，张凌、于秀峰译，中国政法大学出版社 2010 年版，第 263 页。

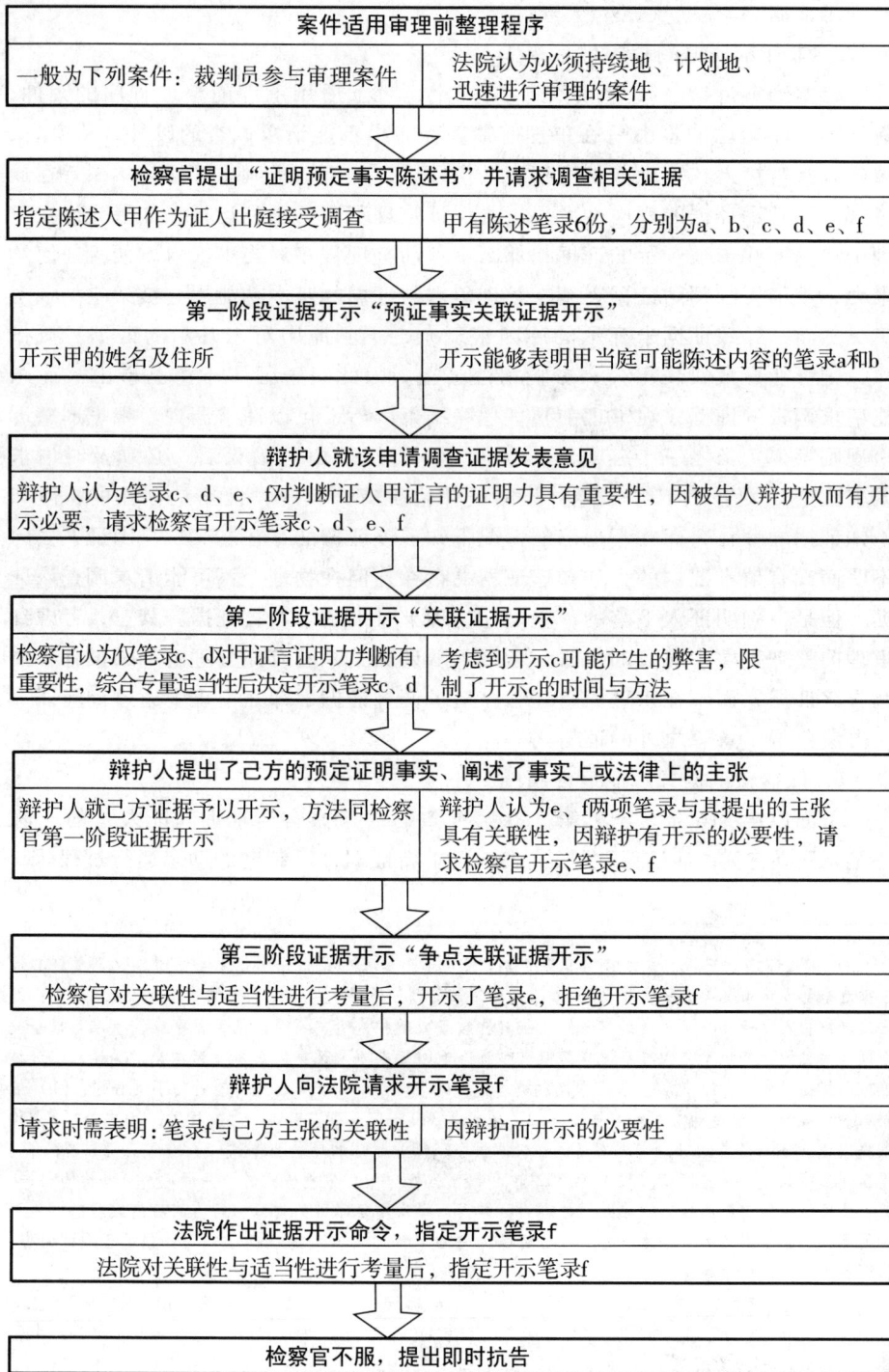

案件适用审理前整理程序	
一般为下列案件：裁判员参与审理案件	法院认为必须持续地、计划地、迅速进行审理的案件

⬇

检察官提出"证明预定事实陈述书"并请求调查相关证据	
指定陈述人甲作为证人出庭接受调查	甲有陈述笔录6份，分别为a、b、c、d、e、f

⬇

第一阶段证据开示"预证事实关联证据开示"	
开示甲的姓名及住所	开示能够表明甲当庭可能陈述内容的笔录a和b

⬇

辩护人就该申请调查证据发表意见
辩护人认为笔录c、d、e、f对判断证人甲证言的证明力具有重要性，因被告人辩护权而有开示必要，请求检察官开示笔录c、d、e、f

⬇

第二阶段证据开示"关联证据开示"	
检察官认为仅笔录c、d对甲证言证明力判断有重要性，综合专量适当性后决定开示笔录c、d	考虑到开示c可能产生的弊害，限制了开示c的时间与方法

⬇

辩护人提出了己方的预定证明事实、阐述了事实上或法律上的主张	
辩护人就己方证据予以开示，方法同检察官第一阶段证据开示	辩护人认为e、f两项笔录与其提出的主张具有关联性，因辩护有开示的必要性，请求检察官开示笔录e、f

⬇

第三阶段证据开示"争点关联证据开示"
检察官对关联性与适当性进行考量后，开示了笔录e，拒绝开示笔录f

⬇

辩护人向法院请求开示笔录f	
请求时需表明：笔录f与己方主张的关联性	因辩护而开示的必要性

⬇

法院作出证据开示命令，指定开示笔录f
法院对关联性与适当性进行考量后，指定开示笔录f

⬇

检察官不服，提出即时抗告

可见新证据开示制度并非采取一刀切的全面开示证据方法，而是在综合考量被告人辩护权与证据开示产生的弊害基础上所进行的三阶段证据开示制度，体现了日本刑事诉讼法"实体真实"与"正当程序"的双重目的。首先，新证据开示制度的相关规定十分细致，随着审理前整理程序的进行灵活地帮助控辩审三方整理案件争点及证据，活化庭审程序。其次，虽然日本刑诉法在当事人主义理念下规定控辩双方互为证据开示，但总体而言，辩方开示证据的义务轻于控方，仅在有预定证明事实，或其他在审判时计划提出的事实上和法律上的主张时，开示相关证据，开示方式同第一阶段的"请求证据开示"。而控方依据阶段式程序构造，渐次扩大证据开示范围，体现了日本刑事诉讼法在力图发现案件真实前提上，对处于弱势地位的被告人的倾斜保护。最后，新证据开示制度完善了救济程序，控辩双方在就证据开示相关问题发生争议时由法院作出裁定，对于该裁定双方均可提出即时抗告。因而可以说日本新刑事诉讼法的出台极大地完善了昭和刑事诉讼法下的证据开示制度。同时，现今日本"起诉状一本主义"起诉方式下，两种不同的证据开示制度"新证据开示制度"与"昭和刑事诉讼法下的证据开示制度"并存。对于适用审判前整理程序的复杂疑难案件适用新证据开示制度，体现了日本刑事诉讼法兼顾效率与正义的诉讼理念。

三、日本刑事证据开示制度对我国的借鉴意义

（一）我国刑事证据揭示问题立法演变

1. 1979 年刑事诉讼法

我国 1979 年刑事诉讼法采行的起诉方式为"全卷移送"，即全部案卷材料均需在开庭审理前移交法院，以便主审法官在开庭前仔细阅览，为指挥审判做好准备。可以说在 1979 年刑事诉讼法下，证据揭示问题集中表现为"被告人阅卷权"。同时，1979 年刑事诉讼法要求法院只有在案件事实清楚、证据充分的前提下，才能开始法庭审判活动，因而法院对于检察院起诉案件进行"庭前实质审查"。庭审法官为了判断该案件是否符合开庭审理标准，在阅卷的基础上，积极开展各种庭外调查活动，如提讯被告人、搜查、扣押、勘验、鉴定等，对证据进行核实。

因此，在"全卷移送"的起诉方式下，虽然辩护人在法院能够查阅全部案卷资料，但这种"全卷移送"方式与法官在开庭前对案件进行的实质审查导致刑事司法实践中出现了严重的"先定后审"甚至"先判后审"的现象，"庭审形式化"问题十分严峻。

2. 1997 年刑事诉讼法

我国于 1997 年对刑事诉讼法进行修改，应对"庭审形式化"的局面，立

法将起诉方式从"全卷移送"转为"复印件主义"，即在开庭审理之前公诉机关不再将全部案卷材料移交法院，而只随起诉书移交起诉有关的证据目录、照片、证人名单和主要证据的复印件。1997 年刑事诉讼法在改采"复印件主义"起诉方式的同时，将"庭前实质审查"改为"形式审查"，即对于起诉书"有明确地指控犯罪事实的"案件，就可以开庭审理。同时，1997 年刑事诉讼法还对刑事审判方式进行技术性调整，加强控辩双方对法庭审理程序的主导权和控制权，旨在破除"庭审形式化"，建立一种带有"抗辩式"色彩的新审判方式。

"复印件主义"起诉方式限制了检察院向法院移交的案卷范围，除"主要证据复印件"、"照片"、"证人名单"、"证据目录"，其他证据材料均应当庭出示。"复印件主义"的支持者认为这种制度安排使得法官在开庭审理前无法全面阅卷，避免其对案件事实形成预断，保障控辩双方在开庭审理时拥有充分的举证、质证、辩论机会。同时，法官通过复印件对"主要证据"进行了解，有利于开展庭前准备工作、指挥庭审证据调查，从而扭转"庭审形式化"的局面。

然而，司法实践表明，"复印件主义"不仅带来了证据揭示方面辩护律师的"阅卷难"，而且未能解决"庭审形式化"的问题。1997 年《刑事诉讼法》第 36 条规定："辩护律师从人民检察院对案件审查起诉之日起，可以查阅、摘抄、复制本案的诉讼文书、技术性鉴定材料……辩护律师从人民法院受理案件之日起，可以查阅、摘抄、复制本案所指控的犯罪事实的材料……"根据当时适用的《人民检察院刑事诉讼规则》第 319 条，诉讼文书是指立案决定书、拘留证、批准逮捕决定书、逮捕证、搜查证、起诉意见书等为立案、采取强制措施和侦查措施以及提请审查起诉而制作的程序性文件。技术性鉴定材料，则解释为包括法医鉴定、司法精神病鉴定、物证技术鉴定等有鉴定资格的人员对人身、物品以及其他有关证据材料进行鉴定所形成的记载鉴定情况和鉴定结论的文书。因此根据 1997 年《刑事诉讼法》第 36 条辩护律师可以查阅、摘抄、复制的本案诉讼文书、技术性鉴定材料都只是结论性文书，至于形成这些结论的证据材料，辩护律师无从得知，更不用说对证据进行针对性的辩护准备，提出有力的质证意见。虽然 2007 年修订后的律师法规定，律师在审查起诉阶段可以查阅所有案卷材料，但他们到检察院查阅案卷还是常常会遭到检察官的阻挠和限制①。在检察官对追究被告人有罪方面一直保持高度的热情与执着的情况下，辩护律师只能依靠到法院阅卷了解案情。但由于采行"复印件

---

① 陈瑞华：《审判案卷移送制度的演变与反思》，载《政法论坛》2012 年第 5 期。

主义"，检察机关庭前移送法院的案卷资料范围受到严格限制，辩护律师在法院能够查阅的证据材料也十分有限，仅为"证人名单"、"证据目录"和"主要证据的复印件"。同时，对于何为"主要证据"，实践中也由检察官自行确定，"检察机关也时常把一些关键证据并不完全移送到法院，而是在法庭审理过程中突然出示，令法官和辩护一方措手不及"①。

1997年刑事诉讼法对检察院移送案卷范围的限定，使得法官和辩护律师都无法在庭前全面查阅案卷，在法庭上变得消极和被动。结果法庭调查几乎完全成为检察官"表演的舞台"。检察官不仅自行决定了证据调查的范围、顺序和方式，而且他们所宣读、出示的证据材料（主要是证据笔录）已经难以受到辩护方的有效质证，法官对这些证据材料也无法实施任何实质性的审查。②并且检察官在法庭上多采用有选择的、摘要式的宣读案卷笔录的调查方式，法官很难借助这种单方面、简单草率的证据调查来查明案件真实。1998年，最高人民法院、最高人民检察院、公安部、国家安全部、司法部会同全国人大常委会法制工作委员会，发布实施了《关于刑事诉讼法实施中若干问题的规定》（以下简称《六部委规定》）认可了检察机关在庭审后移送全部案卷的做法，为法官不重视庭审而借助于庭审结束后的"阅卷"来进行裁判的判案方式提供了便利。可以说在1997年刑事诉讼法下，检察官提出的证据无法受到辩护律师的有效质证，被告人得不到全面有效的辩护，庭审证据调查被架空，辩方"阅卷难"与"庭审形式化"问题十分严峻，亟待解决。

（二）我国刑事证据揭示问题现状概述

2012年，我国刑事诉讼法再次进行了大修，新《刑事诉讼法》第172条明确规定："人民检察院……向人民法院提起公诉，并将案卷材料、证据移送人民法院。"这表明我国恢复了1979年新刑事诉讼法曾经确立的案卷移送制度，要求检察机关在起诉时将全部案卷材料移交法院。有学者指出2012年新刑事诉讼法之所以恢复"全卷移送"制度，"也是考虑到法官因为庭前无法全面阅卷，只能在法庭审理过程中保持消极裁判者的形象，而对案件事实的实质审查无法发挥积极作用，甚至不得不将法庭审理让位于检察官，而在庭审后通过阅卷来探求事实真相。既然庭审后仍然要全面阅卷，那么，何不将阅卷的时间提前到开庭之前呢？正因为如此，最高人民法院的法官在立法过程中才主动地提出了恢复庭前阅卷制度的构想，并使之顺利地变成了成文法条文"。③当然，2012年新刑事诉讼法并没有恢复1979年刑事诉讼法"庭前实质审查"程

---

① 陈卫东、郝银忠：《我国公诉方式的结构性缺陷及其矫正》，载《法学研究》2000年第4期。

② 陈瑞华：《审判案卷移送制度的演变与反思》，载《政法论坛》2012年第5期。

③ 陈瑞华：《审判案卷移送制度的演变与反思》，载《政法论坛》2012年第5期。

序，仍保留了 1997 年确立的"形式审查"标准。根据 2012 年新《刑事诉讼法》第 181 条，人民法院对提起公诉的案件进行审查后，对于起诉书中有明确的指控犯罪事实的，应当决定开庭审理。

为了尊重被告人的主体地位，保障被告人的辩护权，新《刑事诉讼法》第 38 条规定，"辩护律师自人民检察院对案件审查起诉之日起，可以查阅、摘抄、复制本案的案卷材料"；同时根据 2012 年新修订的《最高人民法院关于适用〈中华人民共和国刑事诉讼法〉的解释》（以下简称《解释》）第 47 条，"辩护律师可以查阅、摘抄、复制案卷材料……辩护人查阅、摘抄、复制案卷材料的，人民法院应当提供方便，并保证必要的时间"。可以看到在现行刑事诉讼法的规定下辩护律师可以在审查起诉与审理两个阶段均获得查阅、摘抄、复制案卷材料的机会。并且随着"全卷移送"方式的恢复，辩护律师"阅卷权"能够得到切实保障，这有利于辩方进行有针对性的辩护准备并对控方证据提出有力的质证理由，同时通过对案卷材料的全面查阅，辩方可以发现案卷中有利于被告人的证据材料。甚至按照《解释》第 49 条的规定，辩护人可以申请法院调取那些没有被检察机关装入案卷之中的证据材料。① 可见，2012 年刑事诉讼法对庭前案卷移送制度的恢复，在客观上有助于解决辩护律师"阅卷难"的问题。

（三）我国刑事证据揭示问题分析评述

正如本文第一部分所述，无论是"起诉状一本主义"下的"证据开示"还是"全卷移送"下的"被告人阅卷权"，虽然都旨在保障被告人辩护权的有效行使，但由于诉讼指导理念，诉讼程序模式与起诉制度设计的迥然不同，两者在刑事诉讼程序实际运行中各有利弊。新刑事诉讼法采行的"全卷移送"方式解决了辩护律师的"阅卷难"问题，但是否真正符合我国刑事诉讼"强化人权保障"的发展方向，能否彻底解决"庭审形式化"问题，值得商榷。以下从"保障被告人辩护权有效行使，提高程序公正性"与"促进'庭审实质化'"两个方面进行论述。

1. 保障被告人辩护权有效行使，提高程序公正性

刑事诉讼法与公民的基本权利和自由密切相关，素有"小宪法"之称，在一定程度上反映了一国的人权保障水平。为与 2004 年人权保障写入宪法相呼应，2012 年新刑事诉讼法在第 2 条特别新增规定，要求"尊重和保障人

---

① 《解释》第 49 条规定：辩护人认为在侦查、审查起诉期间公安机关、人民检察院收集的证明被告人无罪或者罪轻的证据材料未随案移送，申请人民法院调取的，应当以书面形式提出，并提供相关线索或者材料。人民法院接受申请后，应当向人民检察院调取。人民检察院移送相关证据材料后，人民法院应当及时通知辩护人。

权"。作为与公民基本权利紧密相连的部门法，新刑诉契合了社会主流价值，彰显了我国对人权保障的决心与信心。辩护权是犯罪嫌疑人、被告人的一项基本权利，保障辩护权是宪法所倡导的"尊重和保障人权"的基本要求。为落实"尊重和保障人权"的理念，新刑事诉讼法在多个方面加强了对辩护权的保障，强化被告人诉讼主体地位。此次刑事诉讼法修改，在基本原则部分明确提出保障辩护权行使原则；扩大了法律援助的范围；扩大了聘请辩护律师的主体范围；将辩护的时间提前至侦查阶段；吸收并完善了律师法中关于律师会见、阅卷权的规定。同时，此次修改在基本法律层面对 2010 年"两高三部"制定发布的《关于办理刑事案件排除非法证据若干问题的规定》所确立的非法证据排除规则予以确认。可以说我国刑事诉讼法的本次修改充分体现了刑事诉讼法保障以确实、充分、合法的证据公正地提起公诉，并努力使对被告人的有罪判决建立在充分保障辩护权的基础之上的发展趋势，反映了刑事诉讼法在注重"发现真实"的同时，追求"程序公正"的诉讼理念。

然而强化被告人诉讼主体地位，提高程序的公正性不应仅仅停留在保障辩护权与肃清非法证据的层面，而应当从控辩审三方关系的视角进行深层探讨。由于现代刑事诉讼中的审判机关和检察机关同属国家机关，权力具有同源性，且检察机关和被告人之间的对立关系的天然性，审判机关在缺乏程序规制的情况下，很容易更加重视检察机关的意见，丧失中立性，形成检察机关与审判机关共同凌驾于被告人之上的倒三角形诉讼格局。显然这种格局将对本就势单力薄的被告人更为不利，甚至可能导致其丧失主体地位沦为诉讼客体，与"尊重与保障人权"的价值追求相背离。

被告人辩护权是否能够真正有效行使，其主体地位是否能够切实强化，都依赖于理想诉讼格局的构建。判断格局是否"理想"的标准有两个：一是作为审判者的第三方与其他两方的相对关系；二是控辩双方的力量对比关系。①"全卷移送"的起诉方式，虽然保障了辩方通过阅卷权了解控方掌握的有利或不利于被告人的全部证据，弥补了控辩双方收集证据能力上的落差。然而在"理想"格局的第一个因素方面，显然是有所缺失的。"审判的中立性"作为一项法律准则，已被世界各国和国际公约所确立，《联合国刑事司法准则》规定："在判定对任何人提出的刑事指控或确定他在一件诉讼案件中的权利和义务时，人人有资格由一个依法设立的、合格的、独立的和无偏倚的法庭进行公正的和公开的审判。"可以说"审判的中立性"是程序公正必不可少的要素之一。虽然现代刑事诉讼的"弹劾式"三方诉讼模式将国家审判者和追诉者

---

① 卞建林：《诉审关系理想格局与程序规制》，载《检察日报》2013 年 6 月 18 日。

（公共利益代表人）的双重身份剥离开来，但是审判机关和检察机关毕竟都属于国家机关，若不通过程序对审判机关的中立地位予以规制，检察机关和审判机关权力的同源性必然会影响到诉审关系。因此，审判机关的中立地位必须通过程序予以规制。如前所述，无论是 1979 年刑事诉讼法还是 1997 年刑事诉讼法，法院通过"阅卷"来裁判的传统真实存在，不容忽视。在这样的背景下采行"全卷移送"，侦查机关所制作的讯问、询问、勘验、检查、搜查、扣押、辨认、侦查实验等侦查活动的书面记录将很容易对法官产生先入为主的影响，"审判的中立性"将很难保持。同时，若法院依据侦查活动的书面记录作出判决，对案件真实的实质性认定可以说是在侦查阶段由侦查人员完成的，而非在庭审中由控辩审三方共同完成，加强被告人在审判阶段的辩护权利也只是徒劳无功。

2. 促进"庭审实质化"

为落实"审判中心"原则，解决根深蒂固的"审判形式化"问题，新《刑事诉讼法》第 182 条第 2 款规定了"开庭前准备程序"，在开庭以前，审判人员可以召集公诉人、当事人和辩护人、诉讼代理人，对回避、出庭证人名单、非法证据排除等与审判相关的问题，了解情况，听取意见。可见新刑事诉讼法在 1997 年《刑事诉讼法》第 151 条的基础上进一步完善了我国的庭前准备程序。并且根据《解释》的规定①，对于"证据材料较多、案情重大复杂的"案件，审判人员可以召开庭前会议，并且"审判人员可以询问控辩双方对证据材料有无异议，对有异议的证据，应当在庭审时重点调查；无异议的，庭审时举证、质证可以简化。"开庭审理前，合议庭可以拟出法庭审理提纲，明确"起诉书指控的犯罪事实的重点和认定案件性质的要点"。上述规定表明

---

① 《解释》第 183 条规定："案件具有下列情形之一的，审判人员可以召开庭前会议：（一）当事人及其辩护人、诉讼代理人申请排除非法证据的；（二）证据材料较多、案情重大复杂的；（三）社会影响重大的；（四）需要召开庭前会议的其他情形。召开庭前会议，根据案件情况，可以通知被告人参加。"第 184 条规定："召开庭前会议，审判人员可以就下列问题向控辩双方了解情况，听取意见：（一）是否对案件管辖有异议；（二）是否申请有关人员回避；（三）是否申请调取在侦查、审查起诉期间公安机关、人民检察院收集但未随案移送的证明被告人无罪或者罪轻的证据材料；（四）是否提供新的证据；（五）是否对出庭证人、鉴定人、有专门知识的人的名单有异议；（六）是否申请排除非法证据；（七）是否申请不公开审理；（八）与审判相关的其他问题。审判人员可以询问控辩双方对证据材料有无异议，对有异议的证据，应当在庭审时重点调查；无异议的，庭审时举证、质证可以简化。被害人或其法定代理人、近亲属提起附带民事诉讼的，可以调解。庭前会议情况应当制作笔录。"第 185 条规定："开庭审理前，合议庭可以拟出法庭审理提纲，提纲一般包括下列内容：（一）合议庭成员在庭审中的分工；（二）起诉书指控的犯罪事实的重点和认定案件性质的要点；（三）讯问被告人时需了解的案情要点；（四）出庭的证人、鉴定人、有专门知识的人、侦查人员的名单；（五）控辩双方申请当庭出示的证据的目录；（六）庭审中可能出现的问题及应对措施。"

"庭前准备程序"不仅旨在解决可能发生的阻碍庭审顺利进行的程序性争议，而且还初步具备了明确审判重点，整理控辩争议焦点的功能，在应对我国司法实践中庭审准备不足的同时，促进庭审实质化，保证审判程序公正和高效地运行。同时新刑事诉讼法对"庭审实质化"的重要保障"证据制度"进行了全方位的调整，不仅在证据的概念和种类方面作出了与时俱进的修改，细化了"证据确实、充分"的证明标准，并对证人出庭作证进行完善，明确了特定案件中证人的保护措施，还新设了强制关键证人出庭作证制度①。综上，完善庭前会议，细化证据规定，加强证人出庭作证，完善证明标准等一系列的制度设计与改革体现了新刑事诉讼法推动庭审实质化的决心。

然而，"全卷移送"制度动摇了"审判"在刑事诉讼程序中的中心地位，不利于"庭审实质化"的实现。1997 年刑事诉讼法采行"复印件主义"，法官无法在审前"阅卷"，但仅隔一年时间，司法解释就确立了"庭审后移送案卷材料"制度。可以说无论是 1979 年的庭前阅卷还是 1997 年的庭后阅卷，法官对检察官案卷笔录的依赖始终没有发生变化。从我国刑事诉讼法的立法演变中可以看出，"庭审实质化"的关键不在于庭审准备是否充足，证据制度是否完美，对案卷笔录的过分倚重，才是"庭审形式化"的根本原因。破除"庭审走过场"，必须彻底摒弃通过阅卷来形成判决的裁判方式。虽然新刑事诉讼法并未采行 1979 年刑事诉讼法的庭前"实质审查"，而是强调了"对于起诉书中有明确指控犯罪事实的，应当决定开庭审判"，但它也没有采行更有效的措施来解决法院在审前阅览全部案卷材料产生预断的问题。心理学家已经证实了所有人都会受到先入为主印象的影响而使他们的判断有所偏差。法官虽然受过职业训练，但也有人性的弱点，要求法官在看完案卷后不产生预断并非单纯依靠法律的宣誓性规范就可以实现。历史经验告诉我们应该站在"信任制度，而非信任人"的立场来选择制度方式。显然，"全卷移送"制度与"庭前形式审查"的结合不足以改变法官通过阅卷形成判决的裁判方式，不能根本上解决"庭审形式化"问题。

（四）构建我国刑事证据开示制度的相关建议

1. 采行"起诉状一本主义"，构建"证据开示"制度

"起诉状一本主义"，通过严格限制审判法官在开庭前接触案卷材料，能够有效破除法官对案卷笔录的依赖，防止法官"先判后审"，强化其在审判中的中立地位，从而切实保障被告人辩护权的有效行使，真正落实"庭审实质

---

① 新《刑事诉讼法》第 187 条规定："公诉人、当事人或者辩护人、诉讼代理人对证人证言有异议，且该证人证言对案件定罪量刑有重大影响，人民法院认为证人有必要出庭作证的，证人应当出庭作证。"

化"，与我国刑事诉讼发展趋势相契合。因此，立法应明确起诉时检察官仅向法院提出起诉书，起诉书须载明控方预定证明事实，对于相关证据仅需记载编号而无须记载主要内容。同时不得随起诉书移送其他与案卷相关的证据材料。

采行"起诉状一本主义"的起诉方式，在案件审理前，诉讼证据材料由控辩双方各自掌握。由于辩护律师在侦查阶段没有调查取证权，在审查起诉阶段的调取证据的权利也受到各种条件约束，而公安机关、检察机关拥有强大的侦查权，案件中所有的证据几乎毫无例外地被控方收集。在这样的背景下采行"起诉状一本主义"，绝不能"附带"地剥夺辩方知悉控方证据材料的机会。为了防止 1997 年刑事诉讼法采行"复印件主义"限制法官审前阅卷范围的同时损及被告人辩护权利的问题再次出现，在采行"起诉状一本主义"的同时，必须合理构建"证据开示"制度。"证据开示"弥补控辩双方在收集证据上的实力落差，有利于诉讼双方尤其是辩方获得有利于自己的证据，在保障被告人辩护权有效行使的同时，可以防止审判中的证据突袭，使真正有争议的问题在庭审中得到充分论证，兼顾公正和效率。

2. 对应案件分流程序，有针对性地进行"证据开示"

（1）简易程序案件适用"预证事实关联证据"开示。为应对司法资源不足的问题，本次刑事诉讼法修改并扩大了简易程序的适用范围，细化案件繁简分流程序。新法吸收了《关于适用简易程序审理公诉案件的若干意见》和《关于适用普通程序审理"被告人认罪案件"的若干意见（试行）》两部司法解释的部分观点，调整了简易程序的适用条件，将之前的简易程序和被告人认罪案件简易审程序合二为一。新《刑事诉讼法》第 208 条规定了基层法院适用简易程序的条件，即"案件事实清楚、证据充分的"；"被告人承认自己所犯罪行，对指控的犯罪事实没有异议的"；"被告人对适用简易程序没有异议的"，自此简易程序的适用范围突破了原先"可能判处三年以下"的限制，扩展到基层法院所有的刑事案件。

对应案件繁简分流程序，有针对性地进行"证据开示"制度的设计，有利于将有限的司法资源集中到复杂案件，能够最大限度地实现资源优化配置。简易程序适用案件的核心标准是"被告人承认自己所犯罪行，对指控的犯罪事实没有异议"，对这类案件，应规定检察机关在庭审前将与起诉书记载的"预证事实关联证据"开示于被告人及辩护人。对于"预证事实关联证据"的开示，可以以我国证据类型为出发点，同时借鉴日本刑诉法第 299 条的规定，分为以下四类：

第一，对于应当开示的"物证；书证；鉴定意见；勘验、检查、辨认、侦查实验等笔录；视听资料、电子证据"，应当给予辩护人阅览、摘抄及复制的机会，给予被告人阅览的机会。

第二，对于不出庭作证证人的"证言"，及不出庭作证的被害人的"陈述"，应给予辩护人阅览、摘抄及复制该证人或被害人与"预证事实关联"的询问笔录的机会；给予被告人阅览该证人或被害人与"预证事实关联"的询问笔录的机会。

第三，对于出庭作证证人及出庭作证被害人，应当给予被告人及辩护人知悉该人的姓名及住所的机会。

第四，对于"犯罪嫌疑人、被告人供述和辩解"，应当给予辩护人阅览、摘抄及复制侦查、审查起诉阶段所作的全部"讯问笔录"的机会；给予被告人阅览侦查、审查起诉阶段所作的全部"讯问笔录"的机会。

综合考量为被告人的辩护而开示证据的必要性程度和该开示所产生弊害的内容及程度，在简易程序中采行"预证事实关联证据"开示，有利于防止被告人、辩护人隐灭罪证、威胁证人。在强化程序正义的同时，最大限度地维持程序发现真实的功能。其一，"物证；书证；鉴定意见；勘验、检查、辨认、侦查实验等笔录；视听资料、电子证据"，由于此类证据客观性较强，对于认定案件事实具有较高的证明力且开示后产生弊害较小，应充分保障辩方的知情权。其二，根据立法精神，"如果被告人承认指控的主要犯罪事实，仅对个别细节提出异议；或者对犯罪事实没有异议，仅对罪名认定提出异议的，仍然可以适用简易程序，但庭审中应针对被告人有异议的部分重点调查、辩论"[①]。被告人对个别细节提出异议的案件，"预证事实关联证据"开示使得被告人及辩护律师可以有针对性的进行辩护准备，提出有力的质证意见，有助于保障辩护权的有效行使。其三，简易审理案件被告人通过检察机关"预证事实关联证据"开示，可以再次确认认罪意愿，防止其当庭翻供。同时，将侦查阶段所作的全部"讯问笔录"开示于被告人及辩护人，对防止冤假错案与判断被告人认罪供述的证明力均十分重要。其四，与"全部证据开示"相比，"预证事实关联证据"开示有利于预防被告人刻意编造与已开示证据不矛盾的虚伪辩护理由。若对此类案件进行"全部证据"开示，可能会使得部分被告人虚假认罪，获取全部案卷资料后，充分利用控方证据的弱点编造辩护理由后翻供，逃脱法律制裁。

（2）普通程序案件适用"两段式证据开示"。对于适用简易程序审理外的案件，都适用普通程序审理。从"简易程序"的适用条件可以反推出，普通

---

① 张军、江必新主编：《新刑事诉讼法及司法解释适用解答》，人民法院出版社2013年版，第292页。

程序案件多为控辩双方对案件事实的认定有争议。对于这类案件，在总结控辩双方对案件事实争议的焦点的同时逐步扩大开示证据的范围，有助于法官明确审理重点，强化审判在整个刑事程序中的中心地位。同时，新刑事诉讼法为促进庭审高效有序的进行，完善了"开庭前准备"程序，这为"两段式证据开示"的适用提供了契机。

第一阶段："预证事实关联证据"开示。检察机关应当在案件提起公诉后，尽快向被告人及其辩护人开示与起诉书记载的预证事实相关联的证据。

第一，对于应当开示的"物证；书证；鉴定意见；勘验、检查、辨认、侦察试验等笔录；视听资料、电子证据"，应当给予辩护人阅览、摘抄及复制的机会，给予被告人阅览的机会。

第二，对于不出庭作证证人的"证言"，及不出庭作证的被害人的"陈述"，应给予辩护人阅览、摘抄及复制该证人或被害人与"预证事实关联"的询问笔录的机会。给予被告人阅览该证人或被害人与"预证事实关联"的询问笔录的机会。

第三，对于出庭作证证人及出庭作证被害人，应当给予被告人及辩护人知悉该人的姓名及住所的机会。还应将该人在侦查，审查起诉阶段所作的询问笔录或录音录像资料中，能够"估计该人在开庭审理时陈述的内容"的部分作为证据进行开示。

第四，对于"犯罪嫌疑人、被告人供述和辩解"，应当给予辩护人阅览、摘抄及复制侦查、审查起诉阶段所作的全部"讯问笔录"的机会，给予被告人阅览侦查、审查起诉阶段所作的全部"讯问笔录"的机会。

第二阶段："争点关联证据开示"。在第一阶段证据开示完成后，由被告人或辩护人就检察官的预定证明事实及相关证据发表意见，并就己方的证据予以开示（开示方法在下文中介绍），推进争点及证据整理。对于与被告人或辩护人的事实或法律主张有关联的尚未开示的证据，在被告人或辩护人请求开示时，检察官在考量该证据关联性程度、为被告人辩护而开示证据的必要性程度及开示所产生弊害的内容及程度后，认为开示证据具有适当性的，应尽快进行开示。此种情形，检察官认为必要时，可以限制开示的时期或方法，可以附加条件。

争点关联证据开示，应符合下列条件：

其一，关联性。请求开示的证据必须是与被告人或辩护人提出的法律或事实主张有关联。该主张既可以是被告人或辩护人提出的预定证明事实，也可以是对检察官开示证据证明力的质疑，或其他计划于庭审时提出的事实上和法律上的主张。

其二，适当性。综合考量关联性程度、为被告人辩护而开示证据的必要性程度和该开示所产生弊害的内容及程度，开示证据适当的。

其三，有开示请求。被告人或辩护人请求开示证据，必须表明以下事项：足以识别请求开示证据的事项。请求开示证据与被告人或辩护人提出的法律或事实主张所具有的关联性，及因被告人辩护而开示证据的必要性。

争点关联的证据开示，主要是对第一阶段证据开示的有益补充，通过被告人或辩护人提出积极主张或犯罪阻却事由等，进一步明确案件争点。同时，由于被告人是最了解案件真实情况的人，被告人申请证据开示，可以预防遗漏对案件审判有重要影响的证据材料，避免检察官隐匿对被告人有利的证据。

此外，由辩方自行表明争点进而开示与该争点关联的证据，可以防止被告人进行钓鱼式的证据寻找，以防其利用检察机关证据漏洞编造虚伪辩解，逃脱法律制裁。虽然不论在审判前是否向辩方开示证据，很多被告人如果蓄意编造辩护理由都会在审判时作虚假供述，然而全面开示证据的危险在于辩方假供的"质量"会随着证据开示而同控方证据保持一致，同时为辩方充分利用控方证据的弱点制造了机会。审判前向辩方全面开示证据使得被告人有更多的时间精心编造假供，并因此更有可能逃脱法律制裁。① 因此通过建立阶段性的证据开示制度，分步扩大控方开示证据材料的范围，可以在强化保障被告人诉讼基本权利的同时，最大限度地维持程序发现真实的功能。

3. 辩方负有一定的证据开示义务

由于控辩双方侦查能力方面的巨大差距，证据开示义务当然主要由控方承担，然而为了更好地促进公正审判以及实现程序的真实发现功能，辩方也应负有一定的对等开示义务，即要求辩方向控方开示准备在法庭审判中使用的辩护证据，特别是提出积极抗辩（如正当防卫、精神失常、不在犯罪现场等）时，必须在审判前的一定时间内向控方开示相关证据。这不仅有利于全面收集案件证据材料，而且可以避免辩方为追求有利于己方的判决进行"证据突袭"。此外，我国新《刑事诉讼法》第 40 条规定了辩护人的"证据展示义务"，对于辩护人收集的有关犯罪嫌疑人不在犯罪现场、未达到刑事责任年龄、属于依法不负刑事责任的精神病人的证据，辩护人应当及时告知公安机关、人民检察院。可见，科以辩方一定的开示义务，也符合我国刑诉法的立法精神，契合其发展方向。

对于适用简易程序审理的案件，在控方开示"预证事实关联证据"后，对于适用普通程序审理的案件，在控方为第一阶段证据开示后，由被告人或辩

---

① 参见孙长永：《当事人主义刑事诉讼与证据开示》，载《法律科学》2000 年第 4 期。

护人就检察官的预定证明事实及已开示证据发表意见，并就己方的证据予以开示。辩方应当开示与己方事实或法律主张相关联的证据，开示方法如下：（1）对于应当开示的物证、书证、鉴定意见、视听资料和电子证据，应当给予检察官阅览的机会。（2）对于出庭作证证人，应当给予检察官知悉该人的姓名及住所的机会。

4. 法院对证据开示的司法审查与监督

（1）证据开示命令。法院依法有权对控辩双方的证据开示活动进行司法审查和监督，解决控辩双方对于特定证据的开示争议。对控辩双方应当开示证据而未开示的，法院可以依对方当事人的请求，裁定命令证据开示。

（2）指定证据开示方法。法院可以应控辩双方的请求，出于保护公共利益的需要，对于应当开示的证据，指定其开示的时期或方法，可以附加条件。此外，法院在作出开示证据命令时，也可以依职权指定证据开示的时期或方法，可以附加条件。

（3）命令提出作出前述裁定所需要的证据。法院在作出证据开示命令的裁定及指定证据开示方法的裁定时，认为有必要的，可以命令控辩双方提交与该开示请求相关的证据。在此情形下，法院不得使任何人阅览或抄录该证据。

法院在作出前述两条裁定时，需要对所涉证据有所了解。然而由于排除预断原则的需要，在审前法官无法得知证据的内容，为前述两裁定能够顺利作出，应赋予法官命令提出相关证据的权利。

5. 明确证据未开示的程序性后果

为了确保证据开示制度能够顺利运行，立法应明确规定违反证据开示的程序性后果，凡没有依法于庭前开示的证据，原则上在法庭审理中不得使用，预防规避证据开示程序的行为发生。

然而，"以事实为依据"是我国现行刑事诉讼法的基本原则，对未经开示的证据绝对排除不免太过极端。同时，导致证据未开示的原因很复杂，不问原因对未开示的证据一概排除，可能导致实质不公，影响司法公正。对于庭前未开示证据，控辩双方能够证明该证据是新发现的证据或者因其他事项无法于庭前开示的，经过法院特别许可并给予对方当事人必要准备时间后，可以在审理中使用。

结语

日本刑事诉讼法赢得了日本人民的高度信赖，呈现出良好的发展态势，其证据揭示问题先后采行了"被告人阅卷权"与"证据开示"两种不同的方式，2004年的修改又进一步完善了证据开示制度。取其精华，去其糟粕，将他国立法理念与司法经验本土化，在起诉方式与刑事证据揭示问题上作出与我国法治发展相符合的立法选择，需要理论界与实务界的共同努力。

稿   约

　　《证据法学论丛》是由西南政法大学证据法学研究中心主办，潘金贵教授担任主编，面向全国的学术论著荟萃，由中国检察出版社出版，每年出版一卷或者两卷，每卷约40万字。现向全国同行征稿，稿约如下：

　　一、《证据法学论丛》作为证据法学专业学术园地，主要栏目包括证据法理、前沿聚焦、实证研究、异域法苑等，尤其欢迎实证类稿件，每期依据来稿酌设专栏。

　　二、《证据法学论丛》发表证据法学领域包括刑事诉讼证据、民事诉讼证据、行政诉讼证据等方面有较高水平、有创见的学术论文，字数原则上在1万字以上、5万字以下，来稿采用与否以学术价值为基本标准。

　　三、《证据法学论丛》注释采用脚注，每页分别编码，所注文献依次注明著（译）者、著作或者文章名、出版社或者报刊名、出版时间、版次或刊次及页数。引用外文文献的，按该语种通行注释体例设注。

　　四、来稿请寄：西南政法大学证据法学研究中心收或西南政法大学法学院潘金贵收，邮编：401120。电子邮箱：panjingui@163.com。来稿一律不退，请自留底稿。文章发表时署名自便，但来稿务必写明作者的真实姓名、地址、现工作单位、学衔、职称及联系方式。来稿不得一稿多投。3个月后如未接到采用通知，可另行处理。翻译稿件原文版权事宜，由译者自行处理并自行负责，投稿时需附原文。

　　五、编者保留对来稿进行技术性加工处理的权利。文章如发表，文责自负。

编者

2013 年 10 月

图书在版编目（CIP）数据

证据法学论丛. 第 2 卷 / 潘金贵主编. —北京：中国检察出版社，2013.12
ISBN 978 - 7 - 5102 - 1132 - 4

Ⅰ. ①证… Ⅱ. ①潘… Ⅲ. ①证据 - 法学 - 文集 Ⅳ. ①D915. 130. 1 - 53

中国版本图书馆 CIP 数据核字（2014）第 006300 号

证据法学论丛（第二卷）

潘金贵 主编

出版发行：中国检察出版社

社 　址：北京市石景山区香山南路 111 号（100144）

网 　址：中国检察出版社（www. zgjccbs. com）

电 　话：(010)68682164（编辑） 68650015（发行） 68636518（门市）

经 　销：新华书店

印 　刷：河北省三河市燕山印刷有限公司

开 　本：720 mm×960 mm 16 开

印 　张：24. 25 印张

字 　数：442 千字

版 　次：2013 年 12 月第一版 2013 年 12 月第一次印刷

书 　号：ISBN 978 - 7 - 5102 - 1132 - 4

定 　价：48. 00 元